LÉGISLATION

DES EAUX ET DE LA NAVIGATION

III

DES

COURS D'EAU

NAVIGABLES ET FLOTTABLES

PAR

Alfred PLOCQUE

DOCTEUR EN DROIT, JUGE SUPPLÉANT AU TRIBUNAL DE LA SEINE

DEUXIÈME PARTIE

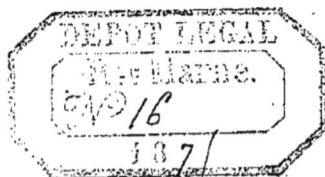

PARIS

LIBRAIRIE DE A. DURAND ET PEDONE LAURIEL, ÉDITEURS

9, RUE CUJAS (ANC. RUE DES GRÉS)

1875

CHAUMONT. — IMPRIMERIE C. CAVANIOL.

CHAPITRE V

DES PRISES D'EAU ET USINES ÉTABLIES SUR LES RIVIÈRES NAVIGABLES OU FLOTTABLES.

DEUXIÈME SECTION.

Des prises d'eau concédées dans l'intérêt des irrigations.

TROISIÈME SECTION.

Des prises d'eau établies dans l'intérêt des usines.

B.

263. Par qui doivent être autorisées les prises d'eau sur les canaux de navigation ?

264. Quid s'il s'agit de canaux concédés ?

265. Des usines établies sur le canal de l'Ourcq et sur le canal Saint-Maur. — Rachat des usines de Saint-Maur par la ville de Paris.

C.

266. Des usines établies sur les rivières flottables à bûches perdues. — Doit-on les assimiler aux usines établies sur les rivières navigables ou flottables en trains ?

§ III.

A. *Conditions imposées dans l'intérêt de la navigation.*
B. *Conditions imposées dans l'intérêt du Trésor public.*
C. *Obligation pour le concessionnaire de supporter les frais de l'instruction.*

A

267. Le concessionnaire ne doit pas dépasser le niveau légal de la retenue tel qu'il est fixé par le réglement de son usine.

268. Pose du repère définitif. — Dans quelles limites ce repère doit-il être accessible aux tiers ?

269. Ouvrages régulateurs de la retenue. — 1° Déversoir de superficie. — 2° Vannes de décharge. — 3° Canaux de décharge.

270. Ouvrages qui peuvent être prescrits dans certaines circonstances exceptionnelles. — Etablissements de ponts sur les différents bras du cours d'eau moteur. — Interdiction de mettre à la charge de l'usinier des travaux qui ne seraient point nécessités par l'intérêt général.

271. Droit de l'usinier d'employer comme il l'entend la prise d'eau à lui concédée.

B.

272. Légalité des redevances imposées aux concessionnaires des prises d'eau. — Loi du 16 juillet 1840. — Conflits pour l'application de cette loi entre l'administration des domaines et le Ministère des Travaux publics.

273. Suite. — C'est aux Ingénieurs des Ponts et chaussées qu'il appartient, sauf avis du directeur des domaines de présenter les propositions relatives au taux de la redevance. — Comment et par qui sont recouvrées les redevances ?

274. L'administration conserve le droit de concéder des prises d'eau gratuites.

C.

275. Les frais d'instruction sont à la charge des concessionnaires. — L'avance n'en est plus faite aujourd'hui par les agents des Ponts et chaussées. — Circulaires de 1857 et 1865.

276. L'usinier peut être appelé à supporter certains frais faits dans l'intérêt des tiers. — En sens inverse, les tiers doivent, dans certains cas, contribuer aux frais nécessités par l'établissement de

B. *Réparation des dommages causés par les usines hydrauliques.*
c. *Du cas où l'usinier veut reconstruire son établissement ou en modifier les dispositions.*

A.

299. L'administration conserve toujours le droit de revenir dans l'intérêt public sur les autorisations accordées par elle ou d'en modifier la teneur.

300. Aux termes des circulaires ministérielles, les règlements d'office ne peuvent intervenir que dans des circonstances exceptionnelles. — Voies de recours contre ces règlements.

301. Du cas où les préfets ont qualité pour procéder à un règlement d'office. — Nécessité pour eux de consulter auparavant l'administration supérieure.

B.

302. Textes généraux sur la police des usines. — Difficulté quant à la détermination du tribunal compétent pour réprimer les infractions commises.

303. 1° Inondation des propriétés voisines par suite de la trop grande élévation du déversoir d'une usine. — Commentaire de l'art. 457 Code pénal.

304. 2° Transmission nuisible des eaux d'un fonds sur un autre fonds. — Les dispositions du Code rural de 1791 n'ont pas été abrogées sur ce point par l'art. 457 C. pén.

305. Combinaison du Code rural de 1791 et de l'art. 457 C. pén. avec les règlements sur la voirie et sur les mines.

306. Au cas où le fait reproché à l'usinier ne constitue ni délit, ni contravention, les parties lésées conservent la ressource d'agir contre lui en vertu de l'art. 1382.

307. Cette action peut-elle être exercée contre l'usinier lorsqu'il s'est conformé de tous points aux injonctions de l'autorité administrative?

308. Compétence administrative lorsque les travaux qui font grief aux tiers ont été ordonnés par l'administration et exécutés par l'usinier dans un intérêt général.

309. Les prises d'eau opérées par les compagnies de chemins de fer pour l'alimentation de leurs machines présentent-elles ce caractère d'intérêt général ?

310. Quid lorsque les travaux qui font grief aux tiers ont été autorisés par l'administration dans l'intérêt privé de l'usinier ? — Compétence judiciaire incontestable lorsqu'il s'agit de la fixation des dommages-intérêts réclamés par ces tiers.

311. Lorsque le tiers qui réclame des dommages-intérêts est lui-même un usinier, il est tenu de démontrer l'existence régulière de son propre établissement.

312. Mais il n'est pas tenu de justifier d'un titre légal.

313. Les dommages-intérêts ne pourront-ils être alloués qu'autant qu'il y aura eu faute de l'usinier contre qui ils sont demandés ?

314. Difficultés qui se présentent au cas où la partie lésée réclame non-seulement des dommages-intérêts, mais encore la suppression des travaux qui lui portent préjudice.

315. A l'origine, la Cour de Cassation n'admet point que les Tribu-

§ IX.

A. *Chômage et suppression des usines dans l'intérêt public.*
B. *Chômage des usines dans l'intérêt du flottage.*

A

même provoqué les travaux? si le dommage était imputable à un usinier supérieur? au propriétaire d'un bateau échoué?

CHAPITRE V

DES PRISES D'EAU ET USINES ÉTABLIES SUR LES RIVIÈRES NAVIGABLES ET FLOTTABLES

221. Dans les chapitres qui précèdent, nous nous sommes exclusivement préoccupé de déterminer l'étendue et les limites du domaine public fluvial. Quels sont les cours d'eaux navigables ? quelle est l'étendue de leur lit ? quelles sont les limites de la propriété publique et de la propriété privée ? Voilà ce que nous avons eu tout d'abord à rechercher. Aux cours d'eau proprement dits, nous avons assimilé les canaux de navigation et nous avons établi que, même au cas ou ils n'appartenaient point à l'Etat, ils étaient exclusivement consacrés à l'utilité publique : toute personne qui se conforme aux réglements a le droit d'emprunter ces voies artificielles en payant les taxes fixées par l'acte de concession. Nous avons dû ensuite entrer dans quelques détails sur la navigation proprement dite ; sur les mesures de police imposées aux diverses espèces de bateaux ; sur les droits à payer par les bateliers ; enfin sur l'organisation du personnel préposé à la surveillance de la navigation. Un dernier chapitre a été consacré par nous au flottage soit en trains, soit à bûches perdues : nous

avons dû insister sur les mesures exceptionnelles prises dans l'intérêt de l'approvisionnement de Paris. Nous pouvons résumer cette première partie de notre travail en disant que jusqu'ici nous n'avons fait que développer le principe si nettement proclamé par notre droit moderne : l'usage des eaux courantes appartient à tous, et nul ne peut prétendre à avoir sur elles un droit exclusif. Nous entrons maintenant dans un autre ordre d'idées : dès que l'intérêt général a reçu satisfaction pleine et entière, rien n'empêche l'administration de disposer des eaux surabondantes dans un intérêt privé : elle pourra autoriser les particuliers à les utiliser pour les besoins soit de l'agriculture, soit de l'industrie : elle fixera elle-même les conditions auxquelles seront accordées les prises d'eau ; elle rédigera comme elle l'entendra les clauses imposées aux concessionnaires, de manière à sauvegarder d'une manière efficace les exigences du service public de la navigation. En principe, nul n'a le droit de détourner sans autorisation les eaux d'une rivière navigable ou d'en faire servir le courant à son usage exclusif; d'autre part, toute autorisation accordée à un particulier ne peut l'être que sous réserve et non d'une manière absolue : l'administration tolère certains établissements, certaines entreprises : mais de là ne peut résulter aucun droit certain et incommutable : les décisions consacrant cette tolérance peuvent, si l'intérêt public l'exgige, être mises à néant, sans qu'il y ait lieu d'indemniser l'usinier dépossédé. Tels sont les deux points que nous aurons à développer ; mais, si simple que puisse paraître la théorie générale que nous venons d'exposer d'un mot, il n'en est pas moins vrai que cette matière est une de celles ou les difficultés semblent s'accumuler : rien de plus obscur que la plupart des questions de détail qui surgissent à chaque pas : en présence d'une législation incomplète, nous n'avons d'autre guide que des circulaires administratives rédigées avec le plus grand soin, mais dont l'autorité est toujours contestable sitôt qu'elles touchent à un point de droit : c'est ici surtout qu'il nous sera nécessaire de coordonner les décisions de la jurisprudence pour pouvoir combler une pareille lacune : comme nous l'avons déjà dit ailleurs, notre premier soin doit être de faire connaître quelles solutions sont généralement adoptées dans la pratique de chaque jour : le droit administratif est un droit coutumier qui, bien souvent, s'accommoderait mal des spéculations par trop abstraites de la théorie.

Nous traiterons successivement :

1° Des moulins à nef et autres établissements en rivière ;

2° Des prises d'eau concédées dans l'intérêt des irrigations ;

3° Des prises d'eau concédées dans l'intérêt des usines hydrauliques.

PREMIÈRE SECTION

Des moulins à nef et autres établissements en rivière.

222. Les moulins à nef ne peuvent exister sur les rivières navigables ou flottables qu'en vertu d'une autorisation délivrée dans la forme que nous déterminerons ultérieurement ; il en est de même de tous les établissements industriels établis sur une rivière et qui ont pour moteur, non point une prise d'eau, mais le courant lui-même. Ce principe avait été reconnu par les anciens réglements locaux, notamment par les arrêts du Conseil des 17 juillet 1782 et 23 juillet 1783 relatifs l'un à la Garonne, l'autre à la Loire ; il a été dans notre jurisprudence moderne consacré par les deux arrêts du Conseil du 19 mai 1835 (Lebon, 35-348). Tout moulin à nef non autorisé peut être immédiatement supprimé : la

jurisprudence n'admet même pas qu'une possession immémoriale soit équivalente à une autorisation régulière ; c'est ce qui résulte nettement d'un arrêt du 8 juin 1831 (Lebon, 31-234). Bien que le préfet de Lot-et-Garonne eût reconnu lui-même que le moulin de Palanque avait existé de tout temps sur la rivière de Garonne, le Conseil d'État n'en décida pas moins que l'on avait pu légalement enjoindre à ses propriétaires de le faire disparaître sans retard : « Considérant qu'il s'agit, dans l'espèce, d'un moulin situé sur une rivière navigable qui n'est pas susceptible de propriété privée ; — que la suppression de la force motrice empruntée à cette rivière ne pourrait donner lieu à une indemnité, qu'autant que le réclamant exhiberait un titre ancien dont il ne justifie pas. » — L'autorisation une fois accordée est toujours susceptible de révocation sans que le propriétaire du moulin puisse prétendre à aucun dédommagement : la concession qui lui avait été faite ne peut être maintenue qu'autant qu'elle se conciliera avec les besoins du service de la navigation. Bien entendu, nous réservons le cas où ce propriétaire peut justifier d'un titre légal : nous aurons plus tard à rechercher le sens de cette expression et à indiquer suivant quelles formes et par quelles juridictions devront être fixées les indemnités auxquelles donne lieu la suppression d'un moulin. Les règles sont les mêmes qu'il s'agisse d'établissements en rivière ou d'usines alimentées par une prise d'eau. C'est ainsi qu'il a été décidé que les propriétaires des moulins établis sur le pont de Pontoise devaient être indemnisés pour le préjudice que leur causaient des travaux exécutés dans le lit de l'Oise, par ce motif que leur titre, remontant à l'année 1198, constituait en leur faveur un droit irrévocable. (Paris 1er août 1835. — Dev. 35-2-402). L'arrêt dn Conseil du 9 avril 1863 (Lebon, 63-339) porte également qu'un moulin construit en 1624 sur la troisième arche du pont de Vernon avait une existence légale par cela seul que le droit d'établir ce moulin avait été concédé antérieurement à 1566 : nous signalerons plus tard l'importance de cette décision, qui a mis fin à une controverse souvent agitée dans la doctrine. — La question s'est élevée de savoir si un moulin à nef concédé moyennant une redevance annuelle jouit du même privilége que le moulin concédé moyennant une somme une fois payée. Non, répond l'arrêt du 14 janvier 1839 (Lebon, 39-49) : l'avis ministériel qui l'a précédé montre parfaitement que la solution opposée serait de tous points inacceptable. « Si l'on conçoit qu'une indemnité puisse être due aux propriétaires des usines, en cas de suppression, lorsqu'elles n'ont été autorisées que sous la condition d'un capital versé dans la caisse de l'Etat pour prix de l'autorisation, rien ne saurait justifier l'allocation d'une pareille indemnité lorsque les usines ont été autorisées, soit à titre gratuit, soit sous la condition d'une simple redevance annuelle qui doit nécessairement cesser avec la suppression de la tolérance. Admettre une doctrine contraire et reconnaître aux propriétaires d'usines supprimées, alors même qu'elles n'auraient été autorisées que moyennant la condition d'un capital déboursé, le droit de prétendre au dédommagement intégral de leur perte actuelle, tel que pourrait l'exiger un propriétaire incommutable, ce serait en réalité traiter les détenteurs à titre précaire des biens de l'Etat avec plus de faveur que la loi du 14 ventôse an VII n'a traité les engagistes des biens de l'Etat susceptibles d'être aliénés. J'ajouterai qu'une semblable faveur est d'autant moins justifiée que la plupart des détenteurs dont il s'agit se sont trouvés affranchis, par suite des lois abolitives de la féodalité, des redevances qui leur avaient été imposées par la déclaration de 1683. »

223. Le fait d'avoir établi sans autorisation un moulin à nef sur une rivière navigable constitue une contravention de grande voirie et rentre sous l'application de l'art. 9 de

l'arrêt du 24 juin 1777 : l'amende sera de 1000 livres contre le propriétaire contrevenant, sauf à appliquer, s'il y a lieu, la disposition générale de la loi du 23 mars 1842 (Conseil d'Etat, 21 nov. 1839, — Lebon, 39-538). Suivant nous, on doit considérer comme étant encore en vigueur les textes spéciaux applicables à certaines rivières et qui prononcent des pénalités moins sévères que l'arrêt de 1777 : sur la Garonne, le maximum de l'amende sera de 500 francs (arrêt du 17 juillet 1782) ; sur la Loire, de 300 francs seulement (arrêt du 23 juillet 1783). — Ces anciens réglements permettaient de poursuivre, non-seulement le propriétaire du moulin, mais encore le fermier qui l'exploitait « à peine de châtiment exemplaire contre les meuniers ayant la conduite desdits moulins » porte l'arrêt du 17 juillet 1782 : nous avons à peine besoin de dire qu'une disposition ainsi libellée est aujourd'hui inapplicable et qu'aucune condamnation ne saurait intervenir contre le fermier. — Reste à examiner deux points de détail : 1° Le propriétaire d'un moulin à nef autorisé peut-il le faire réparer sans autorisation ? Deux arrêts du Conseil des 20 avril 1839 et 16 juillet 1842 (Lebon, 39-235 ; ibid., 42-283) ont décidé qu'il ne saurait être poursuivi de ce chef : « Considérant que les lois et réglements relatifs à la police des fleuves et des rivières navigables et flottables ne contiennent, à l'égard des moulins dont l'existence est fondée en titres ou de ceux dont la conservation a été tolérée, aucune disposition en vertu de laquelle les propriétaires desdits moulins soient tenus de se pourvoir d'une permission préalable toutes les fois qu'il devient nécessaire de réparer les usines... » D'où cette conclusion que l'administration ne pourra dresser de procès-verbal et ne pourra s'opposer aux travaux dont s'agit qu'autant qu'il en résulterait un embarras pour le service de la navigation : on retomberait ici dans le cas prévu par l'art. 9 de l'arrêt du 24 juin 1777. La solution serait toute autre, d'après la jurisprudence, s'il s'agissait d'une reconstruction totale et non plus d'une simple réparation ; le propriétaire doit se munir d'une autorisation tout comme s'il voulait créer un établissement nouveau. Quelque sérieux que puissent paraître les droits de ce propriétaire, l'administration peut toujours lui répondre par un refus, à moins qu'il ne rapporte un titre légal (Conseil d'Etat 8 juin 1831, — Lebon, 31-233) : elle n'en arrive du reste à cette mesure extrême qu'autant que les circonstances l'exigent impérieusement ; elle se borne le plus souvent à prescrire les modifications dont la nécessité lui est démontrée. « En droit, disait en 1831 M. le directeur général des ponts et chaussées, le sieur B.... ne saurait prétendre à aucune indemnité. Mais en examinant la question sous le point de vue de l'équité, on peut considérer que sur la foi de la permission qu'il a obtenue, en 1807, le sieur B.... a fait les avances nécessaires pour créer un établissement qu'on reconnaissait alors ne porter aucun préjudice à la navigation. Le moulin a été détruit par un cas de force majeure. Si son rétablissement pouvait avoir lieu sans nuire en aucune manière au service public, il serait bien rigoureux de l'interdire. Dans l'hypothèse où l'innocuité d'une semblable autorisation serait effectivement reconnue par l'administration, elle devrait être subordonnée à la clause explicite, conformément aux principes et aux réglements sur la matière, d'enlever le moulin à la première réquisition de l'autorité administrative et sans que cette suppression puisse créer aucun droit quelconque à une indemnité. » Nous reviendrons au surplus sur cette question dans le cours de ce chapitre (v. n° 331). 2° Y a-t-il contravention de grande voirie lorsqu'un moulin autorisé a été déplacé par son propriétaire et conduit hors de l'endroit précis où était fixé son lieu de stationnement ? Un arrêté du Conseil de préfecture de la Gironde du 7 février 1839 avait relevé des fins du procès-verbal dressé contre lui, le propriétaire du moulin de Castets, sous prétexte que les amarres et ancres qui retenaient ce moulin n'avaient point été changées de place et que le déplacement du moulin ne constituait pas à lui seul le fait prévu par l'arrêt du 17 juillet 1782. Des difficultés de procédure s'opposèrent à ce que le Conseil d'Etat tranchât directement la question ; le pourvoi du Ministre des travaux publics fut déclaré non recevable par arrêt du 10 juillet 1840 (Lebon, 40-205). Mais en général les auteurs sont absolument contraires à la doctrine admise par le Conseil de Préfecture de Bordeaux : les motifs de sa décision ne se soutiennent point en présence des critiques dirigées contre lui par le Ministre des travaux publics. « Si l'on consulte l'arrêt du 17 juillet 1782 spécial au réglement de la navigation de la Garonne, mais qui développe les ordonnances antérieures sur la matière, on trouve (art. 6 et 7 du titre III, l'expresse défense de placer les moulins à nef, sous quelque prétexte que ce soit, dans le courant de la rivière servant à la navigation, l'injonction de prendre conformément aux réglements, une ordonnance qui fixe l'emplacement de ces moulins, enfin l'interdiction de changer ces moulins hors de l'emplacement qui aura été marqué sans une permission préalable. Comme on le voit, ces prescriptions, qui défendent tout déplacement non autorisé, s'appliquent textuellement aux moulins à nef eux-mêmes et nullement aux moyens d'attache ou aux ancres dont le nom ne se trouve pas même écrit dans l'Ordonnance. Comment donc le Conseil de Préfecture a-t-il pu chercher à faire prévaloir une jurisprudence contraire, qui consisterait à condamner tout déplacement des ancres des moulins et à proclamer, sous cette seule réserve, la liberté indéfinie qu'auraient les usiniers de déplacer à leur gré ces établissements ? »

224. D'assez nombreux documents sont relatifs aux établissements situés dans le département de la Seine ; à

raison de leur importance, on a dû les soumettre à une règlementation générale, et ce, sans préjudice des prescriptions particulières qui leur sont imposées par leurs actes d'autorisation. Le décret du 2 août 1807 (art. 10) porte : « Il sera fait un règlement pour la police des bateaux, des bâtiments de bains et de ceux de blanchissage, afin de les assujettir à des règles qui assurent la facilité de la navigation. » L'art. 183 de l'Ordonnance de police du 25 octobre 1840 est encore plus catégorique : « Il est défendu de faire aucun établissement flottant ou adhérent au sol, soit dans le lit des rivières et canaux, soit sur les ports et berges sans en avoir préalablement obtenu l'autorisation. » L'arrêté ministériel du 2 mars 1809 fixe les conditions auxquelles seront assujettis les propriétaires des établissements en rivière : ainsi que le dit l'art. 3, elles ont pour objet d'assurer au commerce les avantages d'une navigation libre et d'affranchir le service public de tous les obstacles qui pourraient le compromettre ou l'entraver. Les art. 4-6 portent en conséquence : 1° qu'il devra toujours y avoir entre les établissements et le chemin de la navigation une distance suffisante pour qu'en tout temps les bateaux puissent descendre et remonter librement ; — 2° que les permissions accordées seront personnelles pour ceux qui les auront obtenues ; — 3° que ces établissements ne pourront être vendus, loués, remplacés ou changés de destination sans une autorisation expresse. A l'origine, les autorisations de cette nature étaient délivrées par le préfet de police : c'est ce qui résultait des arrêtés des 12 messidor an VIII (art. 32, § 2) et 3 brumaire an IX (art. 1er). Cette législation a été modifiée par le décret du 10 octobre 1859, qui a fait rentrer ce service dans les attributions du préfet de la Seine, probablement, dit M. Leberquier (Commune de Paris, p. 408), à raison de la perception municipale qui s'y rattache. Suivant l'art. 1er de ce décret, le préfet de la

Seine accorde les permissions pour établissements sur la rivière, les canaux et les ports. L'art. 2 apporte une restriction immédiate à ce principe ; le préfet de police exerce en pareille matière le droit qui lui est conféré par l'art. 34 de l'arrêté du 12 messidor an VIII : en d'autres termes, il conserve un droit de surveillance générale. Comme sanction, le décret décide 1° que si les indications et réquisitions du préfet de police ne sont pas suivies d'effet, il pourra en être référé au ministre compétent ; — 2° que si le préfet de police fait opposition à l'exécution de travaux pouvant gêner la circulation, ils ne pourront être commencés ou continués qu'avec l'autorisation du ministre compétent. L'art. 3 traduisant cette idée d'une manière plus pratique encore, veut que le préfet de la Seine prenne antérieurement à toute décision l'avis du préfet de police ; en cas de dissentiment, le ministre compétent sera appelé à statuer. — Il est bon de remarquer que le décret de 1859 ne s'applique qu'aux rapports du préfet de police vis-à-vis du préfet de la Seine, « décret relatif aux attributions du préfet de police vis-à-vis du préfet de la Seine, » porte le Bulletin des lois. D'où l'on a conclu qu'il ne devait point recevoir d'application dans les communes de Saint-Cloud, Meudon et Sèvres, dépendant du département de Seine-et-Oise et soumises, comme on le sait, à la surveillance du préfet de police : ici l'autorité du préfet de police subsiste pleine et entière, dans les termes des arrêtés de l'an VIII et de l'an IX, aucun pouvoir n'a été conféré au préfet de Seine-et-Oise relativement aux établissements en rivière. Ce que nous venons de dire présente un intérêt pratique assez considérable : la plupart des bateaux qui servent à Paris d'écoles de natation stationnant pendant l'hiver à poste fixe, sur un des bras de la Seine compris en entier dans le territoire de la commune de Meudon.

225. Une des clauses principales que la préfecture de la

Seine impose aux concessionnaires des établissements en rivière est de souffrir, sans pouvoir réclamer d'indemnité, toutes les restrictions nécessitées par le service de la navigation : conformément au droit commun, la suppression en peut toujours être prononcée dans ces termes, à moins qu'il ne soit justifié d'un titre légal. — Art. 7 de l'arrêté ministériel du 2 mars 1809. « Les propriétaires seront tenus de les déplacer, retirer et enlever au premier ordre qui leur sera donné, sans pouvoir réclamer aucune indemnité sous quelque prétexte que ce soit. » Deux années auparavant, le décret du 12 août 1807 avait prescrit la suppression immédiate des filets et moulins qui gênaient la navigation de la Seine au pont Notre-Dame, ainsi que des autres obstacles subsistant dans l'intérieur de Paris, à l'exception toutefois des machines hydrauliques qui devaient subsister jusqu'à ce que le canal de l'Ourcq fut en activité. En présence de l'arrêté de 1808, il semble bien certain que le préfet est investi d'un pouvoir discrétionnaire sur tous les établissements situés dans le département de la Seine. Ce point a pourtant été contesté par leurs propriétaires : la question s'est posée à l'occasion d'un arrêté qui interdisait de réparer sans autorisation des bateaux à lessive jugés nuisibles, mais dont la suppression ne paraissait pas devoir être ordonnée immédiatement : l'arrêt du conseil du 2 août 1870 (Lebon, 70-964) a rejeté le pourvoi formé par les intéressés. « Considérant, dit-il, qu'aux termes de la loi des 22 décembre 1789 - 16 janvier 1790, de l'instruction législative des 12-20 août 1790, et de l'arrêté du Directoire du 19 ventôse an VI, les préfets sont chargés de veiller à la conservation et à l'entretien des rivières navigables et de prendre les mesures de police propres à assurer le libre écoulement des eaux et le service de la navigation ; qu'aux termes de ces dispositions, il appartenait au préfet du département de la Seine d'apprécier dans quelle mesure le montant des établissements stationnant sur la rivière et dans la traversée de Paris pouvait se concilier avec le service de la navigation et, s'il y avait lieu, d'ordonner la suppression de ceux de ces établissements qui seraient nuisibles à ce service ; qu'il suit de là, que si, au lieu de prescrire la suppression immédiate des bateaux lavoirs existant dans la traversée de Paris, le préfet s'est borné à décider qu'ils ne pourraient être l'objet d'aucune réparation de nature à en prolonger la durée, et si, pour assurer l'exécution de cette prescription, il a été interdit qu'aucune réparation ait lieu sans son autorisation, les requérants ne sont pas fondés à se plaindre des tempéraments apportés par l'administration dans l'exercice de son droit..... » — Le même arrêt consacre également une solution assez importante : il décide d'une manière formelle que si le décret du 10 octobre 1859 a prescrit au préfet de la Seine de ne délivrer d'autorisation pour établissements sur la rivière qu'après avoir pris l'avis du préfet de police, il ne s'ensuit pas qu'il soit obligé de demander l'avis du préfet de police, soit pour prononcer la suppression des dits établissements, soit pour prendre un arrêté restreignant la jouissance de leurs propriétaires. Nous ne croyons pas que l'on puisse élever de difficulté sur ce point : ce n'est qu'à titre d'exception que le préfet de la Seine doit consulter le préfet de police ; or, on se rappelle le brocart : « Exceptiones sunt strictissimæ interpretationis. »

226. Une Ordonnance de police du 19 floréal an XIII s'est occupée de la situation des bateaux à lessive si nombreux dans l'intérieur de Paris. Elle commence par déclarer que toutes les autorisations accordées antérieurement sont révoquées et que tous les propriétaires des établissements existants devront dans le mois se pourvoir d'un titre nouveau ; ils indiqueront dans leurs pétitions le nombre et la dimension de leurs bateaux ainsi que l'emplace-

ment qu'ils occupent (art. 1-3). Les permissions de tenir bateaux à lessive ne seront accordées qu'à condition qu'il y soit réservé des places où les indigents pourront laver leur linge sans avoir à payer aucune rétribution : le nombre de ces places sera fixé par le préfet de police (depuis 1859 par le préfet de la Seine) en proportion de la grandeur et du produit présumé des bateaux (art. 4). Enfin l'art. 5 interdit d'étendre du linge sur les berges et enjoint d'enlever les pierres, tréteaux, planches, perches et autres ustensiles qui seraient placés sur le bord de la rivière pour laver, étendre ou sécher le linge. L'Ordonnance du 25 octobre 1840 a laissé subsister ces prescriptions : elle se borne à les compléter de manière à prévenir les accidents ou tout au moins à en atténuer les suites. Les propriétaires de bateaux à lessive sont tenus d'établir des chemins solides et bordés de garde-fous à hauteur d'appui pour faciliter l'accès des bateaux : les embarcations destinées à supporter ces chemins devront avoir au moins 3 mètres de longueur sur 2 de largeur (art. 184). Les bateaux à lessive devront en tout temps être solidement amarrés et munis de cordes, crocs, perches, etc..., pour porter secours en cas de besoin : dans le même but, un bachot muni de ses agrès devra toujours être attaché à l'établissement. Les propriétaires des bateaux seront tenus en outre d'avoir constamment à bord de leurs établissements un gardien, bon nageur, agréé par l'administration, et une boîte de secours en bon état (art. 185).

227. Nous avons encore à signaler les mesures prises relativement aux bateaux servant d'établissements de bains. L'Ordonnance de 1840 (art. 189) pose en principe : 1° que les propriétaires de ces établissements sur la Seine et sur la Marne sont tenus de ne nuire en aucune manière au service des rivières, des berges et des ports; 2° qu'ils devront retirer au 30 septembre de chaque année, époque fixée pour la clôture de la saison des bains, les bateaux, fonds de

bois, planches, pieux, perches et autres objets dépendant de leurs établissements, conduire leurs bateaux dans les gares et ne laisser aucun objet déposé sur les ports et berges sous quelque prétexte que ce soit. Du reste, cette dernière prescription n'est pas rigoureusement appliquée par la préfecture qui tolère à titre permanent sur la rivière certains établissements de bains : les bateaux servant aux établissements de bains froids sont les seuls que l'on considère comme rentrant dans les prescriptions de l'Ordonnance et dont le garage ait lieu au terme fixé. Les conditions imposées aux propriétaires de ces établissements ont principalement pour but d'assurer la sécurité des baigneurs : ainsi, suivant l'article 187, toutes précautions seront prises pour que les communications avec la rive ne puissent être interrompues ; un filet assez fort pour empêcher de passer sous les bateaux devra être constamment tendu. Les propriétaires doivent s'engager à tenir leurs bateaux constamment en bon état et garnis de tous les ustensiles nécessaires, tels que cordes, crocs, perches, filets ; se pourvoir d'une boîte de secours et l'entretenir constamment en état, avoir continuellement un bachot muni de ses agrès pour porter secours au public en cas de besoin, n'ouvrir les bains au public qu'après qu'ils auront été visités par l'inspecteur de la navigation et reconnus en bon état, etc., etc..... De plus, chaque année intervient une Ordonnnance de police qui rappelle au public les règlements antérieurs : elle fixe les parties de la rivière ou les bains pourront avoir lieu et les interdit formellement sur les canaux. En dehors du département de la Seine, des arrêtés analogues peuvent être pris par les préfets ou par les autorités municipales, en vertu des pouvoirs généraux qui leur sont conférés. La légalité de semblables mesures ne saurait être contestée, et au cas de contravention, il y aurait lieu d'appliquer les peines de l'article 471, § 15, C. Pénal. (Crim. Cass. 15 octobre 1824. Dev. C. N. 7-1-542). Souvent également, l'individu qui aurait méconnu ces arrêtés de police pourra non-seulement être poursuivi pour simple contravention, mais encore encourir une peine plus grave, le cas échéant : c'est ainsi que la personne qui s'est baignée en dehors des places et établissements autorisés, peut être suivant les circonstances, inculpée d'outrage public à la pudeur : la Cour de Cassation accorde toute latitude aux tribunaux correctionnels pour apprécier si les circonstances de l'espèce, qui leur est soumise, n'autorisent pas l'application de l'article 330, C. Pén. (Crim. Rej., 6 octobre 1870. Dev. 70-1-438.)

228. Les moulins sur bateaux, ainsi que les autres établissements en rivière, ne peuvent être autorisés que sous réserve des droits des tiers. Cette clause revient invariablement dans tous les actes qui interviennent en pareille matière. Elle n'est que l'application du droit commun. Dans notre ancienne jurisprudence, ce point avait plus particulièrement attiré l'attention des auteurs : « L'art. 237 de la Coutume de Blois, dit Denizart (Coll. de jurispr., T. II, Partie II, p. 216, Ed. de 1765), veut que les moulins à eau soient construits de manière qu'ils ne puissent nuire à la navigation, et qu'on ne puisse submerger ni noyer les terres d'autrui par la retenue des eaux. V. aussi l'art. 256 de la Coutume d'Orléans. Divers arrêts de la Cour, en interprétant et développant même cette disposition, ont non-seulement condamné divers propriétaires de moulins et bacs flottant sur la rivière de Loire à rembourser aux marchands fréquentant la rivière de Loire, les frais par eux avancés pour le déplacement des moulins, mais ont fait défense aux meuniers de les tenir autrement que cul à cul, de droit fil en droit fil libre, de manière que la rivière demeure toujours navigable au plus profond de l'eau libre, droite et large de huit toises franches. J'ai vu dans un ancien recueil de pièces sur la navigation de la Loire les règle-

ments qui l'ont ainsi ordonné et singulièrement des arrêts de là Cour des 28 août 1552, 22 août 1554, 26 avril 1559, 15 avril 1615, 1er mai 1631, 5 septembre 1650, 7 juillet 1665. » — Les tiers peuvent agir contre les concessionnaires des moulins à eau 1º en se fondant sur le dommage qui résulte pour eux du fonctionnement même de ces moulins : ce seront par exemple des usiniers ou des propriétaires de moulins antérieurement existant qui viendront se plaindre du remous occasionné par le jeu d'un établissement récemment autorisé. De nombreuses difficultés peuvent surgir dans cette hypothèse : quelle est la forme du recours autorisé en faveur de ces usiniers? devant quelle juridiction doit-il être porté? Nous nous bornons quant à présent à indiquer ces questions : nous les étudierons en détail lorsque nous les retrouverons plus tard à l'occasion des prises d'eau proprement dites; — 2º en se fondant sur ce que ces moulins constituent un danger pour les établissements antérieurement existants. Un arrêt du Parlement de Paris du 30 juillet 1738, rendu sur la requête des propriétaires du Pont-au-Change, a jugé que les meuniers des moulins qui se tenaient sous les arches de ce pont pouvaient être tenus de faire retirer leurs bateaux à une distance de six toises dudit pont. Denizart expliquait ainsi cette décision : « On croit que la trop grande proximité des moulins dégrade les radiers et les crèches des piles des ponts de pierre. Feu Me Pageau, avocat des propriétaires du Pont-au-Change a fait sur cela un mémoire également savant, curieux et amusant. » Aujourd'hui ce point pourrait donner lieu à quelque discussion : on sait, en effet, que les auteurs ne sont pas d'accord sur l'interprétation à donner à l'art. 1386, C. Civ. Les uns l'entendent en ce sens que le propriétaire d'un bâtiment n'a plus qu'un seul droit vis-à-vis de son voisin, c'est de réclamer une indemnité lorsqu'il a éprouvé un dommage par suite de la chute de l'édifice appartenant à ce voisin : les autres persistent dans les anciennes traditions et autorisent le propriétaire à requérir du juge toutes mesures conservatoires pour éviter un accident imminent. (V. sur cette controverse MM. Aubry et Rau, T. IV, § 448, p. 773). Cette dernière opinion nous paraît la plus juridique et nous dirons en conséquence, qu'au cas ou par impossible l'administration ne prendrait pas toutes les précautions voulues pour parer aux dangers qui lui sont signalés, les particuliers intéressés auraient le droit d'agir directement contre le concessionnaire du moulin. Les Tribunaux ordinaires seraient ici seuls compétents ; il ne s'agit pas en effet d'interpréter l'acte de concession, mais de statuer sur le sens des réserves qui y ont été insérées : aucun intérêt administratif ne se trouve en jeu et nous ne voyons en présence que deux particuliers plaidant sur une question d'intérêt purement privé. En fait et dans la pratique de Paris, les parties s'adressent au juge de référé pour faire nommer un expert qui examinera si l'établissement dont il s'agit présente les conditions de solidité désirable et prescrira les mesures nécessaires. — Au cas ou un dommage actuel serait survenu par le fait d'un moulin sur bateau, la responsabilité du propriétaire ne peut faire doute s'il n'a pas pris toutes les précautions voulues : cette hypothèse ne se présentera que très-rarement ; il faut supposer en effet que ce propriétaire aura résisté aux injonctions réitérées du service de la navigation. Reste à savoir si en sens inverse aucune indemnité ne pourra être réclamée à raison d'un cas fortuit, par exemple lorsque le moulin, quoique solidement maintenu aura été enlevé par une débâcle imprévue : nous renvoyons pour l'examen de cette question aux développements que nous donnerons au n° 313 de ce volume.

229. Quelle est au point de vue de la loi civile la situation des moulins établis sur les cours d'eau navigables ? Le

Code s'est d'abord occupé des moulins fixes et à perpétuelle demeure. Naturellement cés moulins devaient être considérés comme immeubles : c'était un point qui n'avait jamais fait doute autrefois « Moulin pendant, étant sur rivière ou ruisseau, fiché sur piliers ou autre établissement stable et immobile est réputé immeuble » disait l'art. 222 de la Coutume de Tours. Les auteurs s'étaient seulement demandé dans quelle catégorie d'immeubles il fallait les faire rentrer : suivant l'opinion commune, on ne devait voir en eux que des immeubles par destination. Pothier (Tr. de la Communauté, n° 37) enseigne très-nettement ce système : « Un moulin à vent n'étant censé immeuble et faire partie du fonds de terre sur lequel il est placé que parce qu'il y est placé pour perpétuelle demeure, c'est une conséquence qu'il ne doit être réputé tel que lorsqu'il y a été placé par le propriétaire de la terre, et qu'il en doit être autrement s'il y avait été placé par un usufruitier ou par un fermier de la terre : car on ne peut pas dire en ce cas qu'il ait été placé pour perpétuelle demeure, l'usufruitier et le fermier étant présumés ne l'avoir placé que pour le temps que devait durer l'usufruit et le bail et devant l'emporter après la fin de l'usufruit ou du bail. » — Les rédacteurs du Code se sont placés à un point de vue différent. Article 519 : « Les moulins à eau ou à vent fixés sur piliers et faisant partie du bâtiment sont aussi immeubles par leur nature. » Ainsi, les moulins sont aujourd'hui immeubles par nature. Ce principe qui semblerait indiscutable, a toutefois trouvé des contradictions, notamment Toullier (T. III, n° 11) et Delvincourt (T. I, p. 332, Edit. de 1834). « Pothier, dit ce dernier auteur, pense avec raison qu'un moulin bâti par l'usufruitier sur le fonds dont il a l'usufruit est meuble et tombe en conséquence dans la communauté qui peut exister entre lui et sa femme, etc... Il en serait de même de tout autre édifice, à plus forte raison, si la construction a été faite par le locataire. En général, le bâtiment n'est immeuble que comme accessoire du fonds, et alors, il doit appartenir au propriétaire de ce même fonds ; mais quand il appartient à un autre, il ne peut plus être considéré comme accessoire du fonds ; il perd donc ce qui lui donnait la qualité d'immeuble. D'ailleurs, quand on le considère comme appartenant au locataire ou à l'usufruitier, il faut le considérer comme détaché du fonds : car, autrement, il appartiendrait au propriétaire puisque la propriété du sol emporte celle du dessus et du dessous. Or, détaché du fonds, ce n'est plus un bâtiment, ce sont des matériaux et par conséquent des meubles. » Nous avouons, pour notre part, que nous ne comprenons pas cette argumentation en présence des termes si formels de la loi : « Les moulins... sont aussi immeubles par nature, » et aucun raisonnement ne saurait prévaloir contre cette énonciation si nette et si précise.

230. Une première difficulté se pose tout d'abord sur notre article 519. Rien de plus juste, disent certaines personnes, que de considérer comme immeubles par leur nature les moulins à eau construits sur une rivière qui n'est ni navigable ni flottable : mais, peut-on concevoir que le principe soit le même, lorsqu'il s'agit d'une rivière navigable ou flottable? L'article 519 est fondé sur le brocart : « omne quod inædificatur solo cedit. » Or, le lit des rivières navigables appartient à l'Etat : donc réputer immeuble par nature un immeuble construit dans ces circonstances, ce serait décider que l'accessoire participe de la nature du principal non-seulement vis-à-vis du propriétaire d'un fonds, mais encore vis-à-vis du tiers qui a construit sur ce fonds. On argumente par voie d'analogie des dispositions de l'article 555, C. Civ. : les constructions et plantations faites par un tiers avec ses matériaux sont bien par rapport au propriétaire immeuble comme le fonds lui-même : mais le droit du tiers sur ces objets ne peut être qu'un droit mobi-

lier puisqu'il se résoudra en une indemnité pécuniaire, suivant les distinctions spécifiées dans la loi. M. Duranton (T. IV, n° 24) répond avec raison que notre question ne doit pas se décider par les principes de l'accession, mais par ceux qui régissent le droit de superficie. En concédant la faculté d'établir l'usine, l'Etat a concédé par cela même le droit de superficie sur la partie de la rivière sur laquelle elle sera établie; or, le droit de superficie, c'est-à-dire le droit d'avoir comme sien un édifice sur le terrain d'autrui, produit pendant la durée de la concession tous les avantages inhérents à la propriété pleine et entière : c'est ainsi qu'à Rome le superficiaire était si bien assimilé au propriétaire du fonds qu'on lui donnait comme à l'emphytéote une action réelle et utile contre le tiers détenteur ; qu'on lui permettait d'établir sur le fonds un droit de servitude ou d'usufruit(L. 1, princ. et § 7; ff. de superficiebus), de faire en un mot, tout ce que le propriétaire lui-même a le droit de faire dans les cas ordinaires. Cette explication est des plus plausibles et tous les auteurs s'y rattachent invariablement : ajoutons que, dans la pratique, aucun doute ne paraît s'être élevé sur ce point.

231. Seconde question : que faut-il décider à l'égard des moulins et autres établissements qui sont simplement posés sur des piliers en bois ou en maçonnerie et qui ne sont pas ainsi physiquement incorporés au sol ? Nos anciens auteurs examinaient déjà dans quelle catégorie de biens il convenait de les ranger. « Les moulins à vent sont immeubles comme inhérents au fonds, dit Lebrun (Tr. de la Comm. Livre I, ch. v, n° 32). Il en faut dire autant de ceux qui sont sur de simples solives posées sur le rez-de-chaussée et non enfoncées en terre, comme il s'en voit beaucoup en Anjou ; car je les tiens encore immeubles, contre l'avis de Pineau, à cause qu'ils sont placés pour perpétuelle demeure et le plus souvent bannaux et dépendants de la justice. Les moulins à eau qui sont permanents sont de même nature,

etc..... » Cette solution avait été à l'origine acceptée par
la pratique : c'est ainsi qu'un arrêt de cassation du 12 mai
1834 (Dev. 34-1-639) décidait qu'un moulin simplement
posé sur quatre piliers en maçonnerie n'en était pas moins
un immeuble par nature, qu'en conséquence la vente d'un
tel moulin était passible du droit proportionnel de 5 1/2 pour
cent et non pas de 2 pour cent. Mais depuis, un jugement du tribunal de Douai du 27 mars 1850 (J. du Pal.
Bulletin des décisions en matière d'enregistrement, art. 128)
a positivement consacré la doctrine contraire en insistant
sur ce fait que le moulin non fixé au sol pouvait dans l'espèce être facilement déplacé. Enfin la Cour de Cassation
elle-même est revenue sur sa propre jurisprudence ; il résulte de l'arrêt de rejet de la Chambre Civile du 19 avril
1864 (Dev., 64. 1, 286) qu'un moulin bâti dans ces conditions ne peut être qu'un meuble et que des officiers publics
ayant capacité pour la vente des meubles peuvent procéder
à sa vente. La portée de ce dernier arrêt a toutefois été contestée par MM. Aubry et Rau (T. II, §, 164, p. 5) qui ne le
regardent que comme un arrêt d'espèce. Nous reconnaissons
volontiers que des circonstances de fait considérables ont
influé sur l'esprit des juges; qu'ils se sont surtout préoccupés de cette particularité que le moulin n'avait été placé
que pour un temps limité sur les piliers en question et que
le locataire s'était réservé la faculté de le déplacer lors de
l'expiration du bail. Mais il n'en est pas moins vrai que la
Cour a entendu statuer d'une manière générale et en
dehors de toutes les circonstances auxquelles nous faisions
allusion ; deux des considérants ne laissent aucun doute à
ce sujet : « Attendu qu'il est constaté par l'arrêt attaqué que
le moulin à vent dont s'agit était posé sur quatre piliers
en maçonnerie, maintenu en équilibre, sans aucune attache
par un seul poids, pouvant être déplacé sans dislocation du
tenant ou des appuis qui le supportent, subsistant et pou-

vant fonctionner indépendamment de ces appuis, lesquels
ne sont par rapport à lui qu'un mode de nivellement et de
consolidation du terrain ; — Attendu que si ces piliers établis dans le sol sont immeubles par leur nature, il n'en est
pas de même du moulin qui y a été superposé, sans adhé-
rence aux piliers ni au sol... » Nous dirons donc qu'un moulin n'est immeuble qu'autant qu'il est fixé sur les pilotis qui
le soutiennent, de manière à n'en pas pouvoir être séparé
sans fracture, ni détérioration. A quoi M. Demolombe
(T. IX, n° 125) objecte qu'aux termes de la loi, les portes
d'une maison sont immeubles par leur nature, alors qu'elles
ne sont que posées sur leurs gonds et que le plus léger
effort suffit pour les déplacer : preuve évidente suivant lui,
que pour déterminer si une chose est meuble ou immeuble,
il n'y a point à rechercher si elle peut ou ne peut pas être
séparée sans effort de l'immeuble auquel elle est unie. Mais
nous ferons remarquer que l'art. 525 du Code Civil dit, au
contraire, en termes formels, que des objets mobiliers ne
peuvent être considérés comme un immeuble par nature que
si le propriétaire les a attachés au fonds à perpétuelle demeure, c'est-à-dire que s'ils « ne peuvent être détachés sans
être fracturés ou détériorés ou sans briser ou détériorer la
partie du fonds à laquelle ils sont attachés. » Donc le législateur a expressément admis la base d'appréciation que
M. Demolombe voudrait faire rejeter. Quant à dire que
les moulins bien que simplement posés sur piliers doivent
être immeubles au même titre que les portes simplement
posées sur leurs gonds, nous croyons que c'est là une idée
absolument fausse. Si les portes sont immeubles par nature
c'est qu'elles sont pour tout bâtiment un accessoire tellement indispensable qu'elles se confondent avec lui : M. Demolombe reconnaît lui-même (T. IX, n° 290) que c'est là
l'unique cause de leur assimilation : « Nous considérons
comme un immeuble par leur nature toutes les parties,

toutes les pièces constitutives et *intégrantes* du bâtiment, *ad integrandam domum ;* et celles-là, nous les considérons comme immeubles par leur nature, non-seulement lorsqu'elles y sont physiquement adhérentes, mais même lorsqu'elles sont mobiles et transportables. » Ne serait-il pas déraisonnable de soutenir qu'un moulin à eau est l'accessoire des piliers sur lesquels il est posé et participe pour ce motif de leur nature immobilière? Il constitue au contraire par lui seul un objet déterminé, ayant sa nature propre et particulière. Donc l'assimilation proposée par M. Demolombe est de tout point inexacte et nous ne nous arrêtons point devant l'argument sur lequel s'appuie le savant jurisconsulte.

232. Arrivons maintenant aux moulins et autres établissements sur bateaux. Il y avait autrefois doute quant au caractère qu'on devait leur reconnaître. La Coutume de Berry les réputait immeubles. Article 3, Tit. IV: « Moulins tant à eau sur bateaux qu'à vent et autres, de quelques sortes qu'ils soient, sont réputés immeubles excepté les moulins à bras. » C'est ce qui se retrouvait dans les Coutumes de Laon (art. 102) et de Rheims (art. 23.) Ailleurs on ne déclarait les moulins à eau immeubles qu'à la condition « qu'il y eût attache et affiche auxdits moulins pour y être perpétuellement. » Telles sont les propres expressions de la Coutume de Tours (art. 221). D'après le droit commun les moulins sur les bateaux étaient essentiellement meubles toutes les fois qu'on pouvait les changer de place sans être obligé de les désassembler et de les dépecer. L'article 90 de la coutume de Paris porte « Ustensiles d'hôtel qui se peuvent transporter sans fraction et déterioration sont aussi réputés meubles ; mais, s'ils tiennent à fer et à clou, ou s'ils sont scellés en plâtre et sont mis pour perpétuelle demeure, et ne peuvent être transportés sans fraction et détérioration, sont censés réputés immeubles comme un moulin à vent et à eau, pressoir édifié en une maison, sont

réputés immeubles, quand ne peuvent être ôtés sans dépecer ou désassembler, autrement sont réputés meubles. »
Le principe était encore posé plus nettement par la Coutume de Nivernais. Article 8, ch. XXVI » Moulins assis
sur bateaux qui se peuvent mouvoir de place en autre sont
réputés meubles. » Ce système a passé dans le Code Civil.
Article 531 : « Les bateaux, bacs, navires, moulins et bains
sur bateaux et généralement toutes usines non fixées
par des piliers et faisant partie de la maison sont réputés
meubles. » — D'après nos anciens auteurs, ce principe devait recevoir une double exception : 1° Les moulins sur bateaux étaient considérés comme immeubles lorsqu'ils étaient
banaux « si annexum habent jus servitutis ut alii tenean-
tur ibi molituram facere, » disait Dumoulin. Nous avons
à peine besoin de dire que cette décision n'offre plus aujour-
d'hui qu'un intérêt de curiosité historique ; — 2° Les bateaux de blanchisseuses établis sur la Seine à Paris étaient
également considérés comme immeubles, parce qu'ils étaient
perpétuellement destinés à occuper un certain endroit de la
rivière concédé par le prévôt des marchands. La question
de savoir si cette doctrine avait survécu à la promulgation
du Code Civil a été résolue dans le sens de la négative par
arrêt de la Cour de Paris du 4 frimaire an XII (Dev. C.
N. 1-2-165). Merlin (Rép. V° Biens, § 1, n° 3) fait observer avec raison qu'elle serait dans tous les cas bien difficile
à justifier « Puisque les moulins sur bateaux destinés
aussi en quelque sorte à l'usage du public dans un certain
canton sont réputés mobiliers, nous ne voyons pas pourquoi les bateaux de blanchisseuses seraient d'une nature
différente. Ils ne sont pas sur la rivière pour le service de
la rivière elle-même, mais pour le service du public : c'est
là leur vrai destination : ainsi quoiqu'ils soient perpétuellement destinés au blanchissage, ils n'en sont pas moins mobiliers que les moulins sur bateaux destinés à une mouture

perpétuelle. Il faut, avec la destination, l'inhérence au fonds : or, ils ne sont inhérents ni à la rivière, ni à aucun endroit qui soit de la qualité des immeubles. »

233. Les moulins sur bateaux et autres établissements en rivière constituent une valeur considérable. Aussi a-t-on reconnu de tout temps qu'il était impossible de les assimiler complétement aux meubles et que sous plus d'un rapport ils devaient être rangés dans une classe à part. C'était une maxime reçue dans notre ancien droit que » moulins à eau se doivent décréter. » « Le 23 octobre 1582, dit Lonet (sur Brodeau, lettre M, sommaire 13, princ. T. II, p. 106) en la cause plaidée aux grands jours séans en la ville de Clermont entre Gautier appelant du bailli d'Orléans et Argis et Hode intimés, il a été jugé que bien que les moulins sur rivières assis sur bateaux soient par la Coutume d'Orléans réputés meubles, néanmoins ils se doivent décréter. D'autant qu'ils gisent en revenu ordinaire et annuel et on y doit garder la forme prescrite par l'Ordonnance des criées et la vente qui avait été faite à l'encan sur le bord de la rivière de Loire a été cassée et ordonné qu'il serait procédé à nouvelle adjudication par décret, Buisson et Ravel, plaidants. » Ferrières (Observ. sur l'art. 90 de la Coutume, T. I., p. 1368) ajoutait : « Dans la vérité, c'est une fiction d'immeuble ; mais cette fiction n'est pas sans raison à cause du prix et de la valeur qui est souvent fort considérable, et, comme ils sont meubles d'eux-mêmes, les deniers de la vente se doivent contribuer: et la vente s'en fera par trois publications, comme pour licitation ; mais il faut remarquer que cette fiction n'est faite que pour empêcher la mouvance de ces sortes de choses, et conclure delà, suivant notre maxime, que la fiction n'aura lieu que pour cet effet seulement, et que pour tous les autres, il seront toujours regardés comme meubles dans les communautés et successions : c'est en quoi ils diffèrent

des offices qui sont réputés immeubles dans les commu-
münautés et successions. » — Le Code Civil se borne
à dire qu'une loi interviendra sur ce point. Article 531
in fine : «.... La saisie de ces objets peut néanmoins,
à cause de leur importance, être soumise à des formes particulières, ainsi qu'il sera expliqué dans le Code de la Procédure Civile. » L'article 620 C. Proc. qui régit la matière
ne va pas aussi loin que l'ancien droit ; il n'oblige pas les
créanciers à suivre la voie de la saisie immobilière, mais il
se borne à ajouter aux formalités ordinaires de la saisie-
exécution une formalité spéciale destinée à donner plus de
publicité à la vente et à sauvegarder ainsi les intérêts du
saisi. « S'il s'agit de barques, chaloupes et autres bâtiments
de mer du port de dix tonneaux et au-dessous, bacs, ga-
liotes, bateaux et autres bâtiments de rivière, moulins et
autres édifices mobiles assis sur bateaux ou autrement, il
sera procédé à leur adjudication sur les ports, gares ou quais
où ils se trouvent ; il sera affiché quatre placards au moins,
conformément à l'article précédent, et il sera fait, à trois
divers jours consécutifs, trois publications aux lieux où sont
lesdits objets : la première publication ne sera faite que huit
jours au moins après la signification de la saisie. Dans les
villes où il s'imprime des journaux, il sera suppléé à ces
trois publications par l'insertion au journal de l'annonce de
ladite vente, laquelle annonce sera répétée trois fois dans
le cours du mois précédant la vente. » Ajoutons que l'article 207 C. Civ. qui modifie ce texte relativement aux
bâtiments de mer, l'a laissé subsister en entier relativement aux moulins sur bateaux et autres établissements en
rivière.

234. Au point de vue fiscal, les moulins sur bateaux
sont assujettis aux mêmes règles que les immeubles. —
Dans notre ancienne législation, aucun doute ne paraît
s'être élevé, quant à l'application de ce principe, et de fait,

cette perception avait lieu sans difficulté de la part des propriétaires. La loi des 23 novembre - 1er décembre 1790 établissant la contribution foncière, ne statua pas sur le sort des moulins sur bateaux ; elle ne contenait aucune disposition qui leur fût propre et semblait ipso facto les exclure du paiement de la contribution foncière. Même silence dans la loi du 3 frimaire an VII, dont le texte ne paraît applicable qu'aux usines hydrauliques proprement dites, c'est-à-dire aux établissements ayant une assiette fixe. De son côté, l'administration essaya de se rattacher aux anciennes traditions et prétendit avoir le droit de soumettre les moulins sur bateaux à la contribution foncière : une clause spéciale par laquelle les propriétaires s'engageaient à la supporter fut annexée à toutes les permissions qui furent délivrées. D'autre part, les propriétaires d'établissements anciens qui se trouvaient sous le coup d'une suppression ad nutum n'essayèrent point de se soustraire aux exigences fiscales. Devant les tribunaux, la question de savoir en quel sens devait être entendue la loi de l'an VII fut longtemps indécise : tantôt les arrêts reconnaissaient comme légitime en droit la perception réclamée ; tantôt ils se bornaient à arguer de l'adhésion tacite, donnée par le propriétaire aux mesures prises contre lui et considéraient son silence antérieur comme un acquiescement. A l'appui de ces décisions, on faisait valoir que l'impôt des patentes était applicable non-seulement aux professions spécialement déterminées par les lois organiques, mais encore à celles qui pouvaient présenter avec elles une analogie quelconque ; or, si l'on pouvait étendre par voie d'assimilation les énonciations de la loi sur l'impôt des patentes, pourquoi ne pas étendre de la même manière les dispositions de la loi sur la contribution foncière ? D'autant plus, ajoutait-on, que les moulins sur bateaux existent en vertu du même titre que les usines proprement dites, c'est-à-dire en vertu d'une autorisation administrative ; dans les deux cas, il s'agit d'une valeur considérable, procurant au propriétaire un égal revenu : quelle raison trouver pour exonérer de l'impôt foncier le propriétaire d'un moulin sur bateau, alors que cet impôt pèse dans toute sa rigueur sur le propriétaire d'une usine ? Preuve évidente que le législateur de l'an VII n'avait pas voulu abroger les anciens règlements et s'y était tacitement référé. Un arrêt du Conseil du 19 janvier 1836 (Lebon, 36-35) condamna néanmoins les prétentions de l'administration ; mais comme il arrive souvent en pareille occurence, le triomphe des propriétaires de moulins fut de courte durée. Un article spécial ajouté à la loi de finances ne tarda pas à venir régler les conditions suivant lesquelles les moulins sur bateaux supporteraient la contribution foncière. Loi du 18 juillet 1836, art. 2 : « Les lois qui régissent les contributions foncière et des portes et fenêtres sont applicables aux bains et moulins sur bateaux, aux bacs, bateaux de blanchisserie et autres de même nature lors même qu'ils ne sont point construits sur piliers ou sur pilotis et qu'ils sont seulement retenus par des amarres. » — « La loi du 3 frimaire an VII, conforme en cela aux anciens édits, porte le rapport de M. Calmon, assujettissait à la contribution foncière des fabriques, manufactures, moulins et autres usines. Par suite de cette disposition, on avait de tout temps porté dans les rôles les bains et moulins sur bateaux et la cotisation de ces usines n'avait donné lieu à aucune réclamation, lorsque le Conseil d'Etat, appelé à statuer sur le pourvoi d'un propriétaire de bains sur bateaux, déclara que les bains flottants sur rivière et non construits sur piliers et pilotis, n'étaient pas imposables d'après l'art. 531 C. Civ. qui porte que les bateaux, bacs, moulins sur bateaux et généralement toutes usines non fixées par des piliers sont meubles. Tous les propriétaires de moulins, bains et usines étant fondés à réclamer le bénéfice de cette décision, il faudrait s'attendre à une diminution sensible de la matière imposable, si une disposition législative ne venait promptement au secours de l'impôt en consacrant, d'une manière formelle, la jurisprudence anciennement suivie par l'administration. Tel est le but de l'article. »

235. Nous aurons, dans le courant de ce chapitre, à insister sur les baux des usines hydrauliques : nous pouvons dire dès à présent que les obligations réciproques du bailleur et du locataire sont les mêmes, qu'il s'agisse d'une usine fixe ou d'un établissement sur bateau ; aucune différence ne peut être faite entre les deux hypothèses, spécialement lorsqu'il s'agit de déterminer si telle réparation doit être mise à la charge du propriétaire. — Lepage (T. II, p. 214), résume avec son exactitude habituelle les usages qui, suivant l'art. 1754, ont force de loi en pareille matière. En principe, le propriétaire n'est tenu que des grosses réparations à faire au bateau ou à l'édifice de charpente qui supporte et renferme le moulin. Comment maintenant déterminer ces grosses réparations ? La formule donnée par Lepage nous paraît assez heureuse « Pour reconnaître les objets de grosse réparation, on distingue ce qui dans une pareille construction représente les gros murs et les poutres. Ainsi, les planches du pourtour du moulin avec les pièces de bois sur lesquelles elles sont attachées sont les véritables gros murs : c'est donc au propriétaire à les réparer si elles manquent par vétusté. » De son côté, le locataire sera tenu de faire calfater le bateau, de le goudronner, et de le sparmer, c'est-à-dire de mettre du suif par-dessus le goudron. Les couvertures ne seront à sa charge qu'autant qu'il s'agira de simples réparations et non d'une réfection totale. Nous verrons plus tard quelle décision il y a lieu de donner quant au surplus du moulin, tels que tournants, travaillants et ustensiles. — Les auteurs agitent une question de détail assez intéressante en pratique ; il

s'agit de savoir qui doit supporter les dégâts causés aux moulins à nef par les débâcles ainsi que par le choc des bateaux ou des bois flottés? Desgodets (Lois des bâtiments, partie II, p. 21) se prononce contre le locataire « aux moulins sur bateaux, si pendant les grandes eaux ou glaces, ou par la surcharge, ruptures de câbles, frottements ou rencontre d'autres bateaux ou autres semblables, les bateaux et corps des moulins sont endommagées, submergés, c'est au meunier ou fermier à faire les réparations en entier de tout ce qui concerne les moulins, bateaux et édifices causées par les accidents. » Goupy nous en donne la raison : c'était au locataire à prendre toutes mesures pour prévenir ces accidents. Mais qu'arrivera-t-il si, en fait, il est impossible de présumer qu'il y a faute du locataire? M. Troplong estime que, même en ce cas, il n'y a pas lieu de le dégrever (Tr. du louage, T. I, n° 182) : il aurait pu, dit-il, exiger du propriétaire qu'on lui fournît des pieux de garde qui auraient empêché que le moulin ne pût être endommagé ; il est en faute de ne pas avoir pris cette précaution. Cette solution est bien rigoureuse, et nous aimerions mieux laisser aux juges le droit de rechercher si, en fait, il y a eu faute réelle imputable au locataire. Ainsi, pour ne citer qu'un exemple, nous ne comprendrions pas qu'il pût être condamné s'il était prouvé que tous les dommages éprouvés par le moulin, proviennent de la rupture d'un barrage éclusé, situé dans la partie supérieure de la rivière ; il suffit d'avoir été témoin d'une semblable catastrophe pour demeurer convaincu que toutes les précautions prises eussent été illusoires : aussi préférons-nous rester dans les termes du droit commun, et décider, qu'au cas de force majeure, le locataire ne peut être tenu d'aucune réparation, même de celles qui sont dites locatives.

DEUXIÈME SECTION

Des prises d'eau concédées dans l'intérêt des irrigations.

236. M. Daviel (T. I n° 370) a écrit que de la domanialité des rivières navigables résultait comme une conséquence nécessaire l'interdiction pour les riverains, d'y faire
des prises d'eau dans l'intérêt des irrigations. Cette doctrine avait déjà été reconnue par les jurisconsultes romains : Pomponius nous dit « Quominus ex publico flumine
ducatur aqua, nihil impedit (nisi imperator aut senatus
vetet) si modo ea aqua in usu publico non erit : sed si aut
navigabile, aut ex eo aliud navigabie fit, non permittitur id
facere. » L. 2 ff. de fluminibus (XLIII. 12). — Au moyen
âge, le principe continua à être appliqué sans difficulté ;
une Ordonnance de Philippe-le-Bel, datée de 1292, porte :
« Nous défendons qu'on ait mares à fosses qui boivent en
rivière ne chantepleures. » De même, nous trouvons dans
une ordonnance de 1326, que « nulle personne, de quelque
état ou quelque condition qu'elle soit, ne peut faire ou avoir
fossé ou champleure qui boive en rivière. » Au surplus,
très-peu de textes s'étaient occupés de cette matière, et
alors que les coutumes et les auteurs qui les commentaient
s'étendent longuement sur le droit des seigneurs de détourner l'eau des rivières non navigables qui coulent dans leurs
fiefs, on ne rencontre guère de dispositions relatives à la
question de savoir si les seigneurs pouvaient de même détourner les eaux des rivières navigables qui bordaient
leurs terres ou les traversaient. L'Ordonnance de 1669
vint plus tard prévenir toute difficulté. Art. 44, Titre
XXVII : « Défendons à toute personne de détourner l'eau
des rivières navigables ou flottables ou d'en affaiblir et
altérer le cours par des tranchées, fossés ou canaux, à

peine par les contrevenants d'être punis comme usurpateurs et les choses réparées à leurs dépens. « C'est ce que nous retrouvons dans l'arrêt du 24 juin 1777 interdisant dans son art. 4 aux riverains des cours d'eau non navigables « d'en affaiblir et changer le cours par aucunes tranchées ou autrement. » A l'époque de la Révolution, un changement complet fut introduit en cette matière; désormais tout particulier eut droit d'établir dans les rivières navigables ou flottables une prise d'eau dans l'intérêt des irrigations : on espérait que les autorités municipales, chargées désormais de concilier les besoins de l'agriculture avec ceux de l'industrie et de la navigation pourraient, par une série de règlements bien combinés et par une surveillance de chaque jour, prévenir tous les abus que redoutait l'Ordonnance de 1669. Le Code rural de 1791 établissait en principe (Art. 4, Sect. I), que « nul ne peut se prétendre propriétaire exclusif des eaux d'un fleuve ou d'une rivière navigable ou flottable ; en conséquence, tout propriétaire riverain peut, en vertu du droit commun, y faire des prises d'eau, sans néanmoins en détourner ni embarrasser le cours d'une manière nuisible au bien général ou à la navigation établie. » Il en résultait que le riverain, jouissant d'une liberté absolue, pouvait établir sa prise d'eau sans avoir besoin comme autrefois de demander une concession à l'autorité supérieure. M. Dufour (T. II, n° 383) a pourtant essayé de soutenir que la loi de 1791 n'apportait aucun changement à la législation antérieure ; il prétend que les particuliers ne pouvant se rendre juges des exigences de l'intérêt public, il s'ensuivait que sous l'empire de cette loi, comme sous celui de l'Ordonnance de 1669, leur droit demeurait subordonné à l'appréciation antérieure de l'autorité administrative. Le savant auteur se met en contradiction bien certaine avec la pratique universellement suivie pendant la période intermédiaire ; il était bien constant alors que le Code de 1791 ne donnait à l'administration qu'un seul droit, celui de contraindre les riverains à supprimer les prises d'eau nuisibles à la navigation, mais qu'elle ne l'autorisait pas à prendre une mesure préventive en imposant aux riverains telles ou telles conditions, et surtout en exigeant d'eux le paiement d'une indemnité. Nous n'en voulons d'autre preuve que les paroles prononcées par le tribun Albisson, le 7 pluviôse an XII, dans le rapport qu'il présentait au Tribunat sur le titre des ervitudes. « Une eau courante peut être employée à son passage à l'irrigation des propriétés qu'elle borde. Il n'y a d'exception à cette règle qu'à l'égard des eaux que la loi, sur la distinction des biens, déclare être une dépendance du domaine public ; en quoi, le projet, conforme sur ce point aux dispositions des anciennes ordonnances, déroge à la loi rurale du 6 octobre 1791, qui permettait aux propriétaires riverains des fleuves et rivières navigables et flottables, d'y faire des prises d'eau, pourvu seulement que le cours n'en fût détourné ni embarrassé d'une manière nuisible au bien général ou à la navigation établie. » (Locré, T. VIII, p. 386).

237. L'état de choses inauguré en 1791 ne dura que sept années ; l'arrêté du Directoire du 19 ventôse an VI ramena le droit des riverains à ce qu'il était avant la Révolution. Article 10 : « Les administrations centrales veilleront pareillement à ce que nul ne détourne le cours des eaux des rivières et canaux navigables ou flottables et n'y fasse des prises d'eau ou saignées pour l'irrigation des terres qu'après y avoir été autorisé par l'administration centrale et sans pouvoir excéder le niveau qui y aura été déterminé. » Enfin, il résulte a contrario de l'article 644 C. Civ., que celui dont la propriété borde une eau courante déclarée dépendance du domaine public n'a le droit de s'en servir pour l'irrigation de ses héritages qu'autant

qu'il jouit d'une concession administrative. M. Nadault de Buffon (T. I, p. 416) justifie cette solution du Code de la manière la plus péremptoire ; il fait observer que c'est surtout dans notre hypothèse qu'il eût été impossible de donner aux particuliers le droit de dériver ad libitum les eaux navigables. Les usines, ainsi qu'il l'établit, se servent de l'eau courante sans en diminuer le volume, de sorte que, quand il existe suffisamment de pente, la même masse d'eau peut, dans un trajet restreint, se transmettre comme force productive et sans déperdition de valeur. Au contraire, ajoute-t-il, cet immense avantage ne se retrouve plus dans l'usage de l'eau que réclame l'agriculture. L'irrigation ne peut avoir lieu sans occasionner une consommation ou une déperdition plus ou moins notable ; en été, et dans les pays chauds, cette absorption aidée par une évaporation continuelle est portée à un point incroyable. Si donc la surveillance administrative n'était pas là pour restreindre cet usage, dans les justes limites qu'il appartient de fixer, il n'y aurait que des abus. Dans tout état de choses, l'irrigation use ou prélève toujours sur la masse commune une quantité d'eau qui ne peut être rendue à son cours ordinaire, tandis que les usines profitent de cette eau sans la consommer définitivement et en rendent à la rivière sinon la presque totalité, au moins la majeure partie.

238. Le principe que nous venons d'exposer régit tous les cours d'eau navigables. Peu importerait en fait que la navigation n'eût été établie qu'artificiellement sur ces cours d'eau ; les riverains privés par les travaux accomplis du droit d'ouvrir librement une prise d'eau pourront seulement réclamer une indemnité à raison du préjudice qui leur est causé et de la nécessité où ils se trouvent de se munir désormais d'une autorisation administrative. La prohibition de détourner l'eau dans l'intérêt des irrigations s'appliquera

même aux bras non navigables des cours d'eau navigables. Ce point a été reconnu par l'arrêt du Conseil du 21 juin 1826 (Macarel, 26-304), aux termes duquel il y a lieu de faire dans l'espèce application aux contrevenants des pénalités prononcées par l'Ordonnance de 1669 et par l'arrêt de 1777. Toutefois une distinction a été proposée : on a soutenu qu'il n'y avait contravention de grande voirie qu'au cas où l'établissement de la prise d'eau dans le bras non navigable pourrait avoir une influence sur la hauteur du niveau de l'eau dans le bras principal, et qu'au cas contraire, si la prise d'eau n'avait pas pour résultat d'entraver indirectement la navigation, le propriétaire riverain ne saurait être traduit devant le Conseil de Préfecture. Il résulte notamment d'un arrêt de rejet de la Chambre criminelle du 18 mars 1825 (Dev. C. N. 8-1-81) que le riverain qui a établi une prise d'eau illicite, ne préjudiciant en rien à la navigation, ne pourrait être poursuivi que pour infraction aux arrêtés administratifs, ayant pour but de réglementer la distribution des eaux dans le bras non navigable. La Cour de Cassation paraît donc admettre que la prise d'eau est en elle-même absolument légale toutes les fois qu'elle n'a pas été ouverte en violation d'arrêtés préfectoraux réglementant la distribution des eaux entre riverains : après avoir statué sur l'hypothèse où la contravention intéresse le régime même de la rivière, l'arrêt ajoute dans un second considérant : « Mais attendu qu'il en est autrement lorsqu'une contravention à un réglement concernant les eaux, commise sur un semblable canal non navigable ni flottable, n'est relative qu'à l'usage ou à l'abus qui a été fait des eaux de ce canal au détriment des intérêts privés des propriétaires riverains ou des usagers sans que la hauteur des eaux de la rivière d'où ce canal est dérivé et où il se décharge, puisse en éprouver d'altération ; qu'alors, cette contravention n'est plus qu'une contravention de petite

voirie de la compétence des tribunaux de simple police.....»
Cette doctrine est des plus contestables en présence de l'article 644, C. civ. Dès qu'il est constant qu'un bras non navigable fait partie du domaine public comme dépendant d'une rivière navigable, la loi doit être appliquée dans toute sa rigueur : le riverain doit toujours demander une autorisation pour établir une prise d'eau dans l'intérêt des irrigations, quand bien même cette prise d'eau ne compromettrait en rien les intérêts de la navigation. L'article 644 a, suivant nous, voulu prévenir les abus qui ne manqueraient point de se produire si le droit de détourner les eaux était reconnu en principe au profit des riverains ; il y aurait inconvénient grave à laisser l'administration désarmée en présence d'entreprises dont la fréquence entraînerait les résultats les plus déplorables ; il vaut mieux lui permettre de prendre d'avance toutes précautions que de l'empêcher d'agir, tant qu'un fait de contravention ne lui sera pas déféré. — En ce qui touche les courants qui se séparent de la rive pour ne plus s'y réunir, et les noues, boires et fossés qui tirent leurs eaux d'une rivière navigable, nous renverrons le lecteur au numéro 6 de cet ouvrage ; nous y avons exposé en détail dans quel cas ces cours d'eau sont assimilés aux rivières navigables et dans quels cas, par conséquent, le droit d'irrigation n'appartient aux riverains que sous autorisation administrative.

239. Il est reçu aujourd'hui sans conteste que l'article 644, C. Civ., ne s'applique pas aux cours d'eau artificiels, c'est-à-dire entièrement creusés de main d'homme ; une jurisprudence que nous nous contentons pour le moment d'énoncer, ne laisse aucun doute à ce sujet. Il en résulte que les riverains des canaux de navigation ne peuvent en détourner les eaux sous prétexte d'irrigation ; nous verrons même qu'aux termes d'un avis du Conseil d'État du 6 octobre 1859 , les prises d'eau ne peuvent

être autorisées sur les canaux que moyennant des formalités spéciales : il a fallu empêcher que sous prétexte de favoriser l'agriculture, on arrivât en fait à rendre leur alimentation plus difficile encore. — La situation des cours d'eau flottables en trains a été tranchée par l'arrêté de l'an VI ; ils sont absolument assimilés aux cours d'eau navigables. Quant aux cours d'eau simplement flottables à bûches perdues, des difficultés peuvent se présenter. A raison de l'intérêt général qui s'attache au flottage à bûches perdues, il serait logique de les faire rentrer dans la même catégorie que les cours d'eau flottables en trains ; mais, en l'absence de tout texte sur la matière, on ne saurait accueillir une pareille dérogation aux principes généraux. Ces cours d'eau ne font pas partie du domaine public ; or, suivant l'article 644, C. civ., « celui dont la propriété borde une eau courante autre que celle qui est déclarée dépendance du domaine public par l'article 538 au titre de la distinction des biens peut s'en servir à son passage pour l'irrigation de ses propriétés….. » Nous reconnaissons bien qu'il y a là une lacune dans la législation du flottage ; mais quel que soit le dommage qui puisse en résulter, nous sommes forcés d'admettre que les prises d'eau peuvent avoir lieu sans autorisation. Il n'y a à cet état de choses qu'un correctif possible ; au cas où il y aurait abus évident dans la jouissance des eaux et où l'on pourrait craindre que le service du flottage ne fût entravé, il appartiendrait à l'administration en vertu de son pouvoir général de surveillance de réglementer ces cours d'eau et de limiter ainsi la jouissance des riverains ; les arrêtés qui interviendront n'auront, il est vrai, pour sanction que les dispositions insuffisantes de l'article 475, § 15, C. pén.; mais, d'autre part, le tribunal de simple police devra ordonner la destruction des ouvrages entrepris par les riverains, ce qui constituera une pénalité accessoire suffisamment exemplaire. — Les cours d'eau flottables à bûches perdues et situés dans le bassin d'approvisionnement de Paris doivent être rangés dans une catégorie à part : aucune prise d'eau n'y peut avoir lieu sans autorisation. Arrêté du Directoire du 13 nivôse an V, article 4 : « Toutes les rivières navigables ou flottables et les ruisseaux servant au flottage des bois destinés à l'approvisionnement de Paris étant propriétés nationales, nul ne peut en détourner l'eau ni en altérer le cours par fossés, tranchées, canaux ou autrement. En cas de contravention, seront les ouvrages détruits réellement et de fait et les localités réparées aux frais des contrevenants, sans préjudice des dommages résultant des pertes occasionnées par leurs entreprises. » Nous avons déjà eu l'occasion de signaler l'erreur dans laquelle sont tombés les rédacteurs de ce texte ; en aucun cas, les cours d'eau flottables à bûches perdues ne font partie du domaine public et l'arrêté peut se justifier non pas par une raison de droit, mais par des considérations d'intérêt général. Sauf cette disposition erronée, il est aujourd'hui pleinement en vigueur en tant qu'il interdit aux riverains tels ou tels travaux ; il a été pris par l'administration en vertu des droits que la loi lui a conférés sur les cours d'eau ; si elle n'avait point qualité pour attribuer au domaine la propriété des rivières flottables à bûches perdues, elle avait parfaitement le pouvoir d'en réglementer la jouissance dans un intérêt général : c'est une mesure de police dont la légalité n'est pas douteuse. Toute infraction constituera une contravention de petite voirie suivant la doctrine généralement admise aujourd'hui (C. d'État, 13 déc. 1866. Lebon, 66-1132) et en outre de la peine prononcée, le juge est obligé par une disposition formelle d'ordonner la destruction des ouvrages et le rétablissement des lieux dans leur état primitif.

240. Les rivières navigables ou flottables ne font partie du domaine public qu'à partir du point où commence soit

la navigation, soit le flottage ; d'où question de savoir si les prises d'eau dans l'intérêt des irrigations sont licites en amont du point où la rivière commence à être domaniale. Ici encore la solution résulte de la manière la plus évidente du texte même de l'article 644 : j'ai le droit de disposer de l'eau courante qui borde ma propriété, par cela seul que cette eau n'est pas domaniale. M. Garnier se prononce toutefois en sens contraire. « Il ne faudrait pas conclure de ce que nous venons de dire que le riverain pût arbitrairement détourner l'eau d'une rivière navigable ou flottable dans la partie de son cours où elle ne l'est pas : car, c'est la réunion de toutes les eaux qui la rend navigable. » (T. I, p. 56) M. Cotelle (T. IV, n° 1224), enchérissant sur son devancier, énumère longuement les dangers que ferait courir à l'intérêt public la reconnaissance du droit d'irrigation au profit des riverains. Il reproche à M. Daviel de ne pas s'en être suffisamment rendu compte. « Que dirait cet auteur, qui fut le défenseur le plus zélé du droit privé sur les eaux courantes s'il voyait la haute gravité, les dimensions et l'opportunité que prend aujourd'hui cette même question, alors que les corps municipaux de nos plus grandes cités de France ont à leur dévotion un service hydraulique dont les ingénieurs se mettent en quête et vont à la découverte des sources hors des limites et quelquefois bien loin de leur territoire, des amas d'eaux souterraines qui contribuent à former les rivières navigables ou seulement flottables, des ruisseaux où se pratique le flottage à bûches perdues, si importants pour l'exploitation des bois, les simples canaux d'irrigation, et enfin, les biefs servant au roulement des usines ? Ces recherches qui ont pour but de procurer d'immenses volumes d'eau pour alimenter les fontaines de ces villes ne tendent à rien moins qu'à détourner, au moyen de puissants siphons, les eaux de source vivifiantes pour le pays ; elles répandent en ce moment les plus vives alarmes pour l'altération qu'en doivent éprouver la navigation, le flottage, l'irrigation des prairies, les eaux des puits, enfin les usines à eau de tout le territoire. » Fort heureusement, la navigation et le flottage sont bien moins menacés que ne paraît le croire M. Cotelle ; sans aucun doute, les riverains peuvent opérer des prises d'eau dans le lit de la rivière ; mais en même temps l'administration a le droit de les surveiller et d'empêcher toute entreprise qui serait de nature à compromettre la navigabilité de cette rivière. C'est ce que l'on trouve déjà consacré par la législation romaine. « Si flumen navigabile sit, non oportere prætorem concedere ductionem ex eo fieri Labeo ait quæ flumen minus navigabile efficiat. » L. 10, § 2 ff. de aqua et aquæ pluviæ arcendæ (XXXIX, 3), et le jurisconsulte donnait de suite la même décision en ce qui concerne les affluents non navigables d'une rivière navigable, « idemque est etsi per hoc aliud flumen fiat navigabile. » Notre ancien droit autorisait de même les riverains à pratiquer des prises d'eau dans les parties non domaniales des rivières navigables, pourvu que ces prises d'eau ne fussent point nuisibles aux intérêts de la navigation. « Comme aussi, dit Legrand (sur Troyes, art. 179, n° 34 ; partie II, p. 314), nous ne pouvons pas tirer l'eau d'une rivière navigable pour en abreuver nos prés, ni aussi d'une rivière non navigable qui tombe en une autre rivière et la rend navigable. (L. quominus 2 in fine ff. de fluminibus), parce qu'on ne peut rien faire qui diminue l'eau et empire la navigation. Or, l'eau est diminuée quand on en tire pour abreuver des prés qui la consomment, (Dict. l. 1 § deterior.; Dig. de fluminibus), et pourtant cela s'entend en cas que la navigation soit notoirement intéressée ; car on doit préférer une grande utilité particulière à une petite utilité publique : ce qui sera remis à l'arbitrage des juges qui en ordonneront suivant les diverses circonstances et particularités. » En ce qui

concerne la jurisprudence moderne, nous citerons l'arrêt du
Conseil du 18 janvier 1851 (Lebon, 51-33) infirmant une
décision du Conseil de préfecture de Maine-et-Loire qui
avait condamné à l'amende un riverain pour avoir établi une
prise d'eau sur l'Authion à cinq cents mètres en arrière du
point où ce cours d'eau commence à être navigable. Et
dans les observations qu'il avait présentées, le Ministre insistait sur cette considération que la prise d'eau n'était point
de nature à nuire au service public de la navigation ; qu'elle
était, au contraire, absolument inoffensive, ainsi que le reconnaissaient les ingénieurs des Ponts et Chaussées ; que,
dès lors, l'administration n'avait point à faire usage des
pouvoirs exceptionnels qui lui appartiennent lorsque le service de la navigation vient à être compromis.

241. A quelle autorité appartient-il de concéder une
prise d'eau dans l'intérêt des irrigations ? L'instruction ministérielle du 19 thermidor an VI, interprétant l'arrêté de
nivôse, admettait la légalité d'un simple arrêté préfectoral
homologué par le ministère de l'intérieur ; mais en prati-
tique, on n'avait point tardé à s'en écarter : en effet, elle
paraissait se trouver en contradiction avec les énonciations
de l'arrêté de ventôse qui ne permettait aux préfets de statuer qu'après autorisation formelle accordée par le pouvoir
exécutif. La nécessité d'un décret ou d'une ordonnance était
donc généralement admise quand un avis du Conseil d'Etat
du 31 octobre 1817 la consacra d'une manière formelle.
De là, des inconvénients graves : si l'on parvenait à couper court à une série d'abus, il n'en était pas moins vrai
que les besoins les plus sérieux se trouvaient à chaque instant compromis. Les dossiers s'accumulaient au ministère
des travaux publics et la nécessité où se trouvait l'administration d'adopter les mêmes formes solennelles pour les plus
petits comme pour les plus gros intérêts, empêchait qu'il
ne fût donné une prompte solution à des demandes souvent

urgentes : en réalité les bureaux du ministère se conten-
taient d'homologuer les propositions transmises par les ingénieurs : le décret ou l'ordonnance n'était plus qu'une
simple formalité. En 1845, M. Nadault de Buffon appelait
l'attention du législateur sur cet état de choses dont il avait
pu comme ingénieur constater les déplorables résultats ; il
proposait d'adopter une disposition depuis longtemps consacrée par la législation piémontaise, et voulait qu'un arrêté préfectoral fût considéré comme suffisant, toutes les
fois qu'il s'agirait de prises d'eau peu importantes ou qui ne
pouvaient donner lieu à aucune opposition. Tel est à peu
près le système qu'ont consacré les décrets de décentralisation
des 25 mars 1852 et 13 avril 1861 : aujourd'hui les préfets
statuent sans l'autorisation du ministère des travaux publics, mais d'après l'avis des ingénieurs en chef et conformément aux réglements et instructions ministériels: 1° sur
les demandes de prises d'eau permanentes qui, eu égard au
volume de la rivière, n'auraient pas pour effet d'en modifier
le régime ; 2° sur les demandes de prises d'eau temporaires,
alors même qu'elles auraient pour effet de modifier le régime
ou le niveau des eaux. Dans tous les autres cas un décret
peut seul concéder une prise d'eau. L'autorisation une fois
accordée, les prises d'eau établies dans l'intérêt des irrigations se trouvent soumises aux mêmes conditions que les
prises d'eau servant à l'alimentation des usines. C'est ainsi,
par exemple, que l'administration conserve le droit non-
seulement de régler le mode de jouissance des permissionnaires, mais encore d'en ordonner la suppression sans indemnité lorsque l'intérêt public l'exige ; sauf bien entendu
l'hypothèse où les permissionnaires justifieraient d'un titre
légal ; c'est ainsi également qu'il y a lieu d'appliquer à la
matière les dispositions de la loi du 16 juillet 1840 (art. 8)
relative aux redevances que le Trésor doit exiger des permissionnaires : nous aurons plus tard à signaler tous les em-

barras qu'a causés à l'origine l'exécution de cette loi, notamment en ce qui a trait à la fixation du quantum de la redevance : nous verrons alors que les prises d'eau servant aux irrigations sont traitées bien plus favorablement que les prises d'eau alimentant les usines : c'est surtout en leur faveur que le ministère des travaux publics a fait consacrer cette idée que l'Etat peut, s'il le juge convenable, renoncer au bénéfice de la loi de 1840 et n'exiger aucune redevance des intéressés.

242. Le propriétaire qui est directement riverain d'un cours d'eau navigable ou flottable pourra-t-il revendiquer le bénéfice de la loi du 29 avril 1845 (art. 1) et obtenir le passage sur les fonds intermédiaires des eaux dont il a le droit de disposer ? La question nous paraît tranchée par la discussion même qui précéda la loi de 1845 : M. Bethmont avait demandé par voie d'amendement que cet article premier ne fût applicable qu'au cas où le propriétaire riverain aurait non-seulement sa libre disposition, mais encore la propriété des eaux, ce qui excluait actuellement notre hypothèse. La Chambre s'en tint au projet primitif et repoussa l'amendement : le rapport de M. Dalloz, si complet et si détaillé, établit parfaitement qu'un riverain a la libre disposition des eaux dans trois cas : 1° lorsqu'il s'agit d'eaux de source, de pluie et autres de même nature ; 2° lorsqu'il s'agit d'eaux dérivées des rivières qui ne sont ni navigables ni flottables ; 3° lorsqu'il s'agit d'eaux que l'on obtient la permission de dériver des rivières navigables ou flottables et qui appartiennent au domaine public. — Supposons maintenant que l'administration ait concédé à un particulier non riverain le droit d'ouvrir une prise d'eau dans une rivière navigable ou flottable : la loi de 1845 permet-elle à ce particulier de réclamer le passage sur les terres qui séparent la rivière du fonds qu'il veut irriguer ? En 1847, M. de la Moskowa soutenait à la tribune de la Chambre des Pairs que si l'Etat peut être le dispensateur des eaux surabon-

dantes d'une rivière navigable ou flottable et en doter des fonds éloignés de la rivière, il ne peut le faire qu'avec le consentement des propriétaires des parcelles traversées ou en recourant aux lois sur l'expropriation pour cause d'utilité publique. C'est ce qu'enseignent aujourd'hui encore M. Demolombe (T. XI n° 212) et M. Ballot (Rev. Prat. . V. p. 60-61). En fait, disent-ils, le propriétaire n'a point reçu du riverain l'autorisation de détourner l'eau sur le fonds de ce dernier et de la conduire jusqu'à son propre héritage ; or, ce droit qu'il ne tient pas du riverain, l'administration n'a pu le lui accorder puisqu'elle ne peut par une concession porter atteinte aux droits des propriétaires voisins. Dira-t-on que par dérogation à ce principe général elle s'est trouvée investie d'un pouvoir exceptionnel par la loi de 1845 ? Non, répondent les auteurs que nous avons cités et cela pour deux motifs. D'abord, argument de texte : la loi de 1845 exige comme condition formelle que le concessionnaire des eaux ait le droit d'en disposer là ou il veut les prendre ; or, peut-on dire qu'on ait le droit de disposer des eaux sur la propriété d'un tiers alors que le seul titre que l'on puisse produire est une concession administrative obtenue sans l'assentiment du riverain? En second lieu, la loi de 1845 n'a eu pour but que de créer une simple servitude de passage sur certains fonds ; or, ici on arriverait à ce résultat que le fonds servant se trouverait grevé, non pas seulement d'une servitude de passage, mais encore d'une servitude de prise d'eau. Enfin, on s'appuie à titre d'analogie sur la jurisprudence qui refuse au propriétaire riverain le droit de pratiquer une prise d'eau sur un héritage voisin lorsque cette prise d'eau ne peut être pratiquée sur son propre héritage par suite de l'escarpement de la rive ou de toute autre cause (Montpellier, 1er février 1852. Dev. , 53-2-17 ; Req. Rej. 15 novembre 1854 , Dev. 55-1-446). Ce système qui arriverait en définitive à rendre inutiles la plupart des concessions administratives a été combattu avec beaucoup de force par M. de Parieu (Rev. de Législ. 1843, t. XXIV, p. 21) et plus récemment par MM. Aubry et Rau (t. III, § 241, p. 16). Le concessionnaire a le droit de disposer des eaux sur le fond du propriétaire riverain : telle est la thèse que les savants auteurs nous paraissent avoir démontrée jusqu'à l'évidence. D'une part, en effet, les art. 9 et 10 de l'arrêté de ventôse an VI permettent à l'administration d'accorder une prise d'eau sur les rivières navigables ; d'autre part, la loi de 1845 permet au concessionnaire de conduire les eaux à travers les fonds intermédiaires jusqu'à son propre héritage : or, pourquoi cette expression « fonds intermédiaires » ne s'appliquerait-elle pas aussi bien au fonds riverain du cours d'eau qu'à tout autre fonds qui serait séparé de ce cours d'eau par un fonds appartenant au concessionnaire ? Donc, à ce double point de vue, le concessionnaire trouve dans la loi un titre qui lui permet d'agir contre le riverain. On objecte, il est vrai, que l'on sort des prévisions de la loi de 1845 en autorisant le concessionnaire à imposer au riverain une servitude de prise d'eau en dehors de la servitude d'acqueduc seule mentionnée par la loi. MM. Aubry et Rau observent fort bien que, si pour l'exercice de son droit, le riverain se trouve dans la nécessité d'établir certains ouvrages permanents, ces ouvrages, loin de constituer une servitude nouvelle, ne seront que des moyens de faciliter et de régler l'exercice de la servitude ; on rentrera donc sous l'application de l'art. 697 C. Civ. et du brocart « accessorium sequitur principale. » On se récrie en faisant observer combien la servitude de passage ainsi étendue sera onéreuse pour les riverains ; mais n'est-il pas de règle et de principe absolu que le respect dû à la propriété doit se concilier avec les intérêts de l'agriculture : nous justifions donc par l'art. 645 ce pouvoir exceptionnel que nous reconnaissons aux autorités administratives. Quant à la déclaration de M. de la Moskowa, il nous semble difficile qu'on puisse l'invoquer utilement : sans doute, elle ne rencontra point de contradicteurs dans la Chambre des Pairs : mais en présence des affirmations contraires répétées dans une autre enceinte par le rapporteur même de la loi de 1845, nous ne pensons pas qu'il faille y attacher une grande importance : « Pour cette dernière espèce d'eaux (les eaux provenant des rivières navigables ou flottables), disait M. Dalloz, la loi ne fait pas de distinction entre les riverains et les non riverains. » Et par là, M. Dalloz ne faisait que reproduire le sentiment à peu près unanime de la commission qui avait examiné le projet de loi de 1845 ; cette déclaration si nette et si décisive nous semble de nature à faire disparaître toute hésitation.

243. A côté du droit de passage consacré par la loi de 1845, la loi du 11 juillet 1847 établit au profit du propriétaire, qui peut disposer de l'eau bordant sa propriété, un droit spécial qualifié de droit d'appui ; elle lui permet d'appuyer sur la propriété du riverain opposé les ouvrages nécessaires à sa prise d'eau. Que le propriétaire riverain qui a obtenu le droit de dériver l'eau d'une rivière navigable ou flottable puisse invoquer cette disposition, tout comme le riverain d'un cours d'eau non navigable, c'est ce que tout le monde reconnaît aujourd'hui ; il n'y a rien dans les termes de la loi qui s'oppose à cette interprétation. Mais qu'arrivera-t-il si un propriétaire non riverain, ayant obtenu de l'administration le droit d'établir un barrage, veut appuyer ses constructions sur les deux rives et non plus seulement sur la rive opposée à celle où aura lieu la prise d'eau ? Lors de la discussion de la loi de 1847, la Chambre des députés fut appelée à se prononcer sur cette hypothèse : M. Pascalis avait proposé un amendement qui donnait gain de cause au propriétaire non riverain : « Tout propriétaire pourra obtenir la faculté d'appuyer sur la propriété des riverains les

ouvrages d'art nécessaires..... » Dans le discours qu'il pro-
nonça à cette occasion, l'honorable député avait soin de faire
ressortir tous les avantages qui résulteraient de cette disposition au cas où une concession serait accordée en vertu de
l'arrêté de l'an VI, c'est-à-dire sur une rivière navigable ou
flottable. — Mais la Chambre ne se préoccupa que de la situation qui serait faite à un non riverain obtenant le droit
de dériver les eaux d'une rivière non navigable ni flottable
et venant ensuite réclamer la servitude d'appui sur l'une et
l'autre rive ; dans cet ordre d'idées, elle fut tout naturellement appelée à se demander si l'administration pouvait accorder sur les cours d'eau non navigables des concessions de
ce genre. La discussion s'égara sur ce terrain et l'on perdit
de vue l'hypothèse où l'administration peut sans contredit
accorder une prise d'eau à un non riverain. Aussi conçoit-on
qu'en présence de la controverse qui s'était élevée sur le
point de savoir si une concession peut-être faite à un non-
riverain lorsqu'il s'agit d'eaux non navigables, l'amendement de M. Pascalis ait été repoussé successivement par la
commission et par la Chambre. Il suffit de lire le rapport de
M. Dalloz pour demeurer convaincu que l'unique motif du
rejet fut la volonté bien arrêtée de la Chambre de restreindre les pouvoirs de l'administration en ce qui touche la
concession de prises d'eau sur les rivières non navigables ;
c'est parce que des concessions de ce genre semblaient illégales, c'est parce qu'il n'y en avait pas d'exemples encore,
que M. Dalloz déclara que l'amendement de M. Pascalis ne
présentait guères d'intérêt pratique et l'abandonna après
avoir paru s'y rallier un instant. On oublia qu'il pouvait, au
contraire, présenter un certain intérêt pratique, toutes les
fois qu'un droit de prise d'eau dans une rivière navigable
aurait été concédé à un non riverain : c'est là une lacune
des plus regrettables et qui oblige l'administration à recourir aux lois sur l'expropriation pour cause d'utilité publi-

que, toutes les fois qu'un barrage d'une importance générale doit être établi par un non riverain. MM. Aubry et Rau (T. III, § 241, p. 20) estiment cependant que la doctrine peut suppléer sur ce point au silence du législateur : « De l'ensemble de cette discussion, disent-ils, il ressort évidemment que l'on n'a eu en vue que les concessions de prises d'eau dans des rivières qui ne font pas partie du domaine public et qu'on ne s'est point occupé de celles qui seraient consenties sur des rivières navigables ou flottables. Si de pareilles concessions avaient eu lieu avec autorisation de construire un barrage pour faciliter la prise d'eau, le concessionnaire ne fût-il riverain d'aucun côté, serait à notre avis en droit d'appuyer son barrage sur les deux rives qui tout au moins dans leurs talus sont à considérer comme formant, aussi bien que la rivière elle-même, des dépendances du domaine public. » Rien de plus juste lorsque les travaux à exécuter pour la confection du barrage ne doivent pas empiéter sur les propriétés privées. Peut-on admettre, d'autre part, que le droit d'appui se confond jusqu'à un certain point avec le droit de prise d'eau sur les fonds riverains que nous avons reconnus au profit de tout concessionnaire ? Ce serait aller contre la nature même des choses : la servitude d'appui établie par la loi de 1847 est bien autrement rigoureuse que la simple servitude de prise d'eau ; elle n'entraîne plus seulement des travaux peu importants, tels que l'établissement d'une vanne ou d'un canal de dérivation ; par suite de la construction du barrage, les eaux vont s'accumuler aux alentours du point où elles seront dérivées ; de là, des dommages permanents pour les propriétés voisines qui seront à chaque instant menacées par les eaux et le long desquelles toute alluvion deviendra impossible. Nous ne pouvons mieux faire que de citer en terminant les paroles que prononçait à la Chambre des députés, M. Odilon-Barrot, combattant l'amendement de M. Pascalis ; la différence entre les deux servitudes s'y trouve parfaitement marquée : « Il n'est pas rigoureusement vrai de dire que pour dériver un cours d'eau il soit absolument nécessaire d'établir un barrage qui peut inonder les propriétés riveraines, qui fait peser sur elles une servitude de bien plus grave, bien plus gênante que celle qui résulte du parcours d'un champ par un canal destiné à l'irrigation ; car, lorsque vous tracez un canal à travers une propriété, vous pouvez déterminer le dommage apporté au terrain traversé ; mais, lorsque vous établissez un barrage, vous changez le niveau des eaux, vous exposez les propriétés à une inondation permanente, vous créez un ordre de choses dont il vous sera peut-être impossible de calculer les conséquences. »

TROISIÈME SECTION

Des prises d'eau concédées dans l'intérêt des usines.

L'histoire des usines établies sur les rivières navigables peut se diviser en trois périodes :

1° Période féodale (632-1669).

2° Période monarchique (1669-1790).

3° Période moderne (1790 à nos jours).

244. *Première période.* — Les lois romaines sont à peu près muettes sur le régime des moulins à eau ; à peine trouvons-nous dans les compilations de Théodose ou de Justinien quelques textes insignifiants, et encore ces lois, conçues en termes assez obscurs, ne nous indiquent-elles point quelle espèce de droits et quel contrôle l'administration exerçait sur ces sortes d'établissements. Le premier document important que nous rencontrons sur la matière est un capitulaire célèbre de l'an 632 : « Si quis molinum aut qualemcumque clausuram in aqua facere voluerit, sic

faciat ut nemini noceat. Si autem nocuerit, rumpatur us quedum non noceat. Si ambæ ripæ suæ sunt licentiam habeat : si autem una alternis est, aut roget, aut comparet. » M. Nadault de Buffon (T. I, p. 25) observe avec raison que ce capitulaire renferme, en peu de mots, toute la théorie des usines telle que nous l'appliquons encore aujourd'hui : leur concession ne peut avoir lieu qu'autant qu'elles ne nuisent ni à l'intérêt général, ni à l'intérêt privé. — Arrivent les temps de la féodalité et ce règlement si sage est bientôt méconnu. Les seigneurs commencèrent par s'arroger le privilège exclusif de construire des moulins sur les petites rivières et forcèrent leurs vassaux à payer un droit de mouture pour y pouvoir porter leurs grains : ainsi s'établirent les banalités. Au seizième siècle, le droit des seigneurs fut reconnu et définitivement consacré par la plupart des coutumes. Il est probable qu'ils tentèrent également de se mettre en possession du droit exclusif de bâtir moulin ou usine sur les rivières navigables ; mais ici, leurs prétentions ne furent point couronnées du même succès. L'autorité royale, tout en les laissant se dire propriétaires des rivières navigables, intervenait fréquemment en vertu de son droit de police générale pour assurer la liberté de la navigation : elle prescrivait d'office la destruction de tous les ouvrages qui auraient pu y apporter quelque obstacle ; ses efforts, il est vrai, réussissaient rarement et ses menaces ne produisaient guère l'effet qu'elle en attendait. Dès 1291, intervenait sur ce point une Ordonnance de Philippe-le-Bel ; en avril 1346 et en mars 1388 de nouvelles mesures étaient prises contre les propriétaires récalcitrants. Un arrêt du 21 août 1390 rendu à la requête du procureur général ordonna la démolition des moulins construits sans autorisation, mais en réservant au profit de leurs propriétaires une indemnité équivalant à dix fois leur revenu. Chose curieuse, cet arrêt ne put être exécuté qu'en

recourant à la force ; au dire des anciens historiens, le prévôt des marchands, Juvénal des Ursins, ne put faire abattre
ces moulins qu'en levant une troupe de trois cents hommes
et en profitant de l'obscurité d'une nuit d'hiver. Ce fait nous
montre à quelles difficultés on se heurtait, et l'on ne s'éton-
nera point que, de guerre lasse, l'autorité royale ait fini par
laisser toute latitude aux seigneurs : de 1390 à 1669 nous
ne trouvons aucune Ordonnance générale qui restreigne
les droits par eux prétendus ; à peine rencontre-t-on quelques décisions d'intérêt local rendues pour la plupart en
faveur des marchands de bois flottés du bassin de la Seine :
c'est ainsi que deux arrêts des 19 avril et 12 juillet 1595
ordonnaient aux propriétaires de forges ou de moulins
situés sur la rivière d'Yonne de faire vérifier leurs titres au
greffe de la cour et leur enjoignaient par provision de
laisser le passage libre aux trains de bois. Lorsqu'aucun
abus criant n'était signalé, l'administration fermait les yeux
sans se préoccuper des inconvénients qui pouvaient résulter
pour l'avenir de cet état de choses. D'ailleurs, l'Ordonnance
de 1566 n'avait pas compris formellement les rivières navigables parmi les biens du domaine public : aussi les usurpations continuèrent-elles pendant toute la première partie
du dix-septième siècle : par suite des développements que
prit alors en France l'industrie métallurgique, de nouvelles
usines s'élevèrent sur tous les points du territoire, et
parmi les fondateurs, bien peu jugeaient nécessaire de se
munir de concessions royales ; on continuait dans la pratique à admettre que tout seigneur, dont le fief portait une
rivière navigable, pouvait y faire une prise d'eau dans l'intérêt de ses moulins et usines.

245. *Deuxième période.* — Avec le règne de Louis XIV
commence pour les usines un régime nouveau ; désormais
toute usine établie sur une rivière navigable sera minutieusement réglementée de manière à amener une juste répar-

tition des eaux entre la navigation et l'industrie. Sous le ministère de Colbert, l'administration se montre d'une sévérité inconnue jusque-là : le droit des usines est pour la première fois délimité d'une manière précise ; désormais il ne sera accordé que des concessions temporaires et révocables ad nutum : on ordonne la suppression des prises d'eau qui ne sont d'aucune utilité pour l'industrie ou dont les concessionnaires abusent de leurs droits de jouissance. Après Colbert, on cherche malheureusement dans la révision des anciennes concessions un moyen de battre monnaie : on maintient bien les dispositions restrictives précédemment arrêtées, mais en même temps on permet aux propriétaires non fondés en titre de transiger avec les agents du domaine, et d'acheter leur tolérance. Le premier texte que nous rencontrons est l'Edit du mois d'avril 1668. Rompant brusquement avec l'opinion reçue jusqu'alors et avec les traditions administratives, il porte 1° que les propriétaires d'usines ou moulins munis d'une autorisation royale seront maintenus dans leur jouissance purement et simplement ; 2° que ceux qui justifieront d'une possession centenaire antérieure au 1er février 1566 seront également maintenus, mais à la charge de payer par forme de reconnaissance une redevance annuelle équivalant au vingtième du revenu ; 3° que ceux qui ne justifieront ni d'un titre, ni d'une possession centenaire, seront évincés et verront leurs établissements réunis au domaine royal. L'Edit de 1683 se montre beaucoup plus sévère : désormais un établissement ne sera plus réputé avoir titre légal par cela seul que son propriétaire pourra justifier d'une autorisation royale ; il faut qu'il rentre dans l'une des trois catégories suivantes : 1° usines « dont les propriétaires rapporteront des titres authentiques faits avec les rois, nos prédécesseurs, en bonne forme auparavant l'année 1566, c'est à savoir inféodations, contrats d'aliénation et engagements, aveux et dénombrements qui nous auront été rendus et qui auront été reçus sans blâme; » 2º Usines dépendant des « églises et monastères de fondation royale auxquels lesdits droits auront été donnés par les rois, nos prédécesseurs, pour cause de fondation et dotation desdites églises, mentionnée dans leurs titres ou dans les déclarations des biens et revenus desdites églises qui se trouveront en nos chambres des comptes; » 3º Usines dont les propriétaires « rapporteront seulement des actes authentiques de possession commencée sans vice avant le 1er avril 1566 et continuée sans trouble. » Remarquons, d'autre part, que le propriétaire n'est plus tenu de justifier d'une possession centenaire antérieure à 1566 ; il suffit qu'avant cette époque sa possession ait commencé sans vice, et qu'elle ait continué depuis sans trouble aucun. Seulement, à titre de redevance foncière il doit payer au fermier du domaine royal le vingtième du revenu de l'usine, suivant la liquidation qui en sera faite sur le pied des baux passés sans fraude ou sur l'estimation des choses et fonds de pareille qualité. L'Edit se termine en reproduisant la formule consacrée « et à l'égard desdits droits dont les détenteurs ne rapporteront titres valables de propriété ou de possession avant l'année 1566, ainsi qu'il est dit ci-dessus, nous voulons que les droits et choses susdites soient réunies à notre domaine, comme nous les réunissons par ces présentes ; dérogeons pour cet effet, en tant que besoin à toutes lois, ordonnances et coutumes contraires. » Vint enfin l'ordonnance du mois de mai 1693 : suivant elle, les établissements antérieurs à l'année 1566 et maintenus par l'Edit de 1683 durent payer non-seulement une année de revenu ou le vingtième de la valeur actuelle de l'immeuble, mais en outre une redevance annuelle de cinq sols par arpent de terrain. Quant aux établissements dont l'existence était postérieure à 1566, elle revenait sur les mesures radicales édictées antérieurement :

elle ne les déclarait plus partie intégrante du domaine royal et elle se contentait d'imposer à leurs possesseurs, s'ils voulaient être maintenus dans leur jouissance le paiement d'une somme équivalant à deux années de leur revenu.

246. L'exemple donné dans les dernières années du règne de Louis XIV fut suivi pendant tout le XVIIIe siècle. Les agents du domaine avaient désormais un titre incontesté : les rivières navigables appartenaient au roi, et, en conséquence nul n'y pouvait faire de prise d'eau sans avoir auparavant acheté l'autorisation du roi. Les propriétaires des anciennes usines avaient pour la plupart justifié de titres en règle et payé les redevances qui leur avaient été imposées ; ils se trouvaient donc entièrement à l'abri. De temps à autre des vérifications nouvelles étaient ordonnées : on recherchait activement ceux d'entre eux qui avaient pu se soustraire à l'application des anciens Édits et on les mettait en demeure de s'y conformer, sous peine de suppression de leurs prises d'eau. C'est ainsi qu'un arrêt du Conseil du 7 mars 1746 enjoignait à tous propriétaires et possesseurs de moulins construits sous les ponts de remettre leurs titres de propriété dans le délai de 3 mois, à Paris, entre les mains du contrôleur général des finances et dans les autres généralités entre les mains des intendants et commissaires départis, le tout sous peine de démolition immédiate. De même l'arrêt du 24 juin 1777 portait que tous les propriétaires de moulins et usines seraient tenus dans le délai de deux mois de remettre ès-mains du contrôleur général des finances « les titres et renseignements relatifs à leur jouissance, pour, sur le vu d'iceux, et sur le rapport qui sera fait à Sa Majesté, être par elle statué ce qu'il appartiendra et pourvu à leur indemnité s'il y échoit. » En ce qui concerne les concessions nouvelles, aucun texte général n'était intervenu pour en déterminer les conditions : le régime de chaque usine ou moulin était

fixé par son acte de concession : l'arrêt du 7 mars 1746 avait exigé en conséquence que lesdits actes fissent mention de la nature et dimension des ouvrages qui seraient permis. M. Nadault de Buffon (T. 1, p. 280-283) indique avec son exactitude ordinaire le mode de procéder qui était alors suivi dans la plupart des cas. Les lettres patentes ne devaient être délivrées qu'après examen sommaire des lieux et des droits du demandeur : les officiers des eaux et forêts étaient seuls consultés dans l'intérêt de la navigation ; l'intervention des ingénieurs n'était point prescrite d'une manière expresse, et ce n'est qu'exceptionnellement qu'on les voit figurer dans les enquêtes ouvertes à cette époque. Dans toutes ces lettres-patentes, les droits des tiers étaient formellement réservés ; il y était dit de même que la concession royale ne pourrait jamais avoir pour conséquence d'exonérer ceux qui l'obtenaient du paiement des droits féodaux auxquels ils étaient assujettis antérieurement. L'enregistrement devait avoir lieu, conformément aux usages généraux du royaume, devant les cours de Parlement, et les particuliers qui se croyaient lésés par la construction d'un nouvel établissement étaient admis à produire devant elles toutes leurs réclamations de quelque nature qu'elles fussent. Aucune clause ne fixait le temps que devaient durer ces concessions ; la plupart d'entre elles étaient permanentes et le roi ne se réservait même pas la faculté de supprimer, sans indemnité, les moulins et usines lorsque les besoins de la navigation l'exigeraient. Lors de la création du canal du Midi, Colbert avait déjà défendu ce système de concessions perpétuelles ; il soutenait que les capitaux ne pouvaient être attirés vers une affaire industrielle si son existence n'était point assurée d'une manière définitive ; il n'admettait pas qu'une concession quelconque pût être exploitée utilement si elle était révocable ad nutum. A ces considérations se joignait l'intérêt du Trésor toujours obéré et qui trouvait dans les concessions permanentes une source de revenus plus considérable que dans de simples autorisations accordées à titre précaire. M. Nadault de Buffon qualifie fort justement d'immense abus cette dérogation au principe de l'inaliénabilité du domaine public, et nous ne pouvons que regretter avec lui qu'en présence des remontrances à elle adressées, en 1742 par le Parlement de Paris, en 1766 par le Parlement de Bordeaux, la royauté ait persévéré dans cette voie : si, en droit, les usines ainsi concédées, n'ont point un véritable titre légal, il n'en est pas moins vrai que l'Etat ne peut les supprimer sans indemniser leur propriétaire et lui rendre ce qu'il a originairement reçu des auteurs de ce dernier.

247. *Troisième période.* — Les réformes à introduire dans le régime des usines attirèrent de bonne heure l'attention de l'Assemblée constituante. La loi des 15-28 mars 1790 eut pour effet d'enlever toute existence légale aux usines et moulins construits sur les rivières navigables en vertu des titres féodaux ; ces établissements rentrèrent sous la loi commune et furent désormais considérés comme pouvant être supprimés sans indemnité. (Civ. Cass. 6 Déc. 1726. - Dev. C. N. 8-1-474 ; — C. d'Etat, 9 Août 1836. -- Lebon, 36-390). — En même temps, toutes les usines autorisées se trouvèrent dégagées des droits féodaux auxquelles elles avaient continué à être soumises : l'art. 26 de la loi les mettait sous la sauvegarde de la nation et enjoignait aux corps constitués de veiller à leur conservation. La loi en forme d'instruction du 20 août 1790 chargea les administrations départementales de veiller à ce que les prairies ne fussent submergées par la trop grande élévation des écluses des moulins ou par les autres ouvrages d'art établis sur les rivières et de diriger autant que possible toutes les eaux de leur territoire vers un but d'utilité générale d'après les principes de l'irrigation. La loi du 1er décembre 1790

et le Code rural de 1791 rappelèrent le principe de la domanialité des cours d'eau navigables ; mais, ainsi que nous l'avons vu, elles n'en tirèrent point les conséquences qui en découlent naturellement ; c'est ainsi qu'elles ne contenaient aucune disposition interdisant sur ces cours d'eau toute entreprise dans l'intérêt, soit de l'irrigation, soit des usines. Grâce à cette omission, les particuliers jouirent pendant cinq années d'une latitude à peu près absolue ; des quantités d'eau considérables étaient détournées des rivières, et en 1793, le flottage sur l'Yonne et la Haute-Seine se trouvèrent un moment compromis. Les abus ne cessèrent qu'avec la promulgation de l'arrêté du 19 ventôse an VI qui, aujourd'hui encore, est en vigueur et que l'on peut regarder comme le point de départ de notre législation moderne. Il envisage la question sous son double aspect : 1° Autorisation de nouvelles prises d'eau ; les articles 10 à 13 indiquent par qui doivent être concédées ces prises d'eau et à quelles conditions sera soumise la jouissance des concessionnaires ; la forme dans laquelle devait être demandée la concession fut fixée quelques mois plus tard par l'instruction du 19 thermidor an VI ; de l'an VI à 1851 ; ses prescriptions furent observées à la lettre, et le décret de décentralisation est le premier texte qui ait adouci ce qu'elles avaient de trop rigoureux. — 2° Recherche des titres en vertu desquels avaient été construites les usines existantes. Aux termes des articles 1 à 5, les administrations départementales devaient nommer dans le mois un ou plusieurs ingénieurs et un ou plusieurs propriétaires pour procéder dans les deux mois suivants, à la visite de toutes les rivières navigables ou flottables, de tous les canaux d'irrigation et de dessèchement, et de dresser procès-verbal de cette visite à l'effet de constater : 1° les ponts, chaussées, digues, écluses, usines, moulins, plantations utiles à la navigation, à l'industrie et au dessèchement des terres, ainsi qu'à l'irrigation ; 2° les établissements de ce genre, les bâtardeaux, pilotis, gords, pertuis, murs, amas de pierres, terres, fascines, pêcheries, filets dormants et à mailles ferrées, réservoirs, engins permanents et tous autres empêchements nuisibles au cours de l'eau ; copie de ce procès-verbal devait être envoyée immédiatement au ministère de l'intérieur. Les autorités départementales devaient en même temps, enjoindre à tous propriétaires d'usines, de faire connaître leurs titres de propriété et, à cet effet, d'en déposer des copies authentiques au secrétariat de leur administration municipale, qui se chargerait de les faire parvenir au secrétariat de l'administration départementale. — Les articles 5 à 9 voulaient que les usines reconnues dangereuses et nuisibles à la navigation, au libre cours des eaux, au desséchement et à l'irrigation des terres fussent rangées en deux classes : 1° usines dont la propriété ne se trouverait pas fondée en titres ; 2° usines non fondées en titres ou n'ayant d'autres titres que des concessions féodales abolies. Pour ces dernières des mesures immédiates étaient prescrites ; leur destruction devait avoir lieu dans le mois ; ce délai pouvait à raison des circonstances être prorogé de deux mois, passés lesquels, hors le cas d'obstacles reconnus invincibles, la démolition devait être faite d'office aux frais du propriétaire et à la diligence du commissaire du pouvoir exécutif près chaque administration centrale. Toutefois, afin de prévenir les accidents, l'administration ne devait ordonner la destruction des moulins et usines qu'un mois après avoir prévenu les administrations centrales des départements supérieur et inférieur, de manière à leur permettre de prendre toutes les dispositions nécessaires ; ces administrations étaient de plus autorisées, si elles craignaient les résultats de ces destructions, à prévenir le ministre de l'intérieur qui suspendrait, s'il y avait lieu, l'exécution de l'arrêté incriminé.

248. Des deux buts que se proposait l'arrêté de ventôse, le premier seul put être atteint sans difficultés. Il fut matériellement impossible de faire procéder à la destruction générale des établissements non autorisés ; tout ce que l'on put obtenir des autorités départementales fut le récolement et la classification des usines existantes ; il fallut renoncer à exécuter cette mesure d'ensemble et on en arriva à considérer comme lettre morte les injonctions si précises de l'arrêté. Il n'en avait pas moins rendu un immense service en précisant pour la première fois les pouvoirs des diverses autorités administratives relativement aux usines ; aucune concession ne put désormais être accordée que par un décret ou une ordonnance. En même temps, l'instruction du 19 Thermidor an VI spécifiait les clauses résolutoires qui devaient être introduites dans tout acte de concession de manière à réserver les droits de l'administration, tout concessionnaire se soumettant par avance à faire disparaître sa prise d'eau sans indemnité aucune, lorsque les besoins de la navigation viennent à l'exiger. Partant de ces principes, l'administration a pu organiser dans tous ses détails la procédure à suivre par les demandeurs en concession, et établir des règles uniformes pour l'instruction de chaque affaire. En 1824, les rapports des flotteurs et des usiniers furent définitivement réglés par une loi spéciale : les indemnités de chômage fixées par l'Ordonnance de 1669 furent augmentées dans une large proportion. En 1840, une loi intervint également pour régulariser la perception des redevances imposées aux usiniers à raison de leurs prises d'eau ; un pouvoir discrétionnaire fut accordé à l'administration pour en déterminer les éléments. En 1848, l'inspection et la surveillance des usines furent rattachées au service hydraulique et confiées à des ingénieurs spéciaux : de là une garantie nouvelle pour les intérêts opposés à ceux des usiniers. Un progrès plus considé-

rable encore fut introduit par la circulaire ministérielle du 23 octobre 1851 contenant instruction pour le règlement des usines sur les cours d'eau : elle indique quelle marche doit être suivie dans les bureaux des préfectures et dans ceux des ingénieurs ; elle prescrit des enquêtes et des descentes de lieux ; elle insiste sur les clauses que les ingénieurs devront avoir soin de ne pas perdre de vue ; enfin, elle se termine par une série de formules et par un programme pour la rédaction des pièces nécessaires : tous les agents de l'administration quelque haut placés qu'ils soient doivent s'y conformer strictement. Bientôt après, le décret du 25 avril 1852 vint conférer au préfet le droit d'autoriser sur les rivières navigables certaines prises d'eau peu importantes : une circulaire du 27 juillet 1852 en compléta les dispositions. Le dernier texte que nous rencontrons est le décret du 13 avril 1861 qui maintient les pouvoirs précédemment attribués au préfet : nous y joindrons la circulaire du 25 février 1863 qui s'y lie d'une manière intime. — Tels sont les documents principaux que nous avons à coordonner : sans doute nous rencontrerons plus d'une lacune dans cet ensemble et nous aurons plus d'une fois à regretter que le gouvernement ne se soit pas décidé à présenter aux assemblées législatives le projet élaboré en 1818 par une commission spéciale ; mais, en définitive, les principes généraux de la matière ne sont pas susceptibles de controverse comme au cas où il s'agit d'usines établies sur les cours d'eau non navigables ; l'administration est maîtresse absolue des rivières navigables ; elle est seule juge de l'opportunité des concessions et des termes dans lesquelles elles doivent être accordées ; les pages qui vont suivre ne seront en définitive que le développement de cette formule.

§ I.

249. L'interdiction de détourner dans l'intérêt de l'industrie les eaux des rivières navigables ou flottables se trouve consacrée; 1° par l'ordonnance de 1669 art. 44, Tit. XXVII; 2° par l'article 4 de l'arrêt du Conseil du 24 juin 1777; 3° par l'article 9 de l'arrêté du 19 ventose an VI: « Il est enjoint aux administrations centrales et municipales et aux commissaires du Directoire exécutif établis près d'elles, de veiller avec la plus sévère exactitude à ce qu'il ne soit établi par la suite aucun pont, aucune chaussée permanente ou mobile, aucune écluse ou usine, aucun bâtardeau, moulin, digue ou autre obstacle quelconque au libre cours des eaux dans les rivières navigables et flottables, dans les canaux d'irrigation ou de dessèchement généraux, sans en avoir préalablement obtenu la permission de l'autorité centrale qui ne pourra l'accorder que de l'autorisation expresse du Directoire exécutif. » — De plus, suivant l'ord. de 1669 et l'arrêt de 1777, aucune tranchée ne peut être pratiquée à une distance moindre de six toises des bords d'une rivière navigable. Une question assez délicate s'est présentée à ce propos ; un propriétaire creusant un puits ou une tranchée au delà de cette distance de six toises arrive en fait à détourner indirectement partie des eaux souterraines qui

dépendent du régime de la rivière : doit-on le considérer comme ayant contrevenu aux dispositions que venons de citer ? Dans l'intérêt de la négative, on peut s'appuyer sur la jurisprudence qui permet au voisin d'une source de détourner, par des fouilles opérées sur son propre terrain, les eaux souterraines qui alimentent cette source ; c'est là, disent les arrêts, une faculté inhérente au droit de propriété et que l'on peut exercer à condition d'agir suivant un intérêt sérieux et non pas dans la seule intention de nuire au voisin. (V. Req. Rej. 4 Déc. 1860. Dev. 61-1-623 et le renvoi). Cette doctrine, tout à fait favorable aux besoins de l'industrie, a reçu récemment la consécration de l'autorité administrative : dans une dépêche adressée le 9 mai 1866 à M. le Préfet de la Meurthe, M. de Franqueville, directeur général des chemins de fer, se prononçait en ce sens de la manière la plus formelle. » J'ai examiné en Conseil des Ponts-et-Chaussées la demande présentée par la Compagnie des chemins de fer de l'Est tendant à obtenir l'annulation d'un arrêté préfectoral du 21 juillet 1865 qui l'a autorisée, moyennant redevance à faire une prise d'eau dans la Meurthe pour l'alimentation de la gare de Lunéville. Cette demande s'appuie sur ce qu'en creusant les puits destinés à recevoir les pompes, la Compagnie a trouvé une nappe d'eau souterraine dont l'abondance permettra de satisfaire aux besoins du service de la gare. Dans un rapport des 24 novembre et 4 décembre 1865, MM. les ingénieurs pensent que le puits creusé à 11 mètres seulement de distance de la Meurthe est incontestablement alimenté par cette rivière ; que, dès lors, ce puits constituait une prise d'eau indirecte qui doit être assimilée jusqu'à un certain point aux ouvrages prévus par l'article 4 de l'arrêt du 24 juin 1777, qui défend d'affaiblir le cours des rivières et canaux par aucune tranchée ou autrement. Mais, avant de proposer certaines mesures restrictives ou d'autres conditions règlementaires,

MM. les ingénieurs proposent de soumettre la question de principe à l'examen de l'administration supérieure. MM. les ingénieurs du contrôle font remarquer dans un rapport des 10-14 février dernier, qu'en thèse générale, il serait bien difficile, sinon impossible, de fixer ou justifier la limite à partir de laquelle l'autorisation administrative deviendrait nécessaire pour les prises d'eau au moyen de puits et que, dans l'espèce, le puits établi par la Compagnie sur son terrain et à une distance supérieure à celle prévue (6 toises) par l'ordonnance de 1669 ne saurait être assimilé aux tranchées de prises d'eau proprement dites ; ils concluent que la Compagnie peut dès lors, en vertu du droit commun, puiser dans ce puits, sans autorisation administrative et sans redevance au profit du Trésor, le volume d'eau nécessaire aux besoins de son industrie. M. le directeur des contributions indirectes partage l'avis de MM. les ingénieurs du contrôle. Dans une dépêche du 5 mars dernier, vous faites connaître, M. le Préfet, qu'on ne saurait admettre que l'article 4 de l'arrêt du 24 juin 1777, malgré toute l'extension dont il peut être susceptible soit applicable au puits de la Compagnie et vous êtes d'avis de déférer à sa demande, d'autant plus qu'il est reconnu par MM. les ingénieurs des deux services que la quantité d'eau que prendra la Compagnie, un litre par seconde, n'est pas de nature à affecter sérieusement le service de la navigation et le régime de la rivière. Adoptant les motifs développés dans votre dépêche et dans le rapport de MM. les ingénieurs du contrôle, j'ai reconnu avec le Conseil, par décision de ce jour, qu'il y a lieu de rapporter l'arrêté préfectoral du 21 juillet 1865. » Rien de plus équitable en fait que cette décision : nous le reconnaissons volontiers ; mais, si nous nous plaçons sur le terrain du droit pur, il nous semble que l'administration ne s'est pas suffisamment rendu compte de l'étendue de ses pouvoirs. Nous comprenons bien que dans certaines circonstances elle se montre très-tolérante, alors qu'en définitive le régime de la rivière n'est pas sensiblement altéré ; mais qu'en principe, elle se considère comme absolument désarmée, c'est ce que nous ne saurions admettre. Les termes de l'arrêt de 1777 nous semblent, quoiqu'en ait dit M. de Franqueville, couper court à toute difficulté ; il porte interdiction « d'affaiblir ou de changer le cours des rivières par aucune tranchée ou *autrement.* » Voilà qui est bien clair ; tout fait qui aurait pour résultat de diminuer les eaux de la rivière est absolument prohibé, sous quelque forme et dans quelque circonstance qu'il se produise ; ce n'est que par une mesure préventive aussi énergique que l'on arrivera à sauvegarder les besoins de la navigation. Toute prise d'eau indirecte se trouve donc à la discrétion de l'administration, qui est maîtresse, soit de la supprimer entièrement, soit de la soumettre à telles conditions qu'elle jugera convenable.

§ II.

A. *Formalités à remplir prour arriver à la concession d'une prise d'eau sur une rivière navigable.*
B. *Formalités à remplir pour arriver à la concession d'une prise d'eau sur un canal de navigation.*
C. *Formalités à remplir pour arriver à la concession d'une prise d'eau sur une rivière flottable.*

A

250. Aux termes de la circulaire du 23 octobre 1851, toute demande relative, soit à la construction première de moulins ou usines à créer sur un cours d'eau, soit à la régularisation d'établissements anciens, soit à la modification d'ouvrages régulateurs d'établissements déjà autorisés, sera transmise en double expédition, dont une sur papier timbré, au préfet du département dans lequel les travaux doivent être effectués. La rivière d'Ourcq et le canal qui en forme

le prolongement se trouvent placés, à ce dernier point de vue, dans une situation toute spéciale. L'article 5 de l'arrêté du 25 thermidor an X portant règlement d'administration publique pour l'exécution de la loi du 29 floréal an X est ainsi conçu : « Le préfet du département de la Seine est chargé de l'administration générale des travaux, même pour les parties du canal de dérivation qui sont situées en dehors du département de la Seine. » D'où l'on a conclu que le préfet de la Seine était compétent pour réglementer dans les départements de Seine-et-Oise, Seine-et-Marne et Aisne les usines situées sur le bord de la rivière d'Ourcq et du canal : le Conseil d'Etat l'a reconnu le 4 août 1864 (Lebon, 64-736). Par conséquent, les demandes de concession peuvent lui être adressées alors même que l'établissement projeté se trouverait hors du département de la Seine. Faut-il maintenant aller jusqu'à dire que c'est à lui seul qu'il appartient de réglementer ces usines et de recevoir les demandes de concession ? En 1863, un conflit s'est élevé entre lui et le Ministre des travaux publics qui avait renvoyé au préfet de Seine-et-Marne l'instruction d'une demande formée par un sieur Billard, meunier à Ocquerre. Le pourvoi contre cette décision ministérielle fut rejeté par une fin de non-recevoir. « Considérant, porte l'arrêt du Conseil du 6 janvier 1865 (Lebon, 65-10) ; que, si le préfet de la Seine estime qu'aux termes de la législation relative à l'administration des eaux de la rivière d'Ourcq il lui appartient de procéder au règlement de l'usine du sieur Billard, située dans le département de Seine-et-Marne, la revendication de cette attribution ne peut être portée devant nous par la voie contentieuse..... » Abstraction faite de ce moyen de forme, la réclamation du préfet de la Seine nous semble parfaitement fondée ; à lui seul appartient ce droit de réglementation. D'après la législation existante, il est, comme on l'a dit, le tuteur naturel du canal de l'Ourcq, et il est évident que, pour assurer le service des eaux nécessaires à la ville de Paris, on a voulu concentrer entre ses mains l'étude de toutes les questions intéressant le régime de ce canal. — Il est bon d'observer en passant que les pouvoirs du préfet de la Seine se bornent à un droit de règlementation et qu'il n'est substitué aux préfets des départements qu'en ce qui touche les mesures à prendre pour assurer la navigation sur le canal et l'alimentation de la ville de Paris ; il excéderait évidemment son droit en dépassant ces limites. C'est ainsi qu'il ne pourrait prendre un arrêté de conflit au cas où une instance relative au canal serait pendante devant un Tribunal autre que celui de la Seine; le préfet du département, dans l'étendue duquel est situé ce Tribunal, serait seul compétent : nous citerons en ce sens l'arrêt du Conseil du 21 mai 1872 (Lebon, 72-421).

251. La circulaire du directeur général des Ponts et Chaussées du 16 novembre 1834 exige « que le projet du demandeur soit bien défini : toute demande exprimée en termes vagues ne peut être susceptible d'aucune suite ; il faut que le particulier en instance explique nettement dans sa pétition ce qu'il veut obtenir de l'autorité. » La circulaire de 1851 ajoute qu'il est de l'intérêt des pétitionnaires eux-mêmes de ne soumettre à l'administration que des projets sérieux et dont l'exécution ne se trouve pas, dès l'origine, arrêté par quelque insurmontable difficulté. — Suit le détail de toutes les énonciations que doit contenir la demande : 1° Quels sont les noms des cours d'eau et de la commune sur lesquels l'usine devra être établie ? Quels sont les noms des établissements hydrauliques situés en amont ou en aval ? 2° A quel usage l'usine est-elle destinée ? 3° Quels sont les changements présumés que ces travaux devront apporter au niveau des eaux soit en amont, soit en aval ? 4° Quelle est la durée probable de l'exécution des travaux ? — Enfin, on exige que le pétition-

naire justifie qu'il est propriétaire des rives dans l'emplacement du barrage projeté et du sol sur lequel les ouvrages doivent être exécutés et produire le consentement écrit du propriétaire de ces terrains. Comme on le voit, nous ne trouvons ici rien d'analogue aux dispositions consacrées en faveur des irrigations par les lois de 1845 et de 1847 ; aucune servitude de passage, aucune servitude d'appui n'est reconnue au profit du concessionnaire d'une prise d'eau industrielle.

252. L'instruction du 19 thermidor an VI voulait que toute demande relative à l'établissement ou à la régularisation d'une usine fut soumise à une enquête préalable de vingt jours, c'est ce que reproduit la circulaire de 1851 ; « Lorsque vous aurez reconnu que la pétition satisfait aux conditions voulues et peut utilement être soumise aux enquêtes, un arrêté pour la rédaction duquel vous voudrez bien vous conformer au modèle ci-joint [1], en ordonnera le

---

DÉPARTEMENT
d

COMMUNE
d

RIVIÈRE
d

USINE
du Sr

(On enverra quatre exemplaires du présent arrêté dans chacune des communes où il doit être public.)

[1] RÈGLEMENT D'EAU.

ENQUÊTE N°

Nous, préfet du département d
Vu la pétition présentée par le sieur
le   187   , tendant à

Vu les lois des 12-20 août 1790, 6 octobre 1791 et l'arrêté du Gouvernement du 19 ventôse an VI ;
Vu l'instruction ministérielle du 19 thermidor an VI et les circulaires du 16 novembre 1834 et du 23 octobre 1851.
Arrêtons ce qui suit :
ARTICLE PREMIER. — Pendant   jours, du   au   les pièces ci-dessus visées resteront déposées au secrétariat de la mairie de la commune de   , ainsi qu'un registre destiné à recevoir les observations des parties intéressées.
ART. 2. — Pendant la même durée, le présent arrêté

dépôt à la mairie de la commune où les travaux doivent être exécutés et fixera le jour de l'ouverture de l'enquête. L'arrêté sera, par les soins du maire, affiché tant à la principale porte de l'église qu'à celle de la mairie, et publié à son de caisse ou de trompe, le dimanche à l'heure où les habitants se trouvent réunis. Il importe que l'annonce de l'enquête reçoive toute publicité afin que les intéressés ne puissent l'ignorer et que l'administration soit autorisée à considérer leur silence comme un acquiescement au projet du pétitionnaire. Un registre (modèle n° 2) destiné à recevoir les observations des parties intéressées sera ouvert à la mairie de la même commune. » La circulaire s'occupe ensuite 1° du cas où l'entreprise paraîtrait de nature à étendre son effet en dehors du territoire de la commune : l'arrêté désignera les autres communes dans lesquelles l'enquête doit être annoncée; 2° du cas où les diverses communes intéressées n'appartiendraient pas au même département : l'arrêté ordonnant l'enquête sera pris par le préfet du département où doit se trouver le siége de l'établisse-

---

restera affiché dans les communes d
, tant à la principale porte de l'église qu'à celle de la mairie.
Il sera en outre publié à son de caisse ou de trompe.
ART. 5. — A l'expiration du délai ci-dessus fixé, MM. les maires nous renverront le présent arrêté après avoir rempli le certificat d'autre part.
M. le maire d   y joindra en outre toutes les pièces de l'enquête.

Le   187

Le Préfet,

CERTIFICAT DU MAIRE.

Le maire de la commune d   certifie que l'arrêté d'autre part a été publié et affiché dans les formes prescrites du
au
Le   187

ment et transmis ensuite aux préfets des autres départements
pour être publié dans toutes les communes intéressées.
L'accomplissement de ces formalités sera certifié par les maires
des communes où elles auraient été prescrites [1]. — La publi-

---

[1] A la circulaire de 1851 sont annexées les deux formules suivantes :

DÉPARTEMENT
d —

COMMUNE
d —

RIVIÈRE
d —

USINE
du S^r

1.

RÈGLEMENT D'EAU.

REGISTRE DE L'ENQUÊTE N°

Ouvert le   187 .
Fermé le   187 .

(Un registre de ce modèle avec une feuille double intercalaire devra être adressé au maire de la commune dans laquelle l'enquête doit être faite en même temps que quatre expéditions de l'arrêté qui fixe le jour de l'ouverture et la durée de l'enquête.

Les intéressés doivent inscrire ou faire inscrire leurs observations sur cette feuille, et, s'il y a lieu, sur des feuilles intercalaires de même dimension.

Le nom des signataires devra être reproduit d'une manière lisible sur la marge en regard des observations qu'ils auront présentées.

Les observations qui auront été portées à la mairie rédigées sur des feuilles séparées, devront être réunies et annexées au présent registre).

2.

CERTIFICAT D'ENQUÊTE.

Le maire de la commune d   certifie que le présent registre est resté déposé au secrétariat de la mairie du   au   et que (1)

Le   187 .

AVIS DU MAIRE.

. . . .

(1) Indiquer, suivant les cas, qu'il n'a été présenté aucune observation, ou qu'il n'a pas été présenté d'autres observations que celles inscrites au présent registre, ou bien qu'outre les observations inscrites au registre, M.... M.... ont présenté des observations écrites sur des feuilles séparées qui ont été annexées au dit registre.

cité à donner à la demande devra avoir lieu conformément aux prescriptions ci-dessus ; on ne saurait admettre que les autorités locales y apportassent la moindre dérogation sous quelque prétexte que ce fût. L'inobservation des circulaires et instructions ministérielles entraînerait la nullité de toute la procédure suivie : c'est un point que nous examinerons bientôt. Partant de ce principe un arrêt du Conseil du 26 novembre 1863 (Lebon, 63-778), a annulé une concession de prise d'eau par ce seul motif qu'il n'avait pas été procédé à l'enquête préparatoire ordonnée par l'instruction de thermidor et la circulaire de 1851. A l'origine, la jurisprudence se montrait moins sévère lorsqu'il était simplement allégué que l'enquête avait été incomplète : c'est ainsi qu'un arrêt du 18 novembre 1852 (Lebon, 52-458) considérait comme suffisamment régulière une enquête préparatoire qui n'avait eu lieu que dans la commune où devait se trouver le siége de l'établissement futur, bien que les travaux autorisés dussent s'étendre sur le territoire d'une autre commune. Le Conseil d'Etat est revenu avec raison au système contraire ; une enquête ne peut être régulière qu'autant que toutes les parties intéressées ont été mis à même de présenter leurs observations, et l'on ne saurait assurer trop de garanties aux intérêts qui pourraient se trouver lésés par la construction du nouvel établissement : « Considérant, porte l'arrêt du 28 novembre 1861 (Lebon, 61-859) que, d'après les dispositions des lois et règlements ci-dessus visés, tous les propriétaires intéressés doivent être mis à même de présenter leurs observations sur les demandes formées à l'effet d'obtenir l'autorisation de faire des prises d'eau ou d'établir des barrages ; que, dans l'espèce, tous les propriétaires intéressés ne pouvaient être mis à même de présenter leurs observations sur les demandes des pétitionnaires sur lesquelles il a été statué par les décrets et par l'arrêté attaqué qu'autant que des enquêtes auraient été ouvertes à la fois dans la commune de Garennes et dans celle d'Ivry-la-Bataille; qu'il résulte de l'instruction qu'il n'a été procédé à aucune enquête dans cette dernière commune; que, dès-lors, les requérants sont fondés à demander l'annulation pour excès de pouvoir des décrets et de l'arrêté attaqués comme ayant été rendus à la suite d'une instruction irrégulière..... »

253. L'enquête préparatoire une fois terminée, l'instruction de l'affaire va entrer dans une phase nouvelle; le dossier doit être transmis des bureaux de la préfecture aux bureaux de l'ingénieur en chef dans les attributions duquel le cours d'eau se trouve placé, c'est-à-dire, pour les rivières navigables et flottables, à l'ingénieur en chef, qui est préposé aux travaux de ces rivières, et pour les autres cours d'eau, à l'ingénieur en chef du service hydraulique ou du service ordinaire, suivant l'organisation du service dans le département. Dans certains cas, cette question de transmission des pièces pouvait présenter quelque difficulté; ainsi, par exemple, l'usine doit être établie sur un cours d'eau qui n'est pas par lui-même une dépendance du domaine public, mais qui, d'autre part, sert à l'alimentation d'un canal ou bien qui est soumis à un régime spécial dans l'intérêt soit de la navigation, soit du flottage; suffira-t-il que les pièces soient transmises à l'ingénieur en chef dans le service duquel rentre ce cours d'eau? La circulaire de 1851 pense avec raison que l'instruction ne serait point complète si l'on n'y appelait pas également les ingénieurs chargés du service du canal ou de la navigation; des conférences doivent être ouvertes entre les ingénieurs des deux services conformément aux instructions contenues dans la circulaire du 12 juin 1850 : le procès-verbal de ces conférences sera remis à l'ingénieur en chef qui le fera parvenir avec le reste du dossier à l'autorité compétente. — A un autre point de vue, l'attention des préfets est appelée sur le cas ou une

rivière se trouve former la limite de deux départements : sera-t-il nécessaire qu'il soit procédé à deux instructions distinctes? La circulaire fait observer avec raison qu'il importe que les usines situées sur le même cours d'eau soient réglées dans des vues d'ensemble, qu'il peut dès-lors y avoir utilité à ce qu'un seul service d'ingénieur soit chargé de toutes les usines du cours d'eau ; en conséquence, elle invite les préfets à signaler au ministre toutes les circonstances dans lesquelles il pourrait être utile de prendre une semblable mesure.

254. Aussitôt les pièces reçues, l'ingénieur en chef les renvoie à l'ingénieur ordinaire chargé du service des usines dans l'arrondissement. Ce dernier s'assure que la visite des lieux peut être faite utilement, annonce à l'avance son arrivée aux maires des diverses communes intéressées, avec invitation de donner à cet avis le plus de publicité possible [1].

---

[1] Formule annexée à la circulaire du 23 octobre 1851 :

DÉPARTEMENT
d

RÈGLEMENT D'EAU

COMMUNE
d

Le   187 .

RIVIÈRE
d

Monsieur le Maire,

Chargé de procéder à l'instruction *de la demande du sieur*   , *tendant à obtenir l'autorisation de*   . j'ai l'honneur de vous informer que je me rendrai le   187 , à   , pour procéder à la visite des lieux.

Je vous prie de donner immédiatement à cet avis toute publicité, de faire connaître directement le jour, l'heure et l'objet de cette visite à toutes les personnes que cette affaire peut intéresser, soit comme riverains, soit comme arrosants, soit comme propriétaires d'usines *et de prévenir spécialement*
M.
M.

Il prévient de son côté, le pétitionnaire, les présidents des syndicats, s'il en existe sur le cours d'eau, les mariniers les plus expérimentés, s'il s'agit d'une rivière navigable ou flottable, enfin toutes les personnes dont la présence lui paraît utile et pour lesquelles il pense que cet avertissement direct est nécessaire. Il est essentiel, ajoute la circulaire, que ces avis soient adressés de telle sorte qu'il y ait au moins cinq jours pleins entre la date de réception de la lettre et la visite des lieux. — L'ingénieur ordinaire procède à la visite en présence des maires ou de leurs représentants et de ceux des intéressés qui se seront rendus aux avertissements donnés. Son premier soin doit être de constater l'état actuel des lieux ; il se fait rendre compte de la position qu'occuperont les ouvrages projetés et des limites du terrain appartenant au pétitionnaire ; il s'assure que la propriété des rives dans l'emplacement du barrage et du sol sur lequel les autres ouvrages n'est pas contestée ou que le pétitionnaire a produit le consentement écrit du propriétaire de ces terrains : en d'autres termes, il constate

---

Je vous prie également de vouloir bien vous trouver ou vous faire représenter sur les lieux au jour et à l'heure dite, pour m'assister dans cette opération.

Recevez, Monsieur le Maire, l'assurance de ma considération distinguée.

L'Ingénieur des Ponts et Chaussées,

(Il doit toujours s'écouler cinq jours au moins entre le jour où la lettre dont le modèle est ci-joint devra parvenir au maire de la commune et le jour de la visite des lieux. Ce délai doit même être prolongé, si quelque circonstance particulière fait juger qu'il soit insuffisant.

L'ingénieur devra en outre prévenir directement le pétitionnaire en l'invitant à mettre la rivière en bon état de curage et en lui indiquant toutes les mesures à prendre pour que la visite des lieux produise un résultat utile.

Il convoquera directement les intéressés auxquels il jugerait que cet avis ne peut parvenir en temps utile par l'intermédiaire du maire de la commune.)

que le pétitionnaire pourra utiliser la concession qui lui aura été faite. Toujours dans le même ordre d'idées, l'ingénieur doit s'entourer de tous les renseignements utiles pour bien déterminer le régime actuel de la rivière ; il rattache à un ou plusieurs repères choisis avec soin la hauteur des eaux en amont et en aval ; s'il existe déjà des ouvrages, tels que barrages, déversoirs, pertuis, vannes de décharge, vannes motrices, il vérifie leurs dimensions et rapporte aux mêmes repères provisoires la hauteur des seuils, le dessus des vannes et la crète des déversoirs. — En second lieu, il étudie les modifications dans la hauteur des eaux qui résulteront des travaux projetés. Il procède par voie d'expérience directe afin de mettre les parties intéressées à même d'apprécier les conséquences de ces changements ; dans le cas où il serait impossible de procéder ainsi, il a recours à tous autres moyens qui lui paraissent propres à y suppléer. La circulaire du 16 novembre 1834 portait déjà que lorsqu'il serait impossible ou trop dispendieux d'élever un barrage d'épreuve ayant pour but d'élever les eaux à la hauteur à laquelle on se propose de les tenir habituellement, l'ingénieur pourrait se servir de piquets de nivellement placés de manière à rendre sensible aux yeux, la hauteur de la retenue projetée et sa corrélation avec le niveau des propriétés environnantes. Enfin, lorsqu'il doit y avoir partage ou usage alternatif des eaux entre divers concessionnaires, il recueille tous les renseignements nécessaires pour régler les droits de chacun. — Les constatations, une fois terminées, l'ingénieur dresse en présence du maire et des parties intéressées, un procès-verbal[1] dans lequel il indique d'une manière circonstanciée, l'état ancien des lieux, les repères qu'il a adoptés, les renseignements qu'il a recueillis, les résultats des expériences qu'il a faites ; il y ajoute les ob-

[1] Formule annexée à la circulaire du 21 octobre 1851 :

servations qui ont été produites, enfin, il déclare qu'il sera
procédé ultérieurement, s'il y a lieu, au complément des

DÉPARTEMENT
d

—

COMMUNE
d

—

RIVIÈRE
d

—

USINE
du Sr

—

RÈGLEMENT D'EAU.

—

PROCÈS VERBAL DE VISITE DES LIEUX.

—

Le   mil huit cent soixante

Nous, soussigné, ingénieur des Ponts et Chaussées,
Vu la*pétition presentée par le sieur*
le   187   , *tendant à*
Vu les pièces de l'enquête à laquelle *cette pétition* a été
soumise, conformément à l'arrêté de M. le Préfet en date
du
Vu le renvoi qui nous a été fait de ces diverses pièces
par M. l'Ingénieur en chef, le
Nous sommes rendu   pour
procéder à la visite des lieux.
Par lettre en date du   nous
avions fait connaître à M. le maire de la commune
d   l'époque et l'objet de cette visite en
le priant de donner à cet avis toute publicité *et de prévenir*
notamment :
MM.

Nous avions nous-même prévenu directement :
MM.

Etaient présents :
M. *le Maire*   qui nous a déclaré s'être
conformé à l'invitation contenue dans notre lettre.
M.   *propriétaire de l'usine supérieure.*
M.   *propriétaire riverain.*

Et en présence des personnes ci-dessus dénommées,
Nous avons fait connaître l'objet de notre visite et les
circonstances qui l'ont précédée.
(Indiquer ici si le pétitionnaire maintient ou modifie sa
demande).

Repère provisoire.
Nous avons choisi pour repère provisoire auquel seraient
rattachées nos opérations.
(Indiquer ici par un croquis le détail des constructions

opérations. Lecture dudit procès-verbal est donnée aux parties intéressées qui sont invitées à le signer et à y insérer

---

sur lesquelles se trouve ce repère et la position qu'il occupe, par rapport à d'autres points faciles à retrouver.)

Description des lieux.

Et nous avons constaté ce qui suit :

(Indiquer les usines entre lesquelles se trouve celle dont il s'agit.

Faire connaître si elle est établie sur une dérivation de la rivière, et, dans ce cas, le point où les eaux sont détournées, et où elles sont ramenées à leur cours naturel.

Désigner l'emplacement des ouvrages existants qui composent la retenue et indiquer s'ils sont appuyés sur les propriété de l'usinier ou sur des terrains assujettis à supporter cette servitude.)

Niveau de la retenue.

(Faire connaître si, le jour de l'opération, la rivière était convenablement curée et si le débit de la rivière était dans son état moyen.

Faire tendre les eaux au niveau habituel de la retenue, rattacher au repère provisoire le niveau de ces eaux immédiatement en amont et en aval du barrage, expliquer comment elles se comportent par rapport aux gués, à l'usine supérieure et aux propriétés riveraines.

Si l'usinier demande une augmentation de chute, faire, s'il est possible, de nouvelles expériences en maintenant les eaux à la nouvelle hauteur.

Si les intéressés réclament au contraire un abaissement de la retenue sur un point déterminé, faire, s'il se peut, apprécier par une expérience directe quel devrait être l'abaissement correspondant près du barrage pour obtenir le résultat demandé.

Il sera souvent utile de faire connaître les variations que l'on observe dans la hauteur des eaux, lorsque les vannes de décharge étant complétement ouvertes, la rivière est rendue, autant que possible, à son écoulement naturel.)

Ouvrages existants.

(Constater le débouché des ouvrages existants, tels que barrages, déversoirs, pertuis, vannes de décharge, vannes motrices.

Rapporter au repère provisoire la hauteur des seuils, et le dessus des vannes, ainsi que la crête des déversoirs.)

sommairement leurs observations si elles le jugent convenable; mention y sera faite des personnes qui se seraient
retirées, ou qui n'auraient pas voulu signer ni déduire les
motifs de leur refus de signature. En outre, lorsque les
parties intéressées parviennent à s'entendre au cours des
opérations, l'ingénieur constate au procès-verbal les conventions amiables intervenues entre elles : cette constatation revêtue de leurs signatures, est parfaitement régulière
et suffit, selon l'avis de la section des travaux publics du
Conseil d'Etat, pour que l'administration puisse statuer. —
Le rôle que les ingénieurs doivent remplir dans toute cette
période est bien nettement précisé par la circulaire de 1851:
« Je recommande à MM. les ingénieurs de s'attacher à ne
faire en présence des intéressés que des opérations qui
soient facilement comprises et à ne consigner au procès-
verbal que des résultats matériels sur lesquels il ne puisse
s'élever aucun doute. Ils comprendront, d'ailleurs, qu'en
recevant les observations des intéressés, leur rôle ne doit

Observations des parties. Nous avons ensuite engagé les parties intéressées à présenter leurs observations.

*(Ici sont consignées les observations qui seraient pro-
duites. L'ingénieur les rédige, en les faisant signer par les
parties, à moins que celles-ci ne manifestent le désir de les
rédiger elles-mêmes.)*

Et après avoir déclaré qu'il serait procédé ultérieurement, s'il y a lieu, au complément des opérations, nous
avons donné lecture du présent procès-verbal aux personnes présentes que nous avons invitées à le signer avec
nous.

*(Mentionner ici les personnes qui n'auraient pas voulu
signer ni déduire les motifs de leur refus.)*

Et nous avons clos le présent procès-verbal.

(Date du jour de l'opération.)

Signature du Maire.   *Signature de l'Ingénieur.*

pas se borner à enregistrer les dires contradictoires, mais qu'il leur appartient de provoquer les discussions qui peuvent éclairer les faits et de rechercher toutes les dispositions qui, en sauvegardant l'intérêt public, peuvent donner satisfaction aux intéressés. »

255. A la suite de la visite des lieux, l'ingénieur ordinaire dresse les plans et nivellements nécessaires à l'instruction définitive de l'affaire ; le programme joint à la circulaire de 1851 indique toutes les énonciations que doivent contenir le plan général et les dessins de détail ; il est essentiel que ces prescriptions techniques soient suivies à la lettre, « j'attache, disait M. le ministre des travaux publics, une grande importance à ce que ces modèles soient strictement observés. » — A ces plans sera joint un rapport détaillé où l'ingénieur présentera un exposé de l'affaire, décrira l'état des lieux, discutera les oppositions et motivera les propositions relatives au niveau de la retenue, aux ouvrages régulateurs et aux prescriptions diverses qu'il estimera devoir être imposées aux pétitionnaires. L'exposé de l'affaire comprendra l'analyse succincte de la pétition et les différentes phases de l'instruction à laquelle elle a été soumise. La description de l'état des lieux embrassera toutes les parties de la vallée que peut affecter le régime des eaux de l'usine à régler ; les routes, les voies de communication vicinale, les gués, les ponts, les abreuvoirs, tous les ouvrages ou établissements publics qui peuvent se ressentir d'une manière quelconque des changements projetés dans la hauteur, le parcours ou la transmission des eaux y seront sommairement indiqués ; on fera également connaître s'il existe sur le cours d'eau des usines réglées ou non réglées, soit en amont, soit en aval. — En ce qui touche la discussion des oppositions, la circulaire laisse aux ingénieurs beaucoup trop de latitude ; nous comprenons fort bien qu'ils ne s'arrêtent point aux oppositions qui leur

paraissent ne point avoir de fondement et n'avoir été mises en avant que pour entraver la réalisation des projets du demandeur ; mais qu'on leur enjoigne de ne tenir aucun compte des oppositions fondées sur des titres ou conventions privées, c'est là ce qui nous semble excessif; il y a quelque chose de singulier dans cette affirmation que l'administration peut, malgré ces titres et conventions, prescrire toute mesure que réclame l'intérêt public. Qu'en résultera-t-il ? C'est que les autorisations administratives n'étant accordées que sous réserve des droits des tiers, et les Tribunaux ayant d'autre part tout pouvoir pour annuler les concessions faites à un particulier au mépris de semblables droits; les mesures dont parle la circulaire ne pourront être mises à exécution; on aura beau dire qu'elles sont intervenues dans un intérêt public, les Tribunaux ne se laisseront point abuser par cet artifice de langage et ne sauront considérer comme travail d'intérêt public l'établissement d'une usine qui ne doit profiter qu'aux intérêts privés du constructeur. Mieux eût valu arrêter l'instruction à ses débuts que d'obliger les parties lésées à engager une procédure dont l'issue ne saurait être douteuse. — Les propositions relatives à la détermination du niveau de la retenue, à la fixation du repère, à l'établissement des ouvrages régulateurs, c'est-à-dire du déversoir de superficie et des vannes de décharge, à la nécessité d'ouvrages accessoires, sont ensuite consignées au rapport: nous examinerons plus tard, dans une division spéciale de cette section, les diverses conditions qui sont ainsi imposées à tout concessionnaire d'une usine : nous aurons en outre à insister sur les redevances qui doivent être payées annuellement, conformément à la loi du 16 juillet 1840. — Toutes ces propositions sont, s'il y a lieu, résumées dans un projet de règlement séparé du rapport. La circulaire de 1851 recommande aux ingénieurs de n'agir en cette matière qu'avec la plus grande circonspection : " MM. les ingénieurs ne perdront pas de vue, en présentant leurs conclusions, que, dans, toutes les prescriptions relatives au règlement des usines, il importe de ménager avec soin les intérêts des propriétaires de ces établissements ; il faut tenir compte des ouvrages existants, s'efforcer de les conserver, rechercher les moyens de n'imposer aucune construction trop dispendieuse, en laissant d'ailleurs autant que possible à l'usinier, la faculté de choisir, pour ces constructions, les emplacements qui lui conviendront le mieux, ne prescrire enfin de dispositions onéreuses que celles que l'intérêt de la police des eaux rend indispensables. »

256. Nous voici parvenus à la dernière période de l'instruction ; toutes les pièces sont adressées à l'ingénieur en chef, et ce dernier les fait parvenir au préfet avec ses observations et son avis. La circulaire du 16 novembre 1834 consacre des formalités que la pratique administrative considérait depuis longtemps comme absolument nécessaires ; nous les trouvons énumérées à nouveau dans la circulaire de 1851. Une nouvelle enquête va être ouverte, enquête absolument semblable à la première, sauf une réduction de délai. Les pièces de l'instruction sont déposées de nouveau pendant quinze jours à la mairie du lieu où doit être construit l'établissement et à celle des autres communes intéressées. Comme le remarque M. Nadault de Buffon (T. II, p. 512), cette dernière enquête, si bref qu'en soit le délai, est celle qui peut le plus efficacement donner à l'instruction un caractère vraiment contradictoire, puisque les parties intéressées peuvent contrôler ainsi par elles-mêmes le travail de l'ingénieur, s'assurer si les objections et les observations qu'elles ont précédemment faites ont été fidèlement reproduites et si leurs motifs d'opposition ont été suffisamment examinés. Son importance est d'autant plus considérable que c'est là la seule garantie qui leur soit accordée à ce moment : quelque graves que puissent être les modifica-

tions apportées par les ingénieurs à la demande primitive
du pétitionnaire, il n'y a pas lieu de recommencer une instruction sur place ; peu importerait qu'en fait ces derniers
se fussent basés sur des éléments tout-à-fait nouveaux et
que de leur projet dussent résulter des conséquences dont
il était matériellement impossible de se douter à l'origine
(Cons. d'Etat 12 janv. 1860, — Lebon, 60-23). — Le résultat
de la seconde enquête sera communiqué aux ingénieurs pour
qu'ils donnent leur avis : s'il leur semble nécessaire d'apporter à leurs conclusions précédentes quelque changement
qui soit de nature à provoquer de nouvelles oppositions, il
conviendra que l'affaire soit soumise à une enquête supplémentaire de 15 jours. — Lorsque toutes les mesures prescrites ont été remplies, le Préfet examine à son tour s'il convient de prononcer le rejet de la demande ou d'en proposer
l'admission. Dans le premier cas, il notifie immédiatement
son arrêté motivé au pétitionnaire qui, s'il le juge convenable, pourra se pourvoir devant qui de droit. La circulaire de 1851 se sert à ce propos d'une expression inexacte : le pétitionnaire « exercera son recours devant le
ministre, » elle semble n'admettre de recours possible que
par la voie administrative ; ce serait là une grave erreur
contre laquelle il est bon de se prémunir. Dans le second
cas, la circulaire de 1851 prescrivait au préfet de transmettre les pièces au ministère des travaux publics ; à cette
époque, en effet, toute prise d'eau sur les rivières navigables devait être autorisée par décret. Cette législation
a été complétement modifiée par les deux décrets des 25
mars 1852 et 10 avril 1861 ; aujourd'hui, les préfets peuvent autoriser directement, mais sur l'avis ou la proposition des ingénieurs et en se conformant aux circulaires ou
instructions ministérielles : 1° les prises d'eau établies sur
les rivières navigables au moyen de machines, et qui, eu
égard au volume de la rivière, n'auraient pas pour effet d'en

altérer sensiblement le régime ; 2° les établissements temporaires établis sur les dites rivières alors même qu'ils auraient pour effet de modifier le régime ou le niveau des eaux : l'arrêté préfectoral fixe dans ce cas la durée de la permission. Ainsi un décret n'est plus nécessaire qu'autant qu'il s'agit d'un établissement permanent qui peut influer sur le régime ou le niveau des eaux. Une circulaire spéciale, en date du 27 juillet 1852, trace aux préfets la ligne de conduite qu'ils doivent suivre en pareille matière. Elle leur recommande d'abord de veiller avec soin à ce que toutes les prescriptions de la circulaire de 1851 soient rigoureusement observées ; elle examine ensuite la portée des innovations introduites par le décret de 1852. En ce qui touche les établissements permanents, elle veut que toutes les précautions possibles soient prises dans l'intérêt de la navigation. Alors même qu'il serait constant que l'établissement à autoriser semble n'avoir aucune influence sur le régime de la rivière, les préfets doivent prévoir le cas ou cette dernière hypothèse viendrait par impossible à se réaliser. « Il pourra même, ajoute la circulaire, y avoir-lieu dans certaines circonstances, afin de donner à tous les intérêts une garantie complète, de stipuler que la prise d'eau sera fermée sur l'ordre du préfet toutes les fois que cette mesure sera reconnue nécessaire, soit dans l'intérêt de la navigation, soit pour assurer aux anciens usagers les eaux auxquelles ils ont droit en vertu de leurs titres, soit pour laisser dans la rivière le volume d'eau qu'on jugera utile d'y laisser en étiage. »
— Quant aux établissements temporaires que le préfet peut à lui seul autoriser sur les rivières navigables, la circulaire en précise très-nettement le caractère, en même temps qu'elle apporte quelques restrictions aux termes trop larges du décret : « Le deuxième paragraphe du tableau 1 s'applique aux établissements qui n'ont qu'un caractère purement accidentel et temporaire, tels que les scieries desti-

nées à l'exploitation d'une coupe de bois, ou les ouvrages provisoires soit en graviers, soit en fascinages qui peuvent être nécessaires pendant la saison d'étiage pour assurer l'alimentation d'une prise d'eau d'usine ou d'irrigation régulièrement autorisée. Dans ce cas, comme dans les précédents, il importe que MM. les ingénieurs ne proposent d'accorder des autorisations de cette nature qu'autant qu'il n'en peut résulter aucun inconvénient pour la navigation. *L'arrêté fixera toujours la durée de la permission qui ne pourra excéder une année ;* aucune redevance ne sera d'ailleurs exigée du permissionnaire, attendu le caractère éminemment précaire de l'autorisation qui lui est accordée. » — Tous les établissements, qui se trouvent en dehors des deux catégories indiquées par le décret de 1852, doivent comme par le passé être autorisés par décret. Dans ce cas, une instruction nouvelle commence dans les bureaux du ministère : les tiers lésés par la création de l'établissement futur peuvent encore reproduire leurs objections ; seulement, aucune mesure de publicité n'est prescrite à leur égard, et il n'est plus nécessaire de les mettre en demeure de se prononcer à nouveau sur la demande du pétitionnaire. Le ministre prépare en dernier lieu le projet de décret qui, avant d'être soumis à la signature du chef de l'Etat, sera soumis à l'examen du Conseil d'Etat (section des travaux publics, de l'agriculture, commerce et affaires étrangères). M. Batbie (T. V. n° 336) observe justement que les affaires de cette nature ne figurent pas parmi celles qui doivent être de plein droit portées à l'Assemblée générale du Conseil d'Etat (v. art. 5 du décret du 21 août 1872) ; mais, qu'à raison de leur importance, elles seront souvent renvoyées à l'Assemblée générale, soit par le président de la section des travaux publics, soit par le chef de l'Etat.

257. Jusqu'ici nous avons supposé l'hypothèse la plus simple celle où l'instruction de l'affaire ne nécessite que l'in-

tervention des ingénieurs des Ponts et Chaussées ; nous devons examiner maintenant les divers cas où elle doit être poursuivie concurremment par les ingénieurs des Ponts et Chaussées et par des agents dépendant d'autres administrations publiques. Outre les formalités générales prescrites par la circulaire de 1851 et qui doivent toujours être suivies en principe, nous nous trouvons en présence de prescriptions plus spéciales : les représentants des divers services intéressés vont être appelés à formuler leurs observations sur le projet qui leur est soumis ; ils pourront, le cas échéant, s'opposer à toute concession de prises d'eau qu'ils considéreraient comme préjudiciable à leur point de vue : 1° *Usines qui se trouvent situées dans le voisinage de la frontière.* La construction de ces usines ne peut avoir lieu qu'autant qu'elles ne préjudicient ni à la défense du territoire ni aux nécessités du service des douanes. Dans l'intérêt de la défense du territoire on exige que toute demande de concession de prise d'eau dans l'étendue du rayon frontière tel qu'il est délimité par le décret du 15 mars 1862 et les textes postérieurs, soit soumise à l'examen de la commission mixte des travaux publics lorsqu'elle peut avoir quelque influence sur les inondations défensives. — Décret du 16 août 1853. Article 7 : « Dans les limites de la zône frontière et dans le rayon des enceintes fortifiées sont de la compétence de la commission mixte : 1°..... 4° les concessions et les réglements d'eau de moulins et autres usines, toutes les fois que les modifications qui peuvent en être la suite à l'égard du régime des eaux, sont susceptibles d'avoir de l'influence sur les inondations défensives. » — D'autre part, la circulaire du 23 octobre 1851 rappelle aux ingénieurs qu'ils doivent, dans l'espèce, imposer aux concessionnaires toutes les conditions qui seront jugées nécessaires par l'administration des douanes. La législation en cette matière remonte à la loi des 6-22 août 1791, article

41 titre XIII, interdisant la construction de toute usine dans le rayon douanier à moins d'une autorisation spéciale du Directoire du département. L'article 75 de la loi du 30 avril 1806 actuellement en vigueur, est ainsi conçu : « L'autorisation nécessaire, d'après l'article 41 Tit. XIII, de la loi des 6-22 août 1791 et l'article 37 du même titre de la même loi, et d'après la loi du 21 ventôse an XI pour établir des manufactures et construire des moulins, soit à vent, soit à eau ou d'autres usines, ne sera accordée que dans l'étendue du territoire formant la ligne des douanes près la frontière de terre, que sur le rapport des préfets et l'avis des directeurs des douanes constatant que la position de ces établissements ne peut favoriser la fraude. » En d'autres termes, lors de l'instruction préparatoire, les préfets devront toujours prendre l'avis du directeur des douanes ; le décret du 22 mai 1852 leur confère le droit de statuer définitivement sur les objections présentées par ces derniers. En fait, le directeur des douanes ne donne point d'avis personnel, et se borne à réunir tous les documents nécessaires qu'il transmet à l'administration centrale. Les conditions auxquelles doivent se soumettre les concessionnaires sont généralement les suivantes : 1° justification de l'origine des matières premières qu'ils se proposent d'employer ; 2° établissement d'un compte ouvert au bureau le plus voisin ; 3° faculté, pour les préposés des douanes, de procéder à des recensements ou à des visites sans l'assistance des autorités municipales ; 4° interdiction de déplacer sans une nouvelle autorisation l'usine concédée. L'étendue du rayon douanier est, en thèse générale, de deux myriamètres calculés à vol d'oiseau et sans avoir égard aux sinuosités des routes ; telle est la décision de l'art. 4 de la loi du 8 floréal an XI ; la loi du 28 avril 1816 permet en outre au gouvernement de l'étendre jusqu'à deux myriamètres et demi, toutes les fois que la mesure fixe de deux

myriamètres de rayon n'offre pas les positions les plus convenables au service des douanes. — 2° *Usines à établir dans le rayon des places fortes.* On sait qu'aux termes de la loi du 10 juillet 1791 les propriétés situées dans un certain rayon autour des places fortes sont grevées de servitudes toutes spéciales ; le décret du 10 août 1853 fixe la limite des différentes zônes des servitudes à 250 mètres, 487 mètres et 974 mètres des fortifications pour les places de guerre, — à 250 mètres, 487 mètres et 584 mètres pour les postes militaires. Dans l'étendue de la première zône, il ne peut être fait aucune construction de quelque nature qu'elle soit ; comme application de cette disposition, nous citerons l'arrêt du Conseil du 5 février 1841 (Lebon, 41-54) condamnant à une amende de 100 francs un usinier qui avait fait établir un barrage dans la rivière d'Oise, à une distance moindre de 250 mètres de la place de la Fère. — Par exception, certaines usines peuvent être autorisées dans le périmètre de cette première zône et à fortiori dans le périmètre des deux autres. Le décret du 10 août 1853 détermine avec précision les cas dans lesquels il y a lieu de lever la prohibition générale établie par la loi de 1791 et fixe la procédure à suivre. Article 14 : « Les moulins et autres semblables usines en bois et en maçonnerie peuvent être exceptionnellement autorisés par le ministère de la guerre dans les zônes de prohibition, à la condition de n'être élevés que d'un rez-de-chaussée, et qu'en cas de guerre, il ne sera accordé aucune indemnité pour démolition. La permission ne peut toutefois être accordée qu'après que le chef du génie, l'ingénieur des Ponts et Chaussées et le maire ont reconnu, de concert, et par un procès-verbal, que l'usine est d'utilité publique et que son emplacement est déterminé par quelque circonstance locale qui ne peut se rencontrer ailleurs. Elle n'est valable qu'en ce qui concerne le service militaire et ne dispense pas de l'accomplissement des formalités à remplir vis-à-vis des autres administrations publiques et des tiers intéressés. » Une circulaire du directeur des Ponts et Chaussées en date du 30 janvier 1822, avait déjà insisté sur ce dernier point, à savoir que la permission du ministre de la guerre ne préjuge rien sur ce que l'usine pourrait avoir de contraire au service de la navigation, des Ponts et Chaussées. aux intérêts privés des propriétaires et généralement à tout autre intérêt étranger au département de la guerre.

258. 3° *Etablissements ayant à la fois le caractère d'usines hydrauliques et d'établissements incommodes ou insalubres.* L'Ordonnance du 14 janvier 1815 et le décret du 22 mars 1852, aux termes desquels les établissements insalubres de troisième classe sont autorisés par les sous-préfets, et ceux de première et deuxième classe par les préfets, n'ont pas porté atteinte aux formalités prescrites par le décret du 15 octobre 1810. Donc, en même temps que l'enquête s'ouvrira sur la question de savoir si l'usine peut-être autorisée en tant qu'établissement hydraulique, il y aura lieu de rechercher également s'il est possible de l'autoriser en tant qu'établissement incommode ou insalubre ; s'il s'agit d'un établissement de première classe, la demande d'autorisation sera affichée pendant un mois et par ordre du préfet dans toutes les communes, à cinq kilomètres de rayon ; s'il s'agit d'un établissement de deuxième classe, une enquête particulière de commodo et incommodo aura lieu dans la commune où se trouve situé le siége dudit établissement. — Des établissements insalubres proprement dits, nous devons rapprocher les usines dont le bief formerait un étang de nature à produire des exhalaisons dangereuses ; la circulaire de 1851 prescrit aux préfets de rechercher quelles mesures il convient d'imposer aux concessionnaires dans l'intérêt de la salubrité publique afin que cet étang ne puisse pas tomber sous l'application du décret des 11-19 sep-

III.   7

tembre 1792; ils consulteront à cet effet les conseils municipaux des communes intéressées, ainsi que le conseil d'hy-
giène de l'arrondissement organisé par l'arrêté du 18 décembre 1848, et joindront au dossier les délibérations et
avis. — 4° *Usines exploitées simultanément à l'aide d'un
moteur hydraulique d'une machine à vapeur*. La matière
est régie par le décret du 25 janvier 1865 qui a abrogé,
pour toutes les chaudières autres que celles placées à bord
des bateaux à vapeur, l'Ordonnance du 22 mai 1843. Sans
entrer dans les détails, nous nous bornerons à dire que la
machine à vapeur ne peut être établie que si déclaration
en a été faite au préfet du département ; que les machines doivent être pourvues des appareils de sûreté réglementaires ; enfin que la distance, à laquelle elles doivent
être placées de toute maison d'habitation varie suivant la
catégorie à laquelle elles appartiennent. — 5° *Usines métallurgiques employant la force de l'eau comme moteur*. Les
articles 73-75 de la loi du 21 avril 1810 portaient qu'aucun
établissement métallurgique ne pourrait être établi que sur
une permission accordée par un règlement d'administration ;
il y était dit formellement que, dans l'instruction préliminaire, les ingénieurs des Ponts et Chaussées seraient consultés toutes les fois qu'il s'agirait d'une usine établie sur
un cours d'eau navigable ou flottable. — La liberté de l'industrie métallurgique a été proclamée par la loi du 9 mai
1866, qui a abrogé les articles 73 à 78 de la loi de 1810 ;
désormais, aucune permission spéciale n'est nécessaire.
L'exposé des motifs de la loi fait bien ressortir que les propriétaires de semblables usines ne sont pas pour cela dégagés des obligations que leur imposent les lois et règlements sur les cours d'eau : « L'intervention de l'administration des Ponts et Chaussées n'est motivée qu'autant qu'il
s'agit d'une usine qui emploie un moteur hydraulique. A
cet égard, l'abrogation des articles 73 et seq. de la loi de

1810 serait sans péril, car la législation spéciale aux cours d'eau suffit complétement pour que l'usinier ne puisse rien faire sans que les ingénieurs des Ponts et Chaussées aient été entendus, s'il doit modifier le régime du cours d'eau dont il veut se servir. » — 6° *Scieries mues par une chute d'eau.* La circulaire de 1851 veut 1° que le préfet prenne l'avis du conservateur des eaux et forêts chargé d'examiner si l'établissement projeté n'est pas soumis aux prohibitions déterminées par le Code Forestier ; 2° qu'il soit inséré dans l'acte de concession une clause spéciale aux termes de laquelle le concessionnaire s'engage à n'user de l'autorisation à lui accordée qu'après s'être conformé aux lois et règlements des eaux et forêts. — Les prohibitions auxquelles il est fait allusion résultent de l'article 155 C. Forestier : « Aucune usine à scier le bois ne pourra être établie dans l'enceinte, et à moins de deux kilomètres de distance des bois et forêts qu'avec l'autorisation du gouvernement sous peine d'une amende de cent à cinq cents francs et de la démolition dans le mois à dater du jugement qui l'aura ordonnée. » Mentionnons de suite l'exception apportée par l'article 156 : « Sont exceptées des dispositions des trois articles précédents, les maisons et usines qui font partie de villes, villages ou hameaux formant une population agglomérée, bien qu'elles se trouvent dans les distances ci-dessus fixées des bois et forêts. »

259. La circulaire de 1851 s'est préoccupée du cas où des oppositions seraient formées au cours de l'instruction ; nous avons déjà vu que, se plaçant au point de vue de l'intérêt général qui doit présider à la répartition des eaux, elle prescrit aux ingénieurs de ne point s'y arrêter, et qu'en même temps, elle réserve les droits des tiers qui se croiraient lésés par l'acte d'autorisation. « L'administration, dont toutes les décisions réservent d'ailleurs les droits des tiers, doit rechercher et prescrire nonobstant tous titres et

conventions contraires, les mesures que réclame l'intérêt public. En conséquence, MM. les ingénieurs ne devront pas s'arrêter devant des oppositions qui soulèvent des questions de droit commun qu'autant que les intérêts généraux n'auront pas à souffrir de l'ajournement de l'instruction. Dans tous les cas, avant de suspendre l'examen de l'affaire, il conviendra d'examiner si ces oppositions ont quelque fondement, et si elles n'ont pas été mises en avant uniquement pour entraver la réalisation des projets du demandeur. » Supposons donc que les réclamations formulées par les opposants n'aient point été écoutées par l'administration : comment pourront-ils faire valoir leurs droits méconnus ? devant qui et dans quelles formes devront-ils agir ? Deux hypothèses peuvent se présenter : 1° Les opposants fondent leur réclamatiom sur la violation d'un droit de propriété, d'usufruit, de servitude ou sur l'existence d'une convention intervenue entre eux et le nouveau permissionnaire ; ainsi ils allèguent que le terrain sur lequel l'usine doit être construite, appartient à eux et non point à ce dernier ; ou bien qu'il y avait engagement pris par lui de ne point solliciter une concession d'eau, ce qui arrive presque toujours lorsque ce permissionnaire est un ancien usinier qui a vendu son établissement situé sur la même rivière. En 1844, M. le conseiller Mesnard insistait sur ce que ces réclamations, se traduisant en un procès, pouvaient présenter de délicat au point de vue de la compétence. « Il est peu de matière où les points de contact entre l'autorité judiciaire et l'autorité administrative soient plus fréquents..... Les frontières des deux pouvoirs ne sont pas ici très-nettement indiquées, et il faut reconnaître que, de part et d'autre, elles n'ont pas toujours été bien gardées. La jurisprudence des tribunaux et du Conseil d'Etat révèle plus d'une tentative d'empiétement et se trouve marquée par des tergiversations qui rendent de plus en plus indécise la ligne de séparation des deux juridictions. Dans une pareille position, il convient d'apporter une grande attention à l'examen de chacune des espèces qui sont à juger ; des nuances, peu faciles à saisir au premier aperçu, deviennent quelquefois des raisons de décider..... » Nous croyons pour notre part qu'il faut distinguer avec soin ce cas de celui-ci où un usinier vient demander des dommages-intérêts, à raison du préjudice que lui cause le fonctionnement d'une prise d'eau récemment autorisée et sollicite la suppression de cette prise d'eau comme conséquence de l'allocation des dommages-intérêts ; nous verrons que les tribunaux sont compétents pour ordonner cette suppression, toutes les fois que la prise d'eau qui porte préjudice aux tiers a été concédée non dans l'intérêt général, mais dans un intérêt particulier. Ici, au contraire, les choses doivent se passer différemment ; l'opposant n'a point à demander de dommages-intérêts, puisque la prise d'eau n'est point encore établie et qu'aucun préjudice n'a pu dès lors lui être causé ; il a directement interjeté appel d'un acte administratif, et naturellement cet appel ne peut être porté que devant l'autorité administrative supérieure ; c'est à lui d'épuiser cette voie de recours, tout en se réservant de procéder plus tard par la voie judiciaire. Et que l'on ne dise pas que l'autorité administrative va par là statuer sur une question de droit commun : l'acte administratif qui interviendra laisse cette question entière ; il ne préjuge rien et permet au réclamant, s'il ne lui est pas donné satisfaction, de se retourner en temps et lieu contre le nouveau concessionnaire et de l'assigner devant le tribunal civil, dès qu'un dommage quelconque lui aura été causé. — 2° Les opposants se fondent sur une raison autre que sur la violation d'un droit de propriété ou d'une convention : la compétence administrative sera indiscutable, quel que soit le parti que l'on prenne sur la solution à donner dans l'hypothèse précédente.

260. Les règles générales du droit nous permettent de

déterminer facilement dans quels cas il y a lieu de suivre auprès de l'administration tel ou tel mode de recours : — 1° *Recours par la voie contentieuse*. La partie lésée ne pourra attaquer, par la voie contentieuse, la décision intervenue qu'autant qu'il y aura eu contravention formelle aux lois et réglements d'administration publique applicables à chaque espèce. La jurisprudence est bien fixée en ce sens (Conseil d'Etat, 6 juillet 1863 -- Lebon, 63-516 et le renvoi.) -- Ainsi, le recours par la voie contentieuse n'est point permis aux particuliers qui allégueraient que l'autorité administrative a refusé de leur accorder l'autorisation demandée (Conseil d'Etat 9 février 1850. -- Lebon, 50-135 ; ibid, 30 mars 1853. -- Lebon, 53-410 ; ibid, 9 février 1854. — Lebon, 54-94 ; ibid, 20 juillet 1854. -- Lebon, 54-668) — qu'il y a lieu de faire valoir contre l'établissement de l'usine de nouvelles objections ou de procéder à une enquête supplémentaire (Conseil d'Etat, 11 janvier 1851, -- Lebon, 51-32 ; ibid ; 1er mars 4851. -- Lebon, 51-136 ; ibid, 6 mai 1853. — Lebon, 53-502 ; ibid, 7 décembre 1851. — Lebon 54-942) — que l'autorisation a été subordonnée à des conditions trop onéreuses (Conseil d'Etat, 31 mai 1857. — Lebon, 51-404); — qu'elle porte atteinte à des droits résultant d'autorisations antérieures, etc., etc. On s'est demandé plusieurs fois si un recours au contentieux pouvait être introduit à raison de l'inobservation des formalités prescrites par les circulaires et instructions ministérielles. En thèse générale, les auteurs enseignent que des documents de cette nature n'ont aucune force législative et ne lient pas les tribunaux ; c'est ce qui a également été consacré par arrêt des requêtes du 8 juin 1863, (Dev. 63-1-431.) — Cpr les autorités rapportées par MM. Aubry et Rau (T. I. § 5, p. 11, note 21). — Le décret du 25 mars 1852 contient une exception formelle à ce principe pour tous les cas où le Préfet doit statuer en dernier ressort sur les demandes en autorisation d'usine ; il est tenu de se conformer strictement aux circulaires et instructions ministérielles : s'il y dérogeait, le recours au contentieux serait possible contre la décision émanée de lui. En sera-t-il de même lorsque la décision définitive devra émaner, non plus du préfet, mais du chef de l'Etat ? La jurisprudence du Conseil d'Etat s'est quelque peu écartée de celle de la Cour de Cassation. Suivant elle, les circulaires administratives ont force obligatoire toutes les fois qu'elles ont pour but de donner aux particuliers des garanties nouvelles ; elles complétent les textes législatifs dont elles sont le développement et s'identifient avec eux ; les agents de l'administration dépasseraient donc les limites de leurs attributions s'ils n'en tenaient point compte, ce qui suffit pour constituer un excès de pouvoir : la procédure d'instruction sera déclarée nulle et de nul effet (Arrêt du 26 juin 1864. — Lebon, 64-573). M. le commissaire du gouvernement Robert a parfaitement montré quelle était la véritable pensée du Conseil d'Etat et les conclusions qu'il a données dans l'affaire Gaunard sont le meilleur commentaire des arrêts de cette haute juridiction : « Il semble, au premier abord, qu'une instruction, prise par un ministre sur la proposition de ses bureaux, n'est pas un acte assez solennel pour que les formes ainsi tracées puissent être prescrites, à peine de nullité ; mais, nous adhérons en cette matière à une opinion sage et autorisée qui, en principe général, se fonde sur une distinction pleine de justesse et qui, en ce qui concerne spécialement l'instruction de thermidor an VI, explique historiquement l'importance toute particulière de ce réglement. Partant de cette idée, que, dans l'intérêt de chaque citoyen et de l'administration elle-même, il faut multiplier les garanties qui sont la sauvegarde de tous les droits, on arrive à reconnaître que certaines instructions ministérielles ont un caractère obligatoire dont la juridiction contentieuse doit tenir compte. Impuissantes pour

restreindre les droits que les administrés tiennent de la loi
ou des décrets rendus pour son exécution, les instructions
ministérielles ont une autorité incontestable, lorsque, réglant les devoirs et les attributions des fonctionnaires administratifs, elles tracent ainsi, pour chacun, les limites de la
délégation qui lui a été faite au nom du chef du pouvoir exécutif, et lorsque, bien loin de porter atteinte aux droits privés, elles les entourent d'une protection salutaire. C'est là
une distinction toujours vraie ; mais, si nous remontons
jusqu'à l'an VI, des raisons spéciales s'y ajoutent, comme
nous l'avons dit, pour augmenter l'autorité de l'instruction
de thermidor. A cette époque, la compétence de chacun
des pouvoirs publics n'était pas parfaitement déterminée ;
l'arrêté du gouvernement du 19 ventôse an VI, qui a réglé,
en matière de cours d'eau navigables et flottables, les droits
de l'Etat, les obligations des riverains, les pouvoirs de chaque administration, a participé en quelque sorte à l'œuvre
législative ; d'un autre côté, l'instruction de thermidor
an VI constamment appliquée, confirmée par la jurisprudence du Conseil d'Etat, a organisé un système de garanties essentielles pour l'exécution de l'arrêté de ventôse ;
elle a pu ainsi, par exception, s'élever elle aussi d'un degré
et prendre le caractère d'un acte du gouvernement. »

261. *2° Recours par la voie administrative.* Ici, il faut supposer qu'il s'agit d'une demande sur laquelle le préfet avait
qualité pour statuer définitivement : dans ce cas, le pétitionnaire et les tiers lésés peuvent déférer au supérieur hié-
rarchique du préfet, c'est-à-dire au ministre des travaux
publics, l'arrêté qu'ils attaquent comme leur faisant grief.
La circulaire du 27 juillet 1852 trace les formes dans lesquelles doit être exercé ce recours et enjoint au préfet de
suspendre l'exécution de sa décision, à moins qu'il ne soit
nécessaire de passer outre par suite de quelque circonstance
spéciale ou de quelque motif d'urgence. « Le recours contre

les décisions préfectorales peut s'exercer au moyen de requêtes adressées au ministre des travaux publics, soit directement, soit par votre intermédiaire. Dans le premier cas,
vous voudrez bien, sur la communication qui vous sera
donnée de la réclamation dont j'aurai été saisi, me transmettre toutes les pièces de l'instruction, en y joignant les
avis de MM. les ingénieurs et vos observations personnelles
sur les réclamations des intéressés. Lorsque le recours
vous aura été adressé pour être transmis par vous à l'administration supérieure, il conviendra, afin d'éviter un double emploi, de le communiquer immédiatement à MM. les
ingénieurs, et de m'adresser ensuite, ainsi que je l'ai dit ci-
dessus, le dossier complet avec votre avis particulier. Dans
l'un et l'autre cas, dès que vous aurez été saisi d'une requête
adressée au ministre contre un arrêté préfectoral, vous
voudrez bien surseoir à l'exécution de cet arrêté, à moins
que quelque circonstance spéciale, ou quelque motif d'urgence, n'en exige l'exécution immédiate » — 3° *Recours par
la voie gracieuse*. Le pétitionnaire ou les tiers peuvent, par la
voie gracieuse, demander la révision de la décision à l'autorité dont elle émane : c'est la seule voie d'appel à suivre
contre une décision ministérielle ou un règlement d'administration publique, toutes les fois qu'il n'y a pas possibilité d'un recours contentieux. Décret du 22 janvier 1808.
Art. 40 : « Lorsqu'une partie se croira lésée dans ses droits
ou sa propriété par l'effet d'une décision de notre Conseil
d'Etat rendue en matière non contentieuse, elle pourra nous
présenter une requête, pour que, sur le rapport qui nous
sera fait, être l'affaire renvoyée, s'il y a lieu, soit à une
section du Conseil d'Etat, soit à une commission. »

262. Il arrive souvent que des oppositions émanent d'une
personne qui avait formé une demande analogue à celle
accueillie par l'administration et qui se sent définitivement
évincée par suite de la décision intervenue ; c'est ce qui se

présente toutes les fois que le volume d'eau à concéder n'est pas suffisant pour le roulement de plusieurs usines. Ces oppositions, n'ont en général, aucune chance de succès ; l'administration était absolument maîtresse de disposer comme elle l'entendait du volume d'eau à concéder, et elle répondra par une fin de non-recevoir aux oppositions ultérieures. En fait, les ingénieurs, lorsqu'ils se trouvent saisis de plusieurs demandes en concurrence, se prononcent en faveur des établissements projetés qui leur paraissent être les plus utiles ou offrir le plus de chances de succès ; ils tiennent compte du genre d'industrie que les pétition-naires demandent à exercer et des capitaux dont ils dispo-sent. Le projet de réglement général arrêté en 1818 avait prévu l'hypothèse. Art. 3 : « Lorsqu'il y a concurrence dans la demande, la préférence est due à celui qui a le plus de droits acquis sur l'usage du cours d'eau ou sur la propriété de ses rives. A égalité de droits, l'antériorité de demande doit l'emporter, sauf le cas où les usines projetées, étant d'une nature différente, l'une d'elles offrirait aux besoins de la localité et aux progrès de l'industrie des avantages désirés et reconnus supérieurs. » En pratique, les choses se pas-sent à peu près de cette manière ; mais enfin il n'en est pas moins certain que l'administration pourrait se mettre au-dessus de toutes considérations ; elle a pour la concession des usines le pouvoir absolu que l'art. 16 de la loi du 21 avril 1810 lui attribue pour les concessions de mines : « Le gouvernement juge des motifs ou considérations d'après lesquelles la préférence doit être accordée aux divers de-mandeurs en concession.... » L'administration a également pour règle de ne tenir aucun compte des réclamations et oppositions formées par des industriels qui craignent les résultats de la concurrence que leur ferait le nouvel éta-blissement. Il est bon d'observer que ce motif, peu avouable en lui-même, est autant que possible déguisé sous une forme plus ou moins ingénieuse ; on fait objecter par des tiers, en apparence désintéressés, que le nombre d'établissements existant dans la localité est plus que suffisant pour les besoins de la consommation ; qu'il est donc inutile d'en créer de nouveaux. L'administration n'a pas à ménager les intérêts des particuliers, mais à se préoccuper uniquement de l'intérêt général ; or, comme le dit M. Nadault de Buffon (T. II, p. 496), la concurrence est le puissant mobile qui amène à la fois l'abaissement des prix et le perfectionnement des produits, deux choses essentiellement désirables pour le public. Si, dans quelques cas extraordinaires, de semblables réclamations ont été accueillies, c'est, qu'à côté de l'intérêt des parties réclamantes, il y avait une raison d'intérêt général pour qu'un établissement nouveau ne fût pas autorisé à côté des usines antérieures. Ainsi, lorsqu'il est constant que les usines métallurgiques éprouvent déjà de sérieuses difficultés pour se procurer le combustible nécessaire à la fabrication de fer, il y aurait un réel inconvénient à ce que cette crise fût aggravée par le fonctionnement d'une nouvelle usine qui augmenterait encore ces difficultés d'approvisionnement ; c'est là une mesure de protection à laquelle il a été plus d'une fois nécessaire de recourir. L'art. 4 du projet de 1818 portait : « Si l'usine projetée est de nature à inspirer une rivalité de profession, toute opposition, toute protestation, qui ne serait basée que sur les prétendus inconvénients dec e genre de concurrence, sera rejetée. Cependant pour les usines qui emploient le feu, indépendamment de l'eau motrice, la concurrence sera prise en considération dans le cas ou la rareté du combustible ne permettrait pas d'alimenter plusieurs usines à la fois. »

B

263. Aucune prise d'eau ne peut avoir lieu sur les canaux de navigation sans une autorisation expresse de l'administration ; c'est ce qui résulte de l'article 10 de l'arrêté du 19 ventôse an VI qui les assimile aux rivières navigables ; dans les deux cas, la demande d'autorisation sera instruite suivant les mêmes formes et avec les mêmes garanties pour les intérêts engagés. — Nous devons faire observer de suite que ces autorisations sont rarement accordées à moins de motifs tout à fait exceptionnels ; un avis du Conseil général des Ponts-et-Chaussées du 5 avril 1836 signalait déjà les inconvénients qu'elles pouvaient présenter. M. Nadault de Buffon (T. I, p. 264) s'explique très-bien sur ce point : « Quant aux usines qu'on demanderait à établir sur les trois espèces de canaux dont il vient d'être question, il est très-rare qu'elles puissent y être admises, car les canaux de navigation et d'irrigation ayant chacun une destination spéciale qu'il est d'ordre public de maintenir, l'établissement des usines ne pourrait y être motivé que sur l'excédant ou le superflu de la consommation d'eau occasionnée par le passage des bateaux ou par l'irrigation. Or, ce superflu n'a presque jamais lieu, ni pour les canaux d'irrigation, ni pour les canaux à point de partage. Par conséquent, toute fabrique ou manufacture qui s'y trouverait, pour l'usage de l'eau, en opposition avec la destination fondamentale de l'un ou de l'autre de ces canaux, ne pourrait y être autorisée. » — De qui maintenant devra émaner l'autorisation d'établir une prise d'eau dans un canal de navigation ? Il est bien certain qu'antérieurement à 1852 un décret ou une ordonnance était absolument nécessaire comme pour les autorisations de prise d'eau sur les rivières navigables ; aujourd'hui, la question est jusqu'à un certain point controversée : on se rappelle qu'aux termes du décret

du 25 mars 1852, les préfets peuvent, dans certains cas, statuer définitivement sur les demandes de prise d'eau dans les rivières navigables : faut-il dire qu'ils peuvent dans ces mêmes cas statuer sur les demandes de prise d'eau dans les canaux de navigation ? La négative a été adoptée par un avis du Conseil d'Etat du 6 octobre 1859 transmis aux préfets par une instruction ministérielle du 26 janvier 1860; ce document est ainsi conçu : « Le Conseil d'Etat consulté par lettre de Son Exc. le ministre de l'agriculture, du commerce et des travaux publics sur la question de savoir si les préfets sont compétents, en vertu du décret du 25 mars 1852, pour statuer sur les demandes en permission de prises d'eau dans les canaux de l'Etat, lorsque, d'ailleurs, ces prises d'eau doivent être exercées dans les conditions mentionnées au § 1 du tableau D, annexé au susdit décret ; — Vu la dépêche ministérielle en date du 22 septembre dernier ; — Ensemble les pièces du dossier. — Vu le décret du 25 mars 1852 et les paragraphes 1 et 7 du tableau D, qui lui est annexé; — Considérant que le mode d'établissement et le régime hydraulique des canaux ne permettent pas de les assimiler aux cours d'eau navigables et flottables dont parle le § 1 du tableau D et pour lesquels seulement le droit de prononcer sur les autorisations de prises d'eau est attribué aux préfets ; — Considérant que cette attribution pourrait avoir des inconvénients graves si elle s'étendait aux canaux dont les moyens d'alimentation sont en général si difficiles et si dispendieux ; — Considérant que si, sur l'avis de la section de l'agriculture, du commerce et des travaux publics, l'administration a reconnu la compétence des préfets, lorsqu'il s'agit d'autoriser des débarcadères, avec ou sans péage, sur les canaux, bien que le § 7 du tableau D ne fasse mention que des fleuves et rivières navigables ou flottables, c'est à cause du principe qui place sous le même régime les dépendances de la grande voirie en ce qui touche les mesures de police ; que si l'on peut ranger parmi ces dernières les autorisations de débarcadères dont s'occupe le § 7, il convient d'assigner une portée plus grande à des autorisations de prises d'eau qui, s'échelonnant de département en département, sur tout le parcours d'un canal, sans système et sans unité de vues, pourraient avoir pour résultat d'altérer ou de compromettre l'utilité de ces voies de transport ; — Est d'avis que les autorisations de prises d'eau dans les canaux de l'Etat ne rentrent point dans le cercle de celles qui ont été attribuées aux préfets par le § 1 du tableau D, annexé au décret du 25 mars 1852. » — D'autre part, nous voyons dans les motifs d'un arrêt du Conseil d'Etat du 18 février 1863 (Lebon, 63-151) que les préfets pourraient autoriser des prises d'eau le long des canaux de navigation dans les hypothèses prévues par le décret du 25 mars 1852. « Considérant qu'aux termes de la loi des 12-20 août 1790, de l'arrêté du Directoire exécutif du 29 Ventôse an VI et du décret du 25 mars 1852, il appartient aux préfets des départements, chargés d'assurer le service de la navigation, d'autoriser les prises d'eau à effectuer dans les rivières et canaux navigables ou flottables... » La doctrine adoptée en 1859 nous paraît à tous égards préférable à celle de ce dernier arrêt ; il faut empêcher à tout prix que l'eau des canaux soit inconsidérément détournée dans un intérêt privé ; les difficultés de leur alimentation l'exigent impérieusement. Il n'est au surplus question dans le décret du 25 mars 1852 que des rivières proprement dites ; or dans tous les textes antérieurs nous voyons qu'on a soigneusement distingué les rivières proprement dites et les canaux de navigation ; c'est ainsi que l'arrêté du 19 ventôse an VI contenait à l'égard de ces derniers une disposition particulière dans son article 10. On est donc naturellement amené à penser que si le législateur avait entendu que le décret de 1852 serait applicable aux canaux de navigation, comme aux rivières proprement dites, il s'en serait formellement expliqué; son silence est, suivant nous, intentionnel et les considérants de l'avis de 1859 établissent d'une manière irréfutable le bien fondé des considérations auxquelles il a dû se rattacher.

264. Les mêmes principes régissent les canaux de navigation concédés à des particuliers ou à des compagnies qui les exploitent ; un arrêt de la Cour de Bruxelles du 1er août 1864 (Pas. 65-2-327 ; — Belg. Judic. T. XXII, p. 1130) a décidé en conséquence : 1° que le concessionnaire d'un canal, qui a obtenu le droit de l'alimenter dans la mesure des besoins de la navigation en y amenant les eaux d'une rivière ne peut à son tour autoriser des prises d'eau en faveur des riverains dudit canal ; 2° que si de pareilles autorisations augmentant la consommation d'eau du canal portent préjudice aux usines établies sur la rivière d'où les eaux sont amenées, l'usinier lésé a une action en dommages intérêts contre le concessionnaire du canal. — Peu importerait que le canal eût été concédé à perpétuité et ne fît point partie du domaine public ; la jurisprudence que nous avons rapportée dans notre précédent volume (n° 79, p. 203) n'hésite pas à proclamer que si le canal est ici propriété privée, les propriétaires n'en sont pas moins tenus de ne tolérer aucun acte inconciliable avec la destination du canal; or, on n'ira point constester que l'acte le plus directement contraire aux intérêts de la navigation ne soit la concession d'une prise d'eau dans ce canal. — La limite des droits de l'administration et de ceux des concessionnaires est facile à saisir ; il faut que l'administration autorise la concession : nous croyons même que pour la régularité de l'instruction, elle doit procéder suivant les formes de la circulaire de 1851; mais, en même temps, elle ne peut imposer au concessionnaire l'obligation de subir les prises d'eau qu'elle aurait autorisées en dehors de lui, à moins bien entendu d'une clause formelle insérée dans l'acte de concession du

canal. En d'autres termes, l'usinier doit obtenir à la fois l'agrément de l'administration et celui des concessionnaires du canal : ces derniers sont les premiers et les meilleurs juges des inconvénients que pourrait présenter une prise d'eau : on ne saurait raisonnablement les contraindre de maintenir l'eau à tel ou tel niveau dans le canal alors qu'on leur refuserait le droit de s'opposer à une dérivation proje-tée dans un intérêt privé. Notons toutefois que le canal du Midi se trouve à ce point de vue soumis à une législation exceptionnelle ; nous renverrons aux énonciations du dé-cret du 12 août 1807 et à l'arrêt du Conseil du 27 juillet 1867 (Lebon, 67-625). Au cas où un décret intervien-drait en violation des droits du concessionnaire, ce dernier pourrait recourir devant le Conseil d'Etat par la voie con-tentieuse ; il y aurait eu en effet excès de pouvoirs. Quant aux stipulations pécuniaires à intervenir entre les usiniers et le concessionnaire du canal, elles n'ont pas besoin d'être soumises à l'approbation administrative : le Trésor n'a rien à prétendre sur les perceptions qui seront faites à ce propos et n'a dès lors aucun intérêt à ce que le taux de la rede-vance soit fixé contradictoirement avec ses agents (C. d'Etat 13 juin 1860. Lebon, 60-459). En sens inverse, le recou-vrement de la redevance sera faite par les concessionnaires comme ils l'entendront et non plus par les agents de l'ad-ministration : nous exceptons toujours l'hypothèse où l'Etat se serait réservé dans l'acte de concession une part quel-conque des produits accessoires du canal : il sera alors né-cessairement appelé à discuter toutes les conditions qui pourront être imposées à l'usinier ; il y aura notamment nécessité de s'expliquer sur le mode de recouvrement de cette redevance et de préciser si l'Etat percevra directe-ment la part qui lui revient dans les termes du décret du 25 mars 1863 ou bien s'il ne la touchera que par l'entre-mise des concessionnaires du canal.

265. Nous avons déjà vu qu'à une certaine époque le gouvernement manquant des fonds nécessaires pour achever les canaux qui devaient compléter notre système de navigation intérieure, s'était trouvé obligé de recourir à diverses combinaisons financières. En première ligne, on avait songé à tirer partie des eaux surabondantes des canaux et à céder à des tiers le droit exclusif d'en user pour les besoins de l'industrie. C'est ce qui a été appliqué principalement au canal de l'Ourcq et au canal St-Maur. Les établissements créés à l'époque de la construction du canal de l'Ourcq existent encore aujourd'hui et ont acquis pour la plupart une importance énorme, grâce à la facilité de leurs relations avec Paris. Le traité passé, pour l'exploitation du canal de l'Ourcq le 19 avril 1818 et approuvé par Ordonnance royale du 18 juin de la même année, fixe la quantité d'eau qui sera mise à la disposition des usines ; en même temps, la ville s'engage par une clause formelle « à continuer après l'expiration de la concession, le service des cours d'eaux qui auront été établis pour l'entretien des usines, à la condition que les propriétaires de ces usines paieront, pour la jouissance desdits cours d'eau, un prix de location qui sera fixé alors à l'amiable ou par une expertise contradictoire, expertise qui sera renouvelée à l'expiration de chaque période de vingt-cinq ans. » Les propriétaires de ces usines ont donc un titre légal, dont ils ne pourraient être dépossédés que moyennant une indemnité ; en fait, l'alimentation du canal ayant été calculée de manière à satisfaire au triple service de la navigation, des fontaines publiques de Paris et des usines situées sur son parcours, il n'en résulte aucun des inconvénients si bien signalés par M. Nadault de Buffon.— Les usines de St-Maur constituent aujourd'hui une des propriétés les plus considérables de la ville de Paris et servent à pourvoir d'eau potable une partie des quartiers situés sur la rive gauche de la Seine. Leur concession

date de la loi du 17 avril 1822, autorisant le gouvernement à disposer par voie d'adjudication 1° des eaux passant par le canal St-Maur qui ne seraient pas nécessaires aux besoins de la navigation ; 2° de la chute créée par le barrage à établir dans la Marne pour régler la prise d'eau du canal. L'adjudication eut lieu le 30 juillet 1822 par devant le préfet de la Seine, et monta à la somme de 655,200 francs. Puis une ordonnance du 14 août 1822 homologua le cahier des charges accepté par les adjudicataires. Les articles 1 à 3 indiquaient le volume d'eau qu'ils avaient le droit de prendre, le lieu où devait avoir la prise d'eau et les ouvrages qui seraient entrepris pour la régler. Le gouvernement s'engageait à empêcher la construction de tous ouvrages, de quelque nature qu'ils fussent, qui auraient pu avoir pour résultat de diminuer la force ou la hauteur de la chute d'eau ; les concessionnaires étaient autorisés à détruire les alluvions qui, en se formant dans la rivière, auraient pu y porter préjudice. En outre, l'Etat cédait aux concessionnaires les terrains déjà acquis par lui pour l'établissement d'usines, et ceux qui étaient provenus du comblement du bras de Gravelle. La concession était perpétuelle : les concessionnaires étaient libres de disposer, comme ils l'entendraient, des eaux dont ils avaient la jouissance, et d'organiser à leur gré les bassins de prise d'eau, les canaux de fuite, les bâtiments de service ou d'habitation, enfin tous les autres ouvrages nécessaires. A titre d'encouragement, il était stipulé que les bâtiments construits par les concessionnaires ne donneraient lieu pendant vingt-cinq ans, à partir du jour de l'homologation de la concession, à aucune augmentation de la contribution foncière à laquelle les terrains se trouvaient imposés à cette époque. — Le rachat de la concession fut autorisé par le décret du 9 août 1864, qui déclarait d'utilité publique, l'établissement d'une usine hydraulique par la ville de Paris à St-Maur, sur l'emplace-

ment des usines appartenant à MM. Darblay et Béranger.
Le cahier des charges de 1822 fut complètement remanié ;
la ville s'engageait à supprimer toutes les prises d'eau
existant dans le canal ; en revanche, elle obtenait le droit
de puiser dans un second souterrain, qui devait être paral-
lèle au canal proprement dit, un volume d'un demi-mètre
cube d'eau par seconde. L'article 4 indique quel peut être
le maximum de la prise d'eau totale accordée à la ville de
Paris pour eau motrice et pour eau puisée : « Lorsque le
débit de la Marne, constaté en amont de la prise d'eau des-
cendra à 13 mètres cubes par seconde, la prise d'eau totale
de la ville de Paris sera de 8 mètres cubes ; au-dessus du
débit de 13 mètres cubes, la ville aura droit aux deux tiers
du volume des eaux qui resteront disponibles après le prélèvement nécessaire aux besoins de la navigation, sans que
toutefois, la prise d'eau de la ville puisse excéder 45 mètres
cubes par seconde. A quelque degré que se réduise le débit
de la Marne, le volume d'eau qui continuera de couler dans
la partie de la rivière désignée sous le nom de Tour de
Marne, ne pourra descendre au-dessous de 4 mètres cubes
par seconde. » — Article 5 : « Dans quelques circonstances
que ce soit, la prise d'eau de la ville de Paris sera, s'il y
a lieu, restreinte dans la proportion nécessaire pour
qu'avant tout, il soit pourvu aux besoins du service de la
navigation. Dans aucun cas, le niveau de l'eau à l'origine
du canal St-Maur, ne pourra descendre au-dessous de la
tenue d'eau règlementaire qui sera fixée par décision ministérielle au moment de l'application du projet du nouveau
barrage de Joinville. » La ville de Paris dut dépenser cinq
millions et demi pour l'acquisition des terrains et constructions ; les travaux, commencés en 1864 et terminés en 1866,
absorbèrent près de quatre autres millions. L'usine comprend : 1° 3 turbines Fourneyron, d'une force de 100 chevaux ; 2° 4 roues turbines, système Girard, à axe horizon-

tal, de 120 chevaux chacune ; leur produit moyen est de 43,000 mètres cubes par 24 heures. Les eaux puisées à l'altitude de 33^m91 sont refoulées et dirigées sur le réservoir de Ménilmontant, au moyen d'une conduite en fonte de 0,80, traversant l'esplanade du polygone de Vincennes ; cette conduite, d'une longueur de 9821 mètres, aboutit à l'altitude de 100^m20 dans le bassin au-dessous de celui des eaux de la Dhuys.

G

266. La situation des cours d'eau flottables nous dispense d'entrer dans de grands détails relativement au point de vue qui nous occupe. Les cours d'eau flottables en trains font partie du domaine public ; donc les usines n'y peuvent être autorisées que suivant les formes prescrites pour les cours d'eau domaniaux. L'assimilation a été consacrée par les art. 9 et 10 de l'arrêté de Ventôse : elle se retrouve à chaque instant dans la circulaire du 24 octobre 1851, qui prescrit de veiller à ce que le fonctionnement des usines puisse se concilier avec les besoins du flottage aussi bien qu'avec ceux de la navigation. Les cours d'eaux flottables, à bûches perdues ne font pas partie du domaine public ; ils devront être traités comme les autres cours d'eau non domaniaux : d'où cette conclusion que les préfets ont qualité pour autoriser les retenues nouvelles et régulariser les anciennes. Toutefois, la rédaction du décret du 25 mars 1852 pourrait donner lieu à un doute ; le n° D du tableau I range parmi les affaires sur lesquelles statueront désormais les Préfets « l'autorisation *sur les cours d'eau non navigables ni flottables* de tout établissement nouveau tel que moulin, usine, barrage, prise d'eau d'irrigation, patouillet, bocard, lavoir à mines. » En pratique on ne s'est point laissé arrêter par l'argument que pourrait fournir cette expression : « cours d'eau non navigables, ni flottables. » On a consi-

déré que le législateur n'avait point entendu déroger au
principe qui ne met les cours d'eau flottables sur le même
rang que les rivières navigables qu'autant que le flottage y
a lieu par trains de bois ; on applique le décret comme s'il
disait « cours d'eau non navigables ni flottables en trains. »
Ce qui est grave, c'est la latitude que cette législation laisse
aux propriétaires riverains ; nous en avons déjà signalé les
inconvénients au n° 240 de ce volume et plus tard, quand
nous traiterons des usines situées sur les cours d'eau non
navigables , nous apercevrons facilement combien leur
situation est favorable si on la compare à celle des usines
établies sur les cours d'eau navigables. Le seul remède qu'il
soit possible d'apporter à cet état de choses consiste dans
la rigoureuse application des arrêtés préfectoraux réglementant la police de la rivière ; mais la plupart du temps
la pénalité de l'art. 471, § 15, C. pénal, sera dérisoire et
n'aura guère pour effet d'arrêter les entreprises des usiniers. Même sur les cours d'eau flottables à bûches perdues,
servant à l'approvisionnement de Paris, l'administration ne
se trouve pas armée d'une autorité suffisante ; l'édit de
décembre 1672 et l'arrêté du 13 nivôse an V, qui interdisent si formellement toute prise d'eau dans ces rivières,
n'ont encore d'autre sanction que l'art. 471, § 15, et les
infractions commises ne sauraient être considérées que
comme contraventions de petite voirie. La question, il est
vrai, a été douteuse un moment ; un arrêt du Conseil du
26 décembre 1837 (Lebon, 37-571) préjugeait la compétence administrative en renvoyant devant le Conseil de préfecture, pour y être fait droit, des procès-verbaux dressés à
l'occasion d'entreprises tentées sur les ruisseaux de Cor-
vol et de Brinon ; c'était reconnaître que ces entreprises
pouvaient être qualifiées de contraventions de grande voirie. Mais le Conseil d'Etat est revenu sur cette jurisprudence en annulant le 13 décembre 1866 (Lebon, 66-

1132) un arrêté par lequel le Conseil de préfecture de la Nièvre s'était déclaré compétent pour statuer sur un procès-verbal dressé par les agents de la Compagnie du commerce des bois des petites rivières et constatant qu'un usinier avait fait établir dans le Sozay des ouvrages non autorisés. M. Godart de Belbœuf, commissaire du gouvernement, avait fait justice des arguments mis en avant pour défendre la décision attaquée. Fallait-il chercher dans les anciens édits la raison d'être de la compétence administrative ? Or, en supposant même que ces anciens édits eussent attribué compétence spéciale à la juridiction administrative du bureau de la ville, il est évident que cette attribution de juridiction a dû disparaître avec les lois de la révolution. Fallait-il s'attacher à la loi du 29 floréal an X? Elle exclut virtuellement notre hypothèse, puisqu'elle ne considère comme contraventions de grande voirie que celles commises sur les rivières navigables. Fallait-il dire enfin que la compétence administrative est ici nécessaire parce que ces rivières sont affectées à un service public ? Mais les chemins vicinaux, les places et rues des villes ou bourgs sont affectées à un service public et ne cessent pas pour cela de faire partie de la petite voirie. M. Godard de Belbœuf terminait par une observation fort juste : « Il est à remarquer que dans l'état actuel de la législation, il n'existe que deux espèces de voirie, la grande et la petite voirie ; quant à une troisième catégorie, placée sous un régime mixte, qui ne serait ni la grande, ni la petite voirie, mais qui participerait de l'une et de l'autre, nous n'en avons trouvé trace nulle part. De quel droit la juridiction administrative, se substituant à l'autorité de la loi, prendrait-elle l'initiative de cette création que repousse toute la législation ancienne et moderne ? »

§ III.

A. *Conditions imposées dans l'intérêt de la navigation.*
B. *Conditions imposées dans l'intérêt du Trésor public.*
C. *Obligation pour les concessionnaires de supporter tous les frais de l'instruction.*

A.

267. La première condition qui est imposée au concessionnaire d'une prise d'eau est de ne point dépasser le niveau légal de la retenue fixé par le réglement de son usine : « On entend par niveau légal d'une retenue la hauteur à laquelle l'usinier doit, par une manœuvre habile des vannes de décharge, maintenir les eaux en temps ordinaire et les ramener autant que possible en temps de crue. » La pente d'un cours d'eau navigable ou flottable n'appartient à aucun point de vue aux propriétaires riverains, et l'administration peut disposer de cette pointe comme elle l'entend ; aux termes d'une jurisprudence constante, les décisions qu'elle prend dans le but d'assurer la répartition des eaux entre l'industrie et la navigation ne sont pas susceptibles d'être attaquées par la voie contentieuse (Conseil d'Etat 2 mai 1866. -- Lebon, 66-418 ; -- ibid ; 28 février 1869. Lebon, 69-231.) — La circulaire de 1851 spécifie les points sur lesquels doit se porter l'attention des ingénieurs chargés de fixer le niveau légal de la retenue : « La fixation de ce niveau, dit-elle, doit être faite de manière à ne porter aucune atteinte aux droits de l'usine supérieure et à ne causer aucun dommage aux propriétés riveraines. Ce n'est que dans l'examen attentif des circonstances de chaque affaire que MM. les ingénieurs trouveront les moyens de satisfaire à la première de ces conditions. On ne saurait non plus poser, pour la seconde, de règles générales. La différence à maintenir entre le niveau de la retenue et les

points les plus déprimés des terrains qui s'égouttent directement dans le bief varient avec la nature du terrain, le genre et le régime du cours d'eau. A défaut d'usages locaux, et, s'il n'est pas reconnu nécessaire d'adopter des dispositions particulières que MM. les ingénieurs devront motiver avec soin, l'administration admet que cette différence doit être au moins de 0^m 16. On ne devra pas cependant prendre, pour base de l'application de cette règle, quelques parties du terrain peu importantes qui pourraient présenter une dépression exceptionnelle. Lorsqu'au lieu de recevoir directement les eaux de la vallée, le bief est ouvert à mi-côte et supérieur à une partie des terrains qui le bordent, la règle précédente n'est plus seule applicable. Il faut alors que les terrains riverains inférieurs au bief soient protégés contre le déversement des eaux, par des berges naturelles ou des digues artificielles dont la hauteur soit au moins de 0^m 30 au-dessus de la retenue. Les digues artificielles auront en général une largeur de 0^m 60 en couronne et des talus réglés à 3 de base pour 2 de hauteur. MM. les ingénieurs ont d'ailleurs à reconnaître, dans ce cas, si les eaux de toutes les parties de la vallée que la retenue affecte ont un écoulement assuré, et à prescrire, s'il y a lieu, les dispositions nécessaires pour leur évacuation, en tant que ces dispositions peuvent être mises à la charge de l'usinier. » M. de Passy (Et. sur le service hydraulique, p. 19) fait observer que de pareils travaux ne doivent être imposés au permissionnaire que sur des terrains qui lui appartiennent ou dont les propriétaires réclament ou autorisent ces travaux ; c'est là, en effet, une application de ce principe que le réglement d'une retenue ne doit renfermer aucune charge impérative vis-à-vis des tiers. En d'autres termes, les tiers ne peuvent être contraints de céder à l'usinier les terrains nécessaires pour y établir les ouvrages dont s'agit ; aucune servitude ne peut être constituée sur leurs fonds dans le but d'assurer l'écoulement des eaux, s'ils n'y consentent formellement ; mais, à un autre point de vue, rien n'empêcherait l'administration d'imposer au concessionnaire l'obligation de se mettre d'accord avec ses voisins et d'obtenir d'eux, à ses risques et périls, l'autorisation d'établir tels ou tels ouvrages sur les terrains leur appartenant ; elle peut même stipuler que la concession de prise d'eau ne produira aucun effet tant qu'il ne lui sera pas justifié de cette entente.

268. Pour constater si le niveau légal de la retenue n'est pas dépassé, il doit être placé près de l'usine, en un point apparent et de facile accès, désigné, s'il y a lieu, par l'ingénieur, un repère définitif et invariable ; le zéro de ce repère indique le niveau légal de la retenue. D'après le modèle annexé à la circulaire de 1851, la clause imposée au concessionnaire est ainsi libellée : « Il sera posé près de l'usine, en un point qui sera désigné par l'ingénieur, un repère définitif et invariable du modèle adopté dans le département. Ce repère, dont le zéro indiquera seul le niveau légal de la retenue, devra toujours rester accessible soit aux fonctionnaires publics, soit aux particuliers qui ont intérêt à vérifier la hauteur des eaux. Le permissionnaire ou son fermier seront responsables de la conservation du repère définitif ainsi que des repères provisoires jusqu'à la pose du repère définitif. » La validité de cette clause qui accorde, comme on le voit, un droit de passage sur la propriété de l'usinier à tous ceux qui ont intérêt à vérifier le repère, n'a pendant longtemps donné lieu à aucun doute ; les tribunaux l'acceptaient sans difficulté. C'est ainsi que le 27 mai 1847, le Conseil d'Etat rejetait le pourvoi formé devant lui par un sieur Vitcoq contre une ordonnance royale qui l'obligeait à ouvrir et à entretenir un sentier d'accession pour l'usage des personnes à qui il importait à consulter le repère de police de son niveau d'eau. La Cour de Cassation interprétant cette

prescription avait décidé : 1° que l'usinier n'avait point le droit de clore son héritage de manière à empêcher l'accès des intéressés ; 2° que dans le silence de l'acte administratif d'où résultait cette servitude, c'était à l'autorité judiciaire qu'il appartenait d'en règler le mode d'exercice. (Req. Rej., 21 avril 1863. -- Dev. 64-1-484 ; -- D. P. 64-1-288.) — Malgré ces décisions, les usiniers ne cessèrent de réclamer ; ils alléguaient que si l'administration pouvait prendre toutes les mesures nécessaires dans l'intérêt de la navigation et de la police des eaux, elle ne pouvait cependant pas aller jusqu'à porter atteinte à un droit de propriété privée : que dans un intérêt général elle exerçât sa surveillance par le ministère de ses agents ; qu'elle les autorisât à pénétrer dans l'usine et à y vérifier le repère aussi souvent qu'ils voudraient, rien de mieux : mais n'excédait-elle point ses pouvoirs en admettant à y participer des tiers qui n'agissent que dans leur intérêt privé ? A ces considérations, on se bornait à répondre par l'axiome : « qui peut le plus, peut le moins ; » le chef de l'Etat, le préfet pouvaient refuser l'autorisation demandée ; pourquoi dès lors n'auraient-ils pas pu la soumettre à telle ou telle condition ? « MM. les ingénieurs que j'ai consulté sur le pourvoi du sieur Arson, disait en 1864 M. le Ministre des travaux publics, ont fait observer qu'un pourvoi semblable à celui des requérants a été repoussé par le Conseil d'Etat : que l'établissement d'une retenue sur les cours d'eau n'est pas de droit commun et doit être assujettie aux conditions jugées nécessaires par l'administration qui, seule, peut autoriser ces retenues ; que dans l'espèce, il ne s'agit nullement de maintenir le passage ouvert et accessible à tous, même la nuit ; que le barrage est à une courte distance de la propriété et qu'il suffit d'établir un sentier de 25 mètres de longueur qui peut être clôturé latéralement et à son extrémité ainsi que le plan l'indique. Après examen, d'accord avec le Conseil général des Ponts et Chaussées, j'ai reconnu que l'avis exprimé par M. le préfet et par MM. les ingénieurs du département de l'Aube est fondé de tout point, et, en conséquence, j'estime qu'il y a lieu de rejeter le pourvoi du sieur Arson. Veuillez remarquer, en effet, M. le ministre et cher collègue, la nature et l'importance de la mesure attaquée. L'administration autorise une certaine retenue d'eau et elle prescrit la pose d'un repère dont le niveau ne doit pas être dépassé. En même temps, elle doit ordonner que les intéressés auront toujours la possibilité de vérifier si le niveau est dépassé. Cette vérification est la garantie des tiers qui, par là, s'assurent que la permission ne sera jamais dépassée. » Et quelques lignes plus bas : « Cette réserve pour le public de vérifier l'observation du niveau donné par l'administration constitue une des conditions essentielles des réglements d'eau. Elle est formellement prescrite par la circulaire du 23 octobre 1851, émanée d'un de mes prédécesseurs et a été consacrée par de nombreux réglements adoptés par le Conseil d'Etat. » Néanmoins le pourvoi finit par triompher devant le Conseil d'Etat ; un arrêt du 25 février 1864 (Lebon, 64-188) annula pour excès de pouvoir l'arrêté du préfet de l'Aube : « Considérant qu'une telle mesure aurait pour résultat de porter atteinte aux droits de propriété des requérants, et que, dès-lors, le préfet a excédé la limite des pouvoirs qui lui sont conférés par les lois et décrets ci-dessus visés... » Deux autres arrêts sont intervenus dans le même sens les 18 décembre 1869 (Lebon, 69-986) et 21 juillet 1870 (Lebon, 70-926), et M. le Ministre des travaux publics luimême est revenu sur le sentiment exprimé par son prédécesseur dans une dépêche adressée au préfet de l'Allier le 31 juillet 1871. Aussi M. de Passy (Op. cit., p. 19) propose-t-il de modifier dans les termes suivants la formule officielle. « Un repère définitif et invariable du modèle adopté dans le département sera posé près de l'usine, en un point qui sera désigné par l'ingénieur, de manière à être parfaitement visible pour les tiers intéressés, sans entrer dans la propriété du permissionnaire. Ce repère, dont le zéro indiquera seul le niveau légal de la retenue, devra toujours rester accessible aux agents de l'administration qui ont qualité pour vérifier la hauteur des eaux. »

269. La circulaire de 1851 passe ensuite à l'examen des ouvrages régulateurs qui doivent accompagner toute retenue, sauf des exceptions très-rares et qui doivent être motivées d'une manière toute spéciale par les ingénieurs;

1° *Déversoir de superficie.* — Le déversoir a pour objet d'assurer immédiatement un moyen d'écoulement aux eaux, lorsque quelque variation dans le régime de la rivière fait accidentellement dépasser le niveau légal : suivant l'observation de M. Nadault de Buffon (T. I, p. 218), un déversoir est le meilleur régulateur des usines hydrauliques, parce qu'il est très difficile d'y apporter des changements et d'en exhausser le niveau sans qu'on s'en aperçoive : tout au plus, peut-il arriver que les usiniers placent sur sa crête des planches ou madriers nommés hausses ou rehausses : mais ce serait-là une contravention aussi facile à prévenir qu'à réprimer. Suivant la circulaire de 1851, la longueur du déversoir doit être en général égale à là largeur du cours d'eau aux abords de l'usine, dans les parties où le lit a conservé son état normal. Sur les cours d'eau ordinaires, dont le volume entier peut être utilisé par l'usine, la crête du déversoir doit être dérasée sur toute son étendue suivant le plan de pente de l'eau retenue au niveau légal, à l'époque des eaux moyennes, l'usine marchant régulièrement et le bief étant convenablement curé. Sur les rivières dont les eaux ne sont pas utilisées en totalité par l'usine, le déversoir qui a souvent une grande étendue, peut être disposé de manière à servir à l'écoulement de la rivière même pendant les eaux ordinaires et par conséquent être dérasé au-dessous de la hauteur de la retenue, sauf toutefois une partie du couronnement qui devra être réglée à cette hauteur, afin que la hauteur des eaux devant le déversoir permette d'apprécier si le niveau légal est observé [1]. — 2° *Vannes de décharge*. Les vannes de décharge ont pour but de livrer passage aux eaux des crues et donner en temps ordinaire un surcroît de débouché quand la vanne motrice est insuffisante pour laisser écouler toutes les eaux amenées par la rivière. Ces vannes, dit M. Nadault de Buffon (T. I, p. 219), sont les véritables voies d'écoulement des eaux accumulées dans les biefs des usines ; car les vannes de mouvement étant en rapport immédiat avec le mécanisme de l'usine, ne peuvent servir à rien dans le temps des crues et le déversoir n'ayant qu'un produit superficiel, est principalement utile pour régler ou régulariser la hauteur de la retenue tandis que les vannes fournissent un déchargeoir de fond. Ici encore, nous ne pouvons faire mieux que reproduire textuellement les énonciations de la circulaire du 23 octobre 1851 : « Le débouché des vannes de décharge doit être calculé de telle sorte que, la rivière coulant à pleins bords étant prête à déborder, toutes les eaux s'écoulent comme si l'usine n'existait pas. Dans ce calcul, on ne tiendra pas compte du débouché des vannes motrices dont le

---

[1] Art. 3 du formulaire annexé à la circulaire du 23 octobre 1851 :

« Le déversoir sera placé (*indiquer ici l'emplacement du déversoir et spécifier s'il est formé d'une ou plusieurs parties, en laissant à l'usinier autant de latitude que possible*).

Il y aura une longueur totale de

Sa crête sera dérasée à   en contre-bas du repère provisoire.

(*S'il paraît inutile de spécifier l'emplacement du déversoir, ou s'il n'est pas possible de déterminer à l'avance la hauteur de son couronnement, on emploiera la formule suivante*) :

Le déversoir aura une longueur totale de

Sa crête sera dérasée suivant le plan de pente de l'eau retenue au niveau légal, l'usine marchant régulièrement et le bief étant convenablement curé.

propriétaire de l'usine doit toujours rester libre de disposer dans le seul intérêt de son industrie, mais on aura égard à la lame d'eau qui pourra alors s'écouler par le déversoir de superficie. Il est essentiel que MM. les ingénieurs apportent le plus grand soin dans cette partie de leur travail et que leurs propositions soient appuyées soit sur les résultats de jaugeages bien faits, soit sur des exemples tirés d'usines et autres ouvrages existant sur le même cours d'eau et dont les débouchés sont convenablement établis. Le niveau de l'arrête supérieure des vannes de décharge sera déterminé d'après les mêmes règles que celui du déversoir. La hauteur des seuils sera fixée de manière à conserver la pente moyenne du fond du cours d'eau et à ne produire dans le lit aucun encombrement nuisible. Dans les établissements anciens où le débouché est trop faible et le seuil des vannes de décharge trop élevé, il suffit presque toujours de placer au niveau indiqué ci-dessus, le seuil des nouvelles vannes dont on prescrira l'établissement, sans imposer à l'usinier les frais souvent considérables de l'abaissement du seuil des vannages exsistants [1]. » La circulaire s'explique en-

---

[1] Formules annexées à la circulaire du 25 octobre 1851 :

« Art. . . . Le vannage de décharge présentera une surface libre de   au-dessous du niveau de la retenue.

Pourront être conservées les vannes de décharge actuelles qui présentent ensemble une surface libre de

savoir :

(Indiquer ici l'emplacement, la largeur, la hauteur au-dessous de la retenue et la surface libre de chacune des vannes de décharge qui pourront-être conservées.)

Les vannes nouvelles qui seront construites pour obtenir le débouché ci-dessus fixé, auront leur seuil à   en contre-bas du repère provisoire, de telle sorte que, si l'éclusier conserve toutes les vannes de décharge actuelles, le vannage neuf devra présenter une surface libre totale de

S'il veut au contraire modifier tout ou partie des vannes actuelles, il devra leur substituer un vannage de même surface et dont le seuil soit placé au niveau ci-dessus fixé.

Le sommet de toutes les vannes, sans exception sera dérasé, comme la crête du déversoir dans le plan de la retenue.

suite sur les vannes automobiles s'ouvrant par la simple pression des eaux et qui sont en usage dans certains pays ou les
crues se produisent rapidement. Elle ne les considère pas
comme présentant assez de garanties pour que l'administration
puisse en prescrire l'emploi par exclusion de tout autre système ; néanmoins, lorsque les usiniers demanderont l'autorisation d'en faire usage, cette autorisation pourra leur être
accordée à leurs risques et périls, et sous la condition que
les vannes seront manœuvrées à bras, toutes les fois
qu'elles ne s'ouvriraient pas par la simple action des eaux.
Enfin, il y est question de la situation de certaines rivières torrentielles fortement encaissées et sur lesquelles
il est souvent inutile d'établir des vannes de décharge dans
le but d'assurer l'écoulement des crues. Il suffira dans ce
cas, de fixer la hauteur et la longueur du barrage, de manière à n'apporter dans la situation des propriétés riveraines aucun changement qui leur soit préjudiciable. S'il
paraissait nécessaire d'empêcher l'exhaussement du fond
du lit ou de se ménager les moyens de vider le bief, on se
bornerait à prescrire l'établissement de vannes de fond ou
même d'une simple bonde. — 3° *Canaux de décharge*. La
circulaire de 1850 laisse ici toute latitude aux usiniers : les
ingénieurs n'ont pas à préciser les dimensions de semblables

Elles seront disposées de manière à pouvoir être facilement manœuvrées et à se lever au-dessus du niveau des plus hautes eaux.

« Art. . Dès que les eaux dépasseront le niveau légal de la retenue,
le permissionnaire ou son fermier seront tenus de lever les vannes de
décharge pour maintenir les eaux à ce niveau et de les ouvrir au
besoin en totalité. Ils seront responsables de la surélévation des eaux,
tant que leurs vannes ne seront pas levées à cette hauteur.

En cas de refus ou de négligence de leur part d'exécuter cette manœuvre en temps utile, il y sera procédé d'office à leurs frais, soit à la
diligence du maire de la commune, soit par les agents de l'administration des Ponts et Chaussées, et ce, sans préjudice de l'application des
dispositions pénales dont ils seraient passibles ou de toute autre action
civile qui pourrait leur être intentée à raison des pertes et dommages
résultant de ce refus ou de cette négligence. »

ouvrages ; il leur suffit de prescrire en termes généraux que ces canaux soient disposés de manière à embrasser à leur origine les ouvrages auxquels ils font suite et à écouler facilement toutes les eaux que ces ouvrages peuvent débiter [1]. Nous ajouterons : 1° que les ingénieurs devront prendre des mesures exceptionnelles lorsque des usines situées en aval se trouvent alimentées elles-mêmes par les eaux de ce canal de décharge ; ils fixeront alors les conditions auxquelles devra se soumettre l'usinier supérieur, et les charges qui lui seront imposées ; 2° qu'il est indispensable d'imposer à l'usinier l'obligation de n'établir aucune construction qui puisse faire obstacle à la libre transmission des eaux : du reste, même dans le silence de l'acte d'autorisation, l'administration pourrait, en vertu de son droit de police générale, s'opposer à toute entreprise de ce genre et ordonner la destruction immédiate de l'ouvrage incriminé. (C. d'Etat 8 mai 1861. -- Lebon, 61-347).

270. La circulaire de 1851 laisse une latitude complète aux ingénieurs, en ce qui touche certains autres travaux accessoires tels que rétablissement de gués, ponceaux ou aqueducs et qui peuvent être commandés par certaines nécessités locales. A côté des énonciations de cette circulaire, nous signalerons l'article 371 du règlement sur le service des chemins vicinaux arrêté par les préfets en 1854 conformément aux instructions ministérielles : « Si un chemin vicinal est traversé par un canal de moulin ou d'usine, créé de main d'homme ou par un courant d'eau dévié par des travaux artificiels, les ponts à rétablir ou à réparer seront à la charge du propriétaire de l'usine ou de l'auteur des travaux. » M. Aucoc a émis des doutes sérieux sur la

[1] Formule annexée à la circulaire du 23 octobre 1851 :
« Art. . Les canaux de décharge seront disposés de manière à embrasser à leur origine les ouvrages auxquels ils font suite et à écouler facilement toutes les eaux que ces canaux peuvent débiter. »

légalité de cet article : que le préfet insère une clause de cette nature dans une autorisation individuelle rien de mieux ; l'usinier sera tenu de s'y conformer. Mais en résulte-t-il qu'il ait le droit d'imposer une semblable obligation à tous les usiniers, même dans le silence de leur acte d'autorisation ? N'y a-t-il pas au contraire quelque chose d'excessif à ce qu'il statue a priori et d'une manière générale sur une question de cette nature ? Le savant président de section faisait remarquer qu'à force de reproduire des dispositions de loi, le règlement de 1854 était arrivé à en faire, c'est-à-dire à régler par arrêté préfectoral des points que le législateur seul pouvait régler et pour lesquels il n'avait donné aucune délégation aux préfets. « Tel est, disait-il en 1865 devant la section du contentieux, le cas de l'article 371 des règlements préfectoraux. Assurément, le préfet peut bien, lorsqu'un usinier lui demande l'autorisation de faire passer des eaux sous un chemin vicinal pour faire mouvoir son usine, n'accorder cette autorisation qu'à la condition que toutes les conséquences de la dérivation des eaux et notamment la construction et l'entretien des ponts sur le chemin vicinal seront à la charge de l'usinier. Nous comprenons qu'il pose cette règle dans son arrêté : cela rentre dans les détails de conservation que l'article 21, mai 1836, donne au préfet le droit de régler. Mais autre chose est cette condition mise à une autorisation et la disposition insérée dans l'article 371 du règlement, disposition qui est générale et absolue, qui s'applique à tous les ponts à établir ou à réparer, et qui ne distingue même pas entre le cas où le chemin aurait été créé postérieurement aux dérivations, et le cas où les dérivations seraient postérieures à l'établissement du chemin. A notre avis, cet article n'a aucune valeur légale, c'est un simple memento d'une règle d'équité, et encore, il aurait besoin d'être rectifié à ce point de vue. » D'où cette conséquence, que l'inobservation de cet article 371 ne tomberait point sous le coup de l'article 471, § 15, C. Pén. — Dans tout ce qui concerne ces travaux accessoires, les ingénieurs doivent formuler leurs propositions en termes généraux et éviter autant que possible d'empiéter sur les attributions des autorités locales. Ils se garderont surtout de proposer l'adoption de clauses qui n'auraient aucune raison d'être au point de vue de l'utilité générale ou qui n'auraient aucun trait au régime du cours d'eau : l'administration commettrait, en les sanctionnant, un véritable excès de pouvoir ; elle a le droit de réglementer la police des cours d'eau, mais elle n'a point celui de prescrire des mesures qui ne se rapporteraient à ce but que d'une manière tout-à-fait détournée. C'est ainsi qu'il a été successivement décidé : 1° qu'un préfet ne pourrait, en vue de faire droit aux réclamations présentées par des usiniers rivaux, enjoindre à un particulier de modifier une partie des ouvrages établis depuis un temps très-reculé dans l'intérieur de son parc pour y régler l'usage d'un cours d'eau à son passage dans la propriété, de créer un certain nombre de nouveaux ouvrages, enfin de déplacer sur une certaine étendue la clôture dudit parc afin de rendre ces ouvrages visibles et accessibles (C. d'Etat, 19 juin 1863. — Lebon, 63-496); 2° qu'un préfet excéderait ses pouvoirs en mettant à la charge d'un usinier une série de travaux qui seraient destinés moins à prévenir les dommages que le maintien de la retenue à son niveau actuel pourrait causer aux propriétés voisines qu'à procurer sur les deux rives du bief le dessèchement d'une étendue considérable de terrains d'une nature marécageuse (C. d'Etat, 24 fév. 1865. — Lebon, 65 237); 3° qu'un préfet excéderait également ses pouvoirs en prescrivant de substituer à un barrage fixe un barrage mobile, lorsqu'il est constant que son arrêté n'est pas intervenu dans un intérêt général, mais pour satisfaire aux réclamations d'un usinier supérieur (C. d'Etat, 4 août 1866. — Lebon, 66-936).

271. Une fois la chute d'eau concédée, l'usinier est absolument maître d'en disposer comme il l'entend et au mieux
de ses intérêts. « MM. les ingénieurs, porte la circulaire du
23 octobre 1851, n'ont, en aucun cas, à régler la chute de
l'usine, ni les dispositions du coursier et de la roue hydraulique. » On comprend facilement que l'administration peut
néanmoins, en vertu de son droit de réglementation,
s'opposer à tous les abus qui lui seraient signalés dans la
construction de l'usine : elle aura fréquemment à intervenir
lorsque la manière dont la chute est disposée semble constituer un danger pour les propriétés voisines et les menace
d'inondations, lorsque la transmission des eaux s'opère
d'une manière nuisible, ou lorsque les résidus provenant de
l'usine sont déversés dans le canal de décharge et ultérieurement dans le courant de la rivière ; généralement elle
prescrit dans ce dernier cas l'établissement d'une grille ou
ratelier formant claire voie : l'usinier devra prendre toutes
les précautions nécessaires pour que les résidus n'inter-
ceptent pas le cours des eaux en s'accumulant le long de
cette grille. — Il va de soi que, sur les cours d'eau navigables, la dimension des vannes motrices peut être fixée
par l'acte d'autorisation : quelquefois même, cet acte va plus
loin et n'autorise leur ouverture qu'à telles ou telles époques, à tels ou tels moments de la journée. Sur les cours
d'eau non navigables la règle est diamétralement opposée :
c'est ce que dit la circulaire de 1851 : « Sur les rivières non
navigables, ni flottables, hors les cas de partages d'eau
dans lesquels l'administration peut être appelée à déterminer la situation respective des divers intéressés, les dimensions des vannes motrices doivent être laissées à l'entière
disposition du permissionnaire ; il n'y a pas lieu non plus
d'imposer l'établissement de vannes de prises d'eau en tête
des dérivations, ni de fixer la largeur et la pente des canaux
de dérivation toutes les fois qu'il n'est pas reconnu néces-

saire dans l'intérêt des propriétés riveraines ou par suite
de quelque disposition locale, de régler l'introduction des
eaux dans ces cananx. » La règle, ainsi posée pour les cours
d'eau non navigables, doit être complétement retournée
lorsqu'il s'agit des cours d'eau navigables : en réglementant
la dimension des vannes motrices, l'administration sauvegarde les intérêts de la navigation et agit par conséquent
dans la limite de ses pouvoirs. Aussi, l'article 6 du formulaire annexé à la circulaire de 1851 prescrit-il d'indiquer la
dimension de ces vannes et la hauteur de leurs seuils par
rapport au niveau légal. Quelquefois même, il y aura lieu
d'exiger l'établissement d'une vanne de compensation annexée à la vanne motrice, ayant exactement la même dimension qu'elle et s'élevant nécessairement par l'effet d'un
levier lorsque celle-là vient à être baissée. L'utilité de cet
ouvrage sera surtout sensible lorsque des usines se trouvent situées sur le bief au-dessous du nouvel établissement
et qu'il est nécessaire de conserver dans ce bief un courant
d'eau régulier et continu. Nous ferons observer, en terminant, qu'en principe l'usinier n'est pas tenu de coopérer au
curage de la rivière : mais, d'autre part, l'administration
a le droit de lui imposer une clause formelle à ce sujet :
nous reviendrons sur ce point dans notre prochain volume,
lorsque nous examinerons les dispositions de la loi du 14
floréal an X ; nous aurons spécialement à nous demander
si cette clause ne doit pas être sous-entendue, toutes les fois
que l'existence de l'usine aura pour résultat d'augmenter
l'amoncellement des sables et du gravier dans le lit de la
rivière.

B.

272. Sous l'ancien régime, les prises d'eau étaient accordées à titre permanent et moyennant le paiement d'un capital une fois versé ; il est impossible de se dissimuler qu'il

y avait là une véritable vente du domaine public. L'arrêté de l'an VI eut pour conséquence immédiate l'abandon du principe des concessions perpétuelles ; désormais les usiniers durent se soumettre à payer non plus un capital une fois versé, mais une redevance annuelle : ils devinrent en quelque sorte locataires du volume d'eau qu'ils empruntaient à la rivière. La détermination de cette redevance fut laissée à l'arbitraire de l'administration : aucune base fixe ne fut adoptée par elle, et elle se borna à statuer sur chaque espèce, sans rattacher ses décisions à aucune vue d'ensemble. Bien que cet état de choses fût accepté sans réclamation par les usiniers, le droit que s'était ainsi arrogé l'administration ne tarda pas à devenir l'objet de vives contestations. On rappelait que, de leur nature, les biens du domaine public ne peuvent être considérés comme une source de revenus ; que l'état ne peut se créer une source de revenus que si 1° une loi a consacré le principe de la perception ; 2° la loi de finances annuelle en a autorisé le recouvrement. Ces objections parurent assez graves pour que le Conseil d'Etat retranchât d'office dans les projets d'ordonnances qui lui étaient soumis, la clause relative à cette redevance. Dans un avis du 8 mai 1839 il appelait sur ce point l'attention du gouvernement, et reconnaissait qu'abstraction faite de la question de légalité, « l'application du principe serait utile, non-seulement parce qu'elle procurerait équitablement des ressources à l'Etat, en échange des avantages concédés par lui, mais surtout parce qu'elle préserverait l'administration des inconvénients attachés aux concessions gratuitement et discrétionnairement accordées. » C'était demander que le droit d'exiger une redevance fût sanctionné législativement. Ce vœu a été satisfait par l'article 8 de la loi du 16 juillet 1840 dont la disposition se trouve chaque année reproduite par les lois de finances : « Continuera d'être faite pour 1841, conformément aux lois existantes et avec l'addition des redevances pour permissions d'usines et prises d'eau, la perception §....... § 8 des redevances pour permission d'usines et prises d'eau temporaires, toujours révocables sans indemnité, sur les canaux et rivières navigables. » Presqu'aussitôt la promulgation de cette loi, un conflit éclata entre l'administration des domaines et le ministère des travaux publics : d'un côté, on se préoccupait exclusivement des intérêts du Trésor et on cherchait à obtenir des usiniers le plus d'argent possible ; de l'autre, on craignait que ces exigences fiscales n'arrivassent à décourager les industriels et à amener la disparition des établissements secondaires hors d'état de supporter cette charge nouvelle. Dès janvier 1841, des mémoires et projets étaient transmis au ministère des travaux publics par les agents du domaine ; on proposait de n'accorder les concessions que pour un temps déterminé et de les mettre en même temps aux enchères publiques. Le 18 février 1842, un second travail était produit par M. le Directeur général des domaines, d'accord avec les agents supérieurs et le conseil de son administration. M. Nadault de Buffon (T. I, p. 644) ne rend que pleine justice à ce projet en disant que, s'il eût été susceptible d'être adopté, il eût bouleversé toutes les idées fondamentales reçues en pareille matière : ainsi, il allait jusqu'à demander que les concessions fussent perpétuelles et irrévocables, afin d'obtenir, au moyen de la publicité et de la concurrence, des redevances considérables. M. le Directeur général des domaines était lui-même forcé de reconnaître que son administration allait peut-être trop loin et se bornait à solliciter l'examen de ses propositions par le Conseil général des Ponts et Chaussées. Le 16 août 1842, troisième projet émanant de la même administration et toujours conçu dans le même esprit. Le ministère des Travaux publics protesta énergiquement contre ces prétentions étranges : dans une lettre datée du 14 mars 1843, M. Le-

grand, sous-secrétaire d'Etat en fit bonne justice ; il reven-
diquait énergiquement le droit exclusif pour son administration de préparer les règlements sur l'usage et l'emploi
des eaux domaniales : « De quoi s'agit-il ? d'ajouter une
clause nouvelle à celles qui sont aujourd'hui en usage pour
les permissions d'usines et cette clause est relative à la
redevance que les permissionnaires auront à payer au Trésor. Là est la question, toute la question ; il est complètement superflu de l'étendre au-delà de cette limite. Je n'ai
pour ma part, l'intention de rien changer aux formes et
conditions actuellement en vigueur, et votre département,
Monsieur et cher collègue, n'a point de son côté à s'en occuper. » Passant ensuite à l'examen des propositions soumises par le ministre des finances, M. Legrand établissait
que la base du cinquième ou même du dixième du revenu,
était a priori exagérée, lorsqu'il s'agissait d'usines hydrauliques sur les rivières navigables ; qu'elle était d'autant
moins acceptable qu'outre l'impôt ordinaire et les patentes,
le permissionnaire pouvait être tenu de contribuer aux frais
de curage de la rivière ainsi qu'à l'entretien et même à la
reconstruction des ouvrages utiles à la fois à la navigation
et à son établissement. Il insistait sur cette idée que l'intérêt de l'Etat consistait bien plutôt dans la création même
de l'établissement industriel que dans le versement annuel
d'une somme au Trésor, et que la redevance ne doit en définitive avoir pour objet que la reconnaissance de la propriété
publique : elle consacre la dépendance du permissionnaire
vis-à-vis de l'Etat. Quant à la perpétuité des concessions,
M. Legrand répondait qu'entourer de pareilles garanties
les usines construites sur des rivières navigables, ce serait
créer à plaisir des obstacles permanents à l'exercice des
droits publics ; il rappelait les délibérations récentes du
Conseil d'Etat, qui n'admettait leur introduction que pour
les rivières non navigables, mais qui les repoussait formel-

lement pour les rivières navigables. « En résumé, disait-il, je pense 1° que la question à résoudre doit être essentiellement limitée à ce qui touche la quotité, la forme et le mode de paiement de la redevance ; 2° que l'État doit se réserver le droit de n'exiger, dans certains cas, aucune redevance, notamment quand il s'agit des intérêts de l'agriculture ; 3° que dans le cas où il y aura redevance, cette redevance doit être faible, et qu'au lieu, par exemple, de régler au dixième du revenu net de l'établissement industriel, revenu qu'il serait bien difficile de constater, il conviendrait de la fixer à une fraction de l'impôt assis sur l'établissement hydraulique ; 4° que la redevance, d'ailleurs, doit varier suivant que l'établissement est construit sur une rivière naturellement navigable, sur une rivière canalisée, ou sur un canal entièrement artificiel. Je terminerai en vous faisant remarquer, Monsieur et cher collègue, que depuis cinq ou six ans, le nombre des demandes de chutes ou prises d'eau, sur les rivières ou canaux navigables, n'a pas excédé en moyenne sept ou huit par année. Ainsi, sous ce nouveau rapport, l'intérêt du Trésor n'est ainsi que faiblement engagé. »

273. La circulaire du 23 octobre 1851 est rédigée dans le même esprit que la lettre de 1843 : liberté absolue est laissée aux ingénieurs des Ponts et Chaussées pour les propositions relatives au taux de la redevance ; on exige seulement que le Directeur des domaines soit consulté sur ce point : « Sur les cours d'eau navigables et flottables, comme il s'agit d'une concession temporaire et révocable sur le domaine public, concession qui est soumise à une redevance conformément à la loi de finances du 16 juillet 1840, il y a lieu de déterminer le volume d'eau concédé en fixant les dimensions des prises d'eau. Quant à la quotité de la redevance, elle devra être établie en prenant pour base, dans chaque localité, la valeur de la force motrice. Les proposi-

tions qui vous seront faites à cet égard par MM. les Ingénieurs devront être communiquées à M. le Directeur des
domaines dont l'avis sera joint au dossier ainsi que le consentement du pétitionnaire. » Depuis, en 1854 et en 1856
MM. les ministres des finances et des travaux publics ont
nommé une commission chargée de déterminer les bases de
la redevance pour le cas où la prise d'eau ne servirait ni
comme force motrice, ni pour les besoins de l'irrigation.
« Cette commission, dit M. Cotelle (T. IV, n° 926), a distingué deux cas en faisant les propositions suivantes : 1° la
concession sera-t-elle accordée en vue, soit de l'alimentation, soit des besoins domestiques? La redevance ne doit
avoir pour objet que de constater le droit de l'administration; à cet effet, le droit fixe de un franc suffira, quel que
soit le volume d'eau concédé; 2° la concession aura-t-elle
pour effet l'alimentation de la chaudière d'une machine à
vapeur ou de tout autre établissement industriel n'utilisant
pas la chute des eaux puisées ou dérivées? La redevance annuelle pourra se composer d'un droit fixe qui sera arbitré
dans chaque cas sans pouvoir être inférieur à un franc et
d'un droit proportionnel de 0,10 centimes par mètre cube
d'eau qui pourra être pris chaque jour, toute fraction étant
comptée pour un mètre cube. Mais le prix d'occupation d'un
terrain dépendant du domaine ne pourrait pas être con-
fondu avec la redevance pour la prise d'eau. Le Conseil
général des Ponts et Chaussées a adopté ces bases (avis du
3 août 1857). » — L'article 8 du formulaire annexé à la
circulaire de 1851 indique comment doit être rédigée la
clause imposant redevances : « Le permissionnaire sera tenu
de payer une redevance annuelle de.......... à la caisse du
receveur des domaines ou des contributions indirectes. —
Le chiffre de cette redevance sera révisé tous les trente
ans; le premier terme sera exigible à l'époque fixée par
l'article....... pour la réception des travaux. » Une note

explicative jointe à ce projet spécifiait que la redevance devait être payée à la caisse du receveur des domaines quand l'usine était mise en mouvement par un cours d'eau sur lequel n'était perçu aucun péage, et, dans le cas contraire, à la caisse du receveur des contributions indirectes. Des modifications importantes ont été depuis introduites en cette matière : 1° en ce qui touche les agents de l'administration chargés de percevoir les redevances. — Décret du 25 mars 1863 : « A partir du 1er juillet 1863, les fermages de la pêche et de la chasse sur les cours d'eau, les produits de la récolte des francs-bords et les redevances *pour prises d'eau et permissions d'usine*, seront recouvrés par l'administration des contributions indirectes dans les fleuves et rivières navigables et flottables, comme dans les canaux et rivières canalisées ; » 2° en ce qui touche la fixation des époques auxquelles doit avoir lieu le paiement des redevances. — Circulaire du ministre de l'agriculture, du commerce et des travaux publics en date du 24 juin 1856 : « Monsieur le Préfet, dans la rédaction des projets de règlement d'eau, lorsqu'il y a lieu d'imposer une redevance au permissionnaire, il arrive souvent que MM. les ingénieurs, en fixant le chiffre de cette redevance, négligent de préciser les époques des recouvrements et croient devoir laisser aux agents de l'administration des domaines chargés de ces opérations toute latitude à cet égard. Consulté par moi sur cette question, M. le Ministre des finances m'a répondu que, dans l'intérêt de la régularité des recouvrements et afin d'éviter, d'ailleurs, toute difficulté de la part des concessionnaires, il serait utile que les règlements déterminassent d'une manière précise les époques auxquelles le paiement est exigible. M. le Ministre des finances ajoute qu'il est d'usage de fixer dans ce cas pour terme des échéances la période trimestrielle et de stipuler que tout paiement aura lieu d'avance. Je vous prie, en conséquence, M. le Préfet, de vouloir bien inviter MM. les Ingénieurs à tenir compte des observations qui précèdent dans la rédaction des projets de règlements d'eau, toutes les fois que les dites observations leur paraîtront applicables. »

274. Contrairement aux demandes formulées en 1841 et 1842 par les agents du domaine, l'administration des travau publics s'est toujours réservée la faculté de renoncer aux droits qu'elle tient de la loi de 1840, en faveur 1° des établissements antérieurs à cette date ; 2° des établissements pour lesquels la redevance constituerait une charge trop lourde ; 3° des entreprises agricoles et tout spécialement des irrigations ; 4° des entreprises temporaires. M. Legrand n'hésitait point, en 1843, à réclamer cette prérogative pour le ministre des travaux publics : « Au nombre des dispositions à régler sur cette question, il sera indispensable de réserver au gouvernement la faculté d'accorder des permissions gratuites notamment en faveur des prises d'eau ayant pour objet les irrigations. Les entreprises de ce genre n'ont procuré à leurs auteurs que des avantages douteux, souvent même insuffisants pour les indemniser de leurs avances, tandis qu'en même temps, l'agriculture profite largement du bienfait des arrosages. Faut-il donc, en rendant obligatoire un prix quelconque imposé à toute concession d'eau, priver à jamais de cette source de prospérités les terrains qui sont en droit d'y prétendre ? » La même idée se trouve dans la circulaire du 27 juillet 1852, qui exempte a priori de toute redevance les concessions temporaires de prises d'eau sur les rivières navigables, à condition toutefois que leur durée ne dépassera pas une année. Nous citerons en dernier lieu la dépêche ministérielle du 9 juin 1857, qui constitue le document le plus récent sur la matière : « J'ai eu à examiner, en Conseil général des Ponts et Chaussées, le dossier relatif à la fixation de la redevance à imposer aux héritiers D..... pour la

prise d'eau d'irrigation dans… rivière navigable, accordée
à leur auteur par Ordonnance royale du 28 mars 1846.
D'après cet examen, je vous ferai observer, M. le Préfet,
que si ma dépêche du 26 mars 1856, d'accord avec M. le
ministre des finances, exprimant l'avis que la loi de finances du 16 juillet 1840, pouvait être appliquée aux héritiers
D…… ; c'est qu'alors M. le ministre des finances estimait
que cette loi devait régir les permissions d'usines et de
prises d'eau antérieures à cette loi, lors même qu'aucune
réserve à cet égard n'aurait été stipulée dans ces autorisations ; mais qu'aux termes d'une délibération en date du 27
décembre 1856, cette opinion n'avait pas été partagée par
le Conseil d'Etat (Section des finances et section de l'agriculture, du commerce et des travaux publics réunies).
« Attendu, porte cette délibération, que la loi de finances
accorde à l'administration la faculté de percevoir des redevances, mais ne lui en impose pas l'obligation ; qu'ainsi,
elle ne fait pas obstacle à ce que l'administration laisse subsister, sans les assujettir à une redevance, les prises d'eau
qui ont été autorisées sans que la redevance fût stipulée
dans l'acte de concession ; qu'en agissant autrement, et en
imposant aux concessionnaires des charges qu'ils n'ont pas
prévues et auxquelles ils ne pouvaient s'attendre, elle jette-
rait une perturbation fâcheuse dans des entreprises dont
l'intérêt public demande au contraire qu'on favorise le règlement. D'accord avec le Conseil, j'ai reconnu que les considérations qui précèdent, auxquelles M. le ministre des
finances a donné son adhésion et qui ne paraissent plus
pouvoir être utilement controversées, s'appliquent à toutes
les autorisations accordées sans redevances ou sans réserves relatives à cet objet, soit avant, soit après la loi du 16
juillet 1840, et, dans l'espèce, à la prise d'eau dont il s'agit,
concédée sans réserve par l'Ordonnance royale du 28 mars
1846, M. le ministre des finances, à qui j'ai communiqué

le dossier de cette affaire, m'a fait connaître qu'il adhère entièrement à cet avis. En conséquence, M. le préfet, j'ai arrêté qu'aucune redevance ne doit être imposée aux héritiers D..... Veuillez donner connaissance de cette décision à MM. les ingénieurs ainsi qu'aux parties intéressées. »

C.

275. Il va de soi que toutes les dépenses nécessitées par l'instruction de la demande en concession de prises d'eau doivent être supportées par la partie qui a formé ladite demande : « Considérant, porte un arrêt du 17 janvier 1831 (Lebon, 31-21), que cette visite et ses opérations ayant eu pour objet le règlement d'eau de l'usine qui appartient au sieur Waendendriès, les frais qu'elles ont nécessités doivent rester à la charge du requérant..... » L'état de frais et dépenses sera dressé et certifié par les ingénieurs, puis taxé par le préfet qui délivrera exécutoire, s'il y a lieu. A l'origine, ces frais et dépenses étaient presque toujours avancés par les agents des Ponts et Chaussées chargés de l'instruction de l'affaire ; c'était là pour eux une obligation des plus onéreuses et absolument en dehors de leurs fonctions : aussi une circulaire du ministre de l'intérieur en date du 6 août 1857, est-elle venue les en exonérer ; désormais, les fonds nécessaires à l'instruction des affaires d'usines et autres analogues seront fournis par le département, et l'article relatif à ces avances figurera parmi les dépenses facultatives comprises dans la deuxième section du budget départemental. « Cette mission, y est-il dit, consisterait à faire verser au compte des produits éventuels départementaux le montant des taxations dues pour travaux d'intérêt public à la charge des particuliers. Ces taxations étant jusqu'à présent centralisées à titre de cotisations municipales, et les receveurs généraux étant obligés d'attendre leur encaissement

pour viser les mandats délivrés en faveur des agents des Ponts et Chaussées, j'ai reconnu, ainsi que mes deux collègues des travaux publics et des finances, qu'il y aurait avantage sous tous les rapports, à modifier ce système et cet ordre de comptabilité. Désormais, vous devrez avoir soin d'inscrire à l'art. 3 des recettes de la 2ᵉ section du budget départemental le produit des taxations dont il s'agit, ainsi que cela se pratique déjà pour d'autres produits spéciaux, tels que le montant des droits de visite des pharmacies et autres établissements de même nature. Les avances nécessaires devront dès lors être faites au nom du département et figurer à ce titre parmi les dépenses du sous-chapitre 20. Toutefois, vous ne perdez pas de vue que le nouvel article à insérer ainsi en recette et en dépense à la 2ᵉ section du budget départemental, ne doit imposer au département d'autre charge que celle d'avances à faire dans la limite exacte du m ntant des produits dont le recouvrement lui aura été d'avance assuré. Vous aurez donc soin, M. le Préfet, de n'inscrire pour cet objet au sous-chapitre 20 (Dépenses diverses) qu'un crédit égal au produit présumé des taxations qui pourront être versées au compte des recettes éventuelles du département et de n'autoriser d'avances que dans la proportion de ces recettes. » — La régularité, au point de vue fiscal des pièces que doivent produire les ingénieurs à l'appui de leurs états de frais, fait l'objet d'une instruction de la régie en date du 26 novembre 1866, dont nous rapporterons encore les termes exacts : « Les ingénieurs et agents des Ponts et Chaussées et des Mines sont appelés à effectuer différents travaux d'intérêt public dont les frais sont recouvrés sur les particuliers. Ces frais sont avancés par les départements au moyen d'un crédit spécial inscrit à leurs budgets. Au fur et à mesure des besoins, les préfets délivrent aux ingénieurs des mandats sur ce crédit, et, après l'achèvement des travaux, ils dressent au vu des

mémoires produits par les ayant-droit des rôles de recouvrement sur les particuliers. On a élevé la question de
savoir s'il y avait lieu d'assujettir au timbre : 1° les quittances des ingénieurs lorsqu'elles ont pour objet des sommes supérieures à dix francs ; 2° les autres pièces produites ultérieurement pour justifier la quotité des frais des
travaux et leur recouvrement. L'affirmative n'est pas douteuse ; les seules quittances exceptées du droit de la formalité du timbre sont les quittances de traitement et émolu-
ment des fonctionnaires et employés salariés par l'Etat et
les pièces relatives à l'administration publique (Loi du 13
brumaire an VII, art. 16, n° 1). Les autres quittances ou
pièces sont soumises à ce droit comme rentrant dans la catégorie des actes et écritures devant ou pouvant faire titre
ou être produits pour obligation, décharge, justification,
demande ou défense (Loi précitée, art. 12, n° 1). Or, dans
l'espèce, les frais et honoraires quittancés ou dont il est
justifié, sont à la charge non de l'Etat mais des particuliers.
Si pour faciliter le paiement de ces frais, les départements
font des avances aux ingénieurs, ils n'agissent néanmoins
que comme intermédiaires entre ces fonctionnaires et les
particuliers tenus en définitive de supporter la dépense.
(Décision du ministre des finances du 13 mars 1865). »

276. Il arrivera souvent qu'à côté des frais et dépenses
faits dans son intérêt personnel, un usinier devra supporter
des frais et dépenses faits exclusivement dans l'intérêt
d'un tiers : c'est ainsi que bien souvent les actes d'autorisation lui imposent l'obligation d'exécuter certains travaux
pour éviter l'inondation des propriétés voisines et notamment de relever les berges de son bief : les frais d'étude et
de construction afférents à ces travaux peuvent parfaitement être mis à sa charge : un arrêté conçu en ce sens ne
constituerait pas un excès de pouvoir (C. d'Etat, 1er mai
1862. Lebon, 62-368). — En sens inverse, il peut se

faire que des tiers soient appelés à contribuer aux frais nécessités par l'instruction de la demande ; il suffit de supposer que ces tiers ont un intérêt commun avec le demandeur en concession : comme ils retireront un avantage de
la décision intervenue, il est juste de mettre à leur charge
une part proportionnelle des dépenses faites pour arriver à
la dite décision. Aussi a-t-il été reconnu que l'on ne pouvait
mettre à la charge exclusive d'un usinier la reconstruction
d'un barrage qui avait été construit, non-seulement pour le
service de son usine, mais encore pour maintenir dans la rivière la quantité d'eau nécessaire pour assurer l'alimentation
d'une ville voisine, ainsi que pour satisfaire aux besoins de la
navigation et qui, de plus, faisait partie des ouvrages d'art
dépendant d'une citadelle (C. d'Etat, 3 août 1865. — Lebon,
66-931). — D'après l'article 34 de la loi du 16 septembre
1807, la répartition des frais et dépenses sera faite entre
les divers intéressés par un règlement d'administration publique. « Lorsqu'il y aura lieu de pourvoir aux dépenses
d'entretien ou de répartition des mêmes travaux, au curage
des canaux qui sont en même temps canaux de navigation et
de desséchement, il sera fait des règlements d'administration
publique qui fixeront la part contributive du gouvernement
et des propriétaires. *Il en sera de même lorsqu'il s'agira de
levées, de barrages, de pertuis d'écluses auxquels des propriétaires de moulins ou d'usines seraient intéressés.* » Il est bien
certain que ces règlements d'administration publique ne
constituent point une décision en dernier ressort, et que
les parties lésées conservent tous les droits pour en attaquer les dispositions. Au premier abord, rien ne semblerait
s'opposer à ce qu'elles pussent les attaquer par la voie contentieuse au cas où elles y verraient un excès de pouvoir.
Mais la jurisprudence du conseil ne leur permet pas de
suivre cette voie : on peut consulter en ce sens les arrêts
des 1er septembre 1868 (Lebon, 58-626) et 14 janvier 1869

(Lebon, 69-50). Ces décrets, disent-ils, sont des actes pris par l'administration dans la limite de ses pouvoirs et c'est lorsqu'il sera poursuivi pour le paiement de ses frais, lorsqu'il sera mis en demeure d'exécuter ses travaux que l'usinier devra se pourvoir devant l'autorité compétente pour faire décider s'ils pouvaient être mis à sa charge et dans quelles proportions il devait les supporter. — Quelle est maintenant l'autorité compétente à laquelle font allusion ces arrêts? Aucune difficulté en ce qui concerne les frais d'instruction : le décret du 21 mai 1854 porte que le recouvrement en sera opéré comme en matière de contributions directes; par conséquent, les réclamations contre l'exécutoire que le préfet aura délivré suivant les proportions fixées par le règlement d'administration publique, devront être déférées au conseil de préfecture par application de la loi de pluviose an VIII. Mais, quid s'il s'agit d'un acte administratif fixant la portion de travaux à exécuter par chacun des intéressés et non plus seulement la portion de frais incombant à chacun d'eux? L'arrêt du 17 septembre 1858 porte qu'aucune disposition législative n'attribue au conseil de préfecture le droit de prononcer sur des contestations de cette nature; que dès lors, il excéderait les limites de sa compétence en statuant sur les réclamations qui lui seraient déférées dans ces termes. Quelques personnes en ont conclu que le jugement de ces réclamations devait appartenir à l'autorité judiciaire : c'est, suivant elles, ce qui aurait été jugé, d'une manière beaucoup plus explicite, le 14 avril 1853 (Lebon, 53-474). Mais ce dernier arrêt est intervenu dans une hypothèse toute différente : aucun acte administratif n'avait fixé les proportions suivant lesquelles la dépense serait répartie entre les intéressés : par conséquent, le Conseil d'Etat pouvait, sans se heurter aux règles fondamentales du droit administratif, s'appuyer sur ce principe que le conseil de préfecture ne peut statuer que sur les litiges dont la connaissance lui est déférée par un texte formel. Dans notre espèce au contraire, admettre la compétence judiciaire, ce serait arriver à ce résultat exorbitant qu'un décret ou un arrêté régulièrement pris par l'administration dans l'exercice de ses pouvoirs, pourrait être mis à néant par l'autorité judiciaire. C'est donc fort heureusement, suivant nous, que le Conseil d'Etat est revenu sur sa jurisprudence de 1858. D'après l'arrêt du 14 janvier 1869 (Lebon, 69-49), on doit considérer les contestations dont s'agit comme des difficultés s'élevant en matière de grande voirie et entraînant dès lors compétence du conseil de préfecture aux termes de la loi de pluviose. S'il y a lieu à l'occasion de ces difficultés, d'examiner des conventions intervenues entre les intéressés, l'examen de cette question préjudicielle sera bien entendu réservé aux tribunaux ordinaires ; le conseil de préfecture devra surseoir jusqu'à leur décision ; mais cela n'empêche point qu'à lui seul appartienne en fin de compte le droit de réviser l'acte administratif contre lequel sont dirigées les réclamations. — Nous ferons observer d'ailleurs, que l'usinier peut, après s'être conformé à l'arrêté administratif, après avoir payé les frais ou exécuté les travaux mis à sa charge, conserver la faculté de recourir plus tard contre ceux qui, suivant lui, auraient dû en supporter la charge et répéter contre eux ce qu'il croit avoir payé en trop. Ici, ce sera un débat purement civil et qui ressortira aux tribunaux ordinaires : l'administration n'a point à y figurer, puisque, quoiqu'il arrive, l'acte émané d'elle aura été exécuté selon sa forme et teneur.

278. Pour terminer ce sujet, il nous reste à parler des honoraires et indemnités que les usiniers peuvent être tenus de payer aux ingénieurs à l'occasion des règlements d'eau. — Décret du 7 fructidor an XII, Article 75 : « En exécution de l'article 13 du présent règlement, lorsque les ingénieurs des Ponts et Chaussées auront prêté leur ministère

pour l'exécution des lois et décrets impériaux et des jugements des cours et lorsqu'ils auront été commis pour des
travaux dépendant de l'administration publique, de celle
des départements et des communes, ils seront remboursés
de leurs frais de voyage et autres dépenses, et ils recevront
en outre des honoraires proportionnés à leur travail. —
Ces honoraires seront déterminés par le temps qu'ils auront
employé soit à faire des plans et projets, soit à en suivre
l'exécution, sans que la base puisse être établie sur l'étendue des dépenses. — Les ingénieurs fourniront l'état de leurs
frais et indemnités dont ils seront remboursés d'après l'approbation, le règlement et le mandat du préfet. — Ce mandat sera exécutoire contre les particuliers qui, intéressés
dans une affaire administrative contentieuse ou judiciaire,
auront été déclarés devoir supporter les frais dus à l'ingénieur et il sera procédé au recouvrement par voie de contrainte, comme en matière d'administration. » Ce texte a
été constamment entendu par l'administration en ce sens
que les instructions relatives à l'établissement des usines
devaient figurer au premier rang parmi les affaires donnant
lieu à une perception d'honoraires au profit des ingénieurs.
Pendant de longues années, cette prescription fut acquittée
sans contestation par les usiniers eux-mêmes ; ce n'est
qu'en 1849 qu'un avocat du barreau d'Evreux, M. Ray-
mond Bordeaux, émit des doutes sur sa légalité. En présence des abus qui se commettaient dans la pratique et de
la facilité avec laquelle les mémoires des frais et honoraires
étaient taxés dans les bureaux des préfectures, il se demanda
si cette charge, si lourde pour l'industrie privée, lui était
bien réellement imposée par le décret de l'an XII. Il arriva
à cette conclusion que les travaux des ingénieurs, en matière
de cours d'eau, sont compris dans les attributions pour lesquelles ces agents reçoivent un traitement du Trésor ; qu'en
instruisant les affaires de cette nature, ils procèdent comme

fonctionnaires et dans un intérêt général, que la mission qui leur est ainsi confiée ne touche qu'indirectement aux intérêts privés; que, d'autre part, le droit de réclamer des honoraires constituant une exception, ne peut exister que lorsque les intérêts privés se trouvent directement en jeu. Subsidiairement, le savant auteur soutenait que, même en admettant l'interprétation donnée au décret par l'administration, il fallait reconnaître un véritable excès de pouvoir dans l'application qu'elle en faisait. Il lui reprochait de laisser de côté ces mots du décret: « Ce mandat sera exécutoire contre les particuliers qui *auront été déclarés* devoir... » Le décret, disait-il, exige une déclaration préalable antérieure au mandat qui, seule, peut constituer l'usinier débiteur d'honoraires. Or, cette déclaration préalable ne peut résulter 1° que des jugements de condamnation émanés soit des tribunaux ordinaires, soit des tribunaux administratifs; 2° que des marchés passés avec l'administration; 3° que des concessions purement gracieuses et facultatives de l'autorité administrative. On saisit du premier coup d'œil les conséquences de ce système; sans doute, les ingénieurs peuvent réclamer des honoraires lorsque l'usine est située sur une rivière navigable; mais cette faculté cessera absolument pour eux lorsqu'il s'agira de l'autorisation ou du règlement d'une usine située sur une rivière non navigable ni flottable. Ce qui revient à dire, d'une manière plus générale, que les ingénieurs n'ont point droit à des honoraires pour la part qu'ils prennent à l'exercice de la police des eaux, puisque dans tous les cas où le droit de police est seul exercé, la déclaration préalable est impossible.

279. La question ainsi soulevée par M. Bordeaux, n'a plus aujourd'hui qu'un intérêt historique; le décret de l'an XII a été complétement remanié par un décret du 10 mai 1854. D'après l'article 2, § 4, les ingénieurs des Ponts et Chaussées ont droit à l'allocation de frais de voyage

et de séjour à la charge des intéressés, *mais sans honoraires ni vacations*, lorsque leur déplacement a pour objet l'instruction de demandes relatives à l'établissement d'usines hydrauliques, de barrages ou de prises d'eau d'irrigation ou à la modification d'établissements déjà existants ; la réglementation des mêmes établissements, lorsqu'ils existent déjà sans être pourvus d'autorisations régulières ; le récolement des travaux prescrits par les règlements ; la vérification postérieure au récolement, des points d'eau et ouvrages régulateurs des usines hydrauliques, étangs, barrages et prises d'eau d'irrigation, lorsque cette vérification a lieu sur la demande d'un intéressé. — Les frais de voyage dus aux ingénieurs sont, suivant l'article 4, calculés d'après le nombre de kilomètres parcourus, tant à l'aller qu'au retour, à partir de leur résidence et à raison de $0^f 50$ par kilomètre pour les ingénieurs en chef et $0^f 30$ pour les ingénieurs ordinaires ; ce tarif est réduit de moitié pour les trajets en chemin de fer. Les frais de séjour sont réglés à 12 francs par jour pour les ingénieurs en chef, à 10 francs pour les ingénieurs ordinaires (Art. 3.) — Le décret de l'an XII ne s'était point occupé de régler, au point de vue dont nous nous occupons, la situation des agents inférieurs des Ponts et Chaussées : la jurisprudence avait comblé partiellement cette lacune en décidant que les conducteurs avaient droit à des honoraires et à des frais de voyage et de séjour tout comme les ingénieurs eux-mêmes (Civ. Rej. 23 mai 1838. Dev. 38-1-617) ; mais il y avait doute en ce qui concernait les piqueurs des Ponts et Chaussées, dont l'existence légale n'était point reconnue par le décret de l'an XII ; aussi, contestait-on aux préfets le droit de mandater les honoraires par eux prétendus. Le décret de 1854 se montre très-libéral vis-à-vis de ces agents secondaires ; il leur reconnaît formellement le droit aux frais de voyage et de séjour, quel que soit leur grade, quel que soit leur titre (Frais de voyage, 0 franc 20 par kilomètre parcouru ; frais de séjour, 5 francs par jour.) Dans le cas où les ingénieurs ou agents secondaires s'occuperaient dans une même tournée de plusieurs affaires donnant lieu à l'allocation de frais de voyage, l'article 3 ajoute que le montant de ses frais sera calculé d'après la distance effectivement parcourue et réparti entre les intéressés proportionnellement aux frais qu'ont entraînés l'instruction isolée de chaque affaire ; la règle est la même en ce qui touche la répartition des frais de séjour. Enfin, il demeure bien entendu qu'il ne sera point alloué de frais de déplacement aux ingénieurs ou aux agents secondaires lorsque le déplacement n'excède point les limites de la commune où ils résident.

279. Le décret de l'an XII voulait que le recouvrement des frais d'ingénieur eût lieu «par voie de contrainte comme en matière d'administration. » Ces expressions assez obscures avaient été interprétées par deux instructions ministérielles en date des 7 novembre 1828 et 20 avril 1830 qui faisaient rentrer ces recouvrements dans les fonctions des receveurs de l'enregistrement. Dans la pratique, on dérogeait à ces instructions, toutes les fois que les frais et honoraires d'ingénieur à recouvrer étaient l'accessoire de frais matériels, tels, par exemple, que des frais de curage qui devaient être recouvrés par les percepteurs des contributions directes. Le décret du 9 mai 1854 laissait subsister cet état de choses, en renvoyant purement et simplement au décret de l'an XII. D'après ses articles 6 et 7, les frais de voyage et de séjour font l'objet d'états énonçant la date du déplacement, la distance parcourue et le temps employé hors de leur résidence par chacun des ingénieurs et des agents placés sous leurs ordres ; les frais d'opération et d'épreuve sont justifiés dans les formes prescrites pour la justification des dépenses en régie dans le service des Ponts

et Chaussées : le tout est soumis par l'ingénieur en chef à l'approbation du préfet qui examine s'il y a lieu d'ordonner de suite le recouvrement de ces frais ; la jurisprudence lui reconnaît un pouvoir discrétionnaire pour le soumettre à telles ou telles conditions, par exemple pour décider qu'il n'aura lieu que moyennant telles ou telles justifications, ou qu'après l'achèvement des travaux (C. d'Etat, 31 déc. 1869. —Lebon 69-1050). Après la vérification des pièces, le préfet arrête l'état des frais ou honoraires ; cet état est notifié aux parties accompagné d'une expédition des pièces justificatives : le recouvrement est ensuite opéré par le receveur de l'enregistrement. Mais un décret du 27 mars 1854, tout en maintenant la procédure qui doit être ainsi suivie pour arriver au recouvrement des frais, a introduit en cette matière une innovation capitale: « Les mandats exécutoires délivrés par les préfets pour frais et honoraires de toute nature, auxquels donnent lieu les travaux d'intérêt public exécutés d'office ou de gré à gré, à la charge des particuliers, seront recouvrés par les percepteurs des contributions directes. » Joignons à ce texte l'article 454 de l'instruction générale sur la comptabilité, en date du 20 juin 1859 : « Sont également rattachés pour ordre au budget départemental les recouvrements des frais et honoraires de toute nature auxquels donnent lieu les travaux d'intérêt public exécutés d'office ou de gré à gré à la charge des particuliers. Ces recouvrements sont opérés par le percepteur, en vertu de mandements exécutoires délivrés par les préfets et selon les règles suivies en matière de contributions directes. Les mandements exécutoires, lorsqu'ils sont rédigés sur une feuille spéciale, c'est-à-dire lorsqu'ils ne se trouvent pas au bas des états de frais présentés par les parties intéressées pour obtenir paiement, sont exempts de timbre comme constituant des actes de l'autorité administrative (art. 80 de la loi du 15 mai 1818). »
— Lorsque le recouvrement a eu lieu, les quittances à

donner aux percepteurs des contributions directes par les ingénieurs et autres agents des Ponts et Chaussées, pour le paiement des sommes qui leur sont dues pour travaux d'intérêt public à la charge des particuliers, doivent être délivrées sur papier timbré lorsque la somme à recouvrer excède 10 francs, et le droit de timbre est à la charge des parties prenantes ; c'est ce qui résulte d'une décision du ministre des finances en date du 30 juin 1856.

280. Ici encore, la question de savoir suivant quelles formes les usiniers pourront se pourvoir contre l'exécution du préfet, ne laisse pas que de présenter certains embarras. M. Nadault de Buffon (T. II, p. 519-520) a soutenu qu'il y avait lieu de porter la difficulté devant les conseils de préfecture : « Les frais de cette espèce, disait-il, sont par le fait une contribution spéciale nécessitée par le règlement d'eau et mise par le préfet, dans des proportions déterminées, à la charge d'un ou de plusieurs particuliers, s'il y a lieu. Cette contribution a donc une entière analogie avec la contribution spéciale appliquée sous la même forme, dans les règlements concernant le curage, en vertu de la loi du 14 floréal an XI, loi, qui, à juste raison, a placé les réclamations de cette nature dans les attributions de ces conseils, parce que, d'après leur organisation, ils sont chargés du contentieux en matière de contribution. » Sous l'empire du décret de l'an XII, la jurisprudence se prononçait pourtant en sens contraire : elle décidait que le recouvrement des mandats étant confié aux receveurs de l'enregistrement, le recours n'était ouvert à l'usinier que devant les tribunaux civils et conformément aux lois sur la matière de l'enregistrement ; d'où cette conclusion, que l'affaire devait être instruite sur simples mémoires respectivement signifiés et sans qu'il y eût lieu d'employer le ministère des avoués. (Civ. Rej. 23 mai 1838. Dev. 38-1-617). Actuellement, il n'en saurait plus être de même : d'après la Cour de cassa-

tion, ce qui détermine la compétence de tel ou tel tribunal, c'est la forme suivant laquelle a lieu le recouvrement de ces frais : d'où il suit que le décret de 1854, en ordonnant que le recouvrement serait fait par les agents des contributions directes, a voulu par cela même que le recours contre les exécutoires fût introduit comme en matière de contributions directes. Faut-il maintenant s'attacher à une distinction proposée par M. R. Bordeaux (p. 212 et seq.) et dire que si le conseil de préfecture est compétent, lorsque la réclamation porte sur le chiffre des honoraires, il n'en saurait être de même lorsqu'elle porte sur l'illégalité de la taxe ? Nous ne le pensons pas ; dans les deux cas, en effet, il s'agit d'un acte administratif, que les tribunaux ne sauraient être appelés à réformer : ajoutons qu'au point de vue purement théorique, il est assez difficile de voir en quoi ces deux espèces peuvent différer l'une de l'autre et quelle nécessité il y a d'obliger l'usinier à diviser son recours en agissant à la fois devant le tribunal civil et devant le conseil de préfecture, lorsque ces griefs partent à la fois sur le quantum des honoraires et sur l'illégalité de la taxe.

§ IV.

281. Lorsque l'autorisation d'établir une usine a été définitivement accordée, le permissionnaire est tenu d'en user dans un délai moral. En règle générale, l'acte de concession statuera sur ce point ; il est indispensable que l'administration sache le plus promptement possible si le volume d'eau dont elle autorise la dérivation est utilisé, ou s'il reste sans emploi par suite de l'inaction du permissionnaire. La clause suivante est donc aujourd'hui insérée d'une manière invariable dans les décrets ou les arrêtés préfectoraux autorisant une prise d'eau : « Les travaux ci-dessus

prescrits seront exécutés sous la surveillance des ingénieurs ; ils devront être terminés dans le délai de..... à
dater de la notification du décret à intervenir. » — D'autre
part, alors même que l'acte de concession est muet sur
toute réserve de cette nature, l'administration ne s'en considère pas moins comme en droit de déclarer lettre morte
l'autorisation qui a été accordée, s'il n'y a été donné aucune suite ; elle apprécie arbitrairement quel était le délai
nécessaire pour que les travaux fussent terminés par le
concessionnaire : son pouvoir est incontestable puisqu'elle
est appréciatrice souveraine de toutes les attributions de
jouissance à faire relativement aux cours d'eau navigables,
à leurs lits et à leurs pentes. Si l'usinier voulait profiter
ultérieurement de la permission à lui accordée, elle conserverait toute liberté soit pour interdire les travaux, soit
pour exiger une nouvelle instruction. C'est ce qui résulte
d'une décision du ministre des travaux publics en date du
11 décembre 1849 : « J'ai reconnu avec le Conseil des Ponts
et Chaussées, par décision du 24 novembre dernier, que le
sieur Magnier ou ses ayant-cause, ayant pendant plus de
25 ans, négligé de faire usage de l'autorisation qui lui avait
été accordée, et qu'aucune opposition n'ayant été présentée
pendant le cours de l'instruction régulière et contradictoire qui a précédé l'Ordonnance réglementaire de l'usine
du sieur Louis, il convient de considérer comme une lettre
morte l'Ordonnance du 8 mars 1822, et d'instruire à nouveau la demande du sieur Magnier, conformément aux circulaires des 19 thermidor an VI et 16 novembre 1834,
dans le but de préparer, s'il y a lieu, les bases d'un nouveau règlement. » Le pourvoi du permissionnaire fut rejeté
par arrêt du 18 novembre 1852. « Considérant qu'il résulte
de l'instruction que le sieur Magnier, autorisé par Ordonnance du 8 mai 1822 à établir une usine sur la rivière du
Hamel n'a, pendant plus de vingt-cinq ans, témoigné par

aucun commencement d'exécution, l'intention de faire usage
de l'autorisation qu'il avait obtenue, et que cette intention
ne s'est manifestée par aucune opposition de sa part dans
le cours de l'instruction régulière et contradictoire qui a
précédé l'Ordonnance réglementaire du sieur Louis; que
dans ces circonstances, le ministre des travaux publics a
pu, sans excéder ses pouvoirs, déclarer le sieur Magnier,
déchu du bénéfice de l'Ordonnance précitée du 8 mai 1822
et ordonner d'instruire à nouveau sa demande, afin de procéder, s'il y avait lieu, à une nouvelle autorisation en sa
faveur..... » (Lebon, 52-452). On voit, par cet exemple,
quelles sont les considérations qui influent principalement
sur les décisions de l'administration; peut-on induire des
circonstances de l'espèce que le permissionnaire ait renoncé
à la faveur dont il a été l'objet? On ne peut établir en cette
matière aucune règle générale, et dire a priori que cette
présomption résultera contre lui de l'inaction qu'il a gardée
pendant tel ou tel nombre d'années : cette inaction peut en
effet s'expliquer par la difficulté qu'il aura éprouvée à se procurer les capitaux nécessaires, ou par tout autre motif ex-
cluant l'idée d'une renonciation à ses projets primitifs.

282. Pendant la durée des travaux, les agents des
Ponts et Chaussés peuvent les surveiller de manière à ce
qu'il ne soit porté atteinte à aucune des prescriptions du
décret ou de l'arrêté autorisant la prise d'eau. Mais ils ne
devront point perdre de vue que leur rôle se borne à cette
simple surveillance et qu'ils n'ont point à intervenir dans
les aménagements intérieurs de l'usine; et ce n'est qu'en
cas de contravention formelle aux clauses de l'acte qu'ils
pourront ordonner la discontinuation des travaux et provoquer devant le tribunal compétent des poursuites contre
le permissionnaire. — Une fois les travaux achevés, il sera
procédé de suite au récolement de l'usine; les ingénieurs
vont intervenir pour décider si ces travaux ont été faits ré-

gulièrement et s'il y a lieu de déclarer que l'usine peut entrer dans la période d'exploitation. « Lorsque l'acte d'autorisation a été rendu, porte la circulaire du 23 octobre 1851, l'ingénieur ordinaire, à l'expiration du délai fixé par cet acte, se transporte sur les lieux pour vérifier si les travaux ont été exécutés conformément aux dispositions prescrites et rédige un procès-verbal de récolement, en présence des autorités locales et des intéressés, convoqués à cet effet dans les mêmes formes que pour la visite des lieux dont il a été parlé ci-dessus. Le procès-verbal rappelle les divers articles de l'acte d'autorisation, et indique la manière dont il a été satisfait [1]. » Le premier soin de l'ingénieur sera de poser

---

[1] Formule annexée à la circulaire du 23 octobre 1851 :

DÉPARTEMENT
d

COMMUNE
d

RIVIÈRE
d

USINE
du Sʳ

RÈGLEMENT D'EAU.

PROCÈS VERBAL DE RÉCOLEMENT.

Le   mil huit cent soixante

Nous, soussigné, ingénieur des Ponts et Chaussées,
Vu *le décret du*   *portant règlement de l'usine du Sʳ*   *et notifié audit Sʳ le*

Vu notamment l'article   portant que les travaux prescrits devront être terminés dans le délai de
à partir de la notification,
Nous sommes rendu   pour procéder au procès-verbal de récolement desdits travaux.
Par lettre en date du   nous avions fait connaître à M. le maire de la commune
d   l'époque et l'objet de cette visite en le priant de donner à cet avis toute publicité *et de prévenir spécialement :*
M.   *propriétaire de l'usine*
M.

Nous avions nous-même prévenu directement :

le repère définitif : il en fera mention au procès-verbal.
Ce repère, ainsi que le fait remarquer M. Nadault de Buffon
(T. I, p. 216), sera nécessairement placé dans le bief
même dont il doit régler les eaux et portera une échelle
graduée en centimètres dont le point zéro indiquera le niveau légal de la retenue. Il est généralement formé soit
par une borne, colonne ou pilier en pierre de taille établis

M.   *propriétaire de l'usine supérieure.*
M.   *propriétaire riverain en amont de l'usine.*

Etaient présents :
M.
M.

Et en présence des personnes sus-dénommées, nous
avons constaté ce qui suit :

DISPOSITIONS	
PRESCRITES.	EXÉCUTÉES.
Mentionnner ici, en sui-vant l'ordre des articles, les dispositions particu-lières de l'acte d'autori-sation.	*Indiquer, en regard de chaque article, la manière dont il y a été satisfait.* *En faisant mention de la pose du repère définitif, on se rattachera à des points fixes servant de contre-repères pour en dé-finir la position.*

Et, après avoir donné lecture du présent procès-verbal
aux personnes présentes, nous les avons invitées à le
signer avec nous.

*(Ici seront apposées dans l'ordre indiqué en tête du
procès-verbal, les signatures des personnes présentes.*

*Mention sera faite des personnes qui se seront retirées et
de celles qui n'auraient pas voulu signer ni déduire les
motifs de leurs refus.)*

Et nous avons clos le présent procès-verbal.

(Date du jour de l'opération.)

Signature du Maire.   Signature de l'Ingénieur.

sur un massif de maçonnerie ou bien fixés latéralement au mur ou à la berge du bief, soit par une pièce de bois battue au refus d'un mouton ou d'une forte masse. M. Nadault de Buffon ajoute fort justement qu'il doit être baigné par les eaux auxquelles il sert de règle, de manière à être ostensible à tous les yeux : un repère dont la vérification exigerait une opération de nivellement ne serait par le fait à l'usage de personne. Le repère devra être rattaché par les ingénieurs à des points fixes servant de contre-repères ; ils prendront ces points sur une maçonnerie invariable telle que le seuil d'une porte ou l'appui d'une fenêtre ; ils pourront en outre conserver, à titre de contre-repère supplémentaire, l'ancien repère provisoire.

283. Lorsque les travaux exécutés sont conformes aux dispositions de l'acte d'autorisation, l'ingénieur se borne à en proposer la réception et transmet le procès-verbal de récolement en triple expédition à l'ingénieur en chef, qui le soumet, avec son avis, à l'approbation du préfet. L'une des expéditions est transmise au ministère des travaux publics ; une autre est déposée aux archives de la préfecture, et la troisième à la mairie de la situation des lieux. — Dans l'hypothèse contraire, la circulaire du 23 octobre 1851 veut que le permissionnaire soit immédiatement mis en demeure de se conformer à la décision intervenue. Si les travaux ne se rapportent pas aux dispositions prescrites, mais s'ils n'en diffèrent que d'une manière insignifiante, et, s'il paraît inutile de prescrire la stricte exécution du décret ou de l'arrêté préfectoral, l'ingénieur est autorisé cependant à en proposer la réception définitive ; mais avant de dresser les trois expéditions, il convient que cette proposition soit soumise à l'approbation du ministre des travaux publics avec l'avis du préfet. Si les travaux diffèrent notablement des dispositions prescrites, les ingénieurs proposent au préfet de mettre le permissionnaire en de-

meure de s'y conformer dans un délai déterminé. Au cas
où le préfet approuverait ces dispositions, il prendra un
arrêté de mise en demeure sans qu'il soit besoin d'en référer à l'administration supérieure, et à l'expiration du délai,
il pourra ordonner la mise en chômage de l'usine ou de la
prise d'eau et même la destruction des ouvrages dommageables. Au cas où il ne serait point de l'avis des ingénieurs, il devrait se borner à transmettre leurs propositions au ministre des travaux publics, en y joignant son
avis particulier. — La circulaire du 27 juillet 1852 est
venue mettre ces prescriptions d'accord avec la législation
inaugurée par le décret de décentralisation : « Il sera procédé, dans les formes indiquées par la circulaire du 23 octobre 1851, au récolement des ouvrages qui auront été
définitivement autorisés ou prescrits. Vous prononcerez,
après avoir pris l'avis de MM. les ingénieurs et sauf recours des parties devant le ministre, sur toutes les difficultés
que pourrait faire naître l'inexécution de quelques-unes des
prescriptions de vos arrêtés ou des règlements intervenus
avant le décret du 25 mars sur les matières dont la décision vous est déléguée. Vous ne devrez en référer à l'administration supérieure, en ce qui concerne les affaires
actuellement comprises dans vos attributions, que pour
difficultés relatives à l'exécution de décisions ministérielles
rendues sur le recours des parties intéressées. »

§ V.

284. On appelle bief, disait Merlin (Rép. vᵒ Bief), le canal qui sert à recevoir et à conduire l'eau nécessaire pour
faire mouvoir un moulin. Le bief est, comme on le voit,
l'accessoire indispensable de toute usine qui n'est pas située
sur la rivière elle-même et qui ne fonctionne qu'au moyen

d'une dérivation de ses eaux ; aussi, est-il admis sans conteste que celui qui vend ou qui loue une usine hydraulique,
vend ou loue ipso facto le droit qu'il peut avoir sur le bief
de cette usine. Mais jusqu'où doit s'étendre cette assimilation
entre le bief et le corps même de l'usine ? Telle est la difficulté que nous avons à examiner en ce moment. Aucun
doute ne s'élèvera lorsque l'usinier sera propriétaire des
terrains qui séparent son établissement du point de la rive
où aura lieu la prise d'eau ; son droit de propriété sur le
bief ne saurait être contesté sous quelque prétexte que ce
soit. Nous ne rencontrons pas non plus beaucoup d'embarras lorsque la situation réciproque de l'usinier et des propriétaires dont le bief de l'usine traverse l'héritage, se trouvera réglée par un titre : tout au plus, les parties pour-
raient-elles être en discussion sur l'interprétation de ce
titre. M. Demolombe (T. XI, n° 132) observe fort justement que les obscurités qui pourraient naître des termes
plus ou moins ambigus de l'acte, devraient être surtout
dissipées par l'exécution que cet acte aurait reçue, par le
genre des travaux au moyen desquels le canal aurait été
établi, et par les faits de possession. Mais nous ne pouvons
suivre le savant professeur, lorsque s'appuyant de l'autorité
d'un arrêt des requêtes du 24 juillet 1839 (Dev. 39-1-918),
il soutient que si les moyens d'interpréter le titre font défaut, on doit décider que ce titre ne renferme que la concession d'une simple servitude d'aqueduc ; nous verrons en
effet qu'aucune présomption n'est admissible a priori en
faveur soit des riverains, soit des usiniers, et qu'il y a lieu
de s'attacher purement et simplement aux règles ordinaires
en matière de preuve. — Supposons maintenant l'absence
de toute titre régulier : dans le doute, à qui devons-nous
reconnaître la propriété du bief? Est-ce à l'usinier? Est-ce
aux propriétaires dont il traverse les héritages ? Tout d'a-
bord, nous mettrons de côté l'hypothèse où l'eau n'est pas

amenée à l'usine par un canal entièrement artificiel : c'est ce qui a lieu toutes les fois que le canal d'amenée emprunte sur la totalité ou sur une partie de son trajet le lit d'un cours d'eau ; bien que des travaux aient été faits pour en élargir et rectifier le cours, pour en modifier les pentes et la direction, ce cours d'eau n'en subsiste pas moins avec son ancien caractère ; les travaux entrepris par l'usinier sont insuffisants pour lui en conférer la propriété et pour supprimer les droits antérieurs des riverains : ces derniers continueront à jouir comme par le passé sans avoir à se préoccuper de ce fait que le cours d'eau sert le canal d'amenée à un établissement. Cette solution s'applique a fortiori au cas où ces travaux de rectification ont été entrepris, non seulement pour assurer le roulement de l'usine, mais encore pour satisfaire à une nécessité publique : ce sont là des points de fait dont les tribunaux sont souverains appréciateurs. (Req. Rej., 15 fév. 1854 ; D. P. 54-1-55. — Civ. Rej., 25 avril 1854 ; Dev., 54-1-458 ; D. P. 54-1-139 ; — Req. Rej., 3 décembre 1866 ; Dev., 67-1-64 ; D. P., 67-1-126. — Orléans, 13 décembre 1855 ; Dev., 55-2-340 ; — Liége, 6 mars 1867 ; Pas., 67-2-154 ; — Paris, 23 juin 1866 ; Bulletin, 66-567. — Grenoble, 27 juin 1870 ; D. P., 70-2-207). La question que nous avons à examiner doit donc se formuler ainsi : « Un canal artificiel créé pour l'alimentation d'une usine doit-il être présumé appartenir à l'usinier ou aux riverains ? L'usinier en jouit-il à titre de propriété ou bien à titre de simple servitude ? »

285. On conçoit qu'une semblable situation ait, à raison de son intérêt pratique, attiré depuis longtemps l'attention des jurisconsultes. Nos anciens auteurs sont unanimes pour décider que le canal d'amenée est une partie nécessaire et intégrante de l'usine ; que le canal et l'usine ne peuvent être séparés et appartenir à deux maîtres différents ; que le droit de l'usinier sur le canal ne peut en conséquence cé-

der que devant des titres formels émanés de lui. Henrys (suite du Livre IV. Quest. 147, T. II, p. 825) rapporte en ce sens deux arrêts des 13 décembre 1608 et 15 juillet 1656 confirmatifs de sentences du bailliage de Montbrison : « Comme en cette province de Forez et en plusieurs autres, ajoute-t-il, un moulin ne peut être moulin sans sa prise d'eau, il s'ensuit aussi que sa prise d'eau est une partie nécessaire, intégrante et presque la principale, puisque sans elle le moulin serait inutile ; d'où il faut pareillement inférer que le béal ou canal qui conduit l'eau au moulin n'est pas seulement un simple accessoire ou dépendance, mais plutôt que c'en est une portion inséparable, et qui, prise conjointement avec les bâtiments , ne fait qu'une seule chose, par conséquent que celui qui est propriétaire du moulin, l'est aussi du béal ou canal qui y conduit l'eau, que le sol lui appartient, et qu'il faut croire qu'avant que de bâtir le moulin, il s'est assuré de la prise d'eau et du passage d'icelle ; que c'est un droit primitif et qui a dû être le premier dans l'exécution, aussi bien que dans l'intention ; parce qu'en effet, celui-là serait ridicule, qui, après avoir édifié un moulin, chercherait où prendre l'eau et où la faire passer. Il faut donc que cela précède, et il doit s'en assurer : c'est pourquoi le béal et l'endroit où il passe est toujours censé joint au moulin et appartient au maître. » Brillon s'expliquait de même le 27 novembre 1702, en portant la parole au Grand Conseil, en qualité de substitut du Procureur Général : « Comme un moulin ne peut pas être moulin sans sa prise d'eau, puisque sans elle le moulin serait inutile, l'on peut dire que celui qui est propriétaire du moulin l'est aussi du canal qui conduit l'eau ; car, il faut croire qu'avant de construire le moulin, il s'est assuré de la prise d'eau, du passage, de la conduite. » Telle était également l'opinion de Rousseaud de la Combe (v° Eaux, § 2), du nouveau Denizart (v° Bief) et enfin de Souchet, dans son commentaire sur la Coutume d'Angoumois (T. I, p. 298). Nous citerons, à raison de leur précision, les termes dont se servait ce dernier auteur : « La possession la plus longue de pratiquer des tranchées sur les berges ou francs-bords du canal pour y prendre de l'eau, ne pouvait pas en prescrire le droit au préjudice du propriétaire du moulin. On ne la regardait que comme précaire, de pure tolérance et de familiarité, parce qu'en fait, le propriétaire qui exploite son moulin, possède les eaux qui le font mouvoir, le canal qui y conduit, et les deux rives qui en sont une dépendance nécessaire ; et parce qu'en droit, la possession seule d'une partie d'une chose indivisible, conserve la possession du tout ; que deux personnes ne peuvent pas posséder en même temps la même chose pour le total ; et que, lorsqu'à défaut de titre, il y a des actes possessoires respectifs, la préférence est due au possesseur en faveur duquel est le droit commun. » Dans les pays de droit écrit, nous retrouvons la même doctrine. Lapeyrère, notamment, ne paraît pas croire que le droit du propriétaire puisse être un instant méconnu (v° Lettre M, n° 60). On s'appuyait sur la loi 11, § 1 ff. Communia prædiorum (VIII. 4) : « Si prope tuum fundum jus est mihi aquam ex rivo ducere, tacita hæc jura sequuntur ut reficere mihi rivum liceat, ut adire qua proxime possim, ad reficiendum eum ego fabrique mei, item ut spatium relinquat mihi dominus fundi, qua dextra et sinistra ad rivum adeam et quo terram, limum, lapidem, arenam, calcem jacere possim. » Enfin, on mentionnait un arrêt du parlement de Bordeaux qui avait maintenu à un particulier, dans le canal de son moulin, le droit de pêche qui lui était contesté par le seigneur haut justicier.

286. Cette jurisprudence est-elle acceptable sous l'empire du Code civil? L'affirmative compte de nombreux partisans. MM. Proudhon (Dom. Publ. T. III, n°s 1082 et seq.); Favard de Langlade (v° Servitude, sect. 2, § 1, n° 10),

Aubry et Rau (T. II, p. 181, § 192, note 5), et en première ligne M. Ravez, qui la soutenait énergiquement dans une consultation délibérée en 1837. Au point de vue théorique, le raisonnement est toujours le même : le canal creusé de main d'homme pour l'alimentation d'une usine, se trouve matériellement uni et incorporé à cette usine par les travaux qui s'y rattachent ; il ne peut plus en quelque sorte être distingué d'elle : cela, dit-on, est surtout évident lorsque, comme d'ordinaire, le canal qui forme dans toute sa longueur un tout indivisible, traverse l'usine elle-même : donc, il y a nécessité de reconnaître que la propriété du canal et celle de l'usine ne peuvent résider que dans la même main ; c'est là une présomption juris et de jure qui ne peut être combattue par aucune présomption contraire et qui conserve toutes ses forces tant que les riverains ne justifieront pas d'un titre dérogeant formellement à cet état de choses légal. On soutient en outre que les textes du droit positif, loin d'être inconciliables avec cette présomption, ne font que la confirmer. Proudhon notamment s'appuie sur l'article 523 du Code civil : « Les tuyaux servant à la conduite des eaux dans une maison ou un autre héritage sont immeubles et *font partie du fonds auquel ils sont attachés.* » Or, qu'est-ce que le canal d'amenée, sinon un tuyau servant à conduire les eaux du point où elles sont détournées jusqu'à celui où elles doivent être utilisées ? donc, il fait partie intégrante du fonds à l'usage duquel il est destiné, et par conséquent de l'usine établie sur ce fonds. On invoque encore l'article 558 du Code civil qui établit une présomption juris et de jure, en attribuant au propriétaire d'un étang, le terrain que l'eau couvre quand elle est à la hauteur de la décharge de l'étang, encore bien que le volume de l'eau vienne à diminuer. La loi, a-t-on dit, a voulu que le propriétaire de l'étang conservât toujours et sans que les riverains pussent les posséder utilement, les terrains qui sont une dépendance nécessaire de cet étang et sans lesquels il ne saurait atteindre son développement normal ; or, le canal d'amenée forme au même titre une dépendance de l'usine qui ne pourrait sans lui fonctionner d'une manière normale. Il y a donc entre les deux hypothèses une identité parfaite et le principe général sur lequel s'appuie l'article 558 doit s'appliquer aussi bien au canal dépendant d'une usine qu'au terrain dépendant d'un étang. Le propriétaire de la partie principale de l'usine est comme le propriétaire de la partie principale de l'étang, nécessairement propriétaire de la partie accessoire qui s'y unit d'une manière indivisible. En définitive, on arrive à cette conséquence devant laquelle Rousseaud de la Combe n'avait point reculé : « Les propriétaires des prés près desquels passe le bief ou canal du moulin n'en peuvent prendre l'eau pour les arroser sans un titre exprès et la possession n'en peut acquérir le droit. »

287. Une théorie diamétralement opposée est présentée par MM. Duranton (T. V. n° 240) et Daviel (T. II, n° 833 et seq.). M. Demolombe (T. XI, nos 129 et seq.) s'y est rallié tout en paraissant reconnaître que la véritable raison de décider devrait cependant être prise dans les circonstances spéciales de chaque espèce. Ils enseignent que le Code a rompu avec la tradition et que, dans le doute, la présomption légale de propriété est en faveur des riverains et non pas en faveur de l'usinier : c'est à ce dernier à prouver qu'il est propriétaire du bief et qu'il n'en jouit pas seulement à titre de servitude sur le fonds d'autrui. Bien que cette opinion soit le plus communément rejetée, il faut cependant reconnaître que les considérations sur lesquelles elle se base ne manquent pas de valeur. L'argument capital invoqué en faveur des usiniers est que, par la nature des choses, le bief doit être partie intégrante de l'usine : M. Daviel s'est surtout attaché à démontrer que cette proposition renfermait une

erreur évidente. Il établit très bien que l'on confond le droit
à l'usage des eaux et la propriété du canal ; ce qu'il importe
à l'usinier de s'assurer lorsqu'il crée son établissement,
c'est l'usage de l'eau : ce qu'il lui faut, c'est de pouvoir
s'opposer à toute entreprise ayant pour résultat de compromettre le jeu de son usine. L'eau dérivée de la rivière, voilà
ce qui est réellement nécessaire à l'usine ; la faculté d'en
user, voilà ce qui seul doit faire partie intégrante des droits
de l'usinier. Qu'importe au fonctionnement de son usine
qu'un tiers soit propriétaire du sol sur lequel est établi le
bief, alors que ce sol se trouve grevé à son profit d'une servitude d'aqueduc ? On ne comprendrait la présomption de
propriété au profit de l'usinier que si cette propriété pouvait
seule lui assurer une jouissance des eaux paisible et régulière ; or, nous voyons que, quelle que soit la solution
admise, sa jouissance est entièrement sauvegardée : comme
le voulait Henrys, sa prise d'eau et le passage d'icelle demeureront assurés. Et l'on fait remarquer avec juste raison qu'accepter une telle présomption, c'est supposer qu'à
l'origine l'usinier a créé son établissement dans les circonstance les plus onéreuses pour lui : lorsqu'il a traité avec les
riverains pour obtenir d'eux le droit de faire passer son canal
à travers leurs héritages, est-il vraisemblable qu'il a tenu à
acquérir d'eux la pleine propriété des terrains occupés et
qu'il n'a point cherché à acquérir seulement ce qui pouvait
lui être utile, c'est-à-dire une simple faculté de passage ?
Est-il vraisemblable d'autre part que les riverains aient consenti à un démembrement total de leur héritage plutôt qu'à
la constitution d'une simple servitude qui pourrait s'é-
teindre au cas où l'usine cesserait d'être mise en mouvement ? Ce qui conduit à penser que, s'il n'y a titre, le juge
devra s'attacher exclusivement aux prétentions des riverains. D'après les auteurs que nous avons indiqués; ce raisonnement se trouverait corroboré 1° par l'article 552 Code

civil, d'après lequel la propriété du sol entraîne la propriété du dessus comme celle du dessous. Le propriétaire du terrain sur lequel a été creusé un canal est incontestablement demeuré propriétaire du tréfonds, même dans la partie où passe le canal : propriétaire du tréfonds, il doit être également propriétaire de ce qui se trouve au-dessus, c'est-à-dire du lit du canal ; 2° par l'article 553 Code civil, suivant lequel tous ouvrages faits sur un terrain sont présumés faits par le propriétaire de ce terrain et lui appartiennent en conséquence ; le propriétaire originaire avait un intérêt évident à faire lui-même et à ses frais sur son terrain les travaux nécessités par l'établissement du canal d'amenée pour pouvoir plus tard exercer sur ce canal les droits qui appartiennent à tout riverain d'un cours d'eau non navigable : donc la disposition de cet article 553 s'applique parfaitement à l'espèce.

288. A l'origine les tribunaux, s'inspirant exclusivement de la jurisprudence des Parlements, appliquaient dans toute sa rigueur la présomption de propriété qu'ils prétendaient exister au profit de l'usinier et n'admettaient point qu'elle pût être combattue par une présomption contraire de quelque nature qu'elle fût. On n'hésitait pas à décider à cette époque que le canal alimentaire, étant partie intégrante du moulin, il suffisait de conserver la propriété du moulin pour ne jamais pouvoir perdre celle du canal, quels que fussent les actes de possession que les riverains auraient pu exercer sur le lit et encore bien que ces actes eussent duré plus de 30 ans. (Toulouse, 24 juin 1812. Dev., C. N. 4-2-140 ; — Colmar, 12 juillet 1812. Dev. C. N. 4-2-157 ; — Bordeaux, 24 juillet 1826. Dev., C. N. 8-2-266 ; — Toulouse, 1er juin 1827. Dev., C. N. 8-2-375 : — Bordeaux, 23 janvier 1828. Dev., C. N. 9-2-21 ; — Paris, 12 février 1830. Dev., C. N. 9-2-895 ; — Lyon, 17 juin 1830. Dev., C. N. 9-2-456 ; — Toulouse, 30 janvier 1832. Dev., 33-2-379 ; — Paris, 24 juin

1834. Dev., 35-2-233.) — La Cour de cassation a tempéré
ce que cette doctrine paraissait avoir d'exorbitant et le système mixte qu'elle suit invariablement a rallié l'unanimité
des Cours d'appel qui ont eu à examiner la question. Suivant elle, il faut reconnaître 1° que dans le doute le canal
d'amenée doit être présumé appartenir au riverain. Mais
ce n'est plus sur les articles 523 et 558 qu'elle se fonde pour
établir cette présomption ; elle en trouve la base dans
l'article 546 Code civil : « La propriété d'une chose soit mobilière, soit immobilière, donne droit sur ce qu'elle produit
et sur ce qui s'y unit accessoirement soit naturellement,
soit artificiellement. » Si le canal n'est pas partie intégrante de l'usine, il en est tout au moins l'accessoire
établi d'une manière artificielle ; donc, la propriété de
l'usine entraîne, dans ces termes, la propriété du canal : en
conséquence, doit être cassé tout jugement ou arrêt qui enlève à l'usinier le bénéfice de cette présomption pour le faire
passer aux riverains et viole ainsi l'article susvisé ; 2° que
cette présomption reconnue en faveur de l'usinier n'est
qu'une simple présomption contre laquelle la preuve contraire est admise conformément aux règles ordinaires : en
conséquence, doit être maintenu tout arrêt qui constate en
fait que cette preuve a été fournie et déclare les riverains
propriétaires du canal. Les juges du fait ont tout pouvoir
pour apprécier la situation réciproque des parties et en tirer telles ou telles inductions ; ils n'ont plus besoin d'un titre
émané de l'usinier ; ils peuvent former leur conviction
d'après les constatations matérielles recueillies au cours du
procès, d'après l'état des lieux, d'après les énonciations des
titres anciens, d'après les circonstances dans lesquelles a
eu lieu la construction du canal, etc..., etc... Ils peuvent
même accepter comme base cette circonstance que l'usinier
ne s'est jamais opposé aux entreprises des riverains sur son
canal d'amenée, et a par là même reconnu le droit de pro-

priété que revendiquent ces derniers ; 3° que la propriété du canal d'amenée n'étant pas inséparable de la propriété de l'usine, peut être prescrite par les riverains ; qu'ils peuvent posséder utilement le canal et, au cas de trouble dans leur possession, agir par voie de complainte ou de réintégrande. Il faut seulement ne point perdre de vue que cette possession doit se manifester par des actes non équivoques qui excluent toute présomption de propriété au profit de l'usinier. Ainsi, alors même que le riverain exercerait certains droits sur le canal, par exemple le droit de pêche, le droit de prise d'eau, il n'en serait point légalement posseseur, alors que l'usinier manifesterait par un acte quelconque sa volonté de rester et demeurer maître du canal, par exemple en interdisant aux riverains d'y circuler en bateau, en coupant à son profit les herbes qui y croissent, en le faisant curer à ses frais, en continuant à payer la contribution foncière, etc... La possession du riverain, ainsi restreinte, ne pourrait aboutir qu'à une seule chose, lui faire acquérir par la prescription le droit spécial dont il a joui, mais non pas lui faire acquérir la pleine propriété du canal : « Tantum præscriptum quantum possessum. » Encore, faudrait-il voir si une possession ainsi circonscrite ne pourrait pas être considérée comme une simple tolérance de la part de l'usinier, ne pourrant servir de base à une possession utile pour prescrire (Cpr. sur tous ces points Req. Réj. 18 juillet 1822 ; Dev., C. N. 7-1-112 ; — Req. Réj. 21 décembre 1830 ; Dev., 9-1-607 ; — Civ. Cass. 13 août 1850 ; Dev., 50-1-721 ; D. P. 50-1-265 ; — Req. Rej. 5 mai 1857 ; Dev., 57-1-335 ; D. P. 57-1-297 ; — Req. Rej. 24 décembre 1860 ; Dev., 62-1-977 : D. P. 61-1-411 ; — Civ. Cass. 10 juillet 1861 ; Dev., 61-1-862 ; D. P. 61-1-321 ; — Civ. Rej. 18 août 1863 ; Dev., 64-1-13 ; D. P. 63-1-359.— Civ. Rej. 17 décembre 1867 ; Dev., 68-1-37 ; D. P. 67-1-484 ; — Req. Rej. 9 juin 1868 ; Dev., 69-1-311 ; D. P.

69-1-115 ; — Bordeaux, 24 juillet 1826 ; Dalloz, v° Propriété, n° 679 ; — Toulouse, 30 janvier 1833 et Nancy 29 juillet 1842 ; ibid. n° 122 ; — Trib. d'Avignon, 16 décembre 1850 ; D. P. 54-2-209; — Poitiers, 7 juillet 1862 ; Dev., 64-2-106 ; D. P. 63-2-187 ; — Grenoble, 17 mai 1864 ; Dev., 65-2-340 ; — Liège, 22 décembre 1866 ; Pas., 67-2-159 ; — Besançon, 18 novembre 1867 : D. P. 67-2-242 ; — Paris, 15 mai 1868 ; Bulletin 68-337 ; — Nancy, 19 mars 1870; D. P. 70-2-193).

289. Pour notre part, nous ne nous déclarons satisfait par aucune de ces théories, et nous inclinons volontiers vers un système beaucoup plus simple indiqué assez brièvement par M. Bourguignat (T. I, n° 211) et M. Batbie (T. V, n° 371) et développé par M. Devilleneuve dans sa note sous l'arrêt du 18 août 1863. — Les auteurs et les arrêts nous paraissent avoir oublié ce grand principe écrit dans l'article 1350 à savoir qu'une présomption légale, ne fût-ce qu'une simple présomption juris tantum, doit résulter d'un texte de loi ; or, nous ne trouvons aucun texte qui proclame soit que l'usinier est présumé propriétaire du canal d'amenée, soit au contraire, que la présomption de propriété existe en faveur des riverains. Donc, puisqu'aucune présomption n'existe en faveur de l'une ou de l'autre des parties en cause, il faudra reconnaître que, si la propriété d'un canal d'amenée se trouve contestée, la question litigieuse ne sort pas de la classe des litiges ordinaires où la preuve dépend uniquement des titres, des circonstances de la cause ou de la possession ; le fardeau de cette preuve incombera naturellement au demandeur au procès ; c'est à lui à démontrer, comme il le pourra, qu'il est propriétaire du canal, sans qu'aucun préjugé puisse être tiré de sa qualité d'usinier ou de riverain : en somme, les décisions qui interviendront sur la matière devront être exclusivement motivées en fait et ne pourront s'appuyer sur de prétendues raisons

de droit qui ne se trouvent nulle part écrites dans le Code civil. Vainement, prétend-on que l'usinier, avant de construire son établissement, a dû prendre ses précautions pour que sa jouissance ne pût être troublée et acquérir la pleine propriété des terrains par lui occupés ; rien ne prouve quels ont pu être les termes de la convention intervenue entre lui et ses propriétaires : « Pour répondre à la règle bien formelle de l'article 1350, dit M. Laurent (Princ. de droit civil, T. VI, n° 186) le législateur aurait dû préciser les cas spéciaux dans lesquels il voulait admettre une présomption de propriété fondée sur le principe de l'accession. C'est donc une question de législation et non d'interprétation. Sans doute, il y a des probabilités dans l'espèce, que le propriétaire de l'usine est propriétaire du bief et du canal de fuite ; mais pour que des probabilités, quelque grandes qu'elles soient deviennent des présomptions légales, il faut un texte. A des probabilités, on peut toujours opposer d'autres probabilités, dire par exemple, que le propriétaire de l'usine a acquis un droit d'aqueduc sur le bief et le canal ; au législateur seul, il appartient de peser ces probabilités diverses et d'en déduire une présomption s'il y a lieu. »

290. Examinons maintenant les textes d'où l'on voudrait faire résulter une présomption de propriété au profit de l'usinier. Ce qui est bien certain, c'est que les auteurs et les arrêts, qu'ils admettent dans l'espèce une présomption juris et de jure ou une présomption juris tantum, sont partis du même point ; ils se sont laissés entraîner par les souvenirs de l'ancien droit. On a voulu quelquefois pour leur répondre, contester la portée des décisions citées par Henrys : s'appuyant sur les propres termes du jurisconsulte lui-même, on a prétendu que ce n'étaient que des décisions d'espèce ; on a fait valoir cette circonstance qu'elles furent « rendues sur des enquêtes et des descentes de lieux et que ce fût plutôt quæstio facti quam juris. » C'est bien à tort, suivant nous, que

l'on cherche à se faire illusion : quand même on arriverait
à démontrer que les arrêts de 1608 et 1656 ne pouvaient
faire jurisprudence, resterait toujours le commentaire qu'en
faisait Henrys : aucune hésitation n'est possible en présence
de la discussion de droit auquel il se livre, d'ailleurs : Rousseaud de Lacombe, Denizart, Souchet seraient là pour at-
tester cet axiome universellement appliqué de leur temps,
que le propriétaire d'un moulin est nécessairement propriétaire du bief qui y conduit l'eau. Il est plus sage, tout en
reconnaissant l'existence et la portée de cette ancienne
jurisprudence, d'en écarter l'application par la raison que
nous donnions plus haut ; le raisonnement est une base insuffisante pour créer une présomption, ou même pour maintenir une présomption admise antérieurement au code, cette
présomption fût-elle simple et dût-elle céder à la preuve contraire. Trouvera-t-on maintenant le germe de cette présomption dans les articles 523 et 558 du Code civil? Ce serait
bien évidemment en dénaturer le sens et la portée. L'article 523 déclare que les tuyaux servant à la conduite des
eaux font partie du fonds au service duquel ils sont attachés. Soit, mais en admettant même que cet article fût
applicable à d'autres tuyaux qu'à des conduites d'eau souterraines, s'ensuivra-t-il que le sol sur lequel reposent ces
tuyaux sera devenu la propriété de celui qui les aura placés
pour le service de son héritage? L'article 558, d'autre
part, est une disposition toute spéciale fondée sur le caractère particulier de la propriété d'un étang et absolument
étrangère à la propriété d'un canal d'amenée. Le droit du
propriétaire d'un étang sur les terrains momentanément
laissés à découvert par les eaux ne résulte point de ce fait
que ces terrains sont l'accessoire nécessaire de l'étang et
n'en peuvent être distingués. On se laisse induire en erreur
par la place qu'occupe dans le Code civil l'article 558 ; on
veut y voir un cas d'accession, mais la simple rédaction de

cet article montre combien cette erreur serait singulière.
« L'alluvion n'a pas lieu à l'égard des lacs et étangs... »
autrement dit : « Le droit d'accession n'a pas lieu à l'égard
des lacs et étangs. » Ce que l'on a considéré en rédigeant
l'article 558, c'est que les terrains actuellement découverts
avaient été certainement acquis par celui qui a établi l'étang;
la hauteur à laquelle se trouve la décharge normale de
l'étang en fait foi suffisante ; tant que cette décharge n'a
point été baissée, il y a signe certain que le propriétaire de
l'étang entend le conserver dans son intégrité; il a en
quelque sorte contredit par avance à toutes les entreprises
que pourraient tenter les riverains, et s'est mis à l'abri de
toute possession utile de leur part. Nous ne pouvons donc
chercher dans les motifs de l'article 558 aucun élément de
solution. — Suivrons-nous la Cour de cassation en nous attachant exclusivement à l'article 546 ? M. Laurent (loc. cit.)
lui reproche de ne point être conséquente avec elle-même.
L'article 546 veut que ce qui s'unit à une chose soit naturellement, soit artificiellement, en soit réputé l'accessoire : ceci
admis, n'y a-t-il pas lieu de s'étonner que la Cour distingue
entre le cas où le bief est formé par un canal creusé de main
d'homme, et celui où il est formé par un cours d'eau proprement dit? Il semble que dans les deux cas, il doive y avoir
une solution identique, puisque le bief s'unit à l'usine dans
l'un comme dans l'autre. Nous ne pouvons nous rallier sur
ce terrain avec le savant professeur de Gand : ce n'est point
là une réfutation péremptoire de l'argument mis en avant
par la Cour de cassation, mais une simple critique élevée
contre le plus ou moins d'extension qu'elle donne à sa jurisprudence : de ce qu'elle la restreint à telle ou telle hypothèse, il ne s'ensuit pas qu'il y ait lieu de la condamner
absolument. M. Devilleneuve est beaucoup plus dans le
vrai lorsque, pénétrant de suite dans le vif du débat, il se
demande pourquoi le canal serait réputé uni à l'usine plutôt

qu'aux héritages qu'il traverse. Supposons (ce sont là ses propres expressions) un canal qui ne fasse mouvoir aucune usine, la question ne serait pas douteuse ; il serait présumé la copropriété de tous les riverains. En quoi l'existence d'un moulin sur ce canal peut-elle changer la situation ? L'usinier lui-même n'est qu'un riverain ; il n'est pas autre. On le conteste en prétendant que le canal a été spécialement établi dans l'intérêt de l'usine ; mais un chemin d'exploitation est aussi établi spécialement dans l'intérêt du fonds auquel il aboutit, et pourtant, il est réputé l'accessoire non-seulement de ce dernier fonds, mais encore de tous ceux qu'il traverse ; les propriétaires de ces fonds sont présumés avoir abandonné en vue de l'établir, une portion de leurs héritages respectifs, et chacun d'eux en jouit au même titre comme copropriétaire dans la mesure de ses droits. Pourquoi n'en serait-il pas de même lorsqu'il s'agit d'un canal d'amenée ? Parce que, dit-on, dans le cas où il s'agit d'un chemin d'exploitation, la jouissance des riverains est nécessairement la même que celle du propriétaire de l'héritage auquel il aboutit ; elle se réduit pour les uns et les autres à une simple faculté de passage ; or ici, rien de semblable puisque la jouissance de l'usinier est autrement importante que celle de ses prétendus copropriétaires ; donc il n'y a pas à parler de communauté entre l'usinier et les riverains. La réponse n'a guère de portée ; en effet, tout ce qu'il en résultera, c'est que le droit de l'usinier sera plus étendu que celui des autres riverains ; les besoins de son héritage étant plus grands, l'exercice du droit afférent à ces héritages sera proportionnel à ces besoins, et c'est dans cette mesure qu'il devra être supporté par les autres communistes. L'usinier absorbera une quantité d'eau plus considérable, soit, mais il ne pourra prétendre à un droit exclusif et soutenir que le canal ne peut être l'accessoire de son seul établissement. Nous maintenons donc que l'article 546 doit être écarté du débat.

291. Le système de MM. Duranton et Demolombe pêche également par les mêmes motifs. Sans doute, l'interprétation qu'ils donnent de la volonté des parties au moment où le canal a été créé, n'est pas contraire à la vraisemblance ; elle pourra être acceptée facilement lorsqu'elle se trouvera confirmée par des preuves ou même par d'autres présomptions graves, précises et concordantes qui se dégageront de l'espèce soumise aux juges ; mais, soutenir qu'à elle seule elle est décisive et suffit pour faire preuve de la propriété des riverains, c'est ce qui semble bien téméraire. Quand même nous ne pourrions pas nous fonder sur l'article 1350 pour écarter cette prétendue présomption, il suffirait de faire observer jusqu'à quel point les éléments sur lesquels elle s'appuie sont douteux et incertains.— Restent les deux articles invoqués à titre d'analogie : 1° Argument tiré de l'article 552 du Code civil. La propriété du tréfonds restée aux mains des riverains emporte pour eux la propriété de ce qui se trouve au-dessus, c'est-à-dire du canal d'amenée. Une seule réflexion suffit pour détruire ce raisonnement ; il part de cette supposition que le riverain est toujours et nécessairement propriétaire du tréfonds dans la partie occupée par le canal. Or, sur quoi se fonde cette supposition ? C'est ce qu'il nous est impossible de saisir. Rien de plus simple, si, en fait, on arrive à demander que la propriété du tréfonds est restée entre les mains des riverains ; mais qu'adviendra-t-il si le droit à la propriété du tréfonds lui-même leur est contesté par l'usinier, et s'ils n'en peuvent faire la preuve ? C'est assurément une situation bien rare que celle d'une personne qui, ne pouvant justifier de son droit sur la propriété du fonds, justifierait de son droit sur la propriété du tréfonds. On retomberait alors dans l'examen d'une question de fait préliminaire, ce que veulent éviter les auteurs lorsqu'ils soutiennent qu'une présomption existe en faveur soit de l'usinier, soit des riverains. L'article

552 ne peut être invoqué par ces derniers, que moyennant certaines justifications préalables ; il est donc absolument insuffisant pour leur permettre de se dire a priori propriétaires du canal d'amenée qui traverse leurs héritages et pour établir vis-à-vis d'eux un préjugé quelconque ; — 2° Argument de l'article 553. — Les travaux faits sur un héritage sont réputés avoir été faits par le propriétaire de cet héritage et lui appartiennent en conséquence. Nous pourrions nous borner à dire que ce n'est qu'en examinant les circonstances de chaque espèce que l'on saura si, oui ou non, le riverain avait, dans le cas donné, intérêt à contribuer à ces travaux et que dès lors l'article 553 ne peut, pas plus que l'article 552, être invoqué par les riverains comme constituant une présomption en leur faveur, puisqu'ils auront malgré tout une preuve à administrer. Mais nous allons supposer que cette preuve est acquise aux débats, que, par exemple, il est certain que le canal d'amenée devait assurer l'irrigation de leurs héritages ; nous croyons que, même dans ce cas, l'article 553 ne trancherait point la contestation dans leur sens. Le riverain ne pourrait revendiquer le canal d'amenée que s'il avait été établi sur un fonds dépendant de son héritage : mais, qui nous dit que les travaux n'ont pas été faits à une époque où le riverain avait cessé d'être propriétaire de la bande de terrain sur laquelle passe le canal ? Nous recherchons en réalité si, dans le doute, il faut croire qu'antérieurement à l'établissement du canal, l'usinier à acquis la pleine propriété de cette bande, ou bien s'il s'est borné à acquérir une simple servitude d'aqueduc. On voit dès lors qu'invoquer l'article 553 ce serait bien souvent s'exposer à résoudre la question par la question. Pour nous résumer, nous persistons dans la doctrine que nous avons énoncée plus haut ; elle a l'avantage incontestable de laisser aux tribunaux toute liberté d'appréciation, et de respecter les règles fondamentales sur la matière des présomptions. Tout

en reconnaissant que, sauf de rares exceptions, les auteurs et la jurisprudence se prononcent contre elle, nous ne désespérons pas de la voir triompher à la fin : en présence des hésitations qui se produisent à chaque instant sur des points de détail et des contestations de toute nature que l'on rencontre dans la pratique, il serait à désirer que l'on s'en tînt à une règle aussi simple qui supprimerait toute difficulté théorique et ramènerait le débat à ses véritables proportions.

292. Quels sont les droits qui appartiennent à l'usinier suivant qu'il jouit du canal d'amenée, soit à titre de servitude, soit à titre de copropriétaire, soit à titre de propriétaire unique ? Au premier cas, il ne peut demander qu'une chose, à savoir que l'eau nécessaire aux besoins de son établissement lui soit journellement fournie par le propriétaire du canal ; il devra se borner à empêcher sur ce canal toute entreprise qui aurait pour résultat de diminuer le volume d'eau réglementaire ou la puissance de la chute ; mais, dès qu'ils auront satisfait à cette condition, les riverains seront libres de disposer du surplus des eaux comme bon leur semblera. Dans le second cas, l'usinier pourra assez justement être assimilé à un riverain proprement dit ; suivant l'observation de M. Devilleneuve, il jouira du canal au même titre que les autres communistes : la répartition des eaux aura lieu entre eux, conformément aux règles ordinaires. Enfin, dans le troisième cas, les riverains ne pourront user à aucun titre des eaux du canal d'amenée, c'est-à-dire le parcourir en bateau, y pêcher, y couper les herbes qui y viennent naturellement. L'usinier peut, de son côté, sauf le droit de police de l'administration, employer les eaux pour un usage tout autre que celui de son usine, et spécialement pour les irrigations ; il peut vendre aux tiers la libre disposition de ces eaux sur n'importe quel point de leur parcours et leur permettre ainsi de bénéficier

des dispositions de la loi du 29 avril 1845. Un arrêt des requêtes du 13 juin 1827 (Dev., C. N., 8-1-616) porte que ce droit exclusif de l'usinier n'irait point jusqu'à pouvoir empêcher les riverains de se servir des eaux du canal pour leurs besoins domestiques, tels que le lavage, le puisage, l'abreuvage. M. Bertin (Code des irrigations, n° 261) critique très justement cette décision tout à fait contraire au principe fondamental qu'aucun droit ne saurait exister sur une propriété privée qu'à condition d'avoir été consenti par le propriétaire ou établi par la loi. En tous cas, les riverains ne pourront jamais se prévaloir de l'article 644 et se servir des eaux à leur passage pour l'irrigation de leurs propriétés. Il en sera de même a fortiori s'ils veulent s'en servir pour le roulement d'une usine. Peu importerait qu'ils excipassent d'une autorisation administrative à eux accordée : un arrêt de la Cour d'Agen du 26 juillet 1865 (Dev. 66-1-115; D. P., 65-2-190) décide avec raison qu'en autorisant ainsi une prise d'eau sur un canal d'amenée appartenant à l'usinier, l'administration outrepassait ses pouvoirs, et que les tribunaux ordinaires étaient compétents : 1° pour accorder à l'usinier tels dommages-intérêts que de raison ; 2° pour ordonner la suppression des travaux entrepris. — Mais, d'autre part, il ne faudrait pas aller jusqu'à croire que, par cela seul qu'il est propriétaire du canal d'amenée, l'usinier est propriétaire d'un volume d'eau correspondant à celui que peut contenir le canal, et, qu'en conséquence, il peut s'opposer à ce qu'il soit fait sur la rivière même aucun travail qui puisse avoir pour résultat de diminuer dans son bief le volume d'eau auquel il prétend avoir droit. C'est ce qui a été mis en relief de la manière la plus claire par l'arrêt de cassation du 23 novembre 1858 : « Attendu qu'en supposant que le canal de dérivation construit sur la rive gauche de la Fecht appartienne aux défendeurs comme étant un accessoire du chantier dépendant autrefois de l'abbaye de Munster et vendu par l'Etat à leur auteur, la Cour de Colmar n'était pas fondée à conclure de ce seul fait que les défendeurs étaient propriétaires d'un volume d'eau correspondant à la profondeur du lit de ce canal et à la hauteur de ses bords, et que ce volume d'eau, qui n'a été utilisé par les défendeurs pour le service d'aucune usine autorisée par l'administration, n'ait pu être diminué pour l'alimentation de l'usine construite en amont par Spenlé sur la rive droite de la Fecht avec l'autorisation administrative..... » (Dev., 59-1-682; D. P., 59-1-18). — Il est également constant que l'administration peut, dans l'intérêt général, réglementer la jouissance de l'usinier sur les eaux de son canal d'amenée, et lui imposer toutes les obligations qu'elle jugera nécessaires. L'eau contenue dans le canal n'a point, en effet, perdu son caractère primitif ; elle continue, soit à dépendre du domaine public, soit à être res nullius (s'il s'agit d'une rivière non navigable) ; elle fait toujours partie de la rivière puisqu'elle n'a pu être dérivée qu'à la condition de lui être rendue à l'issue du canal. Un arrêt du Conseil du 29 mars 1855 (Lebon, 55-241) a jugé, en conformité de ces principes, qu'un préfet n'excédait pas ses pouvoirs en prenant toutes les mesures nécessaires pour assurer dans un intérêt de salubrité le libre écoulement des eaux du canal, et en ordonnant, sur la demande d'une municipalité et les plaintes des habitants, la suppression des ouvrages qui y faisaient obstacle. — De même, lorsque le canal se trouve être la propriété commune de plusieurs usiniers, un règlement d'eau pourrait parfaitement être fait soit par l'autorité administrative, soit par les tribunaux suivant les distinctions que nous indiquerons en commentant l'article 644, C. civ. C'est ainsi que, suivant un arrêt de rejet de la chambre criminelle du 2 août 1851 (D. P. 51-5-194), il est dans les attributions des préfets de fixer, dans un intérêt général, le mode suivant lequel les usiniers jouiront du canal ; que, par suite, le juge saisi d'une contravention à l'arrêté préfectoral ne peut surseoir à toute décision jusqu'à ce qu'il ait été statué sur l'exception que le contrevenant voudrait faire résulter de son droit de propriétaire indivis du canal. — On a cru voir une contradiction à cette dernière solution dans un arrêt des requêtes du 15 avril 1845 (Dev. 45-1-585) qui aurait décidé qu'il n'y a point possibilité pour l'autorité judiciaire de faire un règlement d'eau entre les riverains d'un canal artificiel ou entre les usiniers qui ont le droit d'user de ses eaux. Mais il est bon d'observer que dans l'espèce, l'arrêt de la Cour de Poitiers contre lequel était dirigé le pourvoi avait été rédigé complétement en fait ; M. le conseiller Mesnard faisait observer dans son rapport que, si la cour se fût bornée à émettre une thèse de droit sans s'appuyer sur des constatations de cette nature, l'admission du pourvoi eût été certaine. Il s'agissait d'un canal alimenté par une source ; or, la Cour d'appel, énumérant toutes les circonstances de fait particulières à la cause, arrivait à décider que le canal de dérivation de cette source constituait une propriété privée, et que, par suite, un règlement d'eau n'avait aucune raison d'être. Peu importait au point de vue général, que les eaux fussent utilisées de telle ou telle manière, puisque par leur nature elles ne pouvaient donner lieu qu'à des jouissances privées ; donc, l'autorité administrative n'aurait eu aucunement qualité pour intervenir à leur égard. D'autre part, il était constant que le propriétaire, sur l'héritage duquel le canal de dérivation prenait naissance, n'était nullement tenu à transmettre les eaux aux propriétaires inférieurs ; dès lors, le règlement émanant de l'autorité judiciaire et édicté par elle dans un intérêt purement privé, n'aurait eu aucune sanction, puisque le cours d'eau en question n'avait qu'une existence précaire. « Ne peut-on pas, disait M. Mesnard, conclure de ces constatations que la Cour d'appel qui y puise les motifs de sa décision, a été frappée de cette circonstance que dans l'espèce de la cause, il n'existait pas réellement de cours d'eau, ou, en d'autres termes, que les eaux amenées sur les prés de Belin par une rigole ou par un travail d'art, ne constituaient pas un ruisseau ou une eau courante dans le sens de la loi; que, puisqu'elles ne coulaient pas naturellement sur l'héritage du demandeur, celui-ci était sans droit, soit pour empêcher le propriétaire de l'héritage supérieur d'en changer la direction, soit pour demander un règlement? Et en effet, s'il convenait à ce propriétaire de renoncer à l'usage des eaux et de les prendre à la fontaine communale par un travail d'art qui les conduisît dans ses prés, à quel titre le sieur Hillerin pourrait-il s'opposer à ce nouvel état de choses? »

293. La propriété du canal de fuite, c'est-à-dire de la partie inférieure de la dérivation exécutée par l'usinier, est tout aussi incertaine que la propriété du canal d'amenée; nous retrouvons ici les mêmes divergences entre les auteurs et les arrêts. — On a dû tout d'abord rechercher si cette partie inférieure de la dérivation ne se confondait pas avec la partie supérieure au point que la propriété de celle-ci étant reconnue au profit du maître du moulin, entraînât à son profit la propriété de celle-là. Quelques personnes sont allées jusque là : elles font remarquer que, sans ce canal de fuite, il n'y aurait ni chute, ni moulin ; que ce canal est l'accessoire de l'usine ou plutôt même une de ses parties intégrantes tout aussi bien que le canal d'amenée; que ce sont là deux parties indivisibles, inséparables l'une de l'autre, d'un tout homogène soumis à la même loi ; que dès lors la partie basse unie à la partie haute doit suivre, comme elle, le sort du moulin dont elle fait partie. Elles s'appuient principalement sur un arrêt des requêtes du 17 décembre 1861 (Dev., 63-1-82; D. P., 62-1-184) qui porte en effet qu'il y a indivisibilité entre les eaux d'un même canal. Nous ne

pouvons pour notre part entrer dans cet ordre d'idées, et nous ne croyons point que la jouissance de l'usinier doive nécessairement s'exercer sur le canal de fuite au même titre que sur le canal d'amenée ; l'usinier peut parfaitement jouir de l'un à titre de servitude et de l'autre à titre de propriété : de même, ce qui a été jugée vis-à-vis de l'un n'aura pas nécessairement force de chose jugée vis-à-vis de l'autre. En réalité, cette indivisibilité prétendue n'a aucun fondement légal et se trouve la plupart du temps contraire à la nature même des choses. Quant à l'arrêt de 1861, il a été évidemment mal interprété par ceux qui l'invoquent ; il décide uniquement qu'au cas où deux moulins sont établis sur un même canal artificiel, la possession des eaux dans laquelle se trouve le propriétaire du moulin inférieur, comprend non seulement les eaux coulant dans la partie intermédiaire du canal, mais encore celles coulant en amont du moulin supérieur ; que dès lors, si par des travaux exécutés à son usine, le propriétaire supérieur détourne une partie de ces eaux, cette entreprise donne lieu contre lui à une action possessoire de la part du propriétaire inférieur. Et du considérant auquel il a été plus spécialement fait allusion il ne résulte qu'une seule chose, c'est que les éléments divers qui constituent le droit de l'usinier sur les eaux d'un canal de dérivation forment un tout indivisible ; il s'agit, on le remarque, de la jouissance des eaux et non de la jouissance du lit qui les contient. Par cela seul que l'usinier peut se servir des eaux du canal d'amenée pour l'alimentation de son établissement, il est nécessaire qu'il puisse les déverser dans le canal de fuite ; ce sont là deux droits indivisibles et inséparables l'un de l'autre : voilà tout ce qu'il y a à induire de cet arrêt ; mais on n'en saurait tirer cette conséquence, que par cela seul que l'usinier jouit du canal d'amenée à titre de propriétaire, il faut qu'il soit également propriétaire du canal de fuite. Il y aura donc lieu pour le juge d'examiner spécialement la situation légale du canal de fuite, et, en aucun cas, il ne pourra prendre pour base de sa décision ce qui aura été décidé antérieurement quant à la situation du canal d'amenée.

294. Ce point une fois acquis, nous nous retrouvons exactement en présence des trois systèmes que nous avons examinés relativement au canal d'amenée. Suivant les uns il y a présomption juris et de jure en faveur de l'usinier ; suivant les autres, simple présomption juris tantum; enfin, une dernière opinion veut qu'il y ait présomption de propriété en faveur des riverains. Nous persistons à penser qu'il ne peut y avoir de présomption ni dans un sens ni dans l'autre, et que dans toute contestation soulevée, c'est au demandeur, quel qu'il soit, de faire comme il l'entendra la preuve des faits articulés par lui à l'appui de ses prétentions. — La jurisprudence admet comme pour le canal d'amenée 1° que le canal de fuite d'un moulin, quand il a été creusé de main d'homme, est présumé appartenir au propriétaire du moulin dont il est une dépendance, et ce, en vertu de l'article 546, C. civ. ; 2° que cette présomption doit céder devant la preuve contraire résultant soit du titre, soit de l'état des lieux, soit des circonstances ayant accompagné la création du moulin, etc., etc....; 3° que la qualification de canal de fuite n'appartenant pas nécessairement au lit qui reçoit les eaux à quelque distance qu'il se prolonge, les juges ont à déterminer dans quelle mesure et par rapport à quels héritages, ce lit conserve le caractère qu'il tient de sa principale destination et de son utilité primitive. — (Req. Rej., 5 mai 1857 ; Dev., 57-1-335 ; D. P. 57-1-297; — ibid., 24 décembre 1860; Dev., 62-1-977; D. P. 61-1-411 ; — Civ. Rej., 18 août 1863. Dev., 64-1-13; D. P. 63-1-359; — Toulouse. 1er juin 1827 ; Dev., C. N. 8-2-266 ; — Bordeaux, 23 janvier 1828; Dev., C. N. 9-2-21; — Grenoble, 24 novembre

1846. Dev., 44-2-446 ; — Grenoble, 24 (alias 27) janvier
1863. Dev., 64-1-14 ; D. P. 63-2-145 ; — Toulouse, 16
décembre 1869, D. P. 70-2-84). — La reconnaissance de
la propriété du canal de fuite a pour conséquence principale
de permettre à l'usinier de lui donner telle direction qu'il
voudra : l'arrêt de la Chambre des requêtes du 24 décembre
1860 porte que l'administration ne peut l'obliger à transmettre l'eau aux propriétaires des fonds inférieurs, de manière à ce qu'ils puissent s'en servir pour l'irrigation de
leurs terres ou le roulement d'une usine : l'usinier n'est en
effet tenu qu'à une chose, à rendre les eaux à la rivière
d'où il les a détournées, et on ne saurait l'obliger à faire des
travaux dispendieux dans l'intérêt des tiers. Nous exceptons, bien entendu, le cas ou par suite d'une convention
intervenue entre propriétaires ou d'une servitude existant
au profit de certains fonds, l'usinier serait tenu de transmettre une certaine quantité d'eau à un point déterminé ;
la jouissance commune de l'usinier et des propriétaires inférieurs serait alors réglée par le titre qui l'aurait créée : ce
seraient là des questions d'interprétation dont la solution appartiendrait au juge du fait ; mais en règle générale, l'usinier ne pourrait entreprendre sur le canal de fuite aucun
ouvrage qui fût de nature à compromettre le droit des propriétaires inférieurs. Il en serait encore de même, si ces
derniers avaient acquis ce droit par prescription, conformément aux articles 641 et 642, C. civ. ; l'arrêt de 1860,
tranchant une question longuement débattue entre les auteurs et que nous examinerons plus tard avec tous les détails qu'elle comporte, décide que la prescription ne peut
ainsi être acquise par eux que s'ils ont fait, non pas seulement sur leurs propres fonds, mais encore sur le canal lui-
même, des ouvrages apparents destinés à faciliter la chute
de l'eau dans leur propriété. En dehors de ces hypothèses,
l'usinier, propriétaire du canal de fuite, peut empêcher

toute entreprise de la part des riverains qui voudraient en employer les eaux pour le roulement d'une usine. La Cour de Grenoble, dans son arrêt de 1843, leur permettait cependant d'employer, pour l'irrigation de leurs terres, les eaux superflues du canal de fuite. Cette faculté, disait-elle, devait leur être laissée, en compensation des inconvénients qui résultent pour eux de la proximité du canal. Peu importe à l'usinier ce que deviennent ces eaux superflues ; il n'a aucun intérêt à ce qu'elles restent sans emploi sur le parcours qu'elles doivent effectuer de l'usine à la rivière. Il faut, suivant l'article 645, concilier en ces matières les besoins de l'industrie et ceux de l'agriculture; la décision proposée ne donne-t-elle pas entière satisfaction au vœu de la loi? On vient malheureusement se heurter contre le texte formel de l'article 544 : la propriété est le droit de disposer d'une chose de la manière la plus absolue « jus utendi et abutendi. » On n'a à demander au maître de l'usine aucun compte de la manière dont il jouit de son canal de fuite, et l'on ne peut restreindre son droit en invoquant l'intérêt général ; la distinction proposée par la Cour de Grenoble ne saurait donc avoir aucune raison d'être, et il n'y a pas à s'étonner qu'elle n'ait été confirmée par aucun des arrêts postérieurs.

295. Les francs-bords d'un canal d'amenée ou de fuite sont les bandes de terrain dont le propriétaire de l'usine se sert pour la surveillance, l'entretien et le curage de ce canal. Une maxime vulgairement reçue dans la pratique veut que ces bandes de terrain soient une dépendance du canal d'amenée ou de fuite et en suivent la condition. Mais, si l'on ne se contente point d'un examen superficiel, on se convaincra facilement qu'elle ne peut être acceptée à la légère : comme le dit M. Laurent (T. VI, n° 190), lorsqu'on demande sur quoi elle se fonde, quelle en est l'étendue et la portée, on ne reçoit que des réponses singulièrement in-

certaines et confuses. De très-anciens arrêts assimilaient les francs-bords au canal lui-même et les déclaraient partie intégrante et nécessaire de l'usine ; quelque ancienne que fût la possession des riverains du canal, cette possession était considérée comme n'ayant lieu qu'à titre de simple tolérance ; aucune prescription ne pouvait courir contre le propriétaire de l'usine. On admettait bien que cette présomption pût céder devant un titre qui annonçait de la part des parties contractantes la volonté formelle de modifier cet état de choses légal ; mais encore, fallait-il que les énonciations de ce titre fussent bien précises ; dans le doute, on se prononçait en faveur de l'usinier. (Paris, 12 février 1830; Dev. C. N. 9-2-395 ; — Bordeaux, 11 janvier 1833 ; Dev. 33-2-279 ; — Paris 24 juin 1834 ; Dev. 35-2-234). Aucun texte, aucun argument de quelque valeur n'était produit à l'appui de ce système ; on se bornait à le présenter comme absolument hors de toute contestation et l'on ne recherchait même pas si la présomption qu'il consacrait était bien conforme à la réalité des faits. Il était pourtant de tous points inacceptable, et M. Chardon (Traité de l'alluvion, n° 30) avait raison d'écrire que « prétendre que la possession du cours d'eau emporte de plein droit celle des bords, lors même qu'ils seraient occupés par un autre, et que la détention de celui-ci doit être réputée simple tolérance, c'est, pour le besoin du système, hasarder une proposition qu'aucune autorité ne protége et qui est en opposition avec les règles fondamentales de la prescription. Ce moyen d'acquérir s'étend à toutes les choses qui peuvent être légitimement acquises. Or, le terrain qui borde une fausse rivière est susceptible d'acquisition ; il l'est conséquemment de prescription, comme celui qui est baigné par une rivière navigable et flottable, sans qu'on puisse imaginer un seul motif de différence, et l'on chercherait en vain dans les lois anciennes comme dans les lois nouvelles l'exception dont on argumente. » Aussi, parmi les auteurs qui enseignent que la propriété du canal alimentaire est inséparable de la propriété de l'usine, en est-il un grand nombre qui n'admettent point que la propriété des francs-bords soit également inséparable de la propriété du canal. MM. Aubry et Rau (T. II, § 192, p. 182) conviennent notamment qu'il ne s'agit plus ici d'une présomption légale, mais d'une simple présomption de fait qui cédera non-seulement devant les titres produits par les adversaires de l'usinier, mais encore devant telle ou telle circonstance de fait suffisamment précise et caractéristique. C'est ainsi que, suivant la Cour de cassation, elle disparait absolument lorsque les riverains sont en possession des francs-bords du canal ; les rôles se trouvent intervertis et c'est l'usinier qui doit prouver désormais l'existence du droit par lui réclamé. (Civ. Rej., 16 août 1858 ; Dev. 58-1-764; D. P. 58-1-357; — Cpr. Bordeaux, 23 mars 1849 ; Dev. 49-2-354). Ajoutons que les juges de fait conservent toute liberté pour apprécier les circonstances constitutives de cette possession et décider si, oui ou non, elles ont bien le caractère qu'on veut leur prêter ; ils peuvent par exemple décider que les francs-bords étant dans l'espèce un accessoire indispensable du canal, l'usinier qui était à l'origine propriétaire des fonds riverains n'a pas entendu en les aliénant plus tard déposséder l'usine de son accessoire : un arrêt ainsi motivé échapperait à la censure de la Cour de cassation. (Req. Rej., 4 Déc. 1836 ; Dalloz , v° Propriété , n° 124). La prescriptibilité des francs-bords ne saurait être contestée dans cette doctrine ; de même, elle permet au riverain de procéder en cas de trouble par voie de complainte ou de réintégrande. (Req. Rej., 6 mars 1844; Dev., 44-1-289. — Civ. Rej., 28 avril 1846; Dev., 46-1-381. — Req. Rej., 21 mars 1855 ; Dev., 56-1-304. — Poitiers, 7 juillet 1862 ; Dev., 64-2-107. D. P. 63-2-187). Il ne faut pas se dissimuler qu'il sera souvent

fort délicat de savoir si les actes de possession sur lesquels
s'appuient les riverains constituent bien réellement la possession non équivoque de l'art. 2229 qui seule peut aboutir
à la prescription. Ainsi, il arrivera que le riverain se
sera borné à passer sur les francs-bords du canal, à couper les arbres ou à récolter les herbes qui y poussent ; il n'y
a point là, suivant nous, une possession suffisante pour lui
faire acquérir la pleine propriété des francs-bords ; il n'y a
point contradiction entière et absolue du droit de propriété
de l'usinier. Il en serait autrement si le riverain avait mis
en culture les francs-bords du canal ; s'il les avait réunis à
son héritage par une clôture ; s'il avait manifesté d'une manière formelle son intention d'empêcher l'usinier de s'en
servir pour quelque usage que ce fût ; si enfin, tout démon-
trait que l'usinier n'a continué à déposer sur les francs-bords
les terres provenant du curage du canal qu'à titre de simple servitude. Comme plus haut, nous faisons observer
qu'ici encore ce ne sera jamais qu'une pure question de fait
dont l'examen est exclusivement attribué aux tribunaux de
première instance et aux cours d'appel. La Cour de cassation rejette invariablement les pourvois formés contre de
semblables décisions. (Req. Rej., 13 janvier 1835. J. du
Pal. chr., T. XXVI, p. 1255 ; ibid., 6 avril 1869, D. P.
69-1-514).

296. On pourrait soutenir avec une certaine force que
si une présomption quelconque est admissible dans notre
espèce, relativement à la propriété des francs-bords, ce ne
doit être qu'une présomption en faveur des riverains. Tout
se réunit ici pour donner à penser que l'usinier n'a entendu
acquérir à l'origine que ce qui était absolument nécessaire
au jeu de son usine, c'est-à-dire uniquement les terrains
sur lesquels a été établi le canal. L'argument est très-bien
présenté par M. Chardon : « Sans doute, les bords d'un canal ne peuvent pas en être séparés puisqu'ils sont néces-

saires à son existence ; mais, pour qu'ils la lui conservent, il n'est pas indispensable qu'ils lui soient attachés à titre de propriété ; qu'ils ne le soient qu'à titre de servitude, l'effet sera absolument le même, et l'on tire une conséquence fausse de l'existence du canal quand on en conclut la propriété exclusive des bords. Rien ne prouve plus solidement la justesse de mon observation que ce qui a lieu sur les fleuves et rivières navigables ; l'Etat en est propriétaire, et cependant leurs bords appartiennent aux riverains à la charge de la servitude légale. Art. 538 et 556 C. civ. » Il y a tellement de vrai dans cette manière de raisonner que plusieurs personnes, tout en reconnaissant qu'il existe au profit de l'usinier une présomption de propriété sur les francs-bords, proposent de ne le faire bénéficier de cette présomption que s'il produit quelque commencement de preuve rendant ses allégations vraisemblables. C'est là méconnaître entièrement les règles posées par les art. 1352 et seq. C. civ. La présomption, une fois reconnue et consacrée au profit d'une personne, a précisément pour but de la dispenser de fournir une preuve quelconque à l'appui de sa demande : soumettre à la nécessité d'une justification préalable l'admissibilité d'une présomption, c'est en réalité en nier l'existence. — Pour notre part, nous répétons une dernière fois qu'en l'absence d'un texte de loi, il ne saurait y avoir ni présomption, ni même simple préjugé en faveur, soit de l'usinier, soit des riverains ; la question de savoir qui est propriétaire des francs-bords, devra être tranchée, suivant les circonstances de chaque espèce, sans que les juges puissent s'appuyer sur de prétendues théories de droit ; la preuve restera à la charge du demandeur au procès, suivant l'axiome vulgaire « onus probandi ei incumbit qui agit. » — Du reste, cette preuve est beaucoup plus aisée à faire lorsqu'il s'agit des francs-bords d'un canal que lorsqu'il s'agit du lit de ce canal ; les faits sur lesquels s'appuiera le demandeur sont en général beaucoup plus patents et beaucoup plus faciles à constater. Si une possession incomplète et restreinte ne suffit pas à elle seule pour que le possesseur devienne propriétaire par le bénéfice de la prescription trentenaire, il n'en est pas moins certain que la reconnaissance de cette possession acquérera une gravité considérable lorsque d'autres éléments de preuve viendront s'y réunir. Ainsi, nous avons dit qu'alors même que l'une des parties aurait laissé l'autre recueillir librement les produits des francs-bords, le juge ne pouvait, en principe, voir dans son silence une sorte d'aveu ; il en devrait être autrement si le demandeur, qui veut être déclaré propriétaire des francs-bords, justifiait, par exemple, qu'à une époque donnée, le défendeur, loin de contester ses prétentions, a traité avec lui pour l'achat des herbes et autres produits de ces francs-bords. L'aspect des lieux et leur état fourniront encore des indices qui ne sont point à dédaigner. On doit spécialement reconnaître que l'usinier administre la preuve à lui imposée lorsque les francs-bords ne sont qu'une levée artificielle destinée à contenir les eaux du bief : il est évident qu'un pareil ouvrage n'a pu être établi sur les héritages riverains à titre de simple servitude et que cet usinier a dû forcément acquérir le terrain sur lequel il voulait l'asseoir : « Considérant, porte l'arrêt de la cour de Bourges du 1er avril 1840, que le sieur Lebel a justifié par titres que le bief lui appartient ; que, d'après le rapport de l'expert et les déductions nombreuses qu'il tire de l'examen étendu qu'il a fait des lieux, le bief a été creusé à main d'homme ; que l'une et l'autre de ses rives attestent et l'art et les travaux du terrassier ; que la rive gauche, sur laquelle se prolonge le terrain dont il s'agit, a dû s'établir en talus pour éviter les éboulements d'une coupe à pic ; qu'ainsi ce talus aurait été, quant à son assiette régulière et au réglement des terres, le résultat du creusement du bief ; qu'il peut donc en être aussi réputé l'accessoire, et que les actes de possession qui y ont été exercés par le propriétaire du bief, en corroborant l'induction, rendent du moins incertaine et inefficace la présomption dont la commune cherche à se prévaloir ; que dans cet état de choses, il faut reconnaître que la commune n'a aucunement satisfait aux exigences de la position comme demanderesse et que, en définitive, elle n'a administré aucune preuve de sa propriété du terrain litigieux... » J. du Pal., 41-1-190. — Un autre arrêt de la même Cour du 24 avril 1838 (Dalloz, v° Propriété, n° 124) porte encore que le demandeur peut se prévaloir, pour établir son droit de propriété, de l'existence d'ouvrages d'art construits par lui sur les francs-bords et dont l'entretien n'a pas cessé d'être à sa charge ; il ajoute avec beaucoup de raison qu'il n'y aurait cependant pas lieu d'en induire l'existence d'un droit de propriété sur la totalité des francs-bords et que la preuve ne sera réputée faite que pour la rive où se trouvent établis ces ouvrages et pour la partie seulement de cette rive où les traces en sont apparentes. — C'est également en interrogeant les circonstances de chaque espèce que l'on fixera la largeur et l'étendue des francs-bords : on ne pourrait dire a priori que tel espace est nécessaire pour le service d'une usine : tout dépendra de l'importance de l'établissement, de la profondeur du bief, de la nature du sol sur lequel coulent les eaux, etc., etc... Nous ne comprenons guère, nous l'avouons, les scrupules de M. Laurent (T. VI, loc. cit.), qui s'étonne de voir la jurisprudence adopter une doctrine aussi « vague dans une matière où tout devrait être précis. » L'arrêt de Nancy du 29 juillet 1842 (Dalloz, v° Propriété, n° 122), sur lequel portent principalement ses critiques nous paraît au contraire rédigé dans un excellent esprit et nous n'hésitons pas à en adopter les conclusions.

297. Lors même que les riverains ont été en fait reconnus

propriétaires des francs-bords du canal d'amenée, l'usinier n'en conserve pas moins le droit d'y faire ou d'y surveiller tous travaux nécessaires pour empêcher la déperdition et la filtration des eaux : à plus forte raison, peut-il s'opposer à toute entreprise qui lui serait préjudiciable, spécialement aux fouilles et extractions de matériaux dans toute la bande de terrain constituant les francs-bords. Il est reçu communément que toutes facilités doivent être accordées à l'usinier pour exercer cette surveillance ; on lui reconnaît, en conséquence, un droit de passage sur les francs-bords appartenant aux riverains : ces derniers ne peuvent ni y élever un mur ou une construction quelconque, ni y établir une haie qui puisse faire obstacle à la circulation. On va jusqu'à dire qu'il faut voir là une véritable servitude résultant au profit de l'usinier de la situation même des lieux ; on cherche à s'appuyer en droit sur les dispositions de l'art. 682 : le canal, dit-on, est un fonds enclavé entre les propriétés des riverains : il faut donc que les riverains accordent à l'usinier la faculté de traverser leurs héritages pour parvenir à ce fonds. Bien entendu, ils pourront réclamer une indemnité dans les termes de la loi ; mais on fait observer que le préjudice par eux éprouvé ne sera jamais bien considérable, l'usinier choisissant toujours, pour exercer son droit de passage et faire faire les réparations nécessaires, l'époque où les propriétés riveraines sont débarrassées de leurs récoltes. (Toulouse, 24 juin 1812, Dev. C. N. 4-2-140 ; — Req. Rej. 15 Déc. 1835 ; Dev. 36-1-312 ; — Req. Rej. C. mars 1844 ; Dev., 44-1-289 ;— Aix, 7 mai 1858 ; Dev. 58-1-764). Malgré l'utilité bien évidente qui résulterait pour l'industrie de la consécration d'une semblable servitude, nous ne croyons point qu'il soit possible d'en démontrer la légalité. Il faudra toujours et quand même en revenir à l'axiome « quilibet fundus præmunitur liber a servitutibus. » — On a beau chercher dans

l'art. 682 un moyen d'échapper au silence de la loi : la servitude de passage, telle que l'entend le Code, permet au
propriétaire enclavé d'établir une communication entre la
voie publique et son héritage ; le passage doit régulièrement être fixé près du côté où le trajet est le plus court du
fonds enclavé à la voie publique : néanmoins, il doit être
fixé dans l'endroit le moins dommageable à celui sur le fonds
duquel il est accordé. (Art. 683-684). D'où il suit que si le
canal d'amenée ou de fuite est enclavé dans les héritages riverains, l'usinier, en se conformant aux règles ci-dessus indiquées, obtiendra un droit de passage pour parvenir de la
voie publique à la rive de son canal ; mais voilà tout ce qu'il
pourra réclamer en s'appuyant sur l'art. 682. Le droit de
circuler sur les francs-bords du canal ne résulte donc pas
de ce dernier texte, quelque extension qu'on veuille lui donner : cette prétendue servitude n'a donc aucune analogie avec la servitude de passage ; on ne saurait la compa-
rer qu'à la servitude de tour d'échelle, qui permet au propriétaire d'un bâtiment de circuler sur les fonds voisins pour
constater l'état de ce bâtiment et y faire exécuter toutes les
réparations nécessaires ; or, on sait que, sous l'empire du
Code civil, le tour d'échelle a cessé d'être une servitude légale et ne peut être établi que par conventions formelles
entre le propriétaire du fonds dominant et celui du fonds
servant. Des auteurs, sentant bien la faiblesse de l'argument qu'ils mettent en avant ajoutent que le droit de circuler sur les francs-bords du canal étant d'une nécessité absolue pour le propriétaire de l'usine, on peut présumer que
ce dernier se l'est réservé lors de l'établissement du canal,
et qu'il y a lieu en conséquence de lui en assurer la jouissance. A quoi M. Laurent (T. VI, loc. cit.) répond fort bien :
« Il n'y a pas de convention : on en suppose une ; on dit
que le propriétaire du canal est censé s'être réservé ce droit
de passage. Censé : cela ne veut-il pas dire présumé ? Ainsi,

une nouvelle présomption sans texte ! Si telle avait été la volonté des parties, elles l'auraient écrite dans leur contrat ; on n'a pas une servitude pour rien ; on l'aurait donc stipulée. Ces prétendues réserves sont imaginées pour le besoin de la cause. »

298. Nous donnerons la même solution en ce qui touche la prétendue servitude désignée sous le nom de droit de jet de pelle, qui n'est sanctionnée par aucun texte et dont l'existence est dès lors des plus controversables. L'usinier, non propriétaire des francs-bords, ne peut donc à notre avis déposer sur ces francs-bords les terres et autres déblais provenant du curage de son canal ; c'est à lui à les transporter sur les terres qui lui appartiennent et par les moyens qu'il avisera. Nous ne nous dissimulons pas que nous sommes ici en désaccord avec la presque unanimité des auteurs et avec une jurisprudence imposante. (Bordeaux, 23 janvier 1828 ; Dev., C. N. 9-2-21 ; — Civ. Cass. 21 mai 1860 ; - Dev., 60-1-512 ; — Civ., Rej ; 10 avril 1865 ; - Dev., 66-1-209 et les autorités citées en note. Cpr. Aubry et Rau, t. II, § 192, p. 182 ¹). — Les arrêts déterminent au surplus de la manière la plus nette en

___

¹ M. Devilleneuve, dans sa note sous l'arrêt du 10 avril 1865, cite comme rendu en sens contraire un arrêt des requêtes du 21 mars 1855 (Dev. 56-1-304). Le sens de cette décision n'a pas été saisi par le savant arrêtiste et le sommaire qui la précède dans son recueil est évidemment mal libellé ; elle porte tout simplement que l'on ne peut pour la première fois soulever devant la Cour de cassation la question de savoir si un usinier a, oui ou non, la jouissance d'une semblable servitude ; le pourvoi sur lequel la chambre des requêtes était appelée à statuer a donc été rejeté par une fin de non recevoir plutôt que par un moyen du fond. Le texte de l'arrêt ne permet pas de doute : « ... Sur la seconde branche du même moyen ; — Attendu qu'aucun chef principal de demande de la part du syndic du ruisseau de Millas, soit devant le juge de paix, soit devant le tribunal d'appel, ne porte sur le prétendu droit de servitude invoqué devant la Cour ; que, si dans les motifs du jugement attaqué, il est question d'un droit de servitude que pourraient réclamer les syndics, cette disposition du jugement est hypothétique et ne peut avoir aucune influence sur le sort du pourvoi ; — Rejette. »

quoi consiste cette servitude. L'usinier est tenu de ne laisser séjourner sur le fonds du voisin les terres et autres déblais provenant du curage que pendant le temps strictement nécessaire ; il doit pourvoir à leur enlèvement dans le plus court délai possible ; il commettrait un véritable abus de jouissance s'il prolongeait sans motif sérieux son occupation de la propriété d'autrui. En tous les cas, ce dépôt si court qu'il soit donne lieu à une action en indemnité de la part des riverains contre l'usinier : le juge arbitrera cette indemnité comme il le voudra ; il pourra dire notamment que le riverain est suffisamment dédommagé par l'abandon qu'il fait des produits du curage, lorsque ces produits ont une valeur réelle comme engrais. « Attendu, lisons-nous dans l'arrêt du 10 avril 1865, que, si le propriétaire d'un moulin peut, dans le cas où son bief n'est point séparé même par des francs-bords d'un terrain appartenant à autrui, déposer momentanément sur ce terrain les déblais provenant du curage dudit bief, sauf indemnité envers le voisin, laquelle peut consister dans l'emploi à son profit des déblais propres à servir d'engrais, la prolongation pendant trois mois comme dans l'espèce d'un dépôt de graviers stériles sur un terrain qu'ils rendent improductif, constitue au contraire un abus et un trouble à la jouissance du propriétaire de nature à motiver de la part de ce dernier une action en complainte.... » — La possession, quelque longue qu'elle soit, ne saurait permettre à l'usinier d'acquérir par prescription un droit plus étendu ; en effet, à la servitude de jet de pelle, qui grève les fonds voisins, se substituerait une servitude nouvelle infiniment plus onéreuse pour ces derniers ; or, cette nouvelle servitude serait par sa nature une servitude discontinue, et qui, dès lors, ne saurait résulter que d'un titre. Le seul effet utile que puisse produire la possession sera de déterminer les conditions et le mode d'exercice de la servitude de jet de pelle ; ainsi, lorsqu'il sera constant en fait que l'usinier en aura joui de telle ou telle manière pendant plusieurs années, les riverains prétendraient vainement que le maintien de cet état de choses constitue un trouble à leur propre possession des berges du canal ; c'est ce qui résulte tout particulièrement de l'arrêt du 21 mai 1860 : « Attendu que la possession soit à titre de propriétaire, soit à titre de servitude, d'un canal creusé pour le service d'une usine, implique pour l'usinier possesseur le droit d'opérer le curage du canal et d'en déposer les produits sur les berges, que l'exercice de ce droit, lorsqu'il s'est manifesté pendant plusieurs années par des faits répétés sans empêchement ni protestation de la part des riverains, ne saurait en soi, et indépendamment des faits qui tendraient à en aggraver les conséquences au préjudice de ceux-ci, être considéré comme un trouble à leur propre possession des berges et peut aussi bien que la possession même du canal, dont il est un accessoire et une dépendance nécessaire, constituer une possession utile à l'effet de déterminer le mode et l'étendue de la charge imposée aux fonds riverains.... » Quant aux contestations auxquelles donnait lieu l'exercice de cette servitude entre usiniers et riverains, elles sont du ressort exclusif de l'autorité judiciaire, encore bien qu'elles se produisent à la suite d'un curage du bief prescrit administrativement; il est incontestable que l'intérêt général et le régime des eaux ne sont engagés en rien dans un débat qui porte uniquement sur le temps pendant lequel un tel dépôt peut-être maintenu sur les fonds riverains ou sur les indemnités qui seraient dues par les usiniers pour le terrain qu'occuperaient les déblais du curage.

§ VI

A. *Des règlements d'office.*
B. *Réparation des dommages causés par les usines hydrauliques.*
C. *Du cas où l'usinier veut reconstruire son établissement ou en modifier
les dispositions.*

A.

299. En vertu du pouvoir absolu qui lui appartient sur
les rivières navigables flottables, l'administration a le droit
de revenir sur les autorisations par elle accordées et d'en
modifier la teneur. Elle apprécie comme elle l'entend les
conséquences que l'établissement de l'usine a pu avoir sur
le régime de la rivière et impose aux usiniers toutes les
mesures qu'elle juge nécessaires pour une raison ou une
autre. Seule, elle possède ce droit de réglementer d'office les usines existantes et les tribunaux ne sauraient à aucun point de vue se substituer à elle : l'autorité judiciaire
ne peut connaître que la répression des délits énumérés
dans la loi du 6 octobre 1791 (Art. 15-16. Titre II) et dans
l'article 457 Code pénal, mais, elle serait incompétente
pour ordonner sur une poursuite directe du ministère public que l'usinier jouira désormais de telle ou telle manière
des eaux à lui concédées. — L'administration se trouvera
appelée à prescrire d'office une modification à l'état de
choses existant dans deux hypothèses principales : 1° L'exécution de travaux publics exige que le régime de certains
établissements hydrauliques soit fixé sur de nouvelles bases :
c'est ce qui arrive toutes les fois qu'un barrage éclusé est
construit sur une rivière ou que des travaux d'endigue-
ment y sont entrepris. Un article du projet de règlement
annexé à la circulaire du 21 octobre 1851, et sur lequel
nous aurons plus tard occasion de revenir, porte que l'usinier

sera tenu de subir sans indemnité toutes les pertes ou dépré-
ciations que son établissement viendrait à subir de ce chef.
La légalité de cette clause ne saurait être discutée lorsqu'il
s'agit d'établissements simplement autorisés sur les rivières
navigables et qui n'ont qu'une existence précaire ; il en serait
tout autrement, si l'on prétendait l'appliquer aux usines
ayant un titre légal : l'administration serait tenue alors d'indemniser l'usinier conformément à l'article 34 de la loi du
16 septembre 1807. Nous ajouterons dès à présent que la
jurisprudence considère cette clause comme inapplicable
aux usines situées sur les cours d'eau non navigables, et qu'a-
près quelques hésitations, le ministre des travaux publics
a consenti à sa suppression dans tous les arrêtés qui inter-
viendraient ultérieurement ; on peut voir en ce sens la circulaire du 20 avril 1865 ; — 2° La révision des réglements
antérieurs est nécessitée par l'intérêt soit de la navigation, soit de la salubrité publique. Ainsi, l'administration peut à raison de la sécheresse excessive et de la diminution du volume d'eau de la rivière, restreindre le droit du
permissionnaire et prolonger la durée du chômage normal de
l'établissement : un arrêt du Conseil du 6 mars 1869 (Lebon, 69-223) décide que l'usinier commettrait la contravention prévue par les articles 4, 11 et 24 de l'arrêt du
24 juin 1778, s'il détruisait la vanne d'arrêt placée en tête
de sa prise d'eau par un agent de l'administration pour
assurer l'exécution d'un règlement d'office prescrivant un
chômage momentané. En se plaçant au second point de vue,
l'administration se préoccupe principalement des inondations qui seraient imputables à l'existence de l'usine ; ainsi,
elle obligera l'usinier à abaisser son point d'eau toutes les fois
que son bief ne sera point suffisamment entretenu et qu'il
y aura lieu de craindre des infiltrations sur les héritages
voisins : elle exigera la suppression de toutes les constructions qui pourraient former obstacle au libre écoulement

dèseaux; nous croyons même qu'en cas de péril évident elle pourrait obliger l'usinier à modifier la direction de ses canaux alimentaires et à leur donner une pente plus considérable. Il est bien évident que l'usinier doit se soumettre à toutes ces injonctions sans pouvoir exciper de sa possession quelque temps qu'elle ait duré : « Considérant, dit l'arrêt du 21 avril 1848, qu'aux termes des lois ci-dessus visées, l'administration a le droit et le devoir de rechercher et d'indiquer les moyens de procurer le libre cours des eaux et d'empêcher que les prairies ne soient submergées par la trop grande élévation des écluses des moulins et par les autres ouvrages d'art établis sur les rivières et que ni la longue possession alléguée par les requérants, ni les titres dont ils excipent ne pouvaient faire obstacle à l'exercice de ce droit.... » (Lebon, 48-199). En ce qui concerne les usines ayant titre légal, nous nous référerons encore à l'article 34 de la loi du 16 septembre 1807 : la réglementation d'office n'aura lieu que moyennant indemnité au profit de l'usinier.

300. Dans la pratique, l'administration n'use de son pouvoir qu'avec la plus extrême circonspection : elle évite, autant qu'il est en elle, tout acte qui ne serait pas impérieusement commandé par les nécessités de la situation, et ce n'est qu'en cas d'urgence absolue qu'elle impose aux usiniers des conditions de nature à entraver le fonctionnement de leurs établissements. La circulaire du 23 octobre 1851 indique aux préfets et aux agents des ponts et chaussées la ligne de conduite qu'ils devront suivre à ce sujet : elle veut que les anciens réglements ne soient modifiés qu'avec la plus grande réserve et alors seulement qu'il y a péril en la demeure ; qu'il s'agisse d'un règlement d'office ou d'une révison demandée par les intéressés, il y a lieu dans tous les cas de procéder à une instruction nouvelle suivant les formes prescrites par la circulaire : « Bien que l'administra-

tion ne veuille pas s'interdire, d'une manière absolue, la faculté de revenir sur les autorisations accordées aux usiniers, il importe de ne modifier qu'avec une grande réserve les actes émanés du pouvoir exécutif après une instruction régulière et contradictoire. Dans le cas où les intéressés vous adresseraient des demandes tendant à obtenir la modification de règlements existants, vous voudrez bien me transmettre ces demandes accompagnées du rapport de MM. les ingénieurs et de votre avis particulier, afin de me mettre à même de statuer sur la question de savoir s'il y a lieu de prescrire une nouvelle instruction, laquelle devrait être faite dans les formes indiquées ci-dessus. MM. les ingénieurs auront soin de joindre à leurs propositions celles des pièces de la première instruction qui peuvent être utiles à l'examen de l'affaire et notamment l'acte administratif dont la révision est demandée..... Je vous recommande expressément, Monsieur le préfet, de n'ordonner qu'avec une très-grande réserve, le règlement d'office d'usines existantes. Sans doute, toutes les fois qu'un dommage public ou privé lui est signalé, l'administration doit intervenir ; mais il convient qu'elle s'abstienne, lorsque son intervention n'est pas réclamée et surtout lorsqu'il s'agit d'établissements anciens qui ne donnent lieu à aucune plainte. On ne devra faire d'exception que pour les usines qui sont situées sur la même tête d'eau ou qui ont des ouvrages régulateurs communs et qu'il est indispensable de régler simultanément lorsque l'administration est saisie de plusieurs questions relatives à l'une d'elles. Les règlements d'office qu'il vous paraîtrait indispensable de prescrire seront d'ailleurs soumis aux-mêmes règles que les affaires dont l'administration est saisie par l'initiative des particuliers. » Le projet de règlement annexé à la circulaire de 1851 indique dans un article spécial quels sont les pouvoirs de l'administration pour le cas où le permissionnaire ne se conformerait pas aux prescriptions du nouveau règlement. « Faute par le permissionnaire de se conformer, dans le délai fixé, aux dispositions prescrites, l'administration se réserve, suivant les circonstances, de prononcer la déchéance du permissionnaire ou de mettre son usine en chômage; et, dans tous les cas, elle prendra les mesures nécessaires pour faire disparaître, aux frais du permissionnaire, tout dommage provenant de son fait, sans préjudice de l'application, s'il y a lieu, des dispositions pénales relatives aux contraventions en matière de grande voirie. » — Les voies de recours contre les règlements d'office sont les mêmes que celles contre les décrets ou les arrêtés ayant réglementé l'usine lors de la concession originaire : pour nous contenter d'un exemple, nous mentionnerons l'arrêt du Conseil du 14 août 1871 (Lebon, 71-125) décidant que l'usinier peut recourir devant les tribunaux de l'ordre judiciaire lorsque le règlement d'office intervenu à son préjudice le prive d'une faculté qu'il tenait d'un titre de droit commun; dans l'espèce, l'usinier prétendait qu'en vertu d'une servitude par destination du père de famille, les riverains étaient tenus de supporter les inconvénients résultant d'un niveau supérieur à celui qui avait été autorisé par le règlement d'office ; l'appréciation de ces titres privés échappait nécessairement à l'examen de l'autorité administrative : aussi, l'arrêt pose-t-il en principe que si l'administration ne croit pas devoir accueillir la réclamation qui lui est présentée à titre gracieux, l'usinier doit en pareille occurrence s'adresser aux tribunaux ordinaires qui, seuls peuvent le maintenir dans sa jouissance antérieure.

301. A l'époque où est intervenue la circulaire de 1851, toute autorisation d'usine sur un cours d'eau navigable devait émaner du chef de l'État ; par conséquent, tout règlement ultérieur ne pouvait résulter que d'une ordonnance ou d'un décret. Le décret de décentralisation a, comme on le sait, divisé en deux catégories les affaires relatives aux

concessions d'usines sur les rivières navigables : les unes continuent à être dévolues au chef de l'Etat, les autres sont désormais soumises à l'examen des préfets. Dans ce dernier cas, les préfets sont compétents pour réviser soit d'office, soit sur la demande des parties intéressées, les règlements émanés d'eux : le § 4 du tableau II annexé au décret fait rentrer parmi les attributions à eux conférées la « régularisation de l'existence desdits établissements lorsqu'ils ne sont pas pourvus d'autorisation régulière ou modification des établissements déjà existants. » La circulaire du 27 juillet 1852 observe avec raison que lorsque, par suite d'un recours formé devant lui contre un arrêté du préfet, le ministre des travaux publics aura été appelé à statuer sur une demande en concession, toute proposition tendant à en obtenir la révision devra être adressée au ministre lui-même. Nous croyons également, malgré l'autorité de M. Bourguignat (T. I. n° 361), que les préfets ne sauraient réviser les décrets ayant autorisé antérieurement à 1852, soit des prises d'eau sur une rivière navigable alors qu'elles sont temporaires ou qu'elles n'ont pas pour effet de modifier le régime de la rivière, soit des prises d'eau sur une rivière non navigable. La doctrine contraire nous semble difficilement conciliable avec la solution donnée par la circulaire de 1852, dans l'hypothèse que nous examinions il y a un instant : de plus elle serait la contradiction flagrante du brocart que M. Bourguignat invoque lui-même: « Nihil tam naturale est quam eodem modo quidquid dissolvi quo colligatum est. » — On s'est demandé plusieurs fois, si les préfets au cas où ils ont qualité pour réviser les anciens règlements, ne sont pas obligés néanmoins de prendre l'avis de l'administration supérieure : l'affirmative a été consacrée par une circulaire du 7 août 1857. » D'accord avec le Conseil général des Ponts et Chaussées, disait le ministre des travaux publics, j'ai reconnu, Monsieur le préfet, que les règlements d'eau qui touchent en général des intérêts nombreux et complexes ne doivent intervenir qu'après un examen complet, et qu'une fois rendus, ils ne doivent être modifiés qu'avec une extrême réserve. Quand ces actes ressortissaient exclusivement au chef du pouvoir exécutif, ces principes dirigeaient l'administration supérieure ; elle s'interdisait à elle-même le droit de faire ouvrir des enquêtes tendant à remettre en question les règlements existants. Dès lors, elle doit tenir à ce qu'on ne s'écarte pas des mêmes principes, aujourd'hui que le décret de décentralisation vous a transporté, Monsieur le Préfet, les pouvoirs qui avant ce décret appartenaient exclusivement au chef du gouvernement en Conseil d'Etat. En conséquence, et pour prévenir la mobilité qui, en s'introduisant dans les arrêtés réglementaires pourrait en affaiblir l'autorité et inquiéter ces intérêts auxquels se rattachent ces actes importants, il convient, Monsieur le Préfet, qu'aucune demande en révision ne soit soumise aux enquêtes avant que l'administration supérieure, sur l'avis préalable de MM. les ingénieurs, ait été d'abord consultée. Le décret de décentralisation, en remettant le droit de faire des règlements à l'autorité préfectorale placée plus près des divers intéressés, ne fait que donner une importance nouvelle aux prescriptions de la circulaire du 23 octobre 1851. Ces observations, vous le comprenez, M. le préfet, s'appliquent à plus forte raison aux cours d'eau du domaine public proprement dit, sur lesquels les règlements continuent à émaner de Sa Majesté en son Conseil d'Etat ; elles me paraissent d'ailleurs suffire pour lever les incertitudes que pourraient faire naître les termes de la circulaire du 27 juillet 1852, qui doit se combiner avec les dispositions précitées de la circulaire du 23 octobre 1851. » Nous ajouterons que cette instruction a pour but de restreindre les pouvoirs de l'autorité administrative ; qu'en conséquence, il y aurait lieu, suivant la jurisprudence du Conseil d'État, à recours contentieux si le préfet avait réglementé d'office une usine sans prendre auparavant l'avis de l'administration supérieure.

B

302. L'exploitation des usines hydrauliques doit avoir lieu conformément aux lois et règlements sur la police fluviale et la navigation. A côté des textes généraux qui interdisent toute prise d'eau non autorisée, toute dégradation aux ouvrages faits en rivière, nous rencontrons une série de textes n'ayant qu'un intérêt local, et ne s'appliquant qu'à une seule rivière, souvent même qu'à une seule usine. Un grand nombre d'entre eux sont antérieurs à la révolution ; les lois de 1790 et de 1791 qui ont statué sur la police et les cours d'eau ne les ont pas abrogés et ultérieurement l'article 484 du Code pénal est venu les maintenir de la manière la plus formelle ; un grand nombre d'arrêts du conseil, cités par nous au cours de ce travail, appliquaient encore les pénalités qu'ils avaient édictées, sauf les modifications introduites par la loi du 23 mars 1842. Nous citerons, par exemple, l'Ordonnance de 1672 relative aux moulins et usines établis sur la Seine et sur les rivières qui y affluent ; l'arrêt du Conseil du mois de septembre 1711 prescrivant diverses mesures de police applicables aux usines dans l'étendue de la généralité de Bordeaux ; l'arrêt du Conseil du 5 novembre 1734 réglementant les usines établies sur le Doubs ; l'arrêt du Conseil du 17 juillet 1782 enjoignant aux propriétaires des usines situées sur la Garonne d'enlever les bancs de sable qui viendraient à se former dans la distance de cinquante toises au-dessus et au-dessous de leurs établissements ; l'arrêt du conseil du 23 juillet 1783 spécial à la Loire ; enfin les deux Ordonnances de l'intendant de Hainaut, l'une du mois de décembre 1785 limitant la dimension

des vannes motrices des usines établies sur l'Escaut, l'autre du 21 juin 1786 contenant des dispositions réglementaires pour les usines ou moulins situés sur le cours de la Sambre. Aucune difficulté ne s'élèvera lorsque les infractions constatées tomberont sous le coup, soit de ces anciens arrêts du Conseil ou de ces Edits et Ordonnances, soit de l'article 1 de la loi du 29 floréal an X ; ce seront des contraventions de grande voirie dont la poursuite et la répression auront lieu par voie administrative. D'autre part, toutes les fois que ces infractions ne tomberont pas sous l'empire de ces dispositions pénales, l'usinier pourra néanmoins être poursuivi en vertu de l'article 471, § 15 du Code pénal. Le décret présidentiel, l'arrêté préfectoral qui lui imposent telles ou telles conditions constituent bien réellement des règlements faits par l'autorité administrative dans l'exercice de ses fonctions ; et cette dernière, si elle ne veut point recourir à une mise du chômage qui semble toujours arbitraire, est libre de s'adresser au Tribunal de simple police qui prononcera contre l'usinier la peine édictée par cet article 471. Il faut confesser que ce n'est pas sans peine que l'on établira dans les questions de détail la limite exacte de la compétence judiciaire et de la compétence administrative ; on se trouve dans l'impossibilité absolue de formuler a priori une règle précise et qui puisse conduire à donner une solution à peu près uniforme dans les espèces qui se présenteront. Tout se réduira à rechercher si en l'absence d'un texte spécial relatif à la rivière sur laquelle la contravention a été commise, la dite contravention ne peut pas être rattachée à l'une de celles énumérées par l'arrêt du 24 juin 1777, l'arrêté du 19 ventose an VI, ou la loi du 29 floréal an X. C'est en nous plaçant à ce point de vue que nous signalerons comme absolument erronée la doctrine émise par M. Bourguignat (T. I, n° 405), lorsqu'il soutient que l'usinier qui a dépassé le point d'eau fixé administrati-

vement ne saurait être réputé avoir commis une contravention de grande voirie et ne tomberait que sous le coup de
l'article 471, § 15 du Code pénal. (Nous ne parlons pas,
bien entendu, du cas ou cette surélévation a eu pour conséquence l'inondation des propriétés voisines; nous reviendrons dans quelques minutes sur cette hypothèse). L'arrêt
du 24 juin 1777 punit d'une amende de 500 livres ceux qui
auront altéré le régime des rivières navigables ; or, l'exhaussement du point d'eau d'une usine a pour résultat immédiat d'affaiblir les eaux de la rivière ; c'est là une des alté-
rations les plus graves qui puissent être apportées à son
régime. Ce que nous disons est si vrai que l'arrêté de nivose
an VI qui, d'après son préambule, a pour but de rappeler à
l'observation des anciennes lois et principalement de l'arrêt
de 1777, interdit aux riverains comme ayant été antérieurement prohibées toutes entreprises de ce genre. « Sans
pouvoir excéder le niveau qui aura été déterminé » porte
l'article 10. M. Bourguignat fait, du reste, observer que
l'administration ne poursuit qu'avec la plus extrême réserve
le simple fait de surélévation ; qu'elle apprécie toujours
les circonstances et n'agit que si l'usinier se trouve en faute
soit par négligence, soit par imprudence ; qu'en fait, elle
accorde aux maîtres d'usines pour le niveau de leurs eaux
une tolérance de plusieurs centimètres, suivant l'importance
et la hauteur des berges, et ne donne suite aux procès-verbaux dressés contre eux que s'ils ont négligé d'ouvrir les
vannes de décharge en temps opportun.

303. Le Code rural des 28 septembre - 6 octobre 1791
réprimait tout abus de jouissance imputable à l'usinier et qui
avait pour résultat des dommages ou dégradations causées
à la propriété d'autrui. — Il prévoyait deux faits bien distincts : 1° *Inondation des propriétés voisines par suite de la trop
grande élévation du déversoir d'une usine.* Article 16 : « Les
propriétaires ou fermiers des moulins et usines construits ou

à construire, seront garants de tous dommages que les eaux pourraient causer aux chemins et aux propriétés voisines, par la trop grande élévation du déversoir. Ils seront forcés de tenir les eaux à une hauteur qui ne nuira à personne et qui sera fixée par le directoire du département, d'après l'avis du directoire de district ; en cas de contravention, la peine sera d'une amende qui ne pourra excéder la somme du dédommagement : « L'article 457 du Code pénal a radicalement modifié cette disposition et a précisé d'une manière beaucoup plus nette les caractères du délit d'inondation : « Seront punis d'une amende qui ne pourra excéder le quart des restitutions et des dommages-intérêts, ni être au-dessous de cinquante francs, les propriétaires ou fermiers, ou toute personne jouissant de moulins, usines ou étangs, qui, par l'élévation du déversoir de leurs eaux au-dessus de la hauteur déterminée par l'autorité compétente, auront inondé les chemins ou les propriétés d'autrui ; s'il est résulté du fait quelques dégradations, la peine sera, outre l'amende, d'un emprisonnement de six jours à un mois. » Que l'article 457 du Code pénal ait abrogé la décision ci-dessus visée de la loi de 1791 et puisse seul aujourd'hui recevoir son application, c'est ce qui ne saurait être mis en doute depuis l'arrêt de rejet de la chambre criminelle du 4 novembre 1824 (Dev., C. N. 7-1-550) ; le fait d'inondation est donc aujourd'hui un délit, qui, conformément aux règles du droit commun, ne peut se prescrire que par trois ans ; la prescription annale admise quant aux contraventions rurales ne saurait être invoquée en semblable circonstance. — Les conditions essentielles de ce délit se dégagent bien nettement à la simple lecture de notre article. Il faut d'abord qu'il y ait eu préjudice causé : hors de là, l'usinier ne pourrait être poursuivi que pour infraction aux clauses de l'arrêté ou du décret qui a autorisé son usine ; ce ne serait, suivant les cas, qu'une contravention de grande voirie ou une contravention de simple police dans les termes de l'article 471, § 15; l'article 457 ne serait pas applicable, et il y aurait incompétence radicale du Tribunal de police correctionnelle. « Attendu que le seul fait d'avoir mis des planches au-dessus du déversoir du moulin et d'avoir fait élever les eaux de la rivière dans son lit, *sans qu'elles aient reflué sur les fonds voisins*, ne pourrait être un délit qu'autant que ce surhaussement aurait été expressément prohibé par une autorité compétente..... » Crim. Cass., 16 frimaire an XIV. (Dev., C. N., 2-1-190). La preuve du dommage éprouvé peut se faire par tous les moyens possibles; ainsi, la partie plaignante n'est point tenue d'en justifier par un procès-verbal à l'exclusion de tout autre mode de constat : un arrêt de Cassation rendu par la Chambre criminelle, le 4 sept. 1835 (Dev., 35-1-160) qualifie de motifs erronés en droit, les considérants d'un arrêt de Rouen, suivant lequel l'existence du délit ne pourrait résulter des énonciations contenues dans un rapport d'expert. — Le dommage peut consister, ou en une simple inondation, ou en des dégradations plus ou moins fortes, qui auront été la suite directe de cette inondation; l'exposé des motifs de l'article 457 nous montre quelles étaient les préoccupations du législateur lorsqu'il faisait une distinction entre ces deux cas, relativement à l'application de la peine. « La loi des 28 septembre - 6 octobre 1791 ne distingue point, lorsque l'inondation a causé des dégradations, ou lorsqu'elle n'en a point occasionné. Ces deux cas sont trop différents pour que la peine doive être la même; le nouveau code établit la distinction. Si aucune dégradation n'a eu lieu, si, par exemple, il n'est résulté de l'inondation d'autre mal que d'avoir interrompu pendant quelque temps la communication sur un chemin ou passage, une amende seule sera prononcée; mais, s'il y a eu des dégradations, le mal étant plus considérable, la désobéissance à l'autorité doit être plus sévèrement punie. Le

code porte un emprisonnement outre l'amende ; cet emprisonnement, quoique de courte durée, suffira pour l'efficacité
de l'exemple. » — La seconde condition est que le préjudice
ait été causé par l'élévation du déversoir au-dessus de la
hauteur fixée par l'autorité administrative ; tout dommage
ayant une autre cause ne peut être puni en vertu de l'article
457. Cet article ne saurait donc régir le cas où la hauteur
du déversoir n'aurait pas été fixée par l'autorité adminis-
tr e ; nous allons voir, du reste, dans le paragraphe
    t, que l'autorité n'est pas toujours désarmée en pré-
en   de semblables entreprises et peut souvent s'armer
d'u utre texte contre les contrevenants. (Crim. Cass. 2
fév r 1816 ; Dev., C. N. 5-1-147). Il serait également
in   licable si l'inondation était survenue alors que les eaux
se   ouvaient au-dessous du niveau légal du déversoir ;
l'   ier doit ici être déchargé de toute responsabilité pé-
n   , et c'est aux parties lésées à s'adresser à l'administra-
t   , pour qu'elle prescrive, s'il y a lieu, l'abaissement du
    ersoir (Crim. Cass. 25 août 1808 ; Dev., C. N. 2-1-572).
    nfin, le délit doit être imputable à certaines personnes
    itativement énumérées par la loi : « propriétaires, fer-
    rs, ou tout autre personne jouissant de moulins, usines
    étangs. » M. Bourguignat (T. I, n° 411) enseigne que,
 i l'usine est l'objet d'un bail, c'est le locataire seul qui doit
être poursuivi et qui subira la peine, puisqu'il se trouve pour
tout ce qui concerne la marche de l'établissement substitué
aux droits du propriétaire. Vainement, en vue de se déchar-
ger sur celui-ci de la responsabilité qu'il aurait encourue,
alléguerait-il le mauvais état du système hydraulique de
l'usine ; vainement, prétendrait-il qu'il lui était impossible
d'y donner le jeu nécessaire pour empêcher la surélévation
des eaux. L'excuse serait inefficace, dit le savant auteur ;
le locataire, qui avait contre le propriétaire une action pour
l'obliger aux grosses réparations, devait s'être mis en me-

sure ; il n'avait qu'à réclamer à temps la mise en état du système hydraulique de l'établissement; ne l'ayant pas fait, il doit
s'imputer sa négligence à faute et en subir les conséquences.
Cette doctrine ainsi formulée nous paraît susceptible de critique ; nous ne croyons pas qu'en principe le propriétaire de
l'usine doive être nécessairement exonéré de toute responsabilité pénale : lui aussi peut avoir, dans certains cas, une
faute directe à se reprocher ; il suffit de supposer, qu'averti
par son locataire des dangers que l'état de l'usine faisait courir
aux propriétés voisines, il n'ait pas pris ses précautions
pour y parer immédiatement. Suivant M. Bourguignat, il ne
saurait être compris dans la prévention, toutes les fois qu'il
n'aurait point été contraint judiciairement de procéder aux
réparations nécessaires. Il faut, suivant nous, dire au contraire que le bailleur ne sera à l'abri d'une poursuite qu'autant
que les faits incriminés se seront passés en dehors de lui et
en quelque sorte, malgré sa volonté ; nous ne comprendrions
pas qu'il pût être relaxé purement et simplement, alors qu'il
aurait connu l'exhaussement du déversoir et qu'en tolérant
cette infraction à l'acte d'autorisation de l'usine, il se serait
rendu complice de l'abus de jouissance reproché à l'usinier.
C'est dans ce sens que s'est prononcée la Chambre des requêtes le 12 juin 1855 ; son arrêt indique nettement les
cas où le propriétaire peut être exonéré de toute responsabilité ; ce qu'il dit en se plaçant au point de vue de l'action
civile, intentée par les propriétaires inondés, est également
vrai au point de vue de l'action pénale : « Attendu qu'il est
établi en fait par l'arrêt attaqué, que l'exhaussement des
vannes du déversoir, cause unique du dommage éprouvé par
Bonnin, ne peut être imputé au défendeur qui est toujours
demeuré étranger à ce changement des lieux et qui n'en a
jamais accepté la responsabilité ; que le placement des hausses aux vannes du déversoir est donc un fait personnel aux
fermiers, un acte de leur volonté propre, qui, dans l'espèce,

constitue un quasi délit, et qui aurait pu même donner lieu à l'application de l'article 457 du code pénal ; — Attendu que le propriétaire pourrait être tenu des conséquences civiles du mode illégal ou abusif de jouissance de la chose louée, si cet abus ou cette illégalité n'était que l'effet nécessaire ou l'exécution des stipulations du bail ; mais qu'il ne saurait répondre des faits personnels du fermier qui n'a agi que d'après sa propre impulsion, dans son intérêt particulier, sans l'aveu et à l'insu du bailleur ; qu'en le décidant ainsi, l'arrêt n'a violé aucune loi..... » (Dev., 55-1-170).

304. 2° *Transmission nuisible des eaux d'un fonds sur un autre fonds.* — Art. 15 « Personne ne pourra inonder l'héritage de son voisin, ni lui transmettre volontairement les eaux d'une manière nuisible, sous peine de payer le dommage et une amende qui ne pourra excéder la somme du dédommagement. » Quelle influence l'art. 457 C. pén. a-t-il eu sur cette seconde disposition ? C'est un point universellement reconnu aujourd'hui qu'elle est demeurée en vigueur, nonobstant la promulgation du Code pénal : elle prévoit une série d'infractions qui est restée totalement en dehors des prévisions de l'art. 457 : elle est conçue dans des termes autrement larges : elle s'applique à toute transmission nuisible des eaux, sous quelque forme qu'elle se produise et quelle que soit la qualité de son auteur. « L'art. 15 disent MM. Chauveau et Faustin Hélie (Th. du Code pén. T. VI, p. 222), comprend dans ses termes toute espèce d'inondation, hors l'inondation prévue par l'art. 457. Il ne recherche point les moyens employés pour la produire, il la punit, quels qu'aient été ces moyens ; il punit encore les dommages que peuvent causer les eaux, même sans inondation, dans le cours qu'on leur a donné ou dans un cours naturel auquel on aurait fait produire des effets nuisibles par des moyens quelconques. L'art. 457 restreint dans une seule hypothèse ne punit l'inondation que lorsqu'elle est

produite par l'élévation du déversoir des eaux des moulins, usines et étangs au-dessus de la hauteur fixée par le réglement. » La jurisprudence est fixée uniformément en ce sens, depuis l'arrêt déjà cité du 4 novembre 1824; elle permet dès lors d'atteindre l'usinier à qui le fait de l'inondation est imputable, alors même que l'autorité administrative n'a pas fixé la hauteur légale de son déversoir. — La solution à donner sera beaucoup plus douteuse toutes les fois que l'inondation sera survenue alors que les eaux se trouvaient au-dessous du déversoir légal. Pour échapper à l'application de l'art. 15, l'usinier soutiendra qu'il est couvert par son autorisation administrative ; il n'a fait que se conformer à ce qui lui était prescrit : peut-on, dès lors, lui faire un grief de l'inondation survenue, alors que l'administration elle-même ne soupçonnait pas la possibilité de cette inondation ? Au point de vue de la responsabilité pénale, ce raisonnement peut être excellent dans certains cas : mais, ce serait aller bien loin que de l'exiger en thèse générale. Sans doute, l'usinier ne doit pas être condamné lorsque sa bonne foi est évidente et lorsqu'il a cru à l'efficacité des mesures par lui prises pour prévenir l'inondation : mais ce que nous ne comprendrions pas, ce serait l'impunité assurée à celui qui se serait rendu compte des vices de son usine et qui aurait parfaitement su qu'en maintenant l'eau à telle ou telle hauteur, il nuirait à ses voisins dans les termes de notre article 15 ; l'autorisation administrative ne serait pas dans ce cas un prétexte suffisant pour lui permettre de s'affranchir de toutes mesures de précaution. En somme, pure question d'appréciation pour les juges qui verront dans chaque espèce à qui ils ont affaire, et qui, au cas d'acquittement, devront appuyer leur décision sur l'absence d'intention délictueuse constatée par eux chez le prévenu. — A raison de la généralité de ses termes, l'art. 15 constitue pour les propriétés voisines une garantie des plus sérieuses puisqu'il comprend tout fait quelconque de négligence, d'imprudence, d'inobservation des règlements qui a pour conséquence une transmission nuisible des eaux. C'est ainsi qu'il s'appliquera : 1° au cas où par suite d'un vice de construction de l'usine, il se produirait un reflux où remous qui nuit à une usine supérieure. (Crim. Cass., 4 septembre 1835; Dev., 35-1-680); 2° au cas où une usine marchant par éclusées causerait un dommage aux propriétés voisines : on dit qu'une usine marche par éclusées, lorsque le propriétaire, pour ajouter momentanément à la force motrice dont il a le droit de disposer, amasse les eaux sur un point donné pour leur donner pleine liberté quand elles sont parvenues à la hauteur qui lui convient. Il arrive fréquemment que cette marche par éclusées ne cause de tort à personne; ici, l'usinier serait à l'abri de toute poursuite (Req. Rej., 19 janvier 1874 ; Dev., 74-1-252). Mais bien souvent aussi, cette agglomération des eaux sera une cause de dévastations continuelles pour les héritages situés le long des canaux alimentaires de l'usine; il y aura là, au premier chef, transmission des eaux d'une manière nuisible. Toutefois, M. Bourguignat (T. I, p. 473) n'admet pas qu'il y ait délit lorsque l'usinier a prescrit vis-à-vis des autres propriétaires le droit de marcher par éclusées ou lorsqu'il y a été autorisé par l'administration. Nous n'avons rien à objecter en ce qui touche la première partie de cette proposition ; les propriétaires lésés ne peuvent, à aucun titre, se plaindre d'un état de choses qu'ils ont rendu définitif par leur absence de contradiction ; mais, sur le second point, nous ne croyons point que l'autorisation administrative puisse à elle seule mettre l'usinier à couvert de toute poursuite ; il faudrait de plus que sa bonne foi fût constante : nous admettons très-bien qu'une condamnation intervienne lorsqu'il aura su qu'en usant de l'autorisation administrative, il transmettrait les eaux d'une manière nuisible : il a

agi en parfaite connaissance de cause et savait qu'il se plaçait sous le coup de la loi de 1791 ; 3° au cas où l'usinier déverse sur les fonds inférieurs des eaux salies et cor-
rompues. Nous ferons observer qu'ici, le juge se trouvera
presque toujours en présence d'un point de fait extrêmement délicat à résoudre. Les enquêtes auxquels il aura été
procédé lors de l'établissement de l'usine, auront fait connaître aux tiers à quel genre d'industrie elle était destinée;
l'usinier n'a rien dissimulé à l'origine et n'a pas cherché à
surprendre la religion de l'autorité administrative : aussi,
sa position sera-t-elle plus favorable que dans les autres
espèces : on admettra plus facilement qu'il agissait de
bonne foi et ne se rendait pas compte des inconvénients qui
pouvaient résulter du mode d'exploitation par lui adopté.
— En terminant sur cette matière, nous ajouterons qu'il
faut bien se garder d'oublier que le premier élément du délit
doit être une faute imputable à l'usinier : lorsque la transmission nuisible des eaux provient d'un cas de force majeure, ni l'art. 457, ni l'art. 15 de la loi de 1791 ne sont applicables ; il en serait de même si les eaux transmises
n'avaient nui à la partie plaignante, que par suite d'un
manque de précaution de cette dernière (Req. Rej., 4 juillet 1839 ; Dev., 39-1-942). Il peut arriver, d'autre part,
que la transmission nuisible des eaux ait pour cause à la
fois une faute imputable à l'usinier et un cas fortuit, par
exemple que le canal de fuite n'ayant point la dimension
suffisante pour recevoir les eaux ayant servi à la marche
de l'usine, les propriétés situées au-dessus de l'usine aient
été inondées par le reflux des eaux, lors d'une crise inopinée. Un arrêt de cassation de la Chambre criminelle du
12 juin 1846 (Dev., 48-1-509), a décidé in terminis, que la
responsabilité pénale de l'usinier continuait à être engagée
malgré les circonstances qui semblaient militer en sa faveur ; il se fonde sur un argument décisif, à savoir que la

crue ou la hausse inopinée ou progressive des eaux ne saurait jamais l'affranchir de la responsabilité qui pèse sur lui
puisqu'il est garant de plein droit, même du préjudice
qu'elles produisent dans leur état ordinaire, lorsqu'il n'a
pas fait ce qu'il est tenu de faire pour le prévenir et l'empêcher. — Quant à la fixation du Tribunal compétent, il
ne saurait y avoir de doute : l'amende pouvant s'élever à la
valeur du dommage causé par les eaux, lequel est indéter-
miné, c'est au Tribunal correctionnel, et non au Tribunal de
simple police, qu'il appartient de connaître de l'action intentée dans ces termes (Crim. Cass., 15 janvier 1825 ;
Dev., C. N, 8-1-15).

305. On est souvent embarrassé lorsqu'il s'agit de combiner l'art. 457 C. pén., et l'art. 15 de la loi de 1791 — 1°)
avec les réglements sur la voirie, grande ou petite. Ainsi,
par suite d'une inondation, d'une transmission nuisible des
eaux, un chemin vient à être dégradé ou obstrué ; quelle
peine devra-t-on appliquer ; quel Tribunal pourra être saisi
de l'affaire ? M. Proudhon (Traité du domaine public, T. I,
n° 132) estime qu'il y a, suivant la classe à laquelle appartient ce chemin, contravention de grande ou petite voirie,
c'est-à-dire, compétence, soit des Conseils de préfecture,
soit du juge de paix et par conséquent inapplicabilité de
nos deux articles. M. Daviel (T. I, n° 449) n'est point du
même avis et tient pour la compétence des tribunaux correctionnels. Il est assez remarquable que cette hypothèse
d'un chemin inondé était présenté par l'exposé des motifs
du Code pénal comme l'exemple le plus saillant du simple
dommage prévu et puni par l'art. 457 du Code pén. Néanmoins, nous croyons que M. Proudhon était plutôt dans le
vrai que M. Daviel. La loi du 29 floréal, an X, veut que
« *toutes espèces de détériorations commises sur les grandes
routes* » soient constatées et réprimées par voie administrative ; d'autre part, l'art. 479, § 11, C. pén, range parmi

les contraventions de troisième classe le fait de dégrader ou de détériorer *de quelque manière que ce soit*, les chemins publics ne faisant pas partie de la grande voirie. Donc, en nous attachant au texte de ces deux lois, nous sommes amenés à décider que toute dégradation d'un chemin public, ayant pour cause une inondation, ne constitue pas un délit de droit commun, mais une contravention de voirie dont la poursuite aura lieu suivant les règles spéciales de la matière. La Chambre criminelle s'est prononcée en ce sens le 3 octobre 1835, en cassant un jugement du Tribunal correctionnel de Riom (36-1-213) ; mais les considérants de son arrêt nous semblent susceptibles de quelques critiques ; ainsi, elle admet que parce qu'il y a inondation, il y a dégradation du chemin inondé et dès lors nécessité d'appliquer la loi de l'an X ou l'art. 479 C. pén. C'est aller beaucoup trop loin, et il est aisé de citer des cas où l'inondation d'un chemin n'a point causé de dégradation proprement dite, et où l'on sera forcé de se référer à l'art. 457 et à la loi de 1791 : par exemple, comme le disait l'exposé des motifs du Code, ce chemin a été simplement obstrué, et aussitôt que les eaux se sont retirées, aucune réparation n'y a été nécessaire : dire qu'il a été dégradé, ce serait se mettre en contradiction avec la réalité des faits ; il n'y aurait même pas une dégradation proprement dite, si les eaux, en se retirant, avaient laissé sur le sol de ce chemin une certaine quantité de débris qu'elles y auraient apportés ; la Chambre criminelle l'a reconnu elle-même dans son arrêt de cassation, du 15 janvier 1825 (Dev. C. N., 8-1-15), qui déclare applicable à cette contravention l'art. 15 de la loi de 1791 ;—2°) avec la loi du 21 avril 1810 sur les mines. Une inondation est causée par suite d'un fait imputable au propriétaire d'une usine métallurgique : la peine doit-elle être fixée suivant les art. 73, 77, 93 et 96 de cette dernière loi? Quelques personnes l'ont soutenu ; mais la majorité des auteurs s'est ralliée au système opposé : nous pensons avec elle qu'il faut distinguer avec soin les contraventions qui consistent dans la jouissance abusive ou la trop grande élévation des eaux et ne point les confondre avec celles qu'on devait, avant la loi du 9 mai 1866, considérer comme des infractions aux obligations particulières que la loi du 21 avril 1810 imposait aux propriétaires de fourneaux à fondre le minerai de fer et autres substances métalliques, de forges, martinets et usines servant de patouillets et bocards, soit que ces propriétaires eussent créé des établissements de cette nature avant d'obtenir la permission de l'autorité compétente, soit qu'ils y eussent fait des changements non autorisés, soit qu'enfin ils eussent violé d'une manière quelconque les conditions sous lesquelles cette autorisation leur avait été accordée. Telle est la décision de la jurisprudence (Crim. Cass., 5 décembre 1844 ; Dev., 45-1-613 ; D. P., 45-1-67 ; ibid, 16 février 1867 ; Dev., 67-1-239 ; D. P., 67-1-144) : « Attendu en fait, porte le dernier de ces arrêts, qu'il était constaté par un procès-verbal régulier qu'à plusieurs reprises et notamment le 17 mai 1866, la marche de l'usine du sieur Mouton, située en amont de celle des demandeurs, avait été entravée par des remous ; que cet obstacle provenait de la trop grande élévation des eaux dans le bief de la forge et que cette élévation était due à des hausses mobiles qui avaient été placées sur les trois vannes du fond ;— Attendu qu'une contravention de cette nature ne tombait pas sous l'application des dispositions spéciales de la loi du 21 avril 1810 concernant les mines, minières et carrières, mais qu'elle était formellement prévue par l'art. 15 de la loi du 6 octobre 1791, etc. »

306. Nous supposerons maintenant que l'abus de jouissance reproché à l'usinier ne tombe pas pour une raison ou une autre sous l'application de la loi pénale : la partie lésée peut bien certainement, dans ce cas, s'appuyer sur l'article

1382, C. civ., et réclamer des dommages-intérêts toutes les fois qu'il y a de la part de l'usinier faute reconnue et constatée. C'est ce qui arrive dans une foule d'hypothèses sur lesquelles les tribunaux sont journellement appelés à statuer : tantôt, il s'agira d'un usinier qui lève sans nécessité ses vannes de décharge de manière à diminuer la force motrice nécessaire au jeu des établissements supérieurs. (Angers, 2 mai 1860 ; Dev., 60-2-413) ; tantôt, les propriétaires voisins se plaindront des infiltrations dont souffrent leurs héritages, des inconvénients qui résultent pour eux de l'insuffisance des vannes de décharge ou de malfaçons dans la construction du déversoir : tantôt, on signalera la négligence que l'usinier a mise à se conformer aux mesures de précaution qui lui ont été imposées par l'administration, et qui avaient pour but d'assurer la sécurité des héritages voisins : tantôt enfin, ce seront les propriétaires ou fermiers de la pêche qui viendront dire que le mode d'exploitation de l'usine rend impossible l'exercice de leur droit (V. not. l'espèce rapportée au Droit du 5 juillet 1868). La compétence des Tribunaux civils ne fait, en semblable occurrence, l'objet d'aucun doute. Vainement, soutiendra-t-on qu'en décidant si un usinier a ou n'a pas satisfait aux clauses du décret ou de l'arrêté qui autorisait son établissement, l'autorité judiciaire excéderait la limite de ses pouvoirs ; il ne s'agit en effet, ni d'interpréter, ni de modifier l'acte administratif qui est intervenu vis-à-vis de l'usinier : il s'agit uniquement d'en assurer l'exécution. Il est bien vrai que la plupart du temps, les mesures ordonnées par le Tribunal pour prévenir le retour des causes qui ont motivé le débat à lui soumis auront pour résultat de modifier la situation actuelle de la rivière, et pourront même avoir une influence considérable sur son régime ; mais ce ne sera là qu'une conséquence tout à fait accessoire de la décision intervenue, et qui devra rester sans influence sur la détermination du

juge compétent. Nous trouvons une application remarquable de cette doctrine dans un arrêt de la Chambre civile
du 2 juillet 1839 (Dev., 39-1-845) qui porte qu'une Cour
d'appel n'excède pas ses pouvoirs, lorsque par application
d'un contrat de vente, elle règle la jouissance des eaux entre
deux particuliers, et prescrit les mesures nécessaires pour
en maintenir le niveau conformément aux réserves du vendeur. A la date du 31 juillet 1849, la même Chambre
cassait un arrêt de la Cour de Metz qui s'était déclarée incompétente pour connaître entre deux riverains d'un cours
d'eau de la question de savoir si l'un deux s'était conformé
aux conditions de la concession administrative, suivant laquelle il avait établi une usine sur ce cours d'eau : cette
décision est la confirmation la plus complète de la théorie
que nous venons d'exposer : « Attendu qu'il s'agissait d'un
litige relatif à l'exercice des droits de propriété du demandeur en cassation et à ses intérêts privés ; que l'unique
objet du procès était de régler la contestation particulière
des parties, et que si la suppression ou le maintien des travaux était de nature à influer sur la situation des lieux cir-
convoisins et à affecter la hauteur des eaux dans tout le
cours du ruisseau, cette conséquence indirecte, qui ne privait
les tiers de l'exercice d'aucun de leurs droits, ne pouvait
pas changer le caractère du procès ni convertir, en une mesure de police générale et en règlement d'eau, le jugement
à intervenir sur la contestation purement privée qui s'agi-
tait seule entre les parties en cause; qu'il suit de ce qui
précède que la Cour d'appel en se déclarant incompétente a
méconnu ses propres pouvoirs et violé la loi précitée.... —
Casse, etc... » (Dev., 49-1-762.)

307. Que décider si l'usinier s'est absolument conformé
aux prescriptions de l'autorité administrative, et si néanmoins l'existence de son usine est une cause de préjudice
pour les tiers ? Les parties lésées conservent-elles le

d'agir contre lui ? et si l'on admet l'affirmative, dans quelle forme et devant quel juge leur action pourra-t-elle être intentée ? — Nous avons déjà dit un mot des difficultés qui peuvent être soulevées à ce sujet, lorsque nous traitions des oppositions et voies de recours contre les actes administratifs portant concession d'une usine ; nous avons vu que, suivant le vœu de la circulaire du 23 octobre 1851, les ingénieurs ne devaient se préoccuper que de l'intérêt général ; qu'il n'y avait point lieu pour eux de s'arrêter même devant des réclamations fondées en titre ; qu'il convenait de renvoyer devant les tribunaux compétents les parties contestantes. La question que nous avons alors signalée se présente ici plus grave encore : nous ne nous trouvons plus en présence de particuliers qui craignent un dommage hypothétique, et qui demandent à être prémunis contre les accidents que la construction de l'usine peut entraîner à leur préjudice dans un temps plus ou moins éloigné, nous avons devant nous des propriétaires, des usiniers qui attaquent un état de choses existant, et qui soutiennent que leurs droits sont actuellement compromis de la manière la plus grave. Presque invariablement au lendemain de la mise en jeu de la nouvelle usine, les usiniers dont les établissements existaient antérieurement en vertu d'une autorisation régulière se plaignent de ce que l'existence de cette nouvelle usine a pour conséquence forcée la diminution ou même la suppression de la force motrice dont ils jouissaient antérieurement. S'il s'agit d'une usine établie sur un cours d'eau non navigable ni flottable, les contestations de ce genre sont plus fréquentes encore ; les propriétaires riverains, qui trouvent un titre pour leur jouissance légale dans l'article 644, C. civ., ne manquent jamais, lorsqu'une usine supérieure ou inférieure absorbe les eaux auxquelles ils ont droit, de s'adresser au juge de paix, en vertu de la loi de 1838, et de demander une réparation.

Que l'on songe en outre aux luttes qui existent à l'état permanent entre les usiniers et les syndicats d'irrigations, et
l'on trouvera bien justifié ce mot d'un ancien praticien
« qu'il n'y a que guerre et procès dans les pays de rivière. »
— Il est bien regrettable que la doctrine n'ait point examiné ces questions avec ensemble ; les auteurs se bornent
à enregistrer les arrêts intervenus sans faire ressortir
l'idée générale qui se dégage de la jurisprudence, et
M. Bourguignat est peut-être le seul qui ait cherché à en
faire une exposition méthodique. La plupart n'ont pas pris
le soin de distinguer les espèces diverses qui se sont présentées soit devant le Conseil d'Etat, soit devant la Cour
de cassation. De là vient qu'ils croient voir entre ces deux
hautes juridictions certaines divergences d'opinion qui, en
réalité, n'existent point. Ce qui nous frappe également,
c'est que des documents d'une importance capitale, tels
que le rapport présenté à la Chambre des requêtes par
M. le conseiller Mesnard le 27 novembre 1844, lors
de l'affaire Gaudin-Gilbert, soient restés jusqu'aujourd'hui
à peu près oubliés : les ouvrages même les plus con-
sciencieux n'y font aucune allusion. Aussi comprendra-t-
on que nous consacrions à cette matière des développements tout particuliers et que nous insistions sur la nécessité d'établir une théorie générale dont l'application
soit aisée en pratique ; au surplus, notre tâche est bien
simplifiée en présence des derniers arrêts qui ont statué
sur tous ces points in terminis, et qui nous permettent de
faire un travail d'exposition plutôt encore qu'un travail de
discussion.

308. Il est une première hypothèse qui doit tout d'abord
nous arrêter. Les travaux dont on se plaint ont été prescrits par l'administration, non point dans l'intérêt privé de
l'usinier, mais dans un intérêt général et collectif. Ainsi,
pour faciliter la navigation, on a obligé l'usinier d'établir

en tête de sa prise d'eau un barrage éclusé ; le propriétaire d'un établissement situé immédiatement au-dessous,
prétend que la quantité d'eau à laquelle il aurait droit
en vertu d'une vente nationale, consentie à son auteur,
est diminuée dans telle ou telle proportion. — Un arrêt
du Conseil du 15 décembre 1842 décide que la demande
en réparation du dommage ainsi causé doit être portée
devant l'autorité administrative. L'acte dont les conséquences sont incriminées équivaut en réalité à un acte
qui, pour raison d'utilité publique, prononcerait la suppression totale ou partielle de la force motrice de l'usine, ou
bien en ordonnerait la mise en chômage. Nous verrons plus
tard, dans le paragraphe consacré spécialement à la suppression des usines, quelles voies de recours sont ouvertes
au propriétaire qui réclame une indemnité : ce ne serait
que, s'il y avait dans l'espèce une véritable expropriation
par suite des travaux exécutés, qu'il y aurait possibilité
d'une intervention du pouvoir judiciaire : on suivrait alors
les prescriptions de la loi du 3 mai 1841. Partout ailleurs,
l'affaire sera jugée administrativement : les tribunaux judiciaires n'en pourront être saisis régulièrement, et il leur
est surtout interdit d'ordonner, sous quelque prétexte que ce
soit, le rétablissement de l'ancien état de choses. M. le
commissaire du gouvernement, Godard de Belbœuf, disait
très-bien en 1869 devant le Conseil d'Etat : « Lorsque l'administration agit dans un intérêt collectif par voie de disposition réglementaire ; lorsqu'elle procède, en vertu des
pouvoirs qui lui appartiennent, à la répartition des eaux
entre l'industrie et l'agriculture, ou qu'elle prend des mesures de police en vue de prévenir les dangers des inondations, elle ne s'inspire que de l'utilité générale ; chargée
par le législateur du développement de la richesse nationale, dont l'intelligente répartition des eaux constitue l'un
des principaux éléments, elle est investie d'un véritable

pouvoir de disposition, ou bien gardienne des droits et des intérêts de tous, elle exerce une mission toute de protection et de prévoyance. Il suit de là que les règlements généraux pris en pareille matière sont obligatoires pour les citoyens; et que, s'ils peuvent, en certains cas, faire l'objet d'un recours pour excès de pouvoir devant l'autorité placée au sommet de la hiérarchie administrative, du moins ils doivent être respectés par l'autorité judiciaire. Les Tribunaux ne sauraient, sans franchir les limites de leurs attributions, sans porter atteinte au principe de la séparation des pouvoirs, ni soumettre à leur examen et à leur contrôle les dispositions générales et réglementaires, ni les critiquer, ni surtout refuser de tenir compte de leurs prescriptions. » Les mêmes principes ont été adoptés par la Cour de cassation ; d'une part, la Chambre des requêtes a jugé le 3 avril 1863 (Dev., 63-1-413) que les arrêtés préfectoraux ayant pour but de réglementer la jouissance des eaux dans un intérêt général ont force de loi; que leurs prescriptions se substituent de plein droit à tous les modes antérieurs de jouissance, que les Tribunaux sont donc absolument liés par eux et n'ont pas à les examiner; — d'autre part, la Chambre civile a cassé le 30 août 1865 (Dev., 65-1-52) un arrêt de la Cour de Nîmes qui avait ordonné une expertise aux fins de déterminer le préjudice causé à des usiniers par l'établissement de vannes destinées à protéger la ville d'Alais contre les crues du Gardon : elle s'est fondée sur ce que l'arrêté préfectoral ordonnant ces travaux, ayant été pris dans un intérêt général, échappait au contrôle de l'autorité judiciaire qui ne pouvait ni en entraver l'exécution, ni même en apprécier les suites, et sur ce qu'en pareille occurrence, l'indemnité qui pouvait être due aux usiniers aurait dû être demandée par eux aux Conseils de préfecture et non aux Tribunaux ordinaires.

309. Faut-il ranger dans cette catégorie les demandes

en dommages-intérêts formées à l'occasion des prises d'eau qui sont pratiquées pour l'alimentation des gares de chemins de fer? Assez souvent les travaux auxquels donne lieu la construction des chemins de fer sont exécutés directement par l'Etat et par ses agents pour le compte des Compagnies. La compétence administrative a été proclamée en pareil cas par un arrêt du Conseil du 14 décembre 1865 (Lebon, 65-970) et il ne paraît point que cette décision ait soulevé de critiques. Mais, quid si les travaux dont s'agit ont été exécutés par les Compagnies elles-mêmes une fois qu'elles ont été mises par l'Etat en possession de la voie ferrée? Il y a dissentiment entre les auteurs et dans la pratique la question est loin de recevoir une solution uniforme suivant que l'on s'adresse à l'autorité judiciaire ou à l'autorité administrative. Dans un premier système adopté par la Cour de cassation (Civ. Rej., 10 août 1864; Dev., 64-1-443; — Req. Rej., 10 décembre 1866; Dev., 68-1-128; — Cpr Bordeaux, 27 février 1866; Dev., 67-2-188), on part de cette idée que toutes les fois que les Compagnies de chemins de fer agissent, non comme représentants de l'Etat et chargées d'un service d'intérêt public, mais comme simples entrepreneurs de transports, elles ne sauraient revendiquer le bénéfice de la juridiction administrative. Or, dit-on, il ne faut réputer publics que les travaux, dont l'exécution est à titre de condition de l'entreprise, imposés par les devis et cahiers des charges: ceux-là seuls entraînent quant à leurs suites contentieuses la compétence des conseils de préfecture. Il n'en est plus de même pour tous autres travaux, dussent-ils être annexés à la voie ferrée; il est possible qu'ils soient utiles à l'exploitation de cette voie, qu'ils soient même indispensables pour qu'on puisse en tirer profit; mais ils ne sont pas constitutifs de la confection du chemin de fer, puisqu'ils ne sont pas de ceux qui ont été imposés par le cahier des

charges ; ils sont donc l'œuvre de l'entrepreneur de transports dont ils favorisent l'intérêt industriel , ils ne sont
point celle d'un entrepreneur de travaux publics. Cette
distinction est nettement formulée par l'annotateur de Devilleneuve sous l'arrêt du 10 août 1864 : nous venons de rapporter à peu près les termes mêmes dont il s'est servi. On
pourrait croire que le Conseil d'Etat s'est, à une certaine
époque, prononcé en ce sens : on voit en effet un arrêt du
28 janvier 1864 (Lebon, 68-79) annuler comme incompétemment rendue une décision par laquelle le Conseil de
préfecture de la Manche avait statué sur une demande en
dommages-intérêts formée par divers usiniers de Valognes.
Mais M. Robert, commissaire du gouvernement, faisait observer que, si l'autorité judiciaire était seule compétente
dans l'espèce, c'était parce qu'il s'agissait d'une prise d'eau
non autorisée ; la Compagnie de l'Ouest avait établi sur des
terrains lui appartenant un puits qui, suivant le dire des
demandeurs, absorbait indirectement les eaux de la rivière
de Merderet alimentant leurs usines : or, les Tribunaux
civils peuvent seuls réparer le préjudice qu'entraîne l'établissement d'une prise d'eau non autorisée. M. Robert avait
soin d'insister sur cette circonstance capitale : « Si la Compagnie avait établi une véritable prise d'eau au bord de la
rivière, si elle avait construit un barrage, des vannes, un
ouvrage qui affecterait le cours d'eau par des signes apparents et qui se rattacherait au système général des dépendances de la voie, on pourrait y apercevoir le caractère
d'un travail public : mais, il ne s'agit que d'un puits ordinaire destiné à remplir le réservoir d'eau affecté au service
des locomotives. Il est certain que l'eau est indispensable
pour l'approvisionnement du chemin de fer, mais, d'un
autre côté, il n'est pas douteux que les travaux et ouvrages
faits par une Compagnie pour se procurer un approvisionnement quelconque destiné à la marche des trains n'entraî-

nent pas nécessairement avec eux la compétence administrative. Appartiendrait-il au Conseil de préfecture de juger
les contestations auxquelles donnerait lieu l'extraction des
tourbes qu'une Compagnie emploierait à faire chauffer ses
machines! Creuser un puits dans un pré, c'est faire acte de
propriétaire : se procurer de l'eau ou tout autre approvisionnement utile ou même indispensable à la marche des
trains, c'est pour une Compagnie faire acte d'exploitant,
non d'entrepreneur. » Aussi, lorsque la question se présenta
dans toute sa pureté, le Conseil d'Etat se hâta-t-il de rompre avec la Cour de cassation par un arrêt du 15 décembre
1866 (Lebon, 66-1154; Dev., 67-2-364) confirmant un
arrêté de conflit pris par le préfet de la Dordogne. M. Aucoc, commissaire du gouvernement, avait parfaitement mis
en lumière les vices de la jurisprudence opposée : il faisait
remarquer que la prise d'eau n'avait pu être établie qu'en
vertu d'une autorisation du préfet, et, de suite, il s'attaquait
à l'argument mis en avant par la Cour de cassation. « Ces
travaux, dit-on, n'étant pas prévus, n'étaient pas imposés à
la Compagnie par son cahier des charges : ils sont autorisés et non prescrits ; ils n'ont donc pas le caractère de travaux publics, pas plus que les travaux qu'effectuerait la
Compagnie pour l'extraction de la houille destinée à l'approvisionnement de ses machines. Nous admettons bien
que, en principe, il y a une distinction très marquée entre
les travaux exécutés ou prescrits par l'administration et les
travaux exécutés par les particuliers en vertu d'une simple
autorisation de l'administration, mais, nous croyons que,
dans l'espèce, l'on n'a pas tenu compte d'une circonstance
qui est capitale : c'est que les travaux de la conduite d'eau,
du réservoir et du château d'eau, s'ils n'ont pas été prescrits
par le cahier des charges se trouvent, en vertu d'une disposition de ce cahier des charges, incorporés aux ouvrages
du chemin de fer dont ils forment une dépendance essen-

tielle et qu'ils devront faire retour à l'État à l'expiration de
la concession. Ils ont donc nécessairement le même caractère que les travaux construits en exécution du cahier des
charges. » Nous dirons pour résumer cette discussion que
les deux circonstances que, d'une part, les travaux sont
motivés par les besoins de l'exploitation et que, de l'autre,
ils n'ont pas été prescrits ni même prévus par le cahier des
charges de la Compagnie, ne suffisent pas par elles-mêmes
pour motiver la compétence judiciaire : il faut de plus que
ces travaux ne soient point de nature à s'incorporer à la
voie ferrée et ne constituent point un véritable complément
des travaux de construction.

310. Arrivons à la seconde hypothèse, celle qui en fait
se rencontrera le plus souvent dans la pratique ; le dommage dont se plaint la partie lésée résulte de travaux autorisés non dans un intérêt général, mais dans l'intérêt privé
de tel ou tel particulier. La circulaire du 23 octobre 1851
reconnaît sans hésitation que les tribunaux ordinaires peuvent seuls être juges de la demande en dommages intérêts
qui viendrait à être formée : les droits des tiers sont toujours formellement réservés dans l'acte administratif qui
autorise une nouvelle prise d'eau. Hâtons-nous d'ajouter
que même dans le cas où l'administration aurait omis d'insérer un article spécial contenant réserve des droits des
tiers, le permissionnaire ne saurait se prévaloir à leur égard
du silence de son acte de concession. Dès 1844, M. le conseiller Mesnard présentait cet ensemble de doctrine comme
à l'abri de toute contestation : « S'agit-il d'un simple intérêt
privé, d'un dommage causé à quelques riverains par telle
ou telle construction, par telle ou telle entreprise sur les
eaux, alors les règles du droit commun reprennent leur empire et les tribunaux leur compétence. Il importe peu même
que les travaux ou les entreprises dommageables aient été
préalablement autorisés par l'administration. Il suffit qu'il

en résulte un préjudice pour que les tribunaux soient en droit d'ordonner la réparation de ce préjudice. Un arrêt très-remarquable de cette Chambre rendu le 3 mai 1827 (Dev., C. N. 8-1-588) au rapport de M. Lasagni, a proclamé le principe général qui plus tard a reçu de nombreuses applications ; ce principe n'a pas été méconnu, même dans le cas où conformément à la loi du 6 octobre 1791, l'autorisation administrative portait sur des concessions de moulins et déterminait la hauteur des eaux. On peut s'en assurer notamment par l'arrêt de rejet que la Chambre civile a rendu le 2 janvier 1832 (Dev., 32-156) ; — Junge. Req. Rej. (Dev., 31-1-296) : c'est chose juste et raisonnable. L'administration n'ordonne, n'autorise rien en pareille matière, que sauf le droit des tiers, et ce droit des tiers, tenant à la propriété, ne peut être débattu que devant les tribunaux quand il ne se rattache pas à un ensemble d'intérêts généraux. Au milieu des nombreux monuments de jurisprudence qui ont statué sur des questions analogues, il est vrai de dire qu'on retrouve toujours, plus ou moins nettement exprimé, ce droit des tribunaux de constater le dommage privé et d'en ordonner la réparation. » Tous les arrêts postérieurs se bornent à affirmer le pouvoir qui appartient en semblable matière aux tribunaux civils; ils ne prennent même plus la peine de discuter la question tant la solution leur en paraît évidente (V. not. Bruxelles, 1er août 1864, Pas., 65-2-327 ; — Req. Rej. 13 novembre 1867. Dev., 68-1-19). — Au Conseil d'Etat nous retrouvons la même doctrine proclamée, en 1869, par M. le commissaire du gouvernement Godard de Belbœuf: « Nous ne saurions trop le répéter, disait-il alors qu'il s'agissait d'un litige pendant entre deux usiniers riverains d'un cours d'eau non navigable, l'administration ne dispose pas de la jouissance des eaux qui ne lui appartiennent pas ; elle se borne à régler l'usage du droit en délivrant au propriétaire intéressé une

simple permission de police, une sorte de laissez passer.
Voilà pourquoi les arrêtés de l'espèce portent généralement
la mention qu'ils ont pris sous la réserve des droits des
tiers. Mais, cette mention fût-elle absente, il n'en resterait
pas moins que ces arrêtés ne peuvent faire obstacle à ce que
les propriétaires riverains, aux établissements desquels
viendraient à nuire de nouvelles autorisations, fassent valoir devant l'autorité judiciaire, seule compétente pour statuer sur les contestations d'intérêt privé et les droits qu'ils
pourraient avoir acquis soit par titre, soit par prescription
à la jouissance exclusive des eaux. Telle est la raison
d'être de votre jurisprudence, toutes les fois que vous avez
été saisis d'un pourvoi dirigé contre un arrêté intervenu en
vue d'accorder une autorisation de barrage d'usine ou de
prise d'eau d'irrigation. Qu'avez-vous dit le 15 février 1866
dans l'affaire Berens, le 23 février 1864 dans l'affaire Bé-
guin-Desvaux ? En autorisant et en réglant un barrage
ou une prise d'eau, le préfet n'a fait qu'user des droits à
lui conférés par les lois sur les cours d'eau non navigables
ni flottables. Est-ce que l'arrêté du préfet aurait, par hasard,
pour effet de paralyser l'action de l'autorité judiciaire ? Pas
le moins du monde. Que les droits des tiers soient ou ne
soient pas expressément réservés, vous reconnaissez que
l'acte d'autorisation n'enlevant rien, n'accordant rien à personne, faculté entière est laissée aux intéressés de porter
leurs réclamations devant la juridiction compétente. Aussi,
en pareille circonstance, bien que l'arrêté d'autorisation
n'ait été pris que dans un intérêt privé, vous n'hésitez pas à
rejeter les recours formés devant vous en vertu de la loi des
7-14 octobre 1790, parce qu'il n'y a pas excès de pouvoir,
parce qu'aucune atteinte n'est portée à l'autorité qui est
expressément conférée aux tribunaux civils par l'art. 654
Code civil. »

311. Lorsque la demande en dommages-intérêts est for-

mée par un ancien usinier établi sur une rivière navigable et qui se plaint du tort que lui cause une concession nouvelle, la première chose qu'il est tenu de prouver, c'est l'existence régulière de son usine ; il doit établir que sa jouissance avait pour source une autorisation administrative : ce n'est que dans ce cas que son action sera recevable. Il est à peine besoin de faire observer que l'usinier, qui serait hors d'état de justifier de cette autorisation, ne pourrait, lorsque son établissement est situé sur une rivière navigable, se prévaloir de sa possession si longue qu'elle fût. L'existence d'un établissement non autorisé constitue une contravention aux règlements sur la grande voirie, et le fait que cette contravention aurait duré pendant plus de trente ans ne saurait la transformer d'un acte délictueux en un acte légal : or, un acte légal peut seul amener à la prescription. Si l'administration n'a pas dirigé de poursuites contre l'usinier, c'est qu'elle croyait pouvoir user de tolérance vis-à-vis de lui : nouvelle raison pour ne pas admettre la possibilité d'une prescription quelconque. En d'autres termes, il n'y avait pas de jouissance privée régulière ; donc, il ne saurait y avoir d'indemnité pour privation de cette jouissance. S'il s'agit d'un établissement situé sur une rivière non navigable ni flottable, la question se présente sous un aspect tout opposé : les eaux de cette rivière n'échappent plus par leur nature à toute appropriation privée : si en principe elles sont res nullius, elles n'en sont pas moins susceptibles d'une possession utile pour les riverains. D'autre part, le seul fait d'établir sans autorisation une usine sur une rivière non navigable ne saurait à lui seul constituer une contravention ; il ne peut être incriminé qu'autant qu'un arrêté antérieur pris dans un intérêt général a réglementé la rivière et a interdit d'une manière formelle tout établissement d'usine sans autorisation. Hors ce cas, le défaut d'autorisation laisse bien l'usine dans une situation éminemment précaire et l'expose à une suppression pure et simple, qui peut être prononcée à chaque instant pour assurer le libre cours des eaux ; mais la position où cet usinier se trouve placé vis-à-vis de l'administration, n'influe en rien sur celle qu'il occupe vis-à-vis des particuliers ayant ou pouvant avoir un droit sur les eaux. Au bout de 30 ans, il a acquis à leur égard le droit d'user des eaux de telle ou telle manière : sa jouissance a interpellé la leur en la contredisant et comme elle s'appuie en outre sur une disposition formelle de la loi, l'art. 644 Code civil, elle est susceptible de constituer avec le temps voulu la prescription trentenaire. De même la simple possession annale pourrait être utilement invoquée à l'encontre des tiers qui, de quelque manière que ce fût, troublerait l'usinier dans la jouissance d'un établissement non autorisé; la Chambre des requêtes l'a formellement décidé le 24 juillet 1864 (Dev., 64-1-458). Que si l'administration ne peut être arrêtée dans l'exercice de son droit de régler l'usage des eaux au nom de l'intérêt général par les possessions particulières des propriétaires d'usines, ces propriétaires peuvent néanmoins exciper de leur possession les uns à l'égard des autres, parce que, relativement aux droits privés, la jouissance des eaux continuée pendant 30 ans, dans les conditions déterminées par la loi, équivaut à une convention expresse. Nous allons plus loin et nous croyons être dans l'esprit de l'arrêt en disant qu'au point de vue des tiers la jouissance des eaux continuée pendant plus de 30 ans équivaut à une autorisation administrative.

312. Lorsque l'établissement est situé sur une rivière navigable, l'usinier est-il tenu de justifier non-seulement d'une autorisation régulière, mais encore d'un titre légal dans le sens strict que l'on attache à ce mot et que nous déterminerons plus tard? Evidemment non, s'il se borne à demander des dommages-intérêts à un particulier sans

mettre en cause l'administration. Le titre légal ne peut en effet être exigé de l'usinier lésé ou dépossédé que dans ses rapports avec l'autorité administrative et lorsque l'indemnité réclamée pour diminution ou suppression de force doit être supportée par l'Etat. Ici, ce n'est pas l'état que l'usinier a devant lui ; c'est un simple particulier : il jouissait régulièrement de la prise d'eau qui lui avait été concédée et aucune autre jouissance privée ne saurait se substituer à la sienne sans indemnité. Il faut donc se garder de confondre ces deux expressions essentiellement différentes à savoir « existence régulière et titre légal. » C'est ce qui résulte d'une décision du Conseil de Préfecture de la Haute-Garonne, en date du 24 novembre 1864, et rapportée tout au long par M. Chauveau, Adolphe (Journal du droit administratif, T. XIII, p. 42). — Nous avons déjà vu un exemple d'une jouissance privée éminemment précaire et dont pourtant un particulier ne saurait être dépouillé par un tiers sans obtenir une compensation pécuniaire. Lorsqu'une personne obtient l'autorisation de bâtir sur le domaine public maritime, on peut dire que sa construction n'existe point en vertu d'un titre légal puisque l'administration peut l'expulser ad nutum et sans indemnité : ce qui ne l'empêcherait point de pouvoir agir contre celui qui porterait atteinte à son droit, alors même que l'entreprise de ce dernier aurait été autorisée administrativement. Cette hypothèse est identique à celle que nous examinons, et la solution doit être là même dans les deux cas.

313. Le propriétaire d'une usine autorisée ne peut-il être condamné à des dommages-intérêts au profit des tiers qu'autant qu'il aura commis une faute et aura ainsi engagé sa responsabilité ? Non, dit M. Daviel (T. I, p. 405), il faut qu'il y ait de sa part abus évident, imprudence manifeste : s'il ne fait qu'exploiter et maintenir son établissement dans les termes de la concession légale, c'est la concession même

qui cause le dommage : c'est donc à elle seule qu'il faut s'attaquer. Que si elle est devenue inattaquable, elle a relativement aux tiers tous les effets d'une servitude légale ; il
n'y a plus damnum culpa datum : « non injuria est, quod
jure fit. » M. Daviel rapporte à l'appui un assez long passage de d'Argentré (Sur Bretagne, art. 596, p. 1917)
« hic sedulo distinguendi sunt casus ; nam si molendinum
jure habetur et suo jure ædificatum ab antiquo habet dominus superior, si quid inde accidat, inter casus fortuitos
habendum est qui a nullo præstantur et hic casus est hujus
articuli. Excipe si culpa præcessit casum. Culpæ genus
est male firmos aut perfossos aggeres tenuisse qui propterea
aquam retinere non potuerint, retenturi si sarti fuissent ;
vel cum aquarum emissaria (portas vocant) in magna eluvie
non sunt aperta, aut piscariæ altius quam deberent struc-
tæ et aqua in aggerem graviori mole incubuit ita ut impel-
leret, et si solito more non est permissa decurrere : nam,
quod quis in suo culpabiliter facit, si inde nocitum sit vi-
cino, a faciente præstatur. Quod si de novo molendinum est
structum, si non jure factum est, omni modo præstandum
est a faciente quocumque modo occasionem damni dederit ;
sin jure habuit, videndum est an vitio infirmi operis, an alia
culpa acciderit... Cætera quæ sine vitio operis aut domini
culpa contingunt, in fortuitis habenda sunt. » Mais, ce
que M. Daviel a perdu de vue, c'est que dans les lignes que
l'on vient de lire, d'Argentré n'exprimait pas une opinion
qui lui fût propre et personnelle ; il se bornait à paraphra-
ser le texte de l'art. 596 de la coutume de Bretagne. « Si
par moulins dommage est fait à autrui, ceux à qui appartiennent les dits moulins n'en sont tenus, s'ils ne sont en
coulpe. » S'il ne se fût pas trouvé en présence d'un
texte aussi formel, d'Argentré eût-il donné la même décision ? Il est permis d'en douter, et c'est à tort, suivant nous,
que son autorité a été invoquée en semblable matière ; il a

fait œuvre de commentateur, non de jurisconsulte. — Pour
rattacher la jurisprudence moderne à la doctrine ancienne,
M. Daviel cite l'arrêt de cassation de la Chambre criminelle du 25 août 1808 (Dev., C. N., 2-1-572). qui déclare
inapplicable l'art. 457 C. pén., toutes les fois qu'une inondation se produit au moment où les eaux motrices se trouvent au-dessous du niveau légal du déversoir. Le savant
auteur confond ici bien évidemment les conditions de la
responsabilité pénale avec celles de la responsabilité civile,
la partie lésée n'appuie plus son action à finis civiles sur
l'art. 457 C. pén, mais sur l'art. 1382, ce qui fait nettement voir que l'arrêt de 1808 est absolument en dehors de
l'espèce. — Pour notre part, nous croyons volontiers avec
M. Batbie (T. V, n° 369) que, quand même l'usinier aurait,
dans la construction de l'établissement nouveau, pris toutes
les précautions voulues ; quand même il se serait strictement conformé aux prescriptions administratives ; quand
même enfin, il ne se serait rendu coupable d'aucun fait
d'imprudence ou d'inobservation des réglements, il n'en serait pas moins responsable vis-à-vis des tiers de tous les
accidents ultérieurs : cette responsabilité résulte du seul
fait de l'existence de l'usine. Il devait, avant de solliciter
l'autorisation administrative, s'assurer que son établissement, tel qu'il le projetait, ne pourrait avoir aucune influence sur le régime des établissements antérieurs ; à ce
point de vue, il a manqué de prévoyance, et s'est lui-même
placé sous le coup de l'art. 1382. Admettra-t-on que
l'autorisation d'employer les eaux de la rivière au roulement
d'une usine grève les propriétés voisines d'une véritable
servitude légale ? Il est évident que M. Daviel a mal rendu
sa pensée et que sa plume l'a trahi ; cette affirmation, à la
prendre à la lettre, serait une hérésie juridique. Loin de
pouvoir grever les propriétés riveraines d'une servitude
légale, l'administration ne peut accorder de concession de

prises d'eau qu'en réservant les droits des tiers, et cette réserve est toujours sous-entendue, alors même qu'elle ne résulterait pas du contexte de l'acte de concession. Dira-t-on enfin, pour donner à l'argument une forme plus convenable et plus spécieuse, que l'autorité administrative, ayant la faculté de disposer des eaux et de les concéder à l'industrie privée, l'usinier n'a fait qu'user d'un droit que l'autorisation administrative rendait incontestable et qu'il est protégé par l'adage : « Neminem lædit qui jure suo utitur. » M. Batbie répond fort bien en montrant que le droit dont excipe l'usinier n'est point un droit absolu, qu'il n'existe que sous certaines réserves, qu'il ne peut s'exercer qu'à condition de ne pas nuire à autrui ; le préjudice causé par l'usinier doit en définitive rester à sa charge, tout comme un dommage causé par un animal reste à la charge de son propriétaire, encore bien que ce dernier peut dire, lui aussi, qu'en le possédant, il ne faisait qu'user d'un droit incontestable.

314. Ce n'est que bien rarement que ces questions d'indemnités à accorder aux particuliers lésés par l'établissement d'une usine se présenteront dans des termes aussi simples; en effet, il est tout naturel que les demandeurs au procès concluent à ce qu'en conséquence du jugement, qui leur a alloué des dommages-intérêts, le propriétaire du nouvel établissement soit tenu de supprimer les travaux par lui faits et de remettre les choses dans leur ancien état. Cette suppression peut-elle être ordonnée par les Tribunaux civils toutes les fois qu'il s'agit d'établissements régulièrement autorisés ? Rien ne paraît plus difficile que de déterminer ici les limites exactes de la compétence judiciaire et de la compétence administrative, et plus d'une fois, devant le Conseil d'Etat, les organes du ministère public ont dû signaler la déplorable facilité et le peu de discernement avec lequel des arrêtés de conflit étaient pris en semblable

matière ; en 1869 notamment, M. Godard de Belbœuf
était obligé de rappeler que le pouvoir d'élever le conflit
d'attributions n'était pas une arme placée entre les mains
de l'administration pour lui permettre d'usurper à son
tour sur les fonctions de l'autorité judiciaire, encore moins
pour lui donner les moyens de soustraire les citoyens à
leurs juges naturels. Les préfets sont trop facilement portés à voir une usurpation de pouvoir dans les jugements et
arrêts par lesquels les tribunaux judiciaires modifient les
arrêtés ou les décrets intervenus dans un intérêt privé
pour autoriser une usine ; il leur semble qu'il y a là un
blâme indirect des actes d'administration et qu'il faut à tout
prix éviter que ce blâme puisse être prononcé par d'autres que par des juges de l'ordre administratif. » C'est contre
cette tendance que le Conseil d'Etat n'a cessé de protester,
bien qu'à certaines époques, le ministre des Travaux publics ait essayé de le faire revenir sur sa jurisprudence antérieure, il a persisté à reconnaître dans certaines limites
le droit pour les tribunaux civils de mettre à néant les
actes de concession émanés de l'autorité administrative, et,
chose singulière, à une époque où la Cour de cassation hésitait encore, il s'est constitué le défenseur des préroga-
tives de l'autorité judiciaire.

315. Ce n'est qu'en 1841 que notre question fut pour la
première fois l'objet d'un examen approfondi. M. le conseiller Duplan se faisait alors l'écho des opinions alors généralement reçues dans la doctrine qui n'admettait point qu'un
ouvrage autorisé par l'administration pût être supprimé par
jugement du Tribunal civil. « Ne s'agit-il que de dommages
intérêts occasionnés par des travaux que l'administration a
autorisés? le pouvoir judiciaire est compétent. Mais s'a-
git-il de la modification des travaux? Comme ce serait toucher à un acte administratif, l'administration seule est
compétente. » — La difficulté se présenta une seconde fois

en 1844 : un arrêt de la Cour de Nîmes, du 20 juin 1843, avait condamné un sieur Gaudin Gilbert à abaisser le niveau du déversoir de son usine. Pourvoi en Cassation. Devant la Chambre des requêtes, M. Mesnard, conseiller rapporteur, examina minutieusement tous les moyens invoqués contre l'arrêt attaqué. Il commençait par signaler la difficulté de sa tâche et se plaignait de la confusion que présentait la diversité apparente des arrêts. « Dans une pareille position, disait-il, il convient d'apporter une grande attention à l'examen de chacune des espèces qui sont à juger ; des nuances peu faciles à saisir au premier aperçu deviennent quelquefois des raisons de décider. » Le système que formulait ensuite le savant magistrat ne laissait que bien peu de place à l'intervention des Tribunaux civils : d'après lui, la suppression de tout ou partie d'une usine ne pouvait être ordonnée par eux que dans deux cas : 1° s'il s'agissait d'une usine non autorisée ; 2° s'il s'agissait d'une usine autorisée originairement, mais à laquelle auraient été annexés depuis des travaux non autorisés. C'était, en réalité, proclamer la compétence absolue de l'autorité administrative qui, seule, pouvait statuer sur la demande d'un particulier tendant à la suppression ou à la modification d'une usine autorisée ; et l'on arrivait à ce résultat que les Tribunaux civils étant seuls compétents pour statuer sur la demande d'indemnité, les Tribunaux administratifs étant seuls compétents pour statuer sur la demande de suppression ou de modification, la partie lésée se trouvait obligée d'intenter une double action et de suivre deux procédures devant deux juridictions différentes. M. Mesnard ne laissait subsister aucun doute sur sa véritable opinion et en acceptait toutes les conséquences : « Une distinction se présente tout naturellement : ou les travaux dommageables ont été autorisés par l'administration, ou ils ont été entrepris sans son autorisation. Au premier cas, nul doute n'est

possible : les Tribunaux n'ont pas le droit de faire détruire
ce que l'administration a permis d'édifier ; ils doivent se
borner à accorder des dommages-intérêts, sauf à l'administration à aviser plus tard, en cas de recours devant elle. »
Passant ensuite à l'examen de l'arrêt déféré à la censure
de la Cour suprême, il précisait le point de fait souverainement constaté par la Cour de Nîmes, et pour lui, si le
pourvoi devait être rejeté, ce n'était point parce que l'administration avait autorisé l'établissement d'une usine en
violation des droits des tiers, mais uniquement parce que
le déversoir ayant été surélevé , l'usinier avait outre-
passé les termes de l'autorisation administrative. « Si maintenant nous en venons au fait même du litige, nous voyons
qu'il s'agit, non pas de la construction complète et sou-
daine d'un déversoir qui a causé du préjudice à un tiers,
mais bien seulement d'une œuvre additionnelle, d'une nouvelle élévation donnée à un déversoir préexistant. Cet exhaussement n'avait pas été autorisé ; l'arrêt attaqué a constaté qu'il était de nature à nuire à l'usine du défendeur
éventuel et il a ordonné des mesures pour le rétablissement
du déversoir à sa hauteur primitive, « et telle, dit l'arrêt,
qu'elle a dû être fixée par l'autorité administrative à l'époque de sa construction, ou, mieux encore, telle qu'elle est
annoncée par le déversoir lui-même, mais par le déversoir
dans son état normal et non altéré. » De deux choses l'une :
ou, en effet, la hauteur du déversoir a été fixée, comme le
suppose l'arrêt, par l'autorité administrative, ou, comme le
prétend le pourvoi, il n'y a jamais eu de règlement à cet
égard. S'il y a eu règlement déterminant la hauteur du déversoir, il vous semblera peut-être que la Cour royale, d'a-
près ce que nous avons dit ci-dessus, aurait eu le droit de
ramener le demandeur aux conditions de ce règlement, et
que, loin de contrarier en cela l'autorité administrative, elle
n'aurait fait qu'assurer l'exécution de sa prescription ; que

par suite, l'arrêt attaqué, loin aussi de procéder lui-même par voie réglementaire, se serait borné, comme il le dit, à reconnaître, avec les experts, la véritable hauteur du déversoir, telle qu'elle avait été fixée. Si, au contraire, comme le prétend le pourvoi, aucun réglement administratif n'a été donné, les juges de la cause, mis en présence du dommage causé à un tiers par les travaux du demandeur, n'avaient-ils pas le champ libre pour ordonner soit la destruction de ces travaux, soit leur réduction à des proportions telles qu'ils ne pussent plus nuire au riverain qui s'en plaignait? En pareil cas, si l'autorité judiciaire n'a pas le droit de fixer à priori et définitivement une hauteur d'eau, ne peut-elle pas, en cas de dommage constaté, ordonner provisoirement et sauf réglement ultérieur de l'administration, la réduction de l'abaissement des ouvrages dommageables usque dum non noceant? C'est ce que vous aurez à décider. » Et c'est dans cet esprit que fut rendu l'arrêt du 27 novembre 1844 (Dev., 45-1-593).

316. Les idées de M. Mesnard ne paraissent pas avoir trouvé faveur dans la doctrine; elles sont aujourd'hui complétement abandonnées et nous ne croyons pas que jamais il soit venu à la pensée de l'administration de revendiquer les droits excessifs que lui accordait le savant magistrat. D'après l'opinion la plus accréditée chez les auteurs, les Tribunaux civils sont compétents pour ordonner la suppression partielle ou totale des travaux autorisés par l'administration toutes les fois que la partie lésée justifie qu'elle agit en vertu d'un titre de droit commun, c'est-à-dire d'un titre qui existe en sa faveur en dehors de toute permission administrative; c'est l'application pure et simple de cette règle élémentaire que les questions de droit commun ressortissent exclusivement aux tribunaux civils. Mais on va se récrier : que deviendra le principe de la séparation des pouvoirs si un Tribunal peut déclarer nulle et non avenue

l'autorisation qui a été accordée à l'administration? M. Bourguignat (T. I, p. 401) répond parfaitement à l'objection. L'administration n'a accordé d'autorisation au demandeur en concession, qu'autant que les allégations par lui fournies au cours de l'instruction, se trouveraient exactes et réelles; il soutenait que le volume d'eau dont il réclamait la concession, était absolument disponible; qu'il était propriétaire plein et entier des terrains sur lesquels devait s'élever l'usine; qu'aucune convention n'était intervenue entre lui et des tiers, pour régler l'usage des eaux dont ils pouvaient avoir la jouissance commune. Or, en fait, l'administration a été induite en erreur; les Tribunaux décident que les allégations du demandeur étaient inexactes; que tel usinier avait sur les eaux concédées ultérieurement, un droit de jouissance exclusif à l'égard des autres riverains; que le concessionnaire n'était point le propriétaire des terrains sur lesquels devait s'élever l'usine, ou bien que ces terrains étaient grevés d'une servitude non ædificandi; que par une convention formelle, l'usinier s'était engagé à ne pas établir de prise d'eau à tel ou tel endroit. Qu'en résulte-t-il? C'est que l'entreprise du concessionnaire manque de sa véritable base : l'hypothèse dans laquelle se plaçait l'administration ne s'est point réalisée, et les Tribunaux, en interdisant le maintien des travaux autorisés, n'annulent pas en réalité l'acte d'autorisation administratif; ils reconnaissent seulement que le concessionnaire s'est placé en dehors des conditions de cet acte et ne peut, dès lors, s'en prévaloir, au moins quant à présent. M. Bourguignat fait remarquer avec raison que, si l'autorisation administrative est dans l'espèce stérile et inefficace, ce n'est qu'en fait et non en principe; ce n'est que provisoirement et non à toujours; que le moment où elle pourra recevoir son application dépend du bénéficiaire qui, par contrat ou autrement, peut encore acquérir ce qui lui fait défaut, à savoir le droit dont l'existence présumée à son profit, avait servi de base à l'autorisation. En 1870, M. le conseiller Sorbier discutait la même objection devant la Chambre des requêtes et montrait, par un exemple heureusement choisi, qu'il existait d'autres cas où un acte administratif pouvait être annulé par les Tribunaux civils, parce que le concessionnaire ne se trouvait pas dans les conditions dont cet acte supposait la préexistence. « Quel est le sens de ces autorisations ? Le voici : « Moi, administration, je ne vois aucun inconvénient pour l'ordre public à ce que vous exécutiez tels travaux dans tel cours d'eau, je ne vous inquiéterai pas personnellement, tant que l'intérêt général ne sera pas en jeu ; mais, si les ouvrages que vous allez faire nuisent à des tiers, je vous avertis que je ne vous garantis rien, que vous travaillez à vos risques et périls, et que mon autorisation ne met pas obstacle à ce que les individus qui pourraient être lésés par vos ouvrages ne fassent valoir leurs droits devant les Tribunaux ordinaires. » Il est donc bien clair que l'autorité judiciaire, en statuant en ce cas, ne touche nullement à ces sortes d'arrêtés préfectoraux qui ont toujours soin de réserver les droits des tiers ; elle laisse ces arrêtés tels qu'ils sont, ne conférant aucun droit à l'encontre des particuliers et produisant néanmoins leur effet tant que personne ne réclame. Pareille chose arrive tous les jours en matière de brevets d'invention ; l'une des conditions requises pour la validité d'un brevet, c'est que le procédé pour lequel on l'a obtenu soit nouveau, de telle sorte que tout individu peut faire prononcer la déchéance du brevet, s'il prouve que le procédé breveté était déjà connu. Cependant, comme le brevet est accordé par un arrêté ministériel, on soutenait autrefois, qu'il ne pouvait être anéanti que par un acte de même nature. Mais cette doctrine a été repoussée plusieurs fois par la Cour de cassation ; l'administration délivre les brevets sans examen préalable et n'entend pas garantir la priorité de l'invention ; d'où il suit que les tribunaux, en prononçant sur cette question, n'empiètent pas sur les attributions administratives, bien qu'après tout, en décidant que l'invention n'est pas nouvelle, ils rendent stérile l'arrêté du gouvernement qui, jusque-là, avait produit ses effets. »

317. Dans ce second système, le particulier lésé dont le titre originaire consiste dans une concession administrative, ne peut demander qu'à l'autorité administrative la suppression des travaux autorisés qui lui causent un préjudice. Mais comment déterminer à priori les cas où un particulier réclame en vertu du droit commun de ceux où il ne réclame qu'en s'appuyant sur une concession administrative ? Sans doute, on ne sera guère embarrassé lorsqu'il excipera d'un droit de propriété, d'une servitude non ædificandi grevant le terrain sur lequel a été bâtie l'usine ou bien d'une convention intervenue entre lui et l'usinier nouvellement autorisé ; il est bien évident que la base de sa demande en suppression se trouve dans le droit commun. A l'inverse, s'il se plaint que cet usinier porte atteinte aux droits que lui avait assurés un décret, une ordonnance, un arrêté préfectoral, il est évident qu'il ne pourra s'adresser qu'à l'autorité administrative. Mais, comment considérer la demande de la partie lésée lorsqu'elle alléguera que les droits qui ont été méconnus en sa personne avaient été garantis à ses auteurs par les anciennes déclarations, notamment par celles de 1683 et de 1693 ? A l'entendre, elle jouissait non point parce que l'administration lui avait fait une concession, mais parce que ses auteurs se trouvaient en possession de l'usine antérieurement à 1566 : ou bien, parce qu'ils avaient satisfait aux conditions exigées d'eux par les textes que nous venons de citer : comment soutenir dans le premier cas que cette jouissance ait eu pour origine une concession administrative, puisqu'antérieurement à 1566 les cours d'eau même navigables étaient dans le commerce ? L'embarras

sera bien plus grand lorsqu'elle produira à l'appui de sa demande en dommages-intérêts des lettres patentes qui accordent à ses auteurs, moyennant un capital fixe ou une rente annuelle, la jouissance d'un certain volume d'eau ; la circonstance que ces lettres patentes ont été enregistrées en Parlement ne montre-t-elle pas qu'il y a eu dans l'espèce, non pas une simple concession, mais une aliénation du domaine public régulièrement consentie ? Nous en dirons autant du cas où le titre invoqué sera un acte de vente nationale : est-ce là une vente proprement dite ou une concession administrative ? En présence de ces difficultés qui se soulèvent à chaque pas, M. Bourguignat (loc. cit.) a essayé de trouver une formule qui permît de saisir facilement le caractère réel de la jouissance à laquelle il a été porté atteinte ; il enseigne qu'un usinier ne peut être réputé jouir en vertu du droit commun, toutes les fois que son titre peut être l'objet d'une réglementation administrative. Mais qui ne voit jusqu'où va nous mener une semblable proposition ? Il peut paraître fort raisonnable de renvoyer à se pourvoir devant l'autorité administrative celui qui ne jouissait, qu'en vertu des déclarations ci-dessus rappelées, des lettres patentes octroyées à ses auteurs, d'une vente nationale ; mais admettra-t-on aussi aisément que le riverain qui jouit en vertu de l'art. 644 de l'eau bordant sa propriété, que l'usinier qui a prescrit ou qui possède vis-à-vis des tiers le droit d'user de l'eau dans telle ou telle condition soient assimilés à un simple concessionnaire jouissant en vertu d'un titre administratif ? L'administration a le droit de réglementer leur jouissance dans l'intérêt général : il en résulterait donc qu'ils ne pourraient demander qu'à l'administration la suppression des établissements élevés en contrariété de leur titre. Pour être conséquent avec lui-même, M. Bourguignat est obligé d'accepter cette solution. — Suivant nous, cette distinction que l'on a essayé d'établir entre les titres de droit commun et les titres administratifs est non seulement arbitraire, mais encore inapplicable en pratique. Si au premier abord, elle paraît présenter à l'esprit quelque chose de satisfaisant, on se convaincra vite qu'au fond elle ne peut donner la clef du problème qu'il s'agit de résoudre ; on s'apercevra qu'elle est inacceptable, sitôt qu'on cherchera à préciser le sens exact des deux expressions que l'on oppose l'une à l'autre : aussi croyons-nous qu'il n'y a pas plus lieu de s'arrêter à ce second système qu'à celui de M. Mesnard.

318. Une troisième théorie a été formulée par la Cour de cassation après de nombreuses hésitations. — Sa jurisprudence nous offre deux périodes distinctes. A l'origine, nous la voyons se prononcer exclusivement dans le sens qu'avaient indiqué M. Duplan et M. Mesnard. Sans aucun doute, disait-elle, lorsque les travaux entrepris sans autorisation sur le cours d'une rivière portent préjudice aux usiniers antérieurs, les Tribunaux civils sont compétents pour en ordonner la destruction : encore faut-il ajouter que, même dans ce cas là, ils n'auraient point qualité pour prescrire les mesures qui leur paraîtraient propres à concilier les intérêts des parties en cause ; ils ne pourraient par exemple, prescrire que le barrage incriminé fût ramené à une hauteur où il deviendrait inoffensif pour les tiers ; ils ne pourraient même se contenter d'imposer à l'auteur du dommage telles ou telles mesures qui en préviendraient le retour : par là en effet, ils feraient un véritable réglement d'eau et empiéteraient sur les pouvoirs de l'autorité administrative, seule chargée d'assurer le libre cours des eaux. (Req. Rej. 30 août 1830.— Dev., C. N. 9-1-581 ; — ibid., 28, Dev., 1830; — Dev., C. N. 9-1-611). Que si, au contraire, il s'agit d'un ouvrage autorisé par l'administration, l'autorité judiciaire doit se borner à allouer les dommages-intérêts réclamés devant elle, sans pouvoir ordonner la suppression de l'ouvrage cause du préjudice. L'arrêt des requêtes du

14 février 1833 (Dev., 33-1-418) où se trouve précisée la première doctrine de la Cour est remarquable par la netteté de sa rédaction : « Attendu qu'aux termes des lois de 1790 et de 1791 sur la matière, l'administration a droit d'autoriser des établissements d'usines sur des rivières navigables ou non navigables et de fixer la hauteur des eaux ; que si, par suite des mesures autorisées par l'administration, les riverains éprouvent quelque dommage, ils peuvent même sans attaquer cet acte réclamer des dommages-intérêts et les réclamer devant les Tribunaux ; mais que s'ils se plaignent que les établissements autorisés par l'administration ont diminué la hauteur des eaux qui traversent leurs propriétés et en ont rendu la pente plus ou moins rapide, cette réclamation qui tend à faire révoquer ou modifier l'acte administratif doit être portée devant l'autorité administrative... » (Cpr. Civ. Rej. 2 juillet 1839 ; Dev., 39-1-845 ; — Req. Rej. 26 janvier 1841 ; Dev., 41-1-409). Les conséquences de ces arrêts étaient si exorbitantes que l'administration elle-même les tint pour lettre morte : elle s'abstint d'intervenir dans les procès de cette nature toutes les fois que l'autorisation intervenue avait eu pour but de favoriser non l'intérêt général, mais l'intérêt d'un particulier concessionnaire de la nouvelle prise d'eau. Devant cette attitude, la Cour de cassation se départit singulièrement de la rigueur qu'elle avait montrée en 1833, 1839 et 1841. L'arrêt de rejet de la Chambre civile du 13 août 1855 (Dev., 56-1-441), au rapport de M. Alcock donna le premier signal de ce revirement : « Attendu que le décret qui autorisait Chabert à établir une usine et un barrage sur le canal de la Sorgue, rendu au point de vue des droits de police et de surveillance de l'administration supérieure, ne pouvait pas préjudicier aux droits des tiers, lesquels sont d'ailleurs expressément réservés ; que ce décret n'était donc pas un obstacle à ce que les Tribunaux ordinaires statuassent

sur une action possessoire relative à la partie de la rive sur laquelle Chabert avait élevé ses travaux et sur la destruction de ces travaux, laquelle en était la conséquence légale ; attendu que dans la cause aucun déclinatoire n'avait été proposé par l'autorité administrative... » Cet arrêt, si libéral qu'il fût, ne pouvait donner satisfaction complète aux praticiens ; il était rédigé d'une manière trop brève et trop incomplète ; il n'indiquait pas quelles devaient être en cette matière les limites exactes de la compétence judiciaire et de la compétence administrative. La Cour admettait que, dans un cas donné, un Tribunal avait pu, sans violer aucune loi, prononcer la suppression d'un ouvrage autorisé ; mais ce cas était-il unique ? Existait-il au contraire d'autres hypothèses où les Tribunaux avaient un semblable pouvoir ? C'est ce que ne disait pas l'arrêt de 1855. Aussi n'y a-t-il point à s'étonner que quelques années plus tard la Cour de Bruxelles (Arrêt du 3 août 1864 ; Pas. 64-2-330) et la Cour de cassation de Belgique (Rej. 11 juillet 1865 ; Pas. 65-1-263) se soient, sauf quelques différences de détail, ralliées à la distinction suivant laquelle la suppression du barrage doit être ordonnée par le pouvoir judiciaire lorsque la partie lésée jouit en vertu du droit commun, par le pouvoir administratif lorsqu'elle jouit en vertu d'une concession administrative. Aujourd'hui, toute hésitation a cessé depuis le mémorable arrêt de cassation de la Chambre civile en date du 18 avril 1866 (Dev., 66-1-330). Nous pouvons le résumer d'un mot : l'administration est seule compétente pour ordonner la suppression d'un ouvrage autorisé dans l'intérêt général ; mais les Tribunaux ordinaires sont compétents pour ordonner la suppression d'ouvrages autorisés dans un intérêt privé et en vue d'une possession individuelle. Telle est la formule que nous retrouvons dans trois autres arrêts postérieurs émanés des deux Chambres de la Cour. (Civ. Cass. 22 janvier 1868 ; Dev., 68-1-128 ; —

Req. Rej. 14 mars 1870 ; Dev., 70-1-301 ; — ibid., 16 avril 1873 ; Dev., 73-1-130). Elle paraît acceptée sans hésitation par les Cours d'appel et un arrêt de la Cour de Pau du 22 juillet 1872 (Dev., 72-2-310) en tire cette conséquence que non seulement le Tribunal, saisi d'une demande en dommages-intérêts à raison du préjudice causé par des travaux autorisés dans un intérêt privé, a le droit d'en ordonner la suppression, mais encore qu'il en a le devoir. En 1870, M. le conseiller Sorbier la développait en termes excellents : « En thèse générale, l'administration n'a le droit de prononcer que sur les matières qui tiennent à l'ordre public et que les tribunaux sont compétents pour statuer sur toutes les questions qui n'intéressent que les particuliers entre eux : quand l'administration agit d'une manière impérative pour l'intérêt général, quand elle prescrit des travaux en vue d'un service public, alors elle a un pouvoir de commandement qui l'emporte sur les intérêts privés et qui les oblige à se contenter d'indemnités ; dans le cas, au contraire, où elle prononce qu'il n'y a pas d'inconvénients à ce qu'un particulier fasse de son droit un usage déterminé, elle ne statue que sauf les droits des tiers, et il n'existe aucune raison pour enlever aux tribunaux la connaissance du litige. »

319. La jurisprudence du Conseil d'Etat a subi les mêmes vicissitudes que celles de la Cour de cassation. — Sans parler des décisions antérieures qui, à raison de leur laconisme, ne peuvent présenter aucun intérêt doctrinal, nous mentionnerons tout spécialement l'arrêt de principe du 18 juillet 1838, maintenant un arrêté de conflit pris par le préfet de la Vaucluse : « Considérant en fait que la demande du sieur Millet tendait non à obtenir des dommages-intérêts pour le préjudice que lui aurait occasionné l'exécution de l'Ordonnance royale du 25 octobre 1826, mais à empêcher cette exécution elle-même ; qu'ainsi, elle ne pouvait être soumise à l'autorité judiciaire. » Sur le

point de droit, le rédacteur de l'arrêt s'était borné à copier textuellement sauf un membre de phrase omis, les considérants de l'arrêt des requêtes de 1833 : les deux hautes juridictions marchaient donc absolument d'accord. Dans les années qui suivirent, le Conseil d'Etat se montra beaucoup moins absolu : il semble qu'il ait cherché autant que possible à ne point se prononcer sur la question et à la laisser en suspens. C'est ainsi que toutes les fois où les parties lui déféraient comme incompétemment rendus et comme entachés d'excès de pouvoir des actes portant autorisation de nouvelles usines, il les renvoyait à faire valoir leurs droits devant l'autorité judiciaire ; mais ni les motifs, ni le dispositif de la décision rendue n'indiquaient jusqu'où pouvaient aller les droits ainsi réservés : on n'y trouvait qu'une formule vague et qui laissait subsister la difficulté dans son entier, V. not. les arrêts des 24 janvier 1864 (Lebon, 64-44) et 15 février 1866 (Lebon, 66-98). — L'arrêt de la Chambre civile du 18 avril 1866 obligea le Conseil d'Etat à sortir de cette réserve et à indiquer bien nettement si oui ou non il persistait dans le système qu'il avait adopté en 1838 : un arrêt du 18 novembre 1869 (Lebon, 69-877) rompant avec les précédents, vint décider que le Tribunal d'Albi avait pu sans violer les règles de la compétence ordonner la destruction d'un barrage autorisé par un arrêté du préfet du Tarn. « Considérant que si l'établissement du barrage construit par le sieur Prat de Lestang a été autorisé par arrêté du préfet en vertu des pouvoirs de police que l'administration tient des lois des 12-20 août 1790 et des 28-6 octobre 1791, cet arrêté pris sur la demande et dans l'intérêt unique du sieur Prat de Lestang, n'a pu préjudicier aux droits des tiers qu'il a d'ailleurs expressément réservés et ne fait pas obstacle à ce que le sieur Roquelaure demande, devant l'autorité judiciaire, la suppression dudit barrage au cas où l'existence de cet ouvrage constituerait

une entreprise sur les droits privés..... » Les conclusions
de M. Godard de Belbœuf sont le meilleur commentaire de
cet arrêt : « Dans les circonstances de l'affaire, les titres
intervenus, c'étaient au pétitoire une vente nationale et une
possession par lui ou par ses auteurs plus que trentenaire ;
c'était au possessoire la possession de l'an et jour. Quelle
était la juridiction compétente pour prononcer soit au possessoire soit au pétitoire sur la contestation ? Aux termes
des dispositions ci-dessus rappelées, c'était évidemment l'autorité judiciaire. D'autre part, ainsi que nous l'avons indiqué, si l'établissement du barrage litigieux ne pouvait
avoir lieu sans un laissez-passer administratif, sans l'intervention du pouvoir de police, l'arrêté d'autorisation a été
pris, non dans un intérêt général ou collectif, mais sur la
demande et dans l'intérêt unique du sieur Prat de Lestang.
D'ailleurs, dans l'art. 8 de cet arrêté, le préfet réserve expressément les droits des tiers. Dans l'espèce, un des tiers,
c'est le sieur Roquelaure, c'est le propriétaire de l'usine du
Troteco. Si donc le demandeur excipait d'un trouble apporté à sa possession annale, s'il soutenait que l'établissement du barrage constituait une entreprise sur ses droits
privés, s'il prétendait avoir acquis par titre ou par prescription un droit exclusif à la jouissance de la totalité des
eaux du Dadon, l'arrêté dont il s'agit ne pouvait faire obstacle à ce que le sieur Roquelaure, au possessoire d'abord,
réclamât devant l'autorité judiciaire la suppression du barrage et ensuite au pétitoire, à ce qu'il fût statué par cette
autorité sur les prétentions respectives des parties. »
C'est ce qui a encore été décidé par un arrêt du 12 juillet
1871 (Lebon, 71-85), arrêt d'autant plus remarquable que
dans l'avis qui l'a précédé, le ministre des travaux publics
semblait ne reconnaître à la partie lésée que le droit de
poursuivre judiciairement la réparation du préjudice à elle
causé. — Toutefois nous ferons observer qu'un dernier

arrêt, émané à la date du 14 août 1871 de la commission provisoire remplaçant le Conseil d'Etat (V. Lebon, 71-125) paraît en contradiction formelle avec les deux décisions que nous venons de rapporter. « Considérant que si les époux Couilland se croient fondés à soutenir, ainsi qu'ils l'ont allégué pour la première fois dans leur pourvoi, que les propriétaires des prairies qui bordent le canal du moulin étaient tenus, en vertu de titres privés, de supporter les inconvénients résultant d'un niveau plus élevé que celui qui a été autorisé, l'arrêté attaqué ne fait pas obstacle à ce qu'ils fassent constater leurs droits par l'autorité judiciaire, *sauf à eux dans le cas où ces droits seraient reconnus, à revenir ensuite devant l'administration pour faire apprécier par elle s'il y a lieu de modifier les dispositions actuelles du règlement de leur usine.....* » Y a-t-il là un retour vers la jurisprudence abandonnée en 1869 ? A-t-on voulu dire qu'à l'administration seule appartenait le droit de modifier les arrêtés antérieurs? L'arrêt n'est pas assez explicite pour que l'on puisse affirmer que telle a été la pensée de son rédacteur. Nous regretterions vivement pour notre part de voir remettre en discussion des principes qui semblaient universellement acceptés par la pratique. L'annotateur du recueil de Lebon paraît croire que la commission provisoire n'a point voulu consacrer la prédominance du pouvoir administratif sur le pouvoir judiciaire; qu'elle a entendu réserver à l'administration le droit d'apporter à un arrêté intervenu dans un intérêt général toutes les modifications qui seraient nécessitées par les réclamations des tiers. Quoi qu'il en soit, nous souhaitons vivement que le Conseil d'Etat maintienne fermement la doctrine proclamée par la Cour de cassation et à laquelle il s'était attaché : c'est là, en effet, le seul moyen de garantir les intérêts privés qui se trouveraient lésés par des arrêtés intervenant au mépris de leurs droits antérieurs ; c'est le seul moyen de donner une efficacité réelle aux réserves contenues dans les arrêtés portant autorisation d'une usine hydraulique : en résumé, les propriétaires d'établissements anciens ne peuvent être dépouillés administrativement qu'autant que cette mesure est commandée par l'intérêt de la navigation, et de la salubrité publique ou par la nécessité de disposer des eaux dans un but d'utilité générale.

320. Reste à examiner les objections théoriques qui ont été présentées contre les arrêts émanés soit de la Cour de cassation, soit du Conseil d'Etat. Au fond, ceux-là même qui en approuvent l'esprit, craignent toujours d'avoir autorisé un empiétement du pouvoir judiciaire sur le pouvoir administratif : ils éprouvent, malgré eux, le besoin de se disculper de ce reproche. Ces scrupules étaient tout récemment encore manifestés par M. le conseiller Nachet. « On ne peut se dissimuler que la doctrine qui n'accorde aux tribunaux que le droit de prononcer des dommages-intérêts et leur interdit d'ordonner toute mesure contraire aux autorisations accordées par l'autorité administrative, ne pose une règle d'une application facile et garantissant mieux le principe de la réparation des pouvoirs. » M. Bourguignat a trop bien démontré que ce prétendu empiétement du pouvoir judiciaire sur le pouvoir administratif n'était qu'apparent, pour que nous ayons besoin d'insister sur ce point : l'administration n'a statué que conditionnellement et pour le cas où l'acte émané d'elle ne viendrait pas se heurter contre les droits des tiers : en décidant que cette condition ne s'est point réalisée, les tribunaux n'annulent pas un acte administratif : ils ne font qu'en appliquer la lettre et l'esprit. — En dehors des considérations générales sur la nécessité de maintenir intacte le principe de la séparation des pouvoirs, les adversaires de la jurisprudence actuelle insistent sur deux moyens de droit : 1° Un établissement incommode et insalubre autre qu'une usine hydraulique a été autorisé

par l'administration : les tiers, à qui l'existence de cet établissement porte préjudice, peuvent bien se pourvoir devant
l'autorité judiciaire à fins de dommages-intérêts : mais
d'autre part, on n'hésite pas à admettre que les tribunaux ne
peuvent ordonner la suppression d'un semblable établissement par la raison que les mesures ordonnées par l'administration pour neutraliser les inconvénients de ce voisinage
seraient inefficaces. Pourquoi, se demande-t-on, le même
principe ne serait-il pas appliqué à notre espèce spéciale ?
M. l'avocat-général Reverchon s'est attaché, devant la
Chambre des requêtes, à réfuter cet argument si spécieux
au premier abord. Il commençait par faire observer que
lorsqu'il s'agit d'un établissement incommode ou insalubre
régi par le décret du 15 octobre 1810, on se trouve en
présence d'une procédure toute particulière organisée par
ce décret ; que le Conseil de Préfecture et le Conseil d'Etat
sont appelés à rechercher si, en autorisant l'établissement incriminé le préfet, le sous-préfet ont fait acte de
mauvaise administration ; que les tiers trouvent des garanties insuffisantes dans ce droit de critiquer les actes
émanés de l'administration. Or, aucune forme de procédure
n'a été organisée au cas ou il s'agit d'usines hydrauliques :
aucune juridiction n'est particulièrement chargée de sauvegarder les droits existant antérieurement : nous ne nous
trouvons en présence que des règles ordinaires qu'il s'agit
d'interpréter. Examinant ensuite la question à un point de
vue plus général, le savant magistrat se demandait si les
personnes qui invoquent ainsi les décisions de la Cour de
cassation, des Cours d'appel, relativement aux établissements incommodes et insalubres, en ont en réalité bien saisi
le véritable sens. Sans aucun doute, lorsqu'il est porté atteinte
aux intérêts des tiers, les tribunaux sont, de par ces décisions, incompétents pour supprimer un établissement de ce
genre une fois qu'il a été autorisé : mais en peut-il être de

même lorsque l'autorisation administrative porte atteinte non seulement aux intérêts des tiers mais encore à leurs droits antérieurs ? « Supposons que le débat soit porté sur le terrain du droit ; supposons qu'un industriel avec l'autorisation de l'administration, construise un établissement quelconque sur le terrain d'autrui, ou bien au mépris d'un contrat par lequel il se serait engagé vis-à-vis de telle personne à ne pas fonder d'établissement de ce genre dans une localité déterminée, très-certainement cette personne ou le propriétaire du terrain dont il s'agit pourrait demander aux tribunaux, et les tribunaux pourraient ordonner la suppression des constructions faites en violation du droit de propriété ou de la construction intervenue, et il ne serait nullement nécessaire de poursuivre préalablement devant l'administration l'annulation de l'acte d'autorisation. La jurisprudence nouvelle à laquelle nous venons de faire allusion s'applique donc, en ce qui touche les travaux privés que l'administration autorise, non seulement au droit d'allouer des dommages-intérêts, mais encore au droit d'ordonner la modification ou la destruction des ouvrages qui porteraient atteinte à des droits. » — 2° L'autorisation d'établir une prise d'eau constitue de la part de l'administration une véritable concession de cette prise d'eau : or, la mise en œuvre d'une concession administrative ne peut être entravée par un acte du pouvoir judiciaire. M. l'avocat général Reverchon n'a point eu de peine à établir que l'argument ainsi présenté devait être considéré comme un véritable sophisme. Lorsque l'administration ne pouvant, pour une raison ou une autre, pourvoir par elle-même à un travail public, le concède à un particulier ou à une compagnie, se substitue un représentant pour l'accomplissement de ce travail, il est clair que le pouvoir judiciaire ne pourrait ordonner la destruction du travail public concédé ; c'est qu'en effet l'administration n'a point disparu : elle agit par l'in-

termédiaire de son concessionnaire et cela est si vrai que
ce dernier est armé du droit d'expropriation pour cause
d'utilité publique, du droit de faire des fouilles et de prendre des matériaux dans les propriétés soumises à cette servitude, en un mot que les lois et règlements confèrent à
l'administration pour l'exécution des travaux publics. Mais
s'agit-il ici d'une concession de ce genre? On ne saurait
raisonnablement le soutenir. « Il n'y a rien de semblable
quant aux simples permissions ou autorisations de police,
disait M. Reverchon : le permissionnaire agit pour son
compte non pour celui de l'administration ; aussi, est-il pleinement libre d'user ou de ne pas user de la permission, et
s'il n'en use pas, l'administration n'a ni intérêt ni qualité
pour le contraindre à en user, aussi n'est-il pas non plus
investi du droit d'expropriation. La distinction entre les
travaux privés et les travaux publics, soit exécutés directement, soit concédés, subsiste donc tout entière ; l'administration lorsqu'elle permet ceux-là, ne fait que constater que
l'intérêt public n'aura point à en souffrir, et elle réserve
virtuellement, même sans le dire, tous les droits des tiers,
y compris par conséquent celui de demander aux tribunaux
la suppression de ces travaux, s'ils portent en effet atteinte
à un droit. »

321. Les arrêts que nous venons de citer n'ont statué que
relativement à des prises d'eau autorisées sur des rivières
non navigables ; mais il est pour nous hors de doute qu'il
n'y a point à se préoccuper de cette circonstance spéciale
et que la solution de la jurisprudence serait absolument la
même s'il s'agissait de prises d'eau autorisées dans un intérêt particulier sur une rivière navigable. L'administration elle-même l'a reconnu en rédigeant la clause suivante
qui doit être insérée dans tout acte portant autorisation
d'une usine sur un cours d'eau navigable : « Si, à quelque
époque que ce soit, dans l'intérêt de la navigation, de

l'agriculture, du commerce, de l'industrie ou de la salubrité publique, l'administration reconnaît nécessaire de prendre des dispositions qui privent le concessionnaire d'une manière temporaire ou définitive de tout ou partie des avantages à lui concédés, le concessionnaire n'aura droit à aucune indemnité..... » Ainsi, la dépossession d'un usinier ne peut avoir lieu d'une manière définitive qu'autant qu'elle est exigée par les besoins de la navigation, de l'agriculture, du commerce, de l'industrie ou de la salubrité publique ; c'est qu'en effet, comme on l'a toujours admis, même dans l'ancien droit, les rivières navigables ne sont entre les mains de l'administration qu'un dépôt dont elle ne doit user que dans l'intérêt public ; elle n'a point le pouvoir de supprimer un établissement existant, uniquement pour transférer à un usinier nouveau la jouissance des eaux utilisées par un usinier antérieur ; sinon elle sortirait de son rôle et excéderait les pouvoirs qui lui ont été conférés. La révocabilité des concessions autorisées sur les rivières navigables consiste en ceci, qu'elles doivent disparaître dès que l'intérêt public l'exige ; mais il n'en résulte pas que par le caprice de l'administration, un usinier puisse être dépouillé, dans l'intérêt d'un particulier, d'un droit parfaitement compatible avec l'intérêt général. Nous estimons donc que quelle que soit la situation particulière de l'usine, il y a lieu de s'en référer dans tous les cas à la solution que nous donnent à la fois le Conseil d'Etat et la Cour de cassation. Assurément, il serait chimérique de croire que l'adoption de cette jurisprudence rendra impossible toutes contestations entre usiniers ; dans une note insérée en 1869 au Recueil de Lebon (p. 881), M. Hallays-Dabot avouait que, malgré les décisions antérieures, les praticiens continueraient à se trouver plus d'une fois embarrassés, lors qu'ils seraient consultés sur des affaires de cette nature où les intérêts généraux sont toujours plus ou moins en contact avec les intérêts privés. Dans quels cas l'intérêt privé et surtout la contestation sur des droits privés sont-ils suffisamment accentués pour autoriser l'action devant les tribunaux en vue d'obtenir la suppression d'ouvrages existants, en vertu d'arrêtés administratifs ? Dans quels cas l'intérêt général prédomine-t-il et fait-il obstacle à l'intervention de l'autorité judiciaire ? A quels signes peut-on reconnaître que tel acte donné a le caractère d'une disposition générale plutôt que d'une disposition spéciale, lorsque, par exemple, il embrasse plusieurs usines les unes à la suite des autres ?.... Ce sont là des questions de détail que la doctrine ne peut examiner à priori et d'une manière théorique. La teneur de l'acte administratif, les circonstances dans lesquelles il est intervenu, les incidents qui se seront produits au cours de l'instruction, permettront seuls aux juges d'en saisir la véritable portée dans chaque espèce. Mais, malgré cet inconvénient, il faut reconnaître que c'est déjà un résultat énorme que de pouvoir formuler une théorie complète et de trouver un point de départ certain dans des matières aussi délicates ; nous devons nous féliciter de nous trouver en présence d'une jurisprudence stable et bien assise ; grâce à l'accord du Conseil d'Etat et de la Cour de cassation, nous n'avons plus à redouter, entre le pouvoir administratif et le pouvoir judiciaire, une de ces luttes dont le résultat le plus immédiat est d'entraver la marche des affaires.

322. Nous devons, pour terminer cette matière, dire quelques mots de la compétence des juges de paix, relativement aux contestations qui s'élèvent soit entre les usiniers et les riverains, soit entre les divers usiniers établis sur la même rivière ou le même canal d'amenée. Presque invariablement, la demande de la partie qui se prétend lésée se produira sous forme d'action en complainte ou en réintégrande : elle avait la possession annale de tel volume d'eau

servant au roulement de son usine ; de tel mode de jouissance des eaux.....; elle a été troublée dans sa possession
ou bien elle en a été violemment dépouillée ; elle veut être
remise immédiatement en possession, sauf à l'auteur du
trouble à assigner ensuite au pétitoire pour faire valoir ses
prétendus droits. Sans aucun doute, cette action possessoire sera utilement introduite devant le juge de paix lorsque le trouble aura pour cause originaire des travaux non
autorisés ; mais en sera-t-il de même lorsqu'il s'agira de
travaux autorisés pas l'administration ? M. Mesnard, parfaitement conséquent avec lui-même, soutenait, en 1845,
la négative devant la Chambre des requêtes. Rien de plus
logique, étant accepté ce système, qu'il avait fait adopter
par la même Chambre lorsqu'il s'était agi de délimiter au pétitoire les pouvoirs de l'administration et ceux de l'autorité
judiciaire. A quoi, en effet, aboutit l'action possessoire ? A
la cessation d'un trouble, à une restitutio in integrum. Or,
l'arrêt de 1844 avait décidé que le pouvoir judiciaire était
incompétent pour ordonner, sous quelque prétexte que ce
fût, la suppression des travaux autorisés ; par conséquent,
on ne pouvait admettre qu'il prononçât cette suppression par un moyen détourné en décidant que le particulier
troublé serait provisoirement maintenu dans sa jouissance.
L'action possessoire n'avait donc aucune raison d'être et le
demandeur devait être renvoyé devant le tribunal civil
pour y faire fixer le montant de ses dommages-intérêts.
« On comprend, disait M. Mesnard, l'avantage du possessoire lorsque la maintenue en possession conduit le com-
plaignant à jouer au pétitoire le rôle de défendeur et à
n'avoir plus à se débattre que contre des titres, si la propriété devient contestée. Mais, dans l'espèce, à quoi pouvaient aboutir la possession des demandeurs et la maintenue
qu'ils auraient obtenue. Cette possession, comprenant la
jouissance d'un certain volume d'eau, était opposée à un

riverain qui n'entendait pas apparemment se faire déclarer propriétaire du volume d'eau qu'il absorbait. Comment alors la maintenue en possession des demandeurs eût-elle pu être de quelque effet devant le juge du pétitoire où, en pareil cas, une question de propriété ne pouvait s'engager, ou tout devait finalement se réduire à savoir si la nouvelle œuvre causait ou non du dommage aux demandeurs ? D'une autre part, comment le juge de paix aurait-il pu ordonner la maintenue possessoire des demandeurs, sans ordonner en même temps la destruction ou la modification des travaux ordonnés par l'administration ? Ne devrait-il pas dès lors se déclarer incompétent pour statuer sur une demande qui tendait en définitive à une suppression de construction qu'il ne lui appartenait pas d'ordonner ?.... » Sur ces observations intervint un arrêt conforme en date du 19 août 1845 (Dev., 46-1-44). Il va de soi qu'en présence de la nouvelle jurisprudence suivie par le Conseil d'Etat et la Cour de cassation, la recevabilité de l'action possessoire ne saurait être douteuse, même dans le cas dont nous nous occupons ; plusieurs des arrêts que nous avons cités sont précisément intervenus dans des hypothèses où la partie lésée avait agi au possessoire ; ils décident formellement que, nonobstant l'autorisation administrative, le juge de paix peut faire cesser le trouble dont se plaignent les demandeurs et les réintégrer dans leur possession ; ils ne sont point tenus d'agir au pétitoire et de s'adresser exclusivement aux tribunaux civils pour obtenir la suppression des travaux autorisés : ils sont absolument libres de suivre celle des deux procédures qu'ils jugeront la plus avantageuse.

323. Nous ne pouvons, on le comprend, exposer ici une théorie générale sur les effets de la possession relativement aux cours d'eau ; nous retrouverons cette grave et difficile question quand nous commenterons l'art. 644 ; nous rechercherons alors dans quels cas il peut y avoir

possession utile d'un volume d'eau ; quels sont les éléments de cette possession utile ; quels sont les troubles qui peuvent donner lieu à l'exercice de l'action possessoire, s'il faut, pour que cette action soit recevable, que le trouble provienne d'un abus de jouissance ; s'il est nécessaire que les travaux, cause du trouble, soient en cours d'exécution, ou s'il suffit qu'ils soient simplement projetés... Les principes sont les mêmes, qu'il s'agisse de troubles apportés à la possession qu'exerce un riverain sur les eaux bordant sa propriété, ou d'un trouble à la possession qu'exerce un usinier sur les eaux servant au roulement de son établissement ; ce que nous dirons, en traitant des cours d'eau naturels, s'appliquera aux canaux d'amenée et de fuite dépendant des usines alimentées par une rivière navigable. Nous nous bornerons quant à présent à examiner une seule difficulté qui se rapporte plus spécialement à notre matière, et à rechercher à quelles conditions est subordonnée l'exercice de l'action possessoire, lorsqu'il s'agit de troubles apportés à une usine qu'alimentent les eaux d'une rivière navigable ? Il est d'abord un premier cas où la solution ne saurait être douteuse ; lorsque l'usinier a titre légal, c'est-à-dire lorsqu'il produit un titre de concession antérieur à 1566, lorsqu'il s'agit d'usines ayant été vendues comme biens nationaux, ou d'usines concédées autrefois à perpétuité moyennant un capital fixe, on admet sans hésitation que l'action possessoire est recevable contre les tiers qui troubleraient l'usinier (Civ. Rej., 17 août 1857 ; Dev., 57-1-833). Elle serait même recevable, suivant nous, dans l'hypothèse où le trouble serait le fait des agents du domaine, sauf le cas où ils auraient procédé dans un intérêt public ; en vertu de son titre, l'usinier a, vis-à-vis de ces derniers, une possession utile et non précaire ; nous sommes donc bien dans les termes de l'art. 23 du Code de procédure. Mais qu'arrivera-t-il si l'usinier jouit, en vertu

d'une concession administrative temporaire et révocable ?
On a soutenu que la possession de l'usinier ne pouvait être
qu'une possession précaire, à laquelle on ne saurait reconnaître aucun effet utile ; que cette seule considération suffisait pour lui interdire toute action possessoire. Il y a là
une erreur de droit bien évidente. Ainsi que l'enseignait
Pothier (Tr. de la poss. n° 96) et que le rappelait le texte
formel de l'ancienne Coutume d'Orléans, la précarité ne
constitue un vice dans la possession que vis-à-vis de celui
dont le possesseur tient la chose à titre précaire et ne peut
être invoquée que par ce dernier ; vis-à-vis de toute autre
personne, cette possession est parfaitement régulière et
peut être la source d'un droit utile ; en d'autres termes, la
précarité n'est qu'un vice relatif. M. Daviel (t. I, n° 474)
dit fort justement : « C'est vis-à-vis de la société que ces
sortes de possessions sont impuissantes. Mais il n'en est
pas de même par rapport aux particuliers. L'individu qui
possède à titre précaire ne peut exercer sa complainte
contre celui de qui il tient à titre précaire ; mais contre les
tiers qui viendraient le troubler, il est recevable à la
former. » C'est ce qui a été décidé par arrêt des requêtes
du 9 novembre 1858 (Dev., 59-1-116). Nous signalerons
une décision analogue dans un arrêt de cassation de la
Chambre civile, rendu le 6 mars 1855, au rapport de
M. Alcock (Dev., 55-1-507). Un sieur B..... avait depuis
plus d'un an pratiqué une prise d'eau dans la cunette des
remparts de la ville de Narbonne et ce, avec l'autorisation
du Ministre de la Guerre. Un propriétaire voisin avait, de
son côté, exécuté divers travaux qui lui permettaient d'absorber à son profit les eaux détournées par B...... L'action
en complainte formée par ce dernier avait été accueillie
par le juge de paix ; mais cette sentence avait été infirmée
par le tribunal de Narbonne, sous prétexte que les eaux
dont s'agit, faisant partie du domaine public militaire,

B..... n'avait pu en jouir que précairement et à titre de simple tolérance. Cette doctrine a été formellement répudiée par la Cour dans l'arrêt que nous indiquons. « Attendu que peu importait que les travaux exécutés par B..... l'eussent été en partie sur le domaine public avec l'autorisation du Ministre de la Guerre, ou sur le domaine municipal avec la tolérance de l'autorité civile ; qu'il ne s'agit pas des droits de l'état ou de la commune, qui ne sont pas en cause, auxquels ces faits de possession, purement précaires à leur égard, ne seraient pas opposables, quoiqu'ils puissent l'être entre particuliers quand le litige possessoire se borne entre eux à des intérêts purement privés..... »

324. Aux termes de l'art. 23 C. proc., l'action possessoire n'est recevable qu'autant que la possession qui en fait la base remonte à plus d'un an et un jour. Une controverse célèbre s'est élevée sur la portée qu'il convenait de donner à cet article 23 ; est-il spécial à l'action en complainte et à la dénonciation de nouvel œuvre, ou bien doit-il s'appliquer également à la réintégrande. On sait qu'une jurisprudence constante applique la négative en s'appuyant sur la maxime « spoliatus ante omnia restituendus. » L'arrêt des requêtes du 28 décembre 1826 (Dev., C. N., 8-1-492), qui a contribué si puissamment à l'établissement de cette jurisprudence, a été rendu précisément en faveur d'un usinier qui n'avait point la possession d'an et jour et qui se plaignait de la destruction des vannes par lui établies. Aujourd'hui, aucune difficulté de ce genre ne pourrait se présenter ; l'art. 23 du Code de procédure ne régit plus les actions possessoires intentées à raison d'entreprises sur les cours d'eau qui servent au roulement des usines : que le demandeur agisse par voie de complainte, de réintégrande, de dénonciation de nouvel œuvre, il n'est pas obligé, dans notre cas spécial, de faire preuve de sa possession annale ; il lui suffit d'établir que l'entreprise dont il se plaint a été

commise dans l'année. C'est ce qui résulte de l'art. 6, § 1 de la loi du 25 mai 1838 : « Les juges de paix connaissent en outre à charge d'appel : 1° des entreprises commises dans l'année sur les cours d'eau servant à l'irrigation des propriétés et au mouvement des usines et moulins, sans préjudice des attributions de l'autorité administrative, dans les cas déterminés par les lois et règlements... » Un arrêt de cassation de la Chambre civile, du 19 novembre 1866 (Dev., 67-1-32), a fait une application remarquable de ce texte : un sieur C.... avait assigné devant le juge de paix de Castillon un sieur B.... qui avait détruit un barrage établi sur le ruisseau du Goutas ; devant ce magistrat, il avait demandé à prouver par témoins qu'il avait la possession annale dudit barrage. Le juge de paix, et après lui, le tribunal de Saint-Girons, le déboutèrent de son action, comme ne rapportant pas la preuve à laquelle il s'était engagé. Devant la Cour, on s'attacha à démontrer l'erreur dans laquelle était tombé le jugement attaqué et à établir qu'il avait méconnu le véritable caractère de l'action intentée par C.... L'arrêt porte en substance que la preuve offerte par C.... était absolument contraire à la nature de l'action intentée ; que les juges n'auraient point dû accueillir cette offre, et qu'ils n'avaient pu s'appuyer sur l'insuffisance des déclarations recueillies pour établir la possession annale et débouter C.,.. de sa demande. Aux termes de la loi de 1838, ce fait de possession annale ne pouvait avoir aucune influence sur la solution du litige : la décision intervenue ne pouvait manquer d'être cassée, puisqu'elle ne s'appuyait que sur la non constatation en fait de la possession annale.

325. Il peut arriver que le fait générateur du trouble se soit produit dans un canton autre que celui où est située l'usine à laquelle il a été porté préjudice : devant quel juge de paix l'action possessoire sera-t-elle intentée? Un arrêt

de la Chambre des requêtes, du 23 juin 1844 (Dev. 44-1-657), attribue compétence au juge de paix du lieu où se produit ce fait, et non au juge de paix de la situation de l'usine. « D'après les demandeurs, disait M. le conseiller rapporteur Mesnard, il importait peu que l'exhaussement du déversoir, fût ou non la cause du trouble ; le point essentiel, la cause impulsive de l'action, c'était le trouble apporté à leur possession ; de quelque façon qu'on fît cesser ce trouble, on satisfaisait à la prétention des demandeurs ; aussi, on n'avait nullement à s'occuper de la situation du déversoir ; il suffisait que le terrain et l'usine, théâtres du litige, fussent situés dans le canton de Mézin, pour que le juge de paix de ce canton fût compétent. Vous aurez à examiner si l'art. 3, C. Proc., peut se prêter à cette interprétation et à vous demander quel était nommément dans l'espèce, l'objet litigieux. Etait-ce l'usine des demandeurs, leurs pinadas, leur possession ? Rien de tout cela n'était, ce semble, en contestation : il y avait eu un dommage commis, un trouble apporté ; on soutenait que l'auteur de ce trouble, de ce dommage était le sieur de Métrivier. Mais remarquez que le fait imputé à ce dernier était un fait complexe : il n'avait pu inonder le terrain ou priver l'usine du demandeur du volume d'eau nécessaire, qu'à l'aide d'un travail antérieur, de l'élévation de son déversoir. Ainsi, on ne pouvait l'attaquer qu'en lui contestant le droit d'élever son déversoir, en soutenant que ce fait illégal avait été dommageable. Dans le litige, il y avait autre chose à constater que le fait même du trouble ; il y avait la cause de ce fait à apprécier et à rechercher ; il y avait à examiner : 1º si en effet le déversoir avait été exhaussé ; 2º si cet exhaussement avait produit le dommage ; 3º s'il avait eu lieu dans l'année, etc., etc..... et ne peut-on pas dire alors que l'objet litigieux était précisément l'état de ce déversoir, la manière dont il fonctionnait, l'usage qu'on en avait fait. Si vous le reconnaissez, tout sera dit ; car le jugement attaqué constate en fait que le moulin, le bassin et le déversoir n'étaient pas situés dans le canton du juge de paix devant lequel les demandeurs ont porté leur action. » Pour notre part, nous ne saurions nous ranger à cette manière de voir ; il y a, en effet, quelque chose de singulièrement subtil dans la doctrine professée par M. Mesnard. Le véritable point du débat, c'est de savoir si cette personne a été troublée dans sa possession ; c'est là l'objet unique du litige, et le seul but que se propose le demandeur au possessoire est de faire cesser ce trouble. Aussi, croyons-nous que c'est là, quoiqu'on en ait pu dire, l'interprétation la plus logique de l'art. 3, C. Proc., suivant lequel l'action doit être introduite devant le juge de paix de la situation de l'objet litigieux, lorsqu'il s'agit d'entreprises sur les cours d'eau commises dans l'année. Ce qui préoccupait principalement M. Mesnard, c'était l'impossibilité où se trouverait le juge de paix de visiter les ouvrages, causes du trouble. L'objection ne nous arrêtera pas. Rien n'empêche en fait le juge de paix de se rendre sur le territoire d'un canton voisin pour se rendre compte par lui-même de l'état des lieux ; les parties pourront citer devant lui tous témoins qu'elles jugeront convenables, alors même que ces témoins ne seraient pas domiciliés dans le canton. Rien ne l'empêche également d'user de la faculté que lui laisse l'article 1035, C. Proc., et de faire procéder à la vérification des travaux et à toute enquête qui serait nécessaire par le juge de paix du lieu où ont été exécutés les travaux ; il est libre de le saisir par voie de commission rogatoire.

C.

326. Les nécessités de l'exploitation industrielle peuvent exiger que des modifications soient apportées au régime de

l'usine tel qu'il a été établi par l'acte de concession. L'usinier est-il tenu, dans cette hypothèse, de se munir d'une autorisation nouvelle? La circulaire du 19 thermidor an VI porte « Les mêmes règles que celles prescrites pour les nouveaux établissements auront lieu, toutes les fois que l'on voudra changer de place les anciens ou y faire quelque innovation importante. » Cette phrase peut paraître assez obscure dans sa rédaction : voulait-on dire que, dans tous les cas, il y aurait lieu à une instruction complète, tout comme s'il s'agissait d'autoriser une usine nouvelle ? ou bien, au contraire, accordait-on à l'administration liberté pleine et entière de statuer, sans autres formalités sur la demande qui lui était présentée? De là naissaient dans la pratique d'assez grosses difficultés. M. Nadault de Buffon (T. I, p. 400) considérait comme impossible d'exiger l'application littérale de la circulaire de l'an VI et de soumettre les usiniers aux lenteurs et aux retards d'une nouvelle instruction ; il ne concevait pas qu'on pût les obliger à se munir d'une ordonnance royale, et d'autre part il ne croyait pas que, dans l'état de la législation, un simple arrêté préfectoral fût suffisant pour autoriser les modifications projetées. Actuellement, la situation des usiniers est singulièrement améliorée à ce point de vue : d'abord, dans tous les cas où il s'agit d'une usine qui, aux termes du décret de décentralisation, peut être autorisée par le préfet, l'autorisation préfectorale sera suffisante pour toutes les modifications à y établir; d'autre part, alors même qu'il sera nécessaire d'obtenir un décret autorisant ces modifications, l'administration se réserve le droit de dispenser l'usinier des formalités prescrites pour l'instruction des demandes originaires. C'est ce qui résulte de la circulaire du 23 octobre 1851 : « Dans le cas où les intéressés vous adresseraient des demandes tendant à obtenir la modification de réglements existants, vous voudrez bien me transmettre ces demandes accompagnées du rapport de MM. les Ingénieurs et de votre avis particulier, afin de me mettre à même de statuer sur la question de savoir s'il y a lieu de prescrire une nouvelle instruction, laquelle devrait être faite dans les formes indiquées ci-dessus. MM. les Ingénieurs auront soin de joindre à leurs propositions celles des pièces de la première instruction, qui peuvent être utiles à l'examen de l'affaire et notamment l'acte administratif dont la révision est demandée. » Lorsque l'administration autorise l'usinier à exécuter les modifications qu'il sollicite, elle est absolument maîtresse de lui imposer telles ou telles conditions : elle peut, en raison de l'avantage qu'elle lui confère, lui imposer certains travaux parfois fort dispendieux; c'est ainsi que l'usinier ne saurait attaquer l'acte qui lui permet de se servir d'une quantité d'eau plus considérable, mais qui, en même temps, l'oblige, soit à changer le lieu de sa prise d'eau, soit à en modifier les ouvrages régulateurs : sa concession primitive a disparu en présence de cet acte nouveau et ne saurait désormais faire titre pour lui. L'exercice de ce droit est fort délicat pour l'administration lorsqu'elle se trouve en présence d'un usinier ayant titre légal : voici, par exemple, un usinier à qui un acte de vente nationale ou une possession antérieure à 1566, assure la jouissance de tel volume d'eau et qui, pour une raison quelconque, demande à pouvoir modifier le mode de sa prise d'eau : un décret l'autorise à effectuer cette modification ; mais en même temps, et sous prétexte de réglementation, ce décret réduit le volume d'eau auquel il a droit. N'y a-t-il pas là un véritable excès de pouvoir, ou faut-il penser au contraire que rien n'empêchait l'administration d'imposer à l'usinier l'abandon d'une partie de sa jouissance en compensation de l'avantage par lui sollicité ? Un arrêt du Conseil, en date du 15 février 1866 (Lebon, 66-104) se prononce avec raison dans le premier sens ; l'administration ne peut toucher aux droits de l'usinier que si ce dernier y consent : au cas où elle se trouverait en désaccord avec lui sur les termes dans lesquels devrait être conçu le nouvel acte d'autorisation, elle se bornera à répondre par un refus à la demande qui lui est présentée : mais elle ne pourra, en accueillant cette demande, contraindre l'usinier à subir une modification quelconque à son titre antérieur.

327. La circulaire du 19 thermidor an VI n'exige d'autorisation administrative qu'autant qu'il s'agit d'une innovation importante dans le régime de l'usine, ou en d'autres termes, d'une innovation qui pourra avoir in futurum une influence quelconque sur le régime de la rivière. Il suit de là que, lorsqu'il s'agit d'une innovation peu considérable et dont les conséquences seront à peine sensibles, les usiniers peuvent agir librement et sans se soumettre aux lenteurs d'une nouvelle instruction. On pourrait croire que la circulaire de thermidor leur fournit le moyen d'exécuter de suite tous les travaux nécessaires pour améliorer dans ces conditions le jeu de leur établissement; mais en réalité, le droit qu'elle semble leur conférer est bien plutôt apparent que réel ; la distinction entre les deux catégories de travaux est si difficile à établir en fait que, dans la plupart des cas, il y aurait imprudence à user du bénéfice de la circulaire : le propriétaire qui ne se serait point assuré à l'avance du consentement de l'administration risquerait fort de se voir poursuivi pour contravention aux règlements sur la police des rivières ; tel ouvrage qui lui paraît absolument inoffensif peut, au contraire, être considéré par les ingénieurs comme nuisible aux intérêts de la navigation ; comme le dit M. Nadault de Buffon (T. I, p. 339), une faible déviation dans la direction du courant à la sortie d'une vanne reconstruite sur ses anciennes dimensions peut occasionner à la longue, sous un pont ou sous un mur de quai, un affouillement qui exigera des milliers de francs de réparations. A cela s'ajou-

teront les réclamations des intérêts rivaux qui ne manque-
ront point de signaler à l'administration la moindre modification dans la situation de l'usine qui leur fait concurrence
et qui chercheront, autant qu'ils le pourront, à amener
l'intervention des ingénieurs ; de là, de nouveaux embarras
et en fin de compte, si quelque critique peut être élevée
contre les ouvrages ainsi modifiés, poursuite contre l'usinier
et tout au moins, obligation pour lui de supporter les frais
de vérification de son usine. « Dans le doute, disait M. Daviel
(T. I, n° 344) il est toujours plus prudent de requérir avant
tout changement le transport d'un ingénieur. Les possessions de cette nature sont si aisément dénaturées et les contestations qu'elles font naître si obscures et si compliquées
qu'il est toujours du plus grand avantage de faire bien constater l'état ancien des lieux et bien déterminer à l'avance,
l'importance et la nature du changement qu'on veut pratiquer. » Pour remédier à cet inconvénient, M. Nadault de
Buffon proposait une procédure aussi simple que rapide qui
eût offert à l'administration et aux usiniers toutes les garanties désirables. Le propriétaire aurait adressé au préfet
une déclaration dans laquelle il aurait désigné les modifications qu'il désirait introduire dans son usine et aurait
demandé le transport sur les lieux soit de l'inspecteur de la
navigation, soit de l'ingénieur ordinaire. L'inspecteur ou
l'ingénieur, connaissance prise de l'acte d'autorisation antérieure et des règlements applicables à l'usine, eût éclairé le
propriétaire sur la question de savoir si les travaux constituaient ou non une innovation importante et s'il était nécessaire d'adresser à l'administration une demande officielle
d'autorisation. Les travaux terminés, il en aurait opéré le
récolement, et en cas de conformité, il aurait déposé aux
archives de la Préfecture un procès-verbal constatant que
les travaux n'avaient pas besoin d'être autorisés officiellement ; par là même, l'usinier qui y aurait procédé se serait

trouvé à l'abri de toute recherche postérieure. — La circulaire de 1851 n'a point emprunté à M. Nadault de Buffon les idées qu'il avait ainsi formulées ; elle se contente de laisser en vigueur la circulaire de thermidor. Théoriquement, il faudrait donc que le propriétaire qui désire être renseigné sur la nature des modifications qu'il projette provoquât une instruction complète, qu'il formât ès-mains du préfet une demande d'autorisation, que les pièces fussent transmises au ministre, et que ce dernier décidât s'il y a ou s'il n'y a pas lieu de suivre les formalités prescrites par la circulaire de thermidor. En fait, les usiniers ne se soumettent presque jamais à une semblable exigence avant d'exécuter les modifications qui leur paraissent nécessaires ; ils cherchent à connaître quelle est l'opinion des ingénieurs sur les suites qu'elles pourront amener ; presque invariablement, ils se conforment à la procédure indiquée par M. Nadault de Buffon ; et encore croient-ils pouvoir la simplifier autant que possible ; une simple lettre émanée des bureaux soit de la Préfecture, soit des Ponts-et-Chaussées et constatant que les travaux exécutés n'ont aucune influence sur le régime de la rivière est considérée par eux comme une garantie suffisante ; elle constate que, de l'aveu même de l'administration, ces travaux pouvaient être exécutés sans autorisation ; toute poursuite ultérieure devient moralement impossible, et si plus tard ces travaux sont reconnus nuisibles, l'administration se bornera à en ordonner la suppression sans traduire l'usinier devant le Conseil de Préfecture.

328. Il est certains travaux sur la nature desquels aucun doute ne saurait s'élever et qui constituent certainement des innovations importantes pour lesquelles une autorisation est nécessaire. Nous citerons tout d'abord le cas où l'usinier aurait changé de place son établissement ; cette entreprise constitue bien évidemment une contravention de

grande voirie et la suppression de l'établissement sera nécessairement ordonnée par l'autorité administrative. Ce que
nous disons s'applique d'une manière toute spéciale aux
moulins à nef et autres établissements situés sur le cours
même de la rivière ; leurs propriétaires sont bien souvent
tentés de les transporter petit à petit de l'endroit où ils ont
été autorisés à tel autre endroit où le courant de la rivière
est plus sensible, et la force motrice de l'eau plus considérable. La fréquence de semblables contraventions et les
dangers qu'elles présentent pour la navigation font que les
instructions les plus sévères ont été données aux agents
chargés de la surveillance des usines ; de son côté, l'administration n'hésite jamais à sévir contre le contrevenant
quelque intéressante que puisse être sa situation, quels que
soient les motifs qui l'aient déterminé à agir de la sorte.
M. Nadault de Buffon (T. I, p. 366) fait observer avec
raison que l'usinier poursuivi devant le Conseil de Préfecture, ne pourrait exciper de ce qu'en fait il serait en instance
devant l'administration pour obtenir l'autorisation de changer de place son établissement ; du moment qu'il n'a point
attendu cette autorisation et a pris les devants, la contravention est certaine et il ne peut échapper à une condamnation ; tout au plus, les juges pourraient-ils voir dans cette
circonstance un motif d'atténuer le montant de la dite condamnation. L'usinier ne peut pas non plus changer la
nature de son établissement, par exemple, transformer un
moulin sur bateaux en une usine fixe ; c'est ce qui a été
reconnu par arrêt du Conseil du 22 janvier 1824. Il arrivera encore qu'un usinier cherche à augmenter le volume d'eau dont il avait le droit de disposer aux termes
de son acte d'autorisation ; c'est là évidemment l'entreprise qui peut exercer l'influence la plus nuisible sur le
régime de la rivière. La jurisprudence est constante sur
ce point : c'est ainsi qu'elle n'admet pas qu'un usinier puisse

sans autorisation 1° augmenter la dépense des eaux par l'adjonction d'un troisième tournant aux deux que comportait la permission primitive ; 2° ouvrir une nouvelle prise d'eau à côté de celle qui est autorisée, de manière à pouvoir faire marcher un plus grand nombre de meules (C. d'Etat 17 août 1825 ; Macarel, 25-474 ; ibid., 9 août 1836 ; Lebon, 36-390). — Les travaux ainsi entrepris par l'usinier devront être supprimés ; aucun doute sur le principe ; mais d'autre part, l'administration sera-t-elle tenue d'attendre qu'ils soient entièrement achevés pour en ordonner la suppression ? Oui, répond M. Garnier (T. I, p. 144) ; l'administration ne peut juger de l'effet que ces travaux produiront sur le régime de la rivière qu'autant qu'ils seront définitivement achevés ; jusqu'à ce moment, elle ne peut ni les suspendre, ni exiger qu'on les soumette à un examen préalable ; il y a présomption que le propriétaire n'excède point les limites de son droit et ne fait que se conformer aux prescriptions de la loi. Nous avons à peine besoin d'ajouter que cette singulière doctrine n'a jamais été admise dans la pratique et que l'on s'en est toujours fort sagement tenu à la maxime. « Melius est occurrere malo quam postea succurrere. »

329. Que dire maintenant des réparations qu'il devient nécessaire de pratiquer aux ouvrages de l'usine ? La question de savoir si elles peuvent être exécutées sans autorisation ne laisse pas que de présenter certaines difficultés et les agents du ministère des travaux publics ne sont pas d'accord sur la solution qu'il convient de lui donner à priori. Une lettre du directeur général des Ponts-et-Chaussées, en date du 14 mars 1821, reconnaissait aux usiniers la liberté la plus grande pour faire procéder à ces réparations. « Je crois, disait-il, que le Conseil de Préfecture a fait une application inexacte des dispositions de l'Ordonnance de 1669 et de l'arrêté du gouvernement du 19 ventôse an VI. En

effet, ces règlements n'ont eu pour objet que de régulariser l'établissement des nouveaux moulins et de prévenir les inconvénients qui pourraient résulter de constructions illégales et dangereuses telles que bâtardeaux, écluses, gords, pertuis, murs, plantations d'arbres, amas de pierres, de terres, de fascines et autres entreprises qui tendraient à détourner le cours des eaux, à gêner ou à intercepter la navigation, à inonder les propriétés riveraines, etc... etc... Or, on ne voit rien de tout cela dans le cas présent ; et il résulte simplement des pièces que M. de Lameth n'a exécuté aucun ouvrage dans le lit de la rivière ; qu'il n'a opéré aucun déplacement ; qu'il n'a fait aucune innovation à son usine ; qu'il s'est borné à réparer les dégradations occasionnées au corps du bateau par la débâcle des glaces et que ce travail était tellement urgent que le moindre retard dans l'exécution pouvait causer la perte du moulin et former dans la rivière un véritable écueil. Il est d'ailleurs à remarquer qu'il n'existe soit de la part des ingénieurs, soit de la part du commerce aucune plainte sur cette usine dont l'emplacement a été déterminé par l'administration en 1812. Je ne crois donc pas qu'il y ait lieu d'appliquer au cas dont s'agit l'Ordonnance de 1669. Cette ordonnance prescrit la destruction de tous les moulins établis sans autorisation ; mais elle ne défend pas de réparer ceux qui existent légalement. Enfin, en thèse générale, et d'après les termes formels des règlements, une défense de la nature de celle faite à M. de Lameth ne peut s'appliquer rigoureusement à des travaux de conservation ou d'entretien de l'usine dans son état légalement autorisés. » D'autre part, M. le ministre des travaux publics combattait énergiquement cette théorie dans un avis qui porte la date de 1838 ; il demandait alors que toute réparation fût assujettie à une autorisation administrative observant que, sans cette mesure, les propriétaires de moulins pourraient, sous prétexte de réparations, effectuer constamment à leurs usines des changements préjudiciables à la navigation ; il ajoutait que l'on ne saurait, pour l'application du principe dont il demandait le maintien, distinguer les actes nuisibles à la navigation de ceux qui ne l'étaient pas, parce que le fait qui constituait la contravention était l'inexistence d'une autorisation et non pas seulement les conséquences que les travaux pouvaient avoir sur le régime de la rivière. Le Conseil d'Etat a été appelé deux fois à se prononcer sur ce point : un premier arrêt du 31 mai 1821 (Macarel, 21, t. 1, p. 521) porte qu'un Conseil de Préfecture ne saurait condamner un usinier à l'amende lorsqu'il est constant que pour les besoins de ces réparations il n'a point déplacé son établissement et qu'il n'y a apporté aucune innovation. Mais cette décision ne saurait avoir de valeur doctrinale : ses considérants sont contradictoires entre eux : elle commence par décider que l'Ordonnance de 1669 n'interdit pas de réparer les usines autorisées et que dès lors l'usinier en procédant à cette réparation n'a commis aucune contravention : quelques lignes plus bas elle affirme qu'il y a contravention de grande voirie aux termes de l'arrêté du 19 thermidor an VI et pourtant elle renvoie purement et simplement l'usinier des fins de la plainte. Un second arrêt du 20 avril 1839 (Lebon, 39-235), dont la rédaction ne peut cette fois donner lieu à aucune critique consacre de la manière la plus formelle le droit des usiniers. « Considérant que les lois et règlements relatifs à la police des fleuves et rivières navigables et flottables ne contiennent à l'égard des moulins dont l'existence est fondée en titre ou de ceux dont la conservation a été tolérée, parce qu'ils n'apportaient aucun empêchement nuisible au cours de l'eau, aucune disposition en vertu de laquelle les propriétaires desdits moulins soient tenus de se pourvoir d'une permission préalable toutes les fois qu'il devient nécessaire de réparer leurs usines ;

qu'en effet les dispositions de l'art. 43, tit. XXVII, de l'Ordonnance d'août 1669 qui ordonnent la démolition de tous édifices construits dans le lit des rivières navigables ou flottables sans la permission de nos prédécesseurs ; celles des art. 1 et 2, tit. III de l'arrêt du Conseil du 17 juillet 1782 sur la navigation de la Garonne portant que les permissions d'élever des constructions quelconques sur ou au bord de la Garonne doivent être accordées par des arrêts du Conseil rendus sur avis de l'intendant et commissaires départis, enfin celle de l'art. 9 de l'arrêté du 19 ventose an VI portant défense d'établir aucun obstacle au cours des eaux des rivières navigables ou flottables sans la permission préalable de l'administration centrale, et sans l'autorisation expresse du gouvernement, ne s'appliquent pas à des travaux de simple réparation, mais ont pour objet l'établissement d'usines nouvelles ou les changements apportés à l'état des usines anciennement existantes.... »

330. En ce qui nous concerne, nous serions beaucoup moins affirmatifs que ne l'a été le Conseil d'Etat ; il y a certainement quelque chose de vrai dans l'avis ministériel de 1838. Si l'on s'était borné à décider que le fait de réparer un moulin sans autorisation ne constitue pas nécessairement une contravention, nous ne verrions aucune objection à faire ; mais dire qu'une réparation non autorisée constitue toujours et quand même un acte licite, c'est peut-être aller trop loin. Nous croyons qu'il est plus sage de ne pas formuler une opinion aussi catégorique ; il y a un simple point de fait à vérifier : le régime de la rivière pourrait-il se trouver modifié par suite des réparations projetées ? Voilà ce que doit se demander tout usinier avant de faire procéder aux travaux. On agira donc sagement en ne prenant pas à la lettre la doctrine contenue dans l'arrêt de 1839 : en fait, il sera presqu'impossible à l'usinier de déterminer à l'avance si elle est applicable au cas particulier où il se

trouve. Rappelons-nous ce que disait M. Nadault de Buffon : des travaux en apparence inoffensifs peuvent entraîner les conséquences les plus graves ; la plus légère différence entre l'ancien et le nouvel état de choses peut amener des affouillements dont la réparation sera presque toujours difficile et coûteuse. Le meilleur conseil qu'on puisse donner à l'usinier, c'est de s'assurer avant tout de l'approbation officieuse de l'administration et de prévenir ainsi toute poursuite ultérieure.— Il est également bon de faire observer que les précautions les plus grandes doivent être prises par les usiniers lors de ces travaux de réparation : de ce qu'un semblable travail peut avoir lieu dans certains cas sans autorisation préalable, il ne s'ensuit pas qu'ils puissent effectuer dans les rivières sans autorisation préalable les manœuvres d'eau nécessaires pour permettre les dits travaux ; c'est ce qui a été jugé par arrêt du Conseil du 24 mai 1851 (Lebon, 51-394). — Nous ajouterons en terminant que certaines rivières se trouvent, en vertu de réglements locaux, soumises à un régime exceptionnel ; il est interdit aux usiniers de faire procéder à n'importe quelle réparation, si minime qu'elle soit, sans s'être pourvu d'une autorisation administrative ; c'est ce qui a lieu, au dire de M. Nadault de Buffon (T. I, p. 387), pour certaines parties de la Garonne, de la Seine, de la Marne etc... Le plus important de ces réglements est l'Ordonnance de l'intendant de Hainaut, en date du 24 décembre 1783 et que la jurisprudence considère comme étant aujourd'hui encore en vigueur (V. not. Conseil d'Etat, 2 janvier 1838; Lebon, 38-10). Art. 8. « Il est défendu aux propriétaires, fermiers de moulins, de donner, lors de la reconstruction des ventelleries et roues actuellement existantes, plus de 18 pouces de largeur aux vannes mouleresses entre les poteaux montants, et moins de 18 pieds de diamètre aux roues de dehors en dedans et ce, à fin de consommer le moins d'eau possible pour le tra-

vail de leurs moulins. » Art. 9. « Il est défendu en outre,
sous peine de 300 livres d'amende, aux propriétaires de
moulins, de les reconstruire en tout ou en partie, et surtout
de travailler à leurs radiers et seuils sans en avoir obtenu
la permission. »

331. Il est à regretter que l'instruction de l'an VI ne
se soit pas expliquée sur certains points susceptibles de controverse : 1° Faut-il une autorisation administrative lorsqu'il s'agit de reconstruire une usine, bien que l'établissement reconstruit ne soit que la reproduction exacte de celui
qui existait en vertu d'une autorisation régulière ? La difficulté se présentera surtout dans le cas où l'usine aura été,
soit détruite par un incendie, soit enlevée par une inondation. M. Bourguignat (T. I n° 288), suivant en cela la doctrine commune, se prononce pour la nécessité de l'autorisation administrative : ce n'est plus, dit-il, de simples réparations qu'il s'agit, mais bien d'une œuvre nouvelle : donc,
une nouvelle autorisation administrative doit précéder la
construction de l'établissement que l'on veut élever au lieu
et place de celui qui a disparu. La jurisprudence du Conseil
d'Etat est bien formelle en ce sens ; c'est ainsi qu'il a été
jugé le 1er février 1851 (Lebon, 51-83) qu'un usinier dont
le titre consistait en un acte de vente nationale n'avait pu
faire construire un nouveau moulin en remplacement de
celui qui existait primitivement, sans se munir d'une autorisation administrative. Un second arrêt, en date du 19
décembre 1855 (Lebon, 55-784) est ainsi conçu : « Considérant que l'Ordonnance royale du 26 novembre 1823 en autorisant le sieur Belleville, aux droits duquel se trouve
aujourd'hui le sieur Puzin, à établir un moulin à farine à
bateau sur le Rhône, n'a point eu pour effet de conférer au
propriétaire de ce moulin pour le cas où son usine viendrait
à être détruite à une époque quelconque, le droit de la
reconstruire sans y avoir été autorisé par l'administration

à laquelle il appartenait d'examiner si l'intérêt du service public pouvait permettre cette reconstruction ; que dès lors, c'est à tort que le conseil de préfecture a décidé que le sieur Puzin, en reconstruisant son usine sans autorisation, n'avait pas commis de contravention de grande voirie.... » Nous ne croyons point pour notre part qu'il faille se rallier à la théorie par trop absolue que formule cet arrêt : nous comprenons difficilement que la reconstruction d'une usine soit toujours et à priori considérée comme une contravention de grande voirie, sans qu'il y ait lieu de se préoccuper des circonstances dans lesquelles est intervenue cette reconstruction et des conséquences qu'elle a entraînées. Dans l'espèce soumise au Conseil d'Etat, le conseil de préfecture de l'Isère avait, suivant nous, fort sagement agi en renvoyant le sieur Puzin des fins de la poursuite, parce qu'il n'était pas établi que la nouvelle construction eût en rien modifié le régime des eaux du Rhône ou eût constitué un obstacle pour la navigation. L'instruction de Thermidor n'exige en effet l'intervention de l'administration que lorsque l'usine est changée de place ou qu'il y est fait quelque innovation importante. Il est donc nécessaire qu'avant de proposer une poursuite contre l'usinier, les ingénieurs examinent sa situation. S'il est constant que cette reconstruction n'a apporté aucune modification au cours de la rivière, quelle peut être l'utilité de cette poursuite ? L'intérêt public est absolument désintéressé dans la question, puisque rien n'est changé aux conditions suivant lesquelles jouissait l'usinier. Ce n'est que dans l'hypothèse contraire, qu'une condamnation peut intervenir contre lui, et le jugement qui la prononcera devra, suivant l'expression vulgaire, être rédigé non pas en droit, mais exclusivement en fait.

332. 2° Faut-il une autorisation administrative lorsqu'il s'agit de remettre en mouvement une usine abandonnée ? L'ancienne jurisprudence avait, sur ce point, une disposition

assez singulière : le droit de l'usinier se trouvait périmé lorsque son établissement avait cessé de fonctionner depuis dix années : ainsi l'avait décidé l'arrêt du Conseil du 12 juin 1781. C'était du reste une question que de savoir à partir de quel jour commençait cette prescription de dix ans. M. Daviel (T. I, n° 192) établit qu'il eût été illogique de considérer une usine comme abandonnée, comme ne fonctionnant plus, tant que les bâtiments en subsistaient. Ce point de départ de la prescription ne pouvait donc être que le moment où les derniers vestiges en auraient disparu. « Il est de principe, dit-il, que les ruines d'un édifice conservent tant qu'elles subsistent le droit qui était attaché à cette possession suivant cette expression d'Argentré : « Signum retinet signatum : superstantia fundamenta possessionis interruptionem impediunt. Hæc enim signa, cum sint temporis successivi et permanentis, signatum retinent in possessione juris. » Le savant auteur cite en ce sens un arrêt du parlement de Besançon du 13 avril 1710 et ajoute comme conclusion : « La prescription ne peut commencer à courir en pareil cas contre le droit du propriétaire de l'ancienne écluse, qu'à compter du jour où il aurait été fait un acte contraire à l'exercice du droit de servitude (art. 707 du Code civil), comme si, par exemple, l'administration ou quelques voisins eussent fait détruire des anciens barrages, les seuils et tout ce qui constituait la disposition de la force motrice. « Nam ex toto deletis fit interruptio naturalis et jus amittitur. » Ou bien, il faut que la destruction partielle résulte d'une prohibition soit d'un particulier, soit de l'autorité publique. » Manente signo, nemo libertatem contra habentem præscribit propter retentionem possessionis in signo permanente, nisi prohibitio antecesserit. » — Rien de semblable dans l'état actuel de notre législation : en droit pur, on ne peut dire que le concessionnaire a perdu le droit d'user de l'autorisation à lui conférée, parce qu'il n'en a point profité immédiatement, ou bien parce qu'il a laissé chômer son usine pendant plus ou moins de temps. M. Nadault de Buffon (T. I, p. 404) fait à ce point de vue une observation fort juste : lorsque le propriétaire d'une usine abandonnée depuis un certain temps veut la remettre en activité, l'essentiel est de savoir si par suite de la cessation plus ou moins longue du travail, il ne s'est pas produit dans les ouvrages hydrauliques des changements pouvant affecter le régime de la rivière. Si rien de semblable n'est à craindre, l'usinier pourra, quelle qu'ait été la durée du chômage, reprendre son travail sans avoir besoin d'une nouvelle autorisation. Il est cependant bon de se souvenir que l'administration peut lui imposer à titre de condition essentielle, l'obligation de maintenir constamment en activité l'usine autorisée et ce, sous peine de déchéance : la légalité de cette clause n'a jamais été contestée. De même, le formulaire annexé à la circulaire de 1851 contient une autre clause, suivant laquelle le permissionnaire s'engage, sous peine de déchéance, à commencer les travaux dans un délai de.... ; nous avons déjà eu occasion de la reproduire in extenso au cours de ce travail. Il faut donc dire que ce n'est que dans des cas fort rares, que l'usinier pourra user du droit qui lui appartient en principe : la plupart du temps, il aura renoncé à ce droit, en acceptant les conditions que lui imposait l'administration : s'il ne construit point son usine dans le délai fixé, s'il ne la maintient point en activité, la concession qui lui avait été faite tombe sur le champ et si, plus tard, il vient à résipiscence, il se trouve obligé de solliciter une nouvelle autorisation et de provoquer une nouvelle instruction.

333. 3° Faut-il une autorisation administrative, lorsqu'il s'agit de consacrer à une industrie nouvelle une usine qui jusque-là a reçu une autre destination ? M. Favard de Langlade (Rép. v° Moulins et Usines) l'a soutenu : suivant lui, l'ordre public exigerait que des opérations qui peuvent

rompre toutes les habitudes d'une commune et qui modifient si profondément le titre de la jouissance concédée, ne soient pas entreprises sans autorisation préalable. Depuis longtemps, les auteurs s'attachent unanimement au système opposé : dès que l'usinier a été autorisé à dériver de la rivière tel ou tel volume d'eau, il est libre d'en user comme bon lui semblera et au mieux de ses intérêts, et l'administration n'a pas le droit de s'immiscer dans la gestion de son usine, tant qu'il se conforme à son titre et n'excède point les limites de la permission qui lui a été donnée. — Il peut arriver également que sans changer la destination de son établissement, le propriétaire en modifie la disposition et le mécanisme : aucune autorisation n'est nécessaire lorsque cette modification n'est point de nature à avoir une influence quelconque sur le régime des eaux. C'est ce qui a été admis sans difficulté par la jurisprudence, toutes les fois qu'il s'agit d'ouvrages exécutés à l'intérieur de l'usine. Ainsi, pour ne citer qu'un exemple, un arrêt du Conseil en date du 29 novembre 1851 (Lebon, 51-713) a décidé qu'un usinier avait pu, sans autorisation, ajouter à son établissement primitif une filature de 1300 broches, l'existence de cette filature n'ayant modifié en rien l'ancien état de choses tel qu'il résultait de l'acte d'autorisation. « En principe, disait M. Reverchon, commissaire du gouvernement, et sauf les dispositions spéciales qui concernent certains établissements, par exemple les établissements insalubres, l'administration, lorsqu'elle accorde une permission sur un cours d'eau, ne réglemente que le régime et l'usage des eaux : elle ne réglemente pas l'industrie. Le principe contraire ne serait pas seulement erronné en droit dans l'état de notre législation ; il reposerait en outre sur une doctrine non moins erronée, non moins funeste en économie politique et en administration. En d'autres termes, une fois que le régime hydraulique d'une usine est fixé, l'usinier demeure maître

et libre chez lui ; il a le droit de tirer tel parti qu'il juge
utile de la force qui lui a été concédée et dont l'usage extérieur a été réglé ; il peut appliquer cette force dans l'intérieur de son usine à tel objet, à tel emploi que bon lui semble ; l'administration n'a rien à y voir, parce qu'en principe
elle n'y a aucun intérêt au point de vue des idées générales
qui servent de base, de règles et de limites à son action. La
liberté relative sans doute, mais réelle et large pourtant, qui
est essentielle à l'industrie, serait incompatible avec un autre
système, avec le régime de l'intervention administrative
dans la vie intérieure des usines ; ce régime dégénérerait fa-
talement en tracasseries également dommageables à l'industrie et à l'administration elle-même : car il ne faut jamais oublier que l'un des sûrs moyens de compromettre même
les attributions légitimes et nécessaires d'un pouvoir, d'une
autorité quelconque, c'est de vouloir les exagérer. »

334. Mais supposons que l'usinier veuille apporter une
modification aux ouvrages extérieurs de son usine : devra-
t-il, dans ce second cas, se munir d'une autorisation, alors
même que cette modification ne doit avoir aucune influence
sur le régime du cours d'eau? La question a été longtemps
controversée. La négative était admise par l'article 35 du
projet de règlement de 1818. « L'ingénieur ne doit pas
s'immiscer dans le calcul des effets de l'usine projetée, n'é-
tant pas appelé à donner son avis sur les qualités bonnes
ou mauvaises de cette usine : il ne fixe pas les dimensions
de la roue motrice ni celles d'aucune partie du mécanisme et
de l'édifice destiné à le recevoir. » La circulaire du 21 octobre 1851, dans un passage que nous avons déjà cité, insistait de même sur la réserve que les ingénieurs doivent garder à ce sujet : elle leur rappelle qu'ils n'ont en aucun cas à
régler la chûte de l'usine, pas plus que les dispositions du
coursier et de la roue hydraulique. Malgré cette dernière
déclaration, le Conseil d'Etat ne crut pas, à l'origine, pou-

voir reconnaître, en faveur des usiniers, un droit qu'il considérait comme exorbitant. Deux arrêts en date du 22 novembre 1851 (Lebon, 51-692) décidèrent qu'aucune modification ne pouvait être faite en aucun cas aux ouvrages extérieurs d'une usine sans qu'elle eût été approuvée au préalable : qu'en conséquence, lorsqu'une usine vendue nationalement venait à être mise en chômage, il n'y avait point à tenir compte pour le règlement de l'indemnité du surcroît de jouissance que ces modifications illégales avaient pu procurer à l'usinier. Quelques jours plus tard un arrêt du 29 novembre 1851 (Lebon, 51-713) précisait nettement la distinction entre les modifications intérieures que l'usinier est libre d'exécuter quand et comme il le veut et les modifications extérieures qui ne peuvent avoir lieu qu'après autorisation préalable. M. le commissaire du gouvernement Reverchon présentait alors cette doctrine comme ne pouvant être susceptible d'aucune contestation. Nous trouvons enfin répétée dans les considérants de deux arrêts des 5 juillet 1855 (Lebon, 55-496) et 29 janvier 1857 (Lebon, 57-82) cette proposition que toute amélioration dans l'exploitation de la force antérieurement concédée est soumise à la nécessité d'une autorisation toutes les fois qu'elle exige des travaux extérieurs. Armée de ces décisions l'administration poursuivait devant le Conseil de Préfecture tout usinier qui avait opéré de semblables modifications en dehors d'une autorisation formelle : il y avait là contravention de grande voirie. M. de Nadault de Buffon (T. II, p. 497) s'élevait contre l'esprit de ces arrêts avec toute l'autorité que lui donnait son expérience des travaux hydrauliques : il demandait que les propriétaires d'usines fussent libres d'effectuer dans le mécanisme de leurs établisssements les changements réclamés par les progrès de l'industrie : à l'appui, il citait ce fait que les seuls perfectionnements introduits depuis 1830 dans la construction des roues hydrau-

liques avaient permis de tirer des chûtes d'eau existantes
une force motrice quintuple de celle qu'on en tirait autrefois : partant de là, il établissait quel tort on ferait à la
richesse publique, si l'on continuait à poser en principe que
l'ancien état des artifices ou ouvrages hydrauliques des
usines doit toujours être conservé, sous peine de contravention. Indépendamment de ces considérations, on pouvait se
demander si, en droit, l'administration n'excédait pas ses
pouvoirs en exigeant des usiniers une semblable autorisation. Le ministère des travaux publics ne faisait point de
difficulté pour reconnaître que cette exigence ne pouvait s'appuyer sur aucun texte : aussi, est-ce à ce point de vue que se
plaçait récemment M. le Commissaire du gouvernement
Aucoc, pour combattre la doctrine devant laquelle s'était in-
cliné M. Reverchon et qu'avait suivie le Conseil d'État. « Une
autorisation est-elle nécessaire pour toutes les modifications
quelconques apportées aux ouvrages extérieurs des usines ?
disait-il. Y a-t-il une disposition de loi ou de règlement
actuellement en vigueur qui le prescrive ? Nous n'en connaissons pas. Les dispositions si fréquemment citées des lois
des 12-20 août 1790 et des 28 septembre - 6 octobre 1791
ont chargé l'administration de veiller au libre cours des
eaux, de diriger les eaux vers un but d'utilité générale d'a-
près les principes de l'irrigation et de fixer la hauteur des
barrages des usines à niveau, tels que la retenue des eaux
ne nuise pas aux propriétés riveraines en les inondant. Il
suit de là que nul ne peut établir ou modifier, sans l'autorisation de l'administration, un ouvrage qui aurait une action
sur le cours des eaux, qui en arrêterait le cours, qui en dé-
tournerait une certaine partie. Ainsi, un barrage, une prise
d'eau ne peuvent être établis sans autorisation ; mais quand
une fois le barrage est autorisé, pourquoi l'administration
aurait-elle à autoriser les ouvrages qui doivent utiliser la
chûte d'eau que procure le barrage ? L'administration n'a

pas à fixer la dimension ou la disposition des roues et du coursier, pas plus qu'elle n'a à décider que l'usine sera un moulin à farine ou une filature. Dans l'un comme dans l'autre cas, il ne s'agit plus de créer une chûte d'eau, il ne s'agit que de l'utiliser. L'usinier doit être libre de faire ce qu'il juge le plus avantageux, parce que sa décision ne peut en rien nuire à l'intérêt public confié aux soins de l'administration. » Conformément à ces conclusions, deux arrêts du 26 juillet 1866 (Lebon, 66-884) rompirent avec les anciennes traditions et donnèrent gain de cause aux usiniers: les termes dans lesquels ils sont conçus ne peuvent laisser place à aucun doute. « Considérant que depuis 1790 il n'a rien été changé aux ouvrages régulateurs de la retenue de l'usine de Wegersheim ni au régime des eaux de la rivière la Zorn, et que sans accroître la force motrice dont il pouvait légalement disposer, le sieur Ulrich n'a fait que la mieux utiliser au moyen d'additions et de perfectionnements apportés aux vannes motrices, aux coursiers et aux roues hydrauliques... » — « Considérant que depuis 1790 il n'a rien été changé aux ouvrages régulateurs de la retenue de l'usine de Mommenhein et au régime des eaux de la rivière la Zorn, qu'en admettant que le sieur Schifferstein ait ajouté sans autorisation deux nouvelles roues à celles qui existaient à cette époque, cette addition a eu pour effet, non d'accroître la force motrice, dont il pouvait légalement disposer, mais de la mieux utiliser ; qu'il est reconnu par notre ministre des travaux publics qu'aucune disposition de loi ou de règlement n'oblige les usiniers à se pourvoir d'une autorisation pour augmenter le nombre des roues de leurs usines ; que dès lors, c'est avec raison que le Conseil de Préfecture a considéré comme existant légalement les six roues hydrauliques existant actuellement dans l'usine de Mommenheim...» Le Conseil d'Etat a depuis persisté dans cette jurisprudence par un arrêt du 16 mars 1870 (Lebon,

70-295) aux termes duquel il y a lieu de tenir compte pour fixer l'indemnité de chômage, de toutes les améliorations quelles qu'elles soient qui n'ont pas eu pour résultat l'emploi par l'usinier d'un volume d'eau plus considérable.

335. Il arrive assez souvent que le titre de l'usinier lui impose l'obligation, soit de maintenir son établissement dans tel état, sans pouvoir y apporter une modification quelconque, soit de ne point changer le genre d'industrie qui y est exercé. Cette clause est presque de style dans les actes de ventes nationales relatifs aux moulins à blé ; en 1793, les bannalités féodales venaient à peine d'être supprimées, et dans bien des communes il n'existait pas encore d'autre moulin que le moulin seigneurial ; aussi, pour que les habitants fussent troublés le moins possible dans leurs anciennes jouissances, insérait-on dans tous les cahiers de charges la clause dont nous venons de parler ; exiger que l'adjudicataire n'usât de l'établissement vendu que conformément à son ancienne destination, c'était le meilleur moyen de ménager la transition entre l'ancien et le nouveau régime. Depuis la Révolution, beaucoup d'acquéreurs de biens nationaux se sont crus dégagés de l'obligation qu'ils avaient ainsi acceptée ; de leur propre initiative et sans se munir d'aucune autorisation, ils ont modifié leurs usines et les ont consacrées à des usages industriels beaucoup plus lucratifs. L'administration a quelquefois fermé les yeux sur cette violation du contrat intervenu ; mais dans bien des cas, elle a dû, sur les réclamations des communes et des particuliers, mettre les usiniers en demeure de se conformer à leur contrat. Ces derniers ont fait plaider que la clause insérée dans les actes de vente était absolument nulle, et, chose curieuse, à une certaine époque le Ministre des Finances les a encouragés dans leur résistance. On n'a pas manqué de dire que le grand principe de la liberté de l'industrie se trouvait gravement com-

promis ; que tant que l'usinier ne consommait pas une quantité d'eau supérieure à celle que lui accordait son titre, l'administration n'avait point le droit d'intervenir dans le régime intérieur de son usine ; qu'il serait déplorable au point de vue économique d'interdire à un usinier de tirer un meilleur emploi du moteur mis à sa disposition, et de l'obliger à se contenter d'un bénéfice qu'il trouve insuffisant. Le Conseil d'Etat, sans se prononcer sur la valeur de ces arguments, a décidé qu'il fallait avant tout maintenir le grand principe de l'inviolabilité des ventes nationales ; que toutes les clauses imposées soit à l'Etat, soit aux acquéreurs, par les procès-verbaux d'adjudication devaient être scrupuleusement respectées, sans que l'on pût ultérieurement les réviser pour quelque cause et sous quelque forme que ce fût. Nous citerons l'arrêt du 24 décembre 1863 (Lebon, 63-871), qui oblige un sieur Hesse à rétablir dans leur état primitif des moulins à farine nécessaires aux besoins de la commune de Burges et acquis par son auteur en l'an II, sous la condition de les maintenir tels qu'ils étaient et se comportaient au jour de la dite acquisition. Au cours de la discussion, M. Lhopital insistait sur cette raison de décider qu'il considérait comme péremptoire. « Qu'importe la thèse soutenue par M. le Ministre des Finances et qui se réduit à dire que les autorités locales préposées à la vente n'auraient pas dû insérer une clause dont l'effet pouvait être d'abaisser le prix des enchères et dont l'objet paraissait être de protéger les intérêts d'une ou de plusieurs communes ? La clause, fût-elle illégale, non-seulement au point de vue du Code Napoléon qui n'existait pas encore, mais au point de vue de la législation révolutionnaire et des lois spéciales elles-mêmes, fût-elle aussi insolite qu'elle l'est peu, ne saurait être effacée. Elle est la loi qui prime toutes les autres. Car le Conseil d'Etat ne connaît pas de principe qui ne cède devant celui de l'inviolabilité des ventes nationales. Ce principe peut gêner aujourd'hui le requérant. Mais, combien de fortunes n'a-t-il pas garanties, combien de familles n'a-t-il pas protégées, combien d'existences n'a-t-il pas sauvées depuis qu'il s'est affirmé devant le Conseil d'Etat à l'immortel honneur de vos devanciers et de la juridiction administrative ? » L'embarras, il faut en convenir, est fort grand lorsque des obligations de cette nature se trouvent imposées aux usiniers par des actes administratifs autres que des ventes nationales. La question de savoir si de pareilles clauses sont obligatoires était déjà signalée en 1851 par M. Reverchon, comme étant des plus délicates ; notons qu'elle se présentera le plus souvent à l'occasion d'établissements alimentés par des rivières non navigables et dont les propriétaires trouvent, par conséquent, un titre légal dans l'art. 644 du Code civil. Le droit d'user des eaux dont ils sont riverains peut-il être restreint par une mesure de ce genre? Pour notre part, nous proposerions volontiers une distinction. Ces clauses seront obligatoires toutes les fois qu'elles auront été dictées par des nécessités d'intérêt public, de quelque nature qu'elles soient. L'administration, en les insérant, n'aura fait qu'user des pouvoirs à elle conférés par la loi des 12-20 août 1790. Elle pourra dès lors tenir la main à ce que l'usinier ne fasse dans les lieux aucune innovation et, en cas de contravention, l'obliger, soit à les rétablir dans leur ancien état, soit à les rendre à leur destination réglementaire. Elle pourra même le poursuivre non plus devant les tribunaux administratifs puisqu'il ne s'agit plus d'atteinte portée à la libre circulation des eaux, mais devant le juge de simple police et en invoquant l'art. 471, § 15 du Code pénal. Si, d'autre part, cet usinier estime qu'à raison de circonstances postérieures à l'acte dont s'agit, cette clause n'a plus de raison d'être, il devra s'adresser à l'autorité administrative qui examinera si, oui ou non, il y a lieu de l'effacer ; mais, tant qu'une décision nouvelle ne sera pas intervenue, il s'exposerait à des poursuites en ne se conformant pas rigoureusement à son titre ; c'est ce qui est parfaitement établi par l'arrêt de 1863. Dans le cas contraire, c'est-à-dire toutes les fois que l'administration ne justifiera pas d'un motif d'intérêt public, elle aura commis un véritable excès de pouvoir en astreignant l'usinier à n'exercer que telle ou telle industrie ; on peut dire avec M. le Ministre des Travaux publics que la clause n'aurait point dû figurer dans l'acte dont on se prévaut ; elle sera réputée non écrite et l'on ne pourra s'en faire une arme contre l'usinier qui refuserait de s'y soumettre. Nous terminerons par cette simple observation que la difficulté ne peut se présenter qu'autant que l'acte administratif impose formellement à l'usinier telle ou telle obligation déterminée ; il faut que la condition que l'on a entendu lui imposer soit stipulée en termes exprès. Aussi, alors même qu'un acte de vente nationale contiendrait indication ou désignation de l'industrie à laquelle l'usine était consacrée à cette époque, cette simple mention ne saurait-elle être considérée comme une interdiction de la consacrer ultérieurement à telle ou telle autre industrie : cette interprétation du contrat serait exorbitante et l'on ne peut s'y arrêter un seul instant.

§ VII

A. *Application aux usines hydrauliques des règles du contrat de louage.*
B. *De la vente d'une usine hydraulique. — De la délivrance. — Étendue de l'obligation de garantie incombant au vendeur.*

A.

336. En rédigeant le titre du louage, les auteurs du Code civil ne se sont préoccupés que du cas le plus ordi-

naire, celui où le bail a pour objet une maison d'habitation
ou un immeuble rural ; c'est en vue de cette hypothèse,
qu'ils ont réglé les obligations réciproques du bailleur et du
locataire. On comprend aisément que les règles édictées
par le Code ne puissent pas s'appliquer sans quelque embarras à des baux d'une nature toute différente, c'est-à-dire
aux baux des établissements industriels ; il y a là une lacune que la doctrine et la jurisprudence ont dû combler ;
mais, malgré tout, le doute subsiste encore aujourd'hui sur
bien des points de détail. Nous n'avons évidemment pas à
entrer dans un examen développé de cette matière ; une
pareille digression nous entraînerait loin de notre sujet et
nous nous bornerons à examiner sommairement les difficultés principales que peut soulever la location d'un moteur
hydraulique. Tout d'abord, en ce qui touche la forme, la
preuve du bail, les conditions de capacité nécessaires pour
pouvoir donner à bail, il va de soi, que l'on appliquera purement et simplement les art. 1714, 1715, 1716, 1718 du Code
civil. Il en sera de même de l'art. 1717 : sauf stipulation
contraire, le preneur pourra toujours sous-louer ou céder
son bail ; remarquons toutefois qu'au cas où l'exploittaion
des lieux loués exigerait des connaissances spéciales, le
preneur ne pourrait sous-louer ou céder son bail à une
personne entièrement dépourvue de ces connaissances ;
telle est l'opinion communément admise par les auteurs.
Le bailleur allèguerait à juste titre la diminution de valeur
qui résulterait, pour son établissement, d'une exploitation
défectueuse ou insuffisante, et il soutiendrait utilement que
le sous-locataire ne remplirait point l'obligation qui lui est
imposée par l'art. 1728, puisqu'il se trouverait hors d'état
d'user de la chose louée suivant sa destination. — Nul
doute non plus quant à la durée du bail : nous n'avons
qu'à nous référer aux art. 1736-1737 en corrigeant bien
entendu les erreurs de rédaction qu'ils présentent ; si le

bail d'une usine a été fait avec expression d'une durée préfixe, il cessera de plein droit à l'expiration du terme fixé,
sans qu'il soit besoin de congé ; dans le cas contraire, l'une
des parties ne pourra donner congé à l'autre qu'en observant l'usage des lieux. Reste à trancher deux questions :
1° les art. 1774 et 1775 déclarent que quand un bail concernant des biens ruraux est fait sans expression de durée,
sa durée se trouve fixée d'avance par l'assolement, de telle
sorte que la convention finit de plein droit à l'époque ainsi
indiquée et sans qu'il soit besoin de congé. Or il est possible qu'un bail, ne portant point l'expression d'une durée
préfixe, comprenne à la fois une usine hydraulique et des
biens ruraux ; appliquera-t-on dans ce cas les art. 1736-
1737 ou bien, au contraire, les art. 1774-1775 ? On admet
communément une distinction ; il faut s'attacher à l'objet
que les parties ont eu principalement en vue et dire que la
convention sera un bail à loyer régi par les art. 1736-1737
ou bien un bail à ferme régi par les art. 1774-1775, selon
qu'elles se seront préoccupées avant tout de l'exploitation
industrielle ou, au contraire, de l'exploitation agricole.
C'est ainsi qu'un arrêt de la cour de Bruxelles du 29 novembre 1809 (Dev.; C. N. 3-2-150) a vu un bail à loyer
dans le bail d'un moulin à eau entouré de terres arables,
par le motif que « ce bail n'avait eu pour objet principal
que la location du moulin ; que les terres, vergers et étangs
n'y étaient considérés et désignés que comme des appen-
dances, dépendances et annexes subordonnés au principal. » Il en serait autrement s'il s'agissait d'un pressoir,
d'une distillerie placée sur une exploitation agricole ou sur
un vignoble ; l'usine n'existerait que pour le service ou le
plus grand avantage de cette exploitation dont elle trans-
formerait les produits ; elle ne serait comprise qu'à titre
d'accessoire dans le bail qui aurait dès lors le caractère exclusif d'un bail à ferme..... 2° Dans le cas où le bail d'une

usine hydraulique constitue un véritable bail à loyer, quel sera, en l'absence de toute convention, de tout usage local, le délai qui devra s'écouler entre le jour où le congé aura été donné et celui où le locataire sera tenu de quitter les lieux ? Des auteurs ont soutenu que ce délai devait être au moins d'une année ; mais pourquoi ce délai d'une année ? La fixation de ce terme est par trop arbitraire et nous préférons suivre une solution assez ingénieuse proposée par M. Bourguignat (T. II, n° 792) ; on accordera au locataire, à partir du congé signifié, tout le délai nécessaire pour terminer et compléter la fabrication commencée au moment du congé et ce délai ne pourra être arbitré par les juges qu'en appréciant la nature et le mode de la fabrication à laquelle est destinée l'usine ; en d'autres termes, on appliquera par analogie le principe de l'article 1774, d'après lequel il faut accorder au locataire d'un bien rural le temps indispensable pour mener à bonne fin son exploitation.

337. A quelles obligations se trouve soumis le bailleur d'une usine hydraulique ? Nous n'avons qu'à suivre la classification établie par l'article 1719 : 1° *Obligation de délivrer la chose louée.* — Suivant l'article 1720, la chose louée doit être en bon état de réparations de toute espèce. Les expressions dont s'est servi la loi sont peut-être un peu vagues et l'on doit regretter qu'elle ne se soit pas expliquée d'une manière plus précise. Suivant nous, ce que le locataire a le droit d'exiger c'est qu'au moment de la délivrance, l'usine soit dans un état qui assure son fonctionnement régulier ; il faut qu'il n'ait à craindre ni interruption de travail lorsqu'il entrera dans les lieux loués, ni dégradations ou pertes quelconques pendant la durée de sa jouissance. En conséquence, il pourra demander le remplacement de tous les objets qui, dans l'usine, seraient défectueux soit comme établis contrairement aux règles de l'article, soit comme

péchant par vétusté et caducité. D'autre part, s'il est établi que l'usine telle qu'elle se comporte actuellement peut fonctionner d'une manière utile, le preneur n'a rien de plus à prétendre ; il ne pourrait spécialement alléguer que l'outillage mis à sa disposition ne serait pas suffisamment perfectionné ; que les roues hydrauliques ne seraient pas disposées suivant le type le plus moderne et le plus avantageux ; que l'usine comparée aux établissements voisins serait dans un état d'infériorité notable. S'il juge que des améliorations sont nécessaires, il en supportera exclusivement les frais et dépenses ; c'était à lui à faire des réserves formelles lors de la passation du contrat et à spécifier que telles ou telles parties du mécanisme moteur seraient renouvelées, qu'on lui fournirait un ameublement industriel en rapport avec les progrès actuels de la science hydraulique. — Pour constater la délivrance de la chose louée et l'accomplissement de l'obligation imposée au propriétaire par l'article 1720, les parties dresseront généralement un état de lieux énumérant toutes les parties de l'usine, indiquant toutes les machines, tous les moteurs, tous les ustensiles nécessaires à son exploitation, ainsi que tous les accessoires qui en dépendent, enfin constatant l'état dans lequel le tout a été remis au locataire et dans lequel il devra le représenter à l'expiration du bail, suivant l'article 1730. Il arrivera du reste fréquemment, que le bail renfermera cette clause si connue suivant laquelle le preneur déclare accepter les lieux tels qu'ils se produisent et comportent actuellement pour les avoir visités et les bien connaître ; il n'y aura dans ce cas, qu'à décider avec la jurisprudence de la Cour de Cassation qu'en se soumettant à cette clause, le preneur a renoncé ipso facto à exiger toutes les appropriations dont la nécessité pouvait être reconnue au jour de l'entrée en jouissance. (V. not. Req. Rej. 27 janvier 1858 ; Dev., 58-1-728).

338. La délivrance d'une usine hydraulique doit com-

prendre avant tout, ce qui est nécessaire à son exploitation, c'est-à-dire le moteur hydraulique. Deux hypothèses peuvent se présenter : 1° Le bail ne spécifie pas la force du moteur hydraulique ; il faut ici décider, suivant nous, que le bailleur n'est tenu de délivrer au preneur qu'une force égale à celle qu'il utilisait au moment du bail ; il est à présumer que les parties s'en sont tacitement référé à cet état de choses et n'ont entendu y apporter aucune modification. On peut consulter en ce sens les motifs d'un arrêt de la Cour de Bruxelles en date du 1er août 1864 et dont nous reparlerons plus tard. (Belg. Jud. T. XXII, p. 1330 ; Pas., 65-2-327) ; 2° Le bail spécifie la force du moteur hydraulique qui doit être délivré au preneur. Ici surgissent des questions délicates. D'abord, en quoi consiste précisément l'obligation du bailleur ? Suffira-t-il qu'il délivre une force théorique, c'est-à-dire une chute d'eau susceptible théoriquement de produire tel ou tel résultat, mais ne produisant pas actuellement ce résultat ? Ou bien, au contraire, faudra-t-il qu'il fournisse une force motrice réalisée, c'est-à-dire une force motrice existant d'ores et déjà et fournie par la chute d'eau servant à l'alimentation de l'usine ? Les auteurs se prononcent généralement dans ce dernier sens ; suivant les expressions de M. Daviel (T. II, n° 659), ce n'est pas en vue du cours d'eau comme puissance brute, c'est en vue de l'usine comme puissance réalisée, que la convention s'est formée ; c'est sur une force utile que le locataire a dû compter pour mettre en mouvement ses machines. Ce n'est donc point lui qui est chargé d'organiser cette force ; il doit la trouver toute organisée, et s'il se plaint de ne pas avoir à sa disposition toute la force louée, il n'y a pas à rechercher quelle pourrait être, d'après le volume de la rivière et la hauteur de la chute, la puissance disponible, mais quelle puissance est réellement transmise par les organes destinés à la fournir. En second lieu, à quel point du moteur doit être calculée la force effective que le bailleur est tenu de fournir au preneur? M. Bourguignat (T. II, n° 692) montre très-bien quel intérêt il y a à examiner ce point : personne n'ignore, nous dit-il, qu'au fur et à mesure qu'on s'éloigne de la roue hydraulique, l'effet produit diminue : les organes de transmission en se multipliant, augmentent les frottements et les déperditions de force, de telle sorte que le résultat procuré, par exemple, par les tambours qui mettent en mouvement les métiers d'une filature est beaucoup moindre que le résultat immédiatement donné par le moteur hydraulique lui-même. Un arrêt de la Cour d'Amiens du 1er juillet 1837 a jugé que toutes les fois que le preneur était étranger à l'établissement des organes de transmission, la force motrice devait être calculée au moment où elle arrivait dans ses ateliers. Ce système a été reproduit et développé par M. Bourguignat ; nous pouvons le résumer en disant que le point où devrait être calculée la force motrice serait l'endroit précis où commence la partie de l'appareil fournie par le preneur, et où cesse celle fournie par le bailleur ; ainsi, pour reprendre notre exemple, si le bailleur s'est uniquement engagé à fournir une roue hydraulique, il lui suffira de délivrer une roue hydraulique réalisant une force de cinq, de dix chevaux, en supposant que ces chiffres soient ceux fixés par le contrat ; si, au contraire, il fournit en outre de la roue, la totalité de l'appareil de transmission, ce sera sur les tambours avec lesquels les métiers du preneur se trouvent en communication, que devra être calculée la force motrice ; le bailleur sera tenu de garantir l'excédant de force nécessaire pour compenser la force qui se sera perdue dans le trajet de la roue hydraulique. Bien que la plupart des auteurs se prononcent dans le même sens, nous considérons cette solution comme bien peu juridique ; il nous semble plutôt que, dans le silence du bail, le juge devrait, dans tous les cas, se prononcer contre le locataire.

Il est, en effet, vraisemblable que les parties, alors qu'elles stipulaient, ne se préoccupaient que d'une seule chose, à savoir de la force de la chute d'eau utilisée; elles convenaient qu'une force de tant de chevaux serait fournie parce qu'elles savaient que telle était la force nécessaire pour mettre en mouvement la roue motrice de l'usine. On ne concevrait guères d'autre part que le bailleur fournissant les appareils de transmission ait pu avoir l'idée de se rendre garant de la déperdition de forces ayant pour cause l'imperfection de ces appareils. Bien souvent le premier soin du preneur sera de remplacer ces appareils par des organes plus nouveaux et plus perfectionnés ; et il pourrait se présenter cette situation étrange d'un locataire attaquant son bailleur comme ne lui ayant pas livré la force stipulée et ensuite, après avoir obtenu gain de cause, se procurant à l'aide d'une installation nouvelle, une force supérieure à celle que lui garantissait le contrat ; ce résultat serait inique à l'égard du bailleur dont les réclamations viendraient à échouer contre l'exception de chose jugée.

339. 2° *Obligation d'entretenir la chose en état de servir à l'usage pour lequel elle a été louée,* c'est-à-dire obligation de faire pendant la durée du bail toutes les réparations autres que les réparations locatives (Art. 1720-2°). — Quelles sont donc, parmi les réparations à faire aux moulins et aux usines, celles que l'on doit réputer locatives ? On comprend qu'en semblable matière les usages locaux varient à l'infini et que dans bien des cas les juges aient à user du pouvoir d'appréciation arbitraire que leur reconnaît la jurisprudence (Civ. Rej., 24 nov. 1832. -- Dev., 33-1-237). Le plus généralement on se réfère aux distinctions qu'avaient établies à ce sujet les commentateurs de la coutume de Paris : Desgodets et Goupy son annotateur (Partie II, p. 19) sont entrés sur ce point dans d'assez nombreux détails que nous ne pouvons reproduire ici : on trouvera dans le

passage que nous avons indiqué l'explication de la plupart des termes techniques usités en semblable matière. Lepage (T. II, p. 160) a complété leur énumération, et c'est son ouvrage que citent tous les auteurs qui ont écrit postérieurement sur la matière. Il pose comme principe que tous les objets particuliers aux moulins et que l'on n'énonce pas comme sujets à réparations locatives sont à la charge du propriétaire : la présomption est qu'ils sont usés par vétusté et le locataire ne saurait être tenu de les réparer qu'autant que l'on prouverait l'existence d'une faute directe qui lui serait imputable. — Les seules réparations qui de leur nature et en l'absence de toute stipulation soient réputées locatives, sont les réparations à faire 1° aux palées des moulins, 2° aux vannes, 3° aux tournants et travaillants, 4° dans les moulins pendants, c'est-à-dire dans ceux dont la roue peut se hausser ou se baisser suivant les variations de la rivière, à la charpente qui sert à produire ce double mouvement, 5° aux ustensiles et objets mobiliers servant à l'exploitation du moulin. — Lepage spécifie ensuite avec le plus grand soin que, suivant l'usage de Paris, le propriétaire seul est tenu de l'entretien des digues qui se font pour retenir l'eau et la porter en plus grande quantité sur la roue du moulin, du fauchage des herbes qui croissent dans l'eau et en ralentissent la vitesse et de l'enlèvement des atterrissements, c'est-à-dire des amas de vase ou de sable qui se forment au-dessus ou au-dessous des moulins et qui privent l'eau de la force dont elle a besoin pour faire tourner la roue. Si le propriétaire, dit-il, manquait de charger le locataire de ces objets d'entretien, celui-ci pourrait exiger qu'on fît cesser tous les obstacles qu'éprouverait le cours d'eau ; il aurait droit de demander que les eaux qui s'échappent soient ramenées dans leur direction normale. — Nous avons déjà vu (n° 235) à qui incombe la réparation des accidents provenus par suite d'inondation ou de débâcle : nous persistons à dire avec les anciens auteurs et avec M. Troplong que le locataire en doit être tenu : c'était à lui à prendre toutes les précautions nécessaires pour prévenir un semblable accident.

340. 3° *Obligation de faire jouir paisiblement le preneur pendant la durée du bail.* — Suivant l'article 1721, le bailleur doit garantie au preneur de tous les vices de la chose louée qui en empêchent l'usage, quand même il aurait ignoré ces vices à l'époque du bail ; s'il résulte de ces vices quelque perte pour le preneur, le bailleur est tenu de l'indemniser. — On s'est demandé si, en outre de l'indemnité représentant le montant de cette perte, le bailleur pourrait être tenu de dommages-intérêts alors qu'il aurait ignoré les vices de la chose louée. Sans entrer sur ce point dans aucun détail, nous dirons volontiers avec M. Duranton (T. XVII, n° 63), avec M. Troplong (T. I, n° 194), avec M. Duvergier (T. I, n° 174) qu'il est raisonnable de transporter ici la disposition des art. 1644-1645 C. civ. ; le bailleur ne sera tenu de payer des dommages-intérêts qu'autant qu'il connaissait, lors du bail, les vices de la chose louée. Toutefois nous ferons observer que la jurisprudence tend à se prononcer en sens contraire. C'est ainsi qu'un arrêt de rejet de la Chambre civile en date du 30 mai 1837 (Dev., 37-1-602) a décidé qu'une Cour d'appel avait pu, sans violer aucune loi, condamner à des dommages-intérêts le propriétaire d'une usine, bien qu'à l'époque de la passation du bail il ignorât l'insalubrité des eaux motrices de cette usine. — L'applicabilité de l'article 1721 est soumise à deux conditions : 1° Il faut que le vice caché de la chose soit de nature à en empêcher l'usage d'une manière tout-à-fait absolue ; tel sera, par exemple, le cas où antérieurement au bail, l'administration aura prescrit certains travaux dont l'effet nécessaire sera d'enlever à l'usine la quantité d'eau nécessaire à son fonctionnement (Amiens, 11 mars 1837,

Dev., 38-2-120). La solution serait toute autre si le locataire se plaignait d'une simple gêne dans sa jouissance : la Cour de Colmar a, par arrêt du 14 novembre 1825 (Dev., C. N. 8-2-148), déclaré la demande d'un fermier irrecevable dans une espèce où il était simplement articulé que l'un des tournants de l'usine se mettait difficilement en mouvement et n'avait pas la même célérité que les autres. — 2° Le vice caché de la chose louée doit être tel que le preneur n'ait pu s'en apercevoir antérieurement à la passation du bail : ainsi, lorsque le preneur aura visité les lieux qui lui sont loués, lorsqu'il aura déclaré dans le bail qu'il les accepte tels qu'ils se poursuivent et comportent pour les bien connaître, nul doute que le bailleur ne soit à l'abri de toute recherche : l'arrêt de Colmar de 1825, que nous avons cité plus haut, déclarait qu'il y avait là une véritable fin de non recevoir contre l'action du preneur. Nous retrouverons au surplus ce point quand nous traiterons de la garantie en matière de vente : nous examinerons d'assez nombreuses espèces sur lesquelles les tribunaux ont eu à statuer et les décisions que nous donnerons alors s'appliqueront aussi bien au contrat de louage qu'au contrat de vente.

341. L'article 1722 porte que si, pendant la durée du bail, la chose louée est détruite en totalité par cas fortuit, ce bail est résilié de plein droit ; que si elle n'est détruite qu'en partie, le preneur peut, suivant les circonstances, demander ou une diminution du prix ou la résiliation même du bail, sans qu'il y ait lieu dans aucun cas à dommages-intérêts. — Le cas fortuit dont nous parle la loi, doit s'entendre de tout événement qu'il n'aura été possible au locataire ni de prévenir lors de la passation du bail, ni de conjurer ultérieurement : c'est ainsi, suivant la remarque de M. Bourguignat (T. II, n° 725), qu'on ne peut considérer comme cas fortuit un fait qui se reproduit périodiquement

à des époques plus ou moins certaines ; ce fait connu de tous a dû nécessairement entrer dans les prévisions du preneur ; ce n'est plus un effet du hasard, un de ces évènements inattendus qui viennent tromper de justes espérances et qui seuls sont exceptés du contrat. Le preneur ne pourra donc faire considérer comme cas fortuits, les chômages réguliers que nécessitent soit l'entretien du cours d'eau soit le flottage des bois : nous verrons du reste qu'au cas où une indemnité doit être accordée par l'administration ou les flotteurs à raison de ces chômages, le preneur a une action directe pour se faire attribuer personnellement la quote-part qui lui revient dans cette indemnité. On peut également citer le cas d'un cours d'eau qui, à certaines époques périodiques, ne fournit pas une force motrice suffisante aux usines qu'il alimente ; il serait absurde de considérer comme quelque chose d'imprévu, ces variations qui se reproduisent d'une manière à peu près mathématique. — En sens inverse, nous appliquerons l'article 1722 lorsque l'usine aura été détruite soit en totalité, soit en partie, par une inondation imprévue ; lorsque le cours d'eau moteur sera venu à disparaître à la suite d'une commotion terrestre, ou bien lorsqu'abandonnant son ancien lit il se sera créé une nouvelle route loin de l'établissement resté à sec. On s'est demandé ce qui arriverait si le canal d'amenée d'une usine venait à se trouver complètement desséché par suite de chaleurs excessives. Dans un arrêt du 21 juillet 1838 (Dev., 39-2-94) la Cour de Rouen a jugé 1° que la sécheresse ne constituait pas un cas fortuit dans le sens de la loi ; 2° qu'en tous cas il y aurait lieu de faire une compensation entre le préjudice causé par la sécheresse dont se plaint actuellement le locataire et les bénéfices extraordinaires que le locataire a faits à l'époque où par suite de l'abondance des eaux, il jouissait d'une force motrice supérieure à celle que lui garantissait le contrat. Mais il ne faudrait pas s'exagérer la portée de cette décision ; elle n'a statué que subsidiairement sur le point de droit qui nous occupe et, dans l'espèce, ce qui l'a surtout frappé c'est que le preneur qui réclamait devant elle une indemnité avait postérieurement au fait dont il se plaignait, renouvelé le bail de l'usine : preuve évidente qu'il n'avait éprouvé, en définitive, aucune perte, si minime qu'elle fût. Quelques auteurs, entre autres M. Troplong (T. II, n° 235), ont cependant voulu généraliser la doctrine de cet arrêt en s'appuyant sur l'article 1769. A quoi M. Bourguignat (loc. cit.) répond en fort bons termes que l'eau qui, en faisant mouvoir une usine lui en imprime son caractère d'établissement hydraulique en est une partie intégrante et que l'atteinte portée à cet établissement dans sa force motrice est un coup porté à sa substance même ; que l'article 1769 étant spécial aux baux des biens ruraux, rien n'autorise à l'étendre par voie d'interprétation aux baux des usines hydrauliques ; qu'en fait il est impossible lorsqu'il s'agit d'usines hydrauliques, d'établir, comme lorsqu'il s'agit d'un bail à ferme, une compensation entre les diverses années de jouissance ; qu'en effet, les bonnes années étant celles où les eaux se tiennent toujours au niveau du repère, c'est en considération de ce niveau que l'usine est montée, sa production réglée et le loyer fixé ; qu'on ne saurait dès-lors combler le déficit d'une mauvaise année avec les résultats d'une bonne, puisque les bonnes ne sont que celles où l'on ne recueille ni plus, ni moins que ce sur quoi on a dû compter en faisant le bail.

342. Du cas fortuit proprement dit, nous rapprocherons ce que l'on appelle en droit le fait du prince, c'est-à-dire l'acte administratif qui prescrit telle ou telle mesure diminuant les droits dont jouissait auparavant l'usinier. Il arrivera que, postérieurement au bail, l'administration juge nécessaire d'abaisser le niveau auquel les eaux peuvent légalement s'élever dans le canal d'amenée, ou bien qu'elle impose à l'usinier des chômages prolongés qui réduiront

singulièrement sa jouissance : l'art. 1722 est-il applicable à cette hypothèse comme à celle d'un cas fortuit? Il est certain, tout d'abord, que si l'acte administratif, bien que présentant un caractère d'utilité publique, a été pris sur la demande du bailleur, ce dernier pourra, nonobstant la disposition de l'art. 1722, être condamné à des dommages-intérêts : il suffit en effet de se rappeler qu'il est garant vis-à-vis du preneur de son fait personnel : c'est ce que la Cour de Paris a désigné dans une espèce analogue le 15 juillet 1856 (Dev., 57-2-500). En sens inverse, si l'acte administratif est intervenu par suite d'abus de jouissance du preneur, nous n'éprouverons aucun doute à admettre que ce dernier ne pourrait recourir contre son bailleur dans les termes de l'art. 1722 : il arrivera même souvent que le bailleur trouvera dans les agissements du preneur, la source d'une action en dommages-intérêts, basée sur la dépréciation que subira l'usine. Supposons maintenant que l'administration ait agi proprio motu, ou bien que la diminution de force motrice ne soit que le résultat de travaux publics exécutés dans le lit du cours d'eau, par exemple de la construction d'un remblai de chemin de fer qui isole de la partie principale du fleuve le bras où se trouve la prise d'eau : c'est ici, à proprement parler, que naît la difficulté. A l'origine, la Cour de cassation se montrait extrêmement large vis-à-vis du preneur; aux termes de l'arrêt des requêtes du 17 août 1859 (Dev., 60-1-453), non-seulement, il jouissait du bénéfice de l'art. 1722, mais il pouvait encore actionner le bailleur à fin de dommages-intérêts : il pouvait même le contraindre à exécuter tous les travaux qui seraient reconnus nécessaires pour atténuer les inconvénients du nouvel état de choses. C'est également en ce sens que se prononçaient la plupart des Cours d'appel. (Aix, 24 mars 1865, Dev., 65-2-230 ; Lyon, 16 nov. 1865, Dev., 1866-2-280; Dijon, 12 décembre 1866, Dev., 67-2-183). Mais la cham-

bre des requêtes n'a point persisté dans sa première jurisprudence ; suivant son arrêt du 16 mai 1866 (Dev., 66-1-
286) dont la doctrine est adoptée par MM. Aubry et Rau
(T. IV, § 366, p. 477), le preneur n'a aucun recours contre
son bailleur, pas même celui qui résulte de l'article 1722 :
en effet, dit-elle, qu'est-ce que l'acte administratif intervenu, sinon une voie de fait, exercée par des tiers à l'encontre du bailleur ? or, l'art. 1725 porte que toutes les fois
que le tiers qui a commis des voies de fait sur la chose
louée, ne prétend point à la propriété de cette chose, le
bailleur n'est tenu d'aucune garantie : c'est au preneur à
poursuivre quand et comme il l'entendra l'auteur du trouble.
Ni l'un ni l'autre de ces deux systèmes ne nous semble acceptable : tout d'abord, n'y a-t-il pas quelque chose de singulier à autoriser contre le preneur une demande d'indemnité, alors que ce dernier est absolument étranger au fait
d'où résulte la diminution de force motrice ? Que le prix du
bail subisse une réduction, on le comprend, puisque l'obligation de payer le prix a pour cause la jouissance du locataire et que cette jouissance se trouve elle-même réduite ;
mais aller plus loin, ce serait dépasser toute mesure et se'
mettre en contradiction avec ce grand principe que les
dommages-intérêts ne sont dus qu'autant qu'il y a eu faute
commise. Ajoutons que l'on se séparerait des traditions de la
loi romaine. « Similiter igitur et circa conductionem servan-
dum puto, ut mercedem quam præstiterim restituas ejus sci-
licet temporis quo fructus non fuerim, nec ultra actione
ex conducto præstare coges. Nam etsi colonus tuus fundo
frui a te aut ab eo prohibetur quem tu prohibere ne id faciat possis, tantum ei præstabis, quanti ejus interfuerit frui,
in quo etiam lucrum ejus continebitur ; sin vero ab eo in-
terpellabitur quem tu prohibere propter vim majorem aut
potentiam ejus non poteris, nihil amplius quam mercedem remittere aut reddere debebis. » Africain, L. 33, ff.

locati conducti. Faut-il maintenant se prononcer dans le sens diamétralement opposé ? Ici, nous regrettons fort que la Cour de cassation ne se soit pas rappelée, en 1866, les considérations si sages que faisait valoir, en 1859, M. le conseiller rapporteur Hardoin. « Le cas prévu par l'article 1725 et qui se réalise fréquemment, se présente facilement à l'esprit. Ainsi, le voisin d'une pièce de terre que je tiens en location envahit une portion de mon champ ou en réduit la contenance par des usurpations successives. C'est là un trouble à ma jouissance, non un attentat au droit de propriétaire ; c'est une voie de fait dont je dois me défendre, parce qu'elle s'adresse à moi et qu'elle a pour effet de diminuer le produit de la chose louée. Mais est-il vrai de dire que lorsque la ville de Paris, dans l'intérêt de la viabilité, juge à propos d'abaisser le niveau d'une rue, d'un boulevard, elle commette une voie de fait ? Elle use évidemment du droit le plus légitime et le plus respectable, puisqu'il est fondé sur l'intérêt de tous. Ce qui prouve que l'article 1725 attache à cette expression : voies de fait, le sens d'un acte violent ou illicite, ou, du moins, attentatoire au droit d'autrui, c'est qu'elle reconnaît au locataire qui en souffre le droit d'en poursuivre les auteurs. N'est-il pas manifeste, dès-lors, que le locataire ne peut poursuivre la ville de Paris pour faire cesser un pareil trouble, qui n'est que la conséquence éloignée, indirecte, d'une mesure générale et qui rentre dans les pouvoirs de l'administration municipale ? L'article 1725 serait donc sans application à la cause. » Cette dernière observation suffit à elle seule, pour faire condamner le système que nous combattons ; l'usinier locataire, dit la Cour de cassation, peut poursuivre l'auteur du trouble. Très-bien, s'il s'agit d'une usine ayant un titre légal : nous verrons en effet que, dans ce cas, il peut, comme le propriétaire, réclamer une indemnité pour suppression ou diminution de force motrice, mais que faire

dans l'hypothèse contraire ? Si l'usinier s'adresse au bailleur, ce dernier le renverra à agir contre l'administration à
laquelle la voie de fait est imputable ; s'il se retourne contre
l'administration, cette dernière lui répondra qu'il jouissait
en vertu d'un titre précaire et essentiellement révocable ;
que dès-lors, il ne saurait prétendre à aucune indemnité.
N'y a-t-il pas, dans cette situation, quelque chose de bizarre qui choque absolument le bon sens et la logique ? Le
plus sage, suivant nous, serait encore de s'en tenir à la décision pure et simple de l'article 1722, ainsi que l'a fait la
Cour de Paris dans son arrêt du 11 janvier 1866 (Dev.,
66-1-130). L'acte qui a diminué la jouissance de l'usinier
ou qui l'a supprimée en entier, ne doit-il pas, dans notre
espèce, être absolument considéré comme un cas fortuit ?
N'est-ce pas là un de ces évènements indépendants de la
volonté des parties et qu'elles ne pouvaient prévoir à l'époque du contrat ? Cette assimilation entre le cas fortuit et le
fait du prince est proclamée par tous les auteurs. « Le fait
du prince, disait Merlin (Rép. v° Fait du souverain) est
considéré à l'égard des particuliers comme un cas fortuit
et une force majeure que personne ne peut ni prévoir, ni
empêcher. » Et la Chambre des requêtes elle-même la consacrait le 4 mai 1842 dans une espèce demeurée célèbre,
(Dev., 42-1-718). « Attendu que le fait du prince obligeant
à soumission comme le fait de la nature, constitue un cas
fortuit ou de force majeure, alors que cette volonté du
prince s'est accomplie par sa vertu propre, sans le concours
ni l'adhésion de ceux sur lesquels elle s'est étendue... » En
présence de ces solutions de principe, si sages et si ration-
nelles, nous avons peine à comprendre qu'une controverse
ait pu s'élever dans notre hypothèse et nous espérons que
la Cour de Cassation finira, comme la Cour de Paris, par
décider que le locataire peut, dans notre espèce, demander
au propriétaire, soit une résiliation de bail, soit une dimi-

nution de prix, sans que son action puisse jamais tendre, soit à dommages-intérêts, soit à indemnité.

343. L'article 1728 impose au preneur, outre l'obligation de payer le prix aux époques convenues, celle d'user de la chose louée en bon père de famille, ce que la loi développe en disant qu'il doit jouir suivant la destination de la chose et que, s'il ne s'y conforme point, le bailleur peut faire résilier le bail avec dommages-intérêts (art. 1729). Rien de plus nombreux et de plus varié que les hypothèses prévues par les auteurs ; ainsi, ils supposent que le preneur laisse tomber en ruine les bâtiments de l'usine ; — qu'il ne fait point procéder au curage du bief et de l'arrière-bief ou que, faute d'en protéger les rives, il les laisse peu à peu perdre leur rectitude normale , — qu'il ne s'oppose point aux usurpations que commettraient les riverains et qui les autoriseraient plus tard à invoquer à leur profit, soit la prescription, soit la possession annale ; — qu'il laisse chômer l'usine, ce qui entraînera la détérioration du matériel et la perte de l'achalandage ; — qu'il crée dans le voisinage de l'usine un établissement rival et y attire toute la clientèle attachée à celui qui lui a été loué. On pourra encore admettre que le preneur a contrevenu à l'art. 1728, lorsqu'il aura changé le genre de travail pour lequel l'usine lui avait été louée, par exemple, lorsqu'il aura fait d'un moulin à blé, un moulin à huile ou à tan, une papeterie, etc.... Mais ce qui sera peut-être plus délicat, ce sera de savoir ce qu'il faut penser des modifications apportées au mécanisme, à l'outillage de l'usine dans le but de pouvoir lutter contre la concurrence des établissements rivaux: doit-on voir dans ce fait une contravention à l'article 1728 ? Nous n'hésitons pas à répondre que non ; en effet, dans l'usine, ce qui fait l'objet du bail, c'est un immeuble avec son affectation industrielle, c'est un moulin, une filature ; comment, dès lors, l'obligation d'entretenir la chose louée conformément à sa destina-

tion serait-elle violée, alors que, nonobstant le changement apporté au mécanisme et à l'aménagement, l'immeuble n'en subsiste pas moins avec son affectation, en tant que moulin ou filature ? Le mécanisme, les dispositions intérieures ne sont pas nécessairement corrélatifs à cette affectation : ils ne le sont qu'aux procédés employés dans l'usine. Or, si l'affectation est, de droit, permanente vis-à-vis du locataire, il n'en peut être de même des procédés de fabrication. La loi n'a pas voulu entraver l'esprit de progrès et obliger le locataire à s'attacher aux anciennes routines. Il n'y a là qu'un de ces changements dont M. Troplong (T. II, p. 310) a dit : « Ce sont des arrangements intérieurs qui, loin de contrarier l'usage pour lequel la chose a été louée ne sont qu'une suite de cet usage approprié aux besoins du preneur. » — Bien entendu, tout ceci n'est applicable qu'autant que ni le contrat en lui-même, ni les circonstances de chaque espèce ne sont point de nature à éclairer la conscience du juge : comme toujours en ces matières, le point de fait prime le point de droit, et c'est, avant tout, à la commune intention des parties qu'il convient de s'arrêter. Ce n'est qu'en l'absence de tout élément de décision que l'on aura à examiner quelles peuvent être en théorie pure les obligations du locataire vis-à-vis du bailleur.

344. Il est bien certain que le locataire ne pourrait, sous prétexte d'augmenter le rendement de l'usine, substituer à l'outillage primitif des procédés d'exploitation dangereux qui compromettraient l'existence du bâtiment. On s'est demandé à ce propos si le locataire d'une usine hydraulique pouvait y introduire une machine à vapeur : y a-t-il là un abus de jouissance dans les termes de l'article 1728 ? Des auteurs, s'appuyant sur l'autorité d'un arrêt de Rouen, en date du 25 juillet 1856 (Dev. 57-2-143), tiennent pour l'affirmative : ils permettent au bailleur de s'opposer à l'introduction d'une machine à vapeur, alors même qu'elle aurait

pour but de suppléer à l'insuffisance momentanée du moteur hydraulique. L'opinion contraire, adoptée par la Cour de Dijon le 3 décembre 1860 (Dev., 61-2-588), a été défendue par M. Bourguignat (T. II, n° 751). « Sauf le cas où il y aurait des raisons particulières, tirées soit des dispositions du contrat, soit de la place choisie pour la machine à vapeur et qui serait préjudiciable à l'immeuble donné à bail, dit le savant auteur, la solution favorable au locataire qui, conservant le mécanisme hydraulique, prétend user de la force vapeur, nous paraît devoir être maintenue comme règle générale et prédominante. Il n'y a pas en effet d'objection sérieuse à tirer de la destination hydraulique de l'usine puisque nous admettons que, tout en établissant sa machine à vapeur, le locataire est tenu de maintenir le système hydraulique compris au bail. Dans les cas même où il serait allégué que des stipulations lient les mains au locataire, nous croyons qu'il ne faudrait se prononcer contre les prétentions de celui-ci qu'autant que l'interdiction résulterait sinon expressément, du moins toujours clairement du texte et de l'esprit de la convention. Si les tribunaux sont tenus de maintenir la loi du contrat, et de faire respecter la propriété, ils doivent également protéger l'industrie qui ne prospère qu'autant qu'on lui épargne les obstacles et les tracasseries mesquines que lui opposent constamment la routine, la rivalité et la mauvaise foi. » Il nous semble impossible d'adopter d'une manière absolue soit l'un, soit l'autre de ces deux systèmes; nous répéterons, encore une fois, que dans ces matières la question de fait prime la question de droit. Et c'est ce qui résulte bien nettement des deux arrêts que les auteurs citent comme rendus en sens inverse : ce ne sont que des décisions d'espèce entre lesquelles il est impossible de saisir la moindre contradiction doctrinale. D'une part, en effet, la Cour de Rouen s'appuie exclusivement sur ce que le preneur n'avait pris aucune précaution pour empêcher que l'établissement de la machine à vapeur pût nuire à la solidité des bâtiments, et sur ce qu'il n'en avait point à l'avance communiqué les plans au bailleur, ainsi que l'avait exigé ce dernier : elle constate notamment que le preneur en entamant l'un des pignons de l'usine et en le réunissant immédiatement par des liens de fer à sa pompe à feu, avait exposé les bâtiments déjà peu solides par eux-mêmes à une chance plus grande d'ébranlement et de destruction ; que, dès lors, ce changement de destination ne pouvait être fait sans l'autorisation du bailleur et constituait, à son égard, une véritable violation du droit de propriété. D'autre part, ce qui déterminait la Cour de Dijon, c'était que le caractère entreprenant et les habitudes du locataire étaient bien connus à l'époque de la passation du bail ; que le preneur avait dû, en conséquence, s'attendre à ce que rien ne fût négligé pour donner à l'usine un accroissement considérable ; que d'ailleurs, le bail avait été conclu pour une longue durée, et qu'il était impossible d'admettre que le locataire, en s'engageant à maintenir l'ancien état de choses, se fût condamné par avance à ne pouvoir soutenir la concurrence des établissements rivaux. Ainsi donc, rechercher quelle a été originairement l'intention commune des parties, voilà ce qui doit surtout préoccuper le juge. On aura beau, dans l'intérêt du locataire, parler de la nécessité qu'il peut y avoir à l'encourager dans tous les perfectionnements de son industrie : ce qui dominera tout, c'est de savoir si les modes de perfectionnement que l'on entend employer n'ont pas paru dangereux au preneur et si ce dernier, au risque de déplaire aux économistes, n'a pas entendu les proscrire à l'origine. On objectera vainement qu'en louant un établissement industriel, le propriétaire s'est engagé par cela même à laisser le preneur maître de recourir à tous les moyens qui pourraient en assurer le fonctionnement le plus avantageux et qu'il savait ainsi à quoi il s'exposait. On ne peut admettre un pareil raisonnement : ce serait établir une véritable présomption en dehors des termes de la loi. Il s'agit d'apporter une modification à l'état de choses existant : pourquoi autoriser le locataire à l'accomplir sans qu'il justifie qu'elle était dans l'intention commune des parties, au jour où est intervenu le contrat de bail? Ce sera à lui, s'il est demandeur au procès, à établir que les clauses de son bail l'autorisent à introduire dans les lieux cette machine à vapeur. Les mêmes principes s'appliqueront nécessairement vis-à-vis du preneur : pas plus que son locataire, il ne pourra s'appuyer sur une prétendue présomption, et, comme ce dernier, il devra se soumettre à la règle. « Onus probandi incumbit actori. »

345. L'usage de Paris avait consacré autrefois, relativement aux usines hydrauliques et moulins à eau, un bail sui generis, le *bail à la prisée*. Ce genre de convention s'est depuis singulièrement étendu et a fini, dans certaines contrées, par se substituer au bail ordinaire, toutes les fois qu'il s'agit d'établissements industriels, quel qu'en soit le moteur. Desgodets (Partie II, p. 18) nous explique très-bien ce que c'est que le bail à la prisée. « Avant que d'entrer en jouissance, on fait un état et estimation de toutes ces choses (c'est-à-dire, des palis, vannes, et généralement de tous les tournants et travaillants, meubles, cables, harnais et ustensiles devant être entretenus par le locataire), et à la fin du bail, on en fait encore une estimation. Si l'estimation de la fin est plus forte que la première, le propriétaire rembourse le fermier du surplus ; et au contraire, si la dernière estimation est plus faible que la première, c'est le fermier qui rembourse le propriétaire. » On voit de suite quel avantage cette convention présente pour le propriétaire qui se trouve certain que toutes les réparations locatives seront régulièrement exécutées et que le preneur entretiendra l'usine dans un état satisfaisant; ce dernier, en effet, aura intérêt à améliorer, chaque année, ce qu'on appelle le

fonds de prisée, de manière à ne point s'exposer à des déboursés considérables, lors de la cessation de sa jouissance. Le bail à la prisée peut être fait de deux manières : tantôt, le preneur paie, soit au propriétaire, soit au fermier sortant, la valeur de l'estimation ; dans ce cas, lors de sa sortie de l'usine, il aura le droit de réclamer de celui qui prendra sa place, la valeur de la seconde estimation qui sera faite à cette époque : tantôt, au contraire, (c'est ce qu'on appelle la prisée bourgeoise), il n'aura à avancer aucune mise de fonds, sauf les frais d'estimation qui demeurent généralement à sa charge : ici, selon l'expression de M. Bourguignat (T. II, p. 381), les résultats de sa jouissance se régleront suivant les résultats de la seconde estimation par des différences en plus ou en moins, suivant ce qui sera résulté de la comparaison des deux opérations.

346. Quelle est en droit la situation du locataire, lorsqu'il s'agit d'un bail à la prisée ? Les auteurs se demandent d'abord à qui incombent les risques de la chose louée. D'après les principes généraux, la chose louée demeure aux risques du propriétaire « res perit domino « et le locataire ne saurait être aucunement responsable de tous les accidents, de tous les cas fortuits qui peuvent en diminuer la valeur. Dans notre hypothèse, la solution sera toute différente ; par interprétation du contrat, on arrive nécessairement à décider que le preneur s'est chargé de tous les risques : la seule chose qu'il y ait à considérer, lors de l'expiration du bail, c'est la valeur actuelle du fonds de prisée, comparée à celle qu'il avait lors de la délivrance : c'est la seule base que les parties aient songé à prendre pour leur règlement définitif, et il n'y a nullement à se préoccuper des événements qui seraient survenus dans l'intervalle. Nous mettons bien entendu à part le cas où l'accident dont on voudrait rendre le preneur responsable, proviendrait d'un vice caché de l'immeuble : ici, en effet, ce serait en

quelque sorte le fait propre du bailleur qui aurait été cause première de l'accident, et il serait étrange que le preneur fût appelé à l'en garantir. — Faut-il conclure de la solution que nous venons de donner que le preneur doit être dans notre espèce, considéré comme étant propriétaire du fonds de prisée? D'après certaines personnes, le contrat de bail à la prisée aurait un double caractère : il y aurait à la fois, vente des objets compris dans l'estimation et louage de ceux qui n'y auraient point été compris, c'est-à-dire de l'immeuble, du sol sur lequel il est assis, des biefs et arrière-biefs, en un mot de tout ce qui ne rentre pas dans l'outillage industriel proprement dit. En ce sens on argumente principalement du brocart ancien « estimation vaut vente » et l'on rapproche notre cas de celui que prévoit l'art. 1551 Code civil. Mais ce n'est, suivant nous, que par un véritable abus de langage que l'on peut invoquer une semblable analogie, et ce serait plutôt la disposition de l'article 1805 C. Civ. qui devrait être étendue à notre hypothèse. Le sens du brocart « estimation vaut vente » avait déjà été précisé par les jurisconsultes romains : il ne veut dire qu'une chose, c'est que l'objet loué ou confié à un tiers avec estimation, est désormais aux risques de ce tiers comme s'il s'en était rendu acquéreur ; mais il n'en résulte point qu'il y ait eu une véritable propriété et, qu'à tous les autres points de vue, cet objet soit devenu la chose du tiers entre les mains duquel il se trouve. Telle est la décision de la loi 1 §§ 1 ff. de æstimatoria actione : « Æstimatio autem periculum facit ejus qui suscepit : aut igitur ipsam rem debebit incorruptam reddere aut æstimationem de quâ convenit. » Aussi est-ce avec raison que la cour de Paris a, par arrêt du 8 juillet 1833 (J. du Pal., T. XXV, p. 653), dénié aux créanciers du locataire le droit de pratiquer une saisie exécution sur les tournants, travaillants et autres objets compris dans la prisée. En citant cet arrêt, M. Bourguignat fait une réflexion très-juste

et qui répond parfaitement à l'argument tiré de l'art. 1551.
« Il ne faut pas oublier, dit-il (T. II, N° 785), qu'à la différence des objets fongibles constitués en dot, ceux qui sont
délivrés au locataire avec l'établissement industriel sont
immeubles par destination, de sorte que le bailleur ne cesse
jamais d'y avoir un droit de rétention « jus in re. »

347. Desgodets (op. cit. p. 21) recommandait aux experts
chargés de faire la seconde estimation à la fin du bail de
bien se rendre compte des variations que la valeur du fonds
de prisée a pu subir pendant qu'il était entre les mains du
locataire. « Il est de la prudence et de la justice des experts
priseurs qui font les estimations, de les faire dans une
même proportion du prix des choses ; car, par la différence
du temps, il peut arriver qu'une même chose, sans y avoir
rien changé, vaut plus dans une année que dans une autre,
et il n'y aurait point de justice, qu'une chose qui n'aurait
point augmenté ni diminué en bonté fût plus ou moins estimée à la fin qu'au commencement. » Ainsi, pour nous servir de l'exemple donné par Lepage, (T. II. p. 107), supposons que, lors de l'entrée en jouissance du locataire, les
tournants et travaillants d'un moulin qui se trouvaient en
bon état aient été estimés 1,500 francs ; pendant la durée
du bail ils ont été mal entretenus, et, par conséquent, leur
valeur intrinsèque a diminué d'autant. D'autre part, une
hausse s'est produite sur les bois et autres matériaux de
construction, et, en conséquence, lors de la seconde estimation, l'évaluation que feront les experts, d'après le cours
de cette époque, pourra, malgré les dégradations constatées, donner le même résultat que la première estimation ;
il en résulterait une perte sèche pour le propriétaire et une
véritable prime accordée au locataire négligent. Aussi,
faudra-t-il, pour être logique, calculer ce que représente, eu
égard aux cours actuels, l'estimation primitivement faite et
fixer en conséquence le reliquat à payer par le locataire :

si donc la hausse a été de un quart, l'estimation devra être majorée de 500 francs : soit 2,000 francs. Les tournants et travaillants étant, dans leur état actuel, estimés 1,500 fr., une somme de 500 francs pourra être répétée par le propriétaire. Après avoir commenté le texte de Desgodets, Lepage (op. cit., p. 336) se demande s'il n'y aurait pas un moyen plus simple de régler les droits réciproques du locataire et du propriétaire ; et ce moyen, il le trouve dans l'application à l'espèce de l'art. 1730. Suivant ce texte, le preneur est tenu à la fin du bail de rendre les lieux loués dans l'état où il les a reçus : en d'autres termes, ce que l'on doit rechercher, ce que l'on doit mettre à sa charge, c'est le montant des détériorations subies par la chose louée. Partant de là, Lepage estime qu'il n'y a point à se préoccuper de l'estimation faite au commencement du bail et qu'il n'y a point lieu de faire une nouvelle estimation lors de son expiration ; il suffira de constater l'état où s'est trouvé, à chacune des deux époques, le matériel compris dans le fonds de prisée. Ce matériel est-il, à la fin du bail, dans un état inférieur à celui où il était originairement ? Le fermier paiera au propriétaire une indemnité proportionnelle. Au contraire, est-ce le fermier qui rend au propriétaire un matériel en meilleur état que celui qu'il a reçu ? Le propriétaire lui en devra tenir compte. L'expédient proposé par Lepage serait en effet de nature à supprimer bien des difficultés lors de l'expiration du bail ; mais encore, faudrait-il qu'à l'origine les parties aient déclaré par une clause formelle qu'elles entendaient que leur compte définitif fût réglé de cette manière ; il y a là une dérogation formelle aux règles coutumières qui forment le droit commun en matière de bail à la prisée ; or, une dérogation ne se présume pas ; et dans le silence du contrat, ce sera toujours Desgodets qui devra servir de guide pour les estimations nécessaires.

348. En thèse générale, le locataire peut apporter à l'usine à lui louée tous les perfectionnements qui la mettront en état de soutenir la concurrence contre les établissements voisins : ce principe s'applique nécessairement au bail à la prisée. Mais qu'arrivera-t-il à l'expiration du bail, lorsque le locataire aura usé de ce droit, notamment, lorsqu'il aura introduit dans les lieux un mécanisme nouveau en échange de celui qui lui aura été livré? Il est bien certain que, si cette substitution était matériellement indispensable, le bailleur sera tenu d'indemniser son locataire à raison des dépenses qu'elle aura nécessitées « s'il est vrai, porte l'arrêt de la Cour de Douai du 23 mars 1842 (Dev., 42-2-482), qu'en principe un fermier ne peut, par des impenses faites pour la chose louée, créer arbitrairement une dette à la charge du propriétaire, il n'en est pas moins vrai que nul ne peut s'enrichir aux dépens d'autrui, pourvu qu'il soit bien certain que la dépense était nécessaire, indispensable. » Mais quid, si les dépenses effectuées par le locataire ne présentent point ce caractère? La question a été soulevée dans des circonstances qui, en fait, semblaient absolument favorables aux prétentions du locataire : un rapport d'expert avait constaté dans la cause 1° qu'il y avait eu nécessité pour tirer bon parti du moulin loué et soutenir la concurrence de substituer à l'ancien mécanisme le nouveau système anglais ; 2° que les travaux avaient été exécutés d'une manière satisfaisante et conformément aux règles de l'art, eu égard à l'époque de leur confection ; 3° que les dépenses n'avaient pas été exagérées et qu'elles étaient restées dans les limites que se serait fixées un bon père de famille ; 4° qu'enfin, ils avaient été faits au vu et au su du propriétaire demeurant sur les lieux, lequel, loin de s'opposer à leur exécution, les avait, autant que cela pouvait être nécessaire, autorisés par son silence. Le tribunal de Corbeil et la Cour de Paris avaient cru trouver, dans ce document, des élé-

ments d'appréciation suffisants pour augmenter dans une proportion considérable la somme que la seconde estimation du fonds de prisée mettait à la charge du bailleur. Sur ce pourvoi en cassation. En fait, la Chambre civile n'admit pas que le simple silence du propriétaire équivalût à un engagement formel de tenir compte au preneur des impenses par lui faites dans l'immeuble : en droit, examinant la situation du locataire, elle posa comme principe que s'il avait fait sur les lieux loués des améliorations simplement utiles, mais non pas indispensables, il s'était placé sous l'application de l'art. 555, C. civ. : l'arrêt de cassation du 3 janvier 1849 (Dev., 49-1-95) l'assimila à un possesseur de mauvaise foi, et porta, en conséquence, que si le bailleur ne voulait point user de son droit de rétention sur les constructions et ouvrages faits par le locataire, ce dernier était tenu de les enlever sans pouvoir prétendre à aucune indemnité. Ajoutons que la Cour d'Orléans, saisie par suite du renvoi à elle fait, a, par le même motif de droit, condamné les prétentions du locataire (V. l'arrêt du 20 avril 1849, Dev., 49-2-593). — Cette doctrine, dont les conséquences sont si graves en pratique, a rencontré de nombreux contradicteurs à la tête desquels se trouve M. Bourguignat (T. II, nos 789 et seq.). L'article 555, disent-ils, ne saurait régir l'espèce et, s'il faut dans le Code chercher un texte qui soit applicable, c'est bien plutôt à l'art. 1375 que l'on doit se référer : pourquoi ne pas considérer le locataire comme le negotiorum gestor du preneur et dire que ce dernier sera tenu de lui rembourser toutes les dépenses qui auront donné une plus value à la chose louée? Nous ne pouvons quant à nous accepter cet argument et considérer comme un negotiorum gestor celui qui n'a construit que dans son propre intérêt et pour augmenter sa propre jouissance. Qu'en fait les travaux exécutés dans l'usine aient fini par profiter au bailleur, soit ; mais là n'est pas le point du débat : il faudrait prouver qu'ils ont été entrepris dans l'intérêt exclusif du bailleur, ce qui est absolument impossible. En réalité, le locataire ne s'est trouvé qu'accidentellement agir dans l'intérêt d'autrui ; il agissait au point de vue de son seul avantage et non pour procurer dans l'avenir une augmentation de jouissance au propriétaire. Objectera-t-on que l'art. 555 suppose un constructeur de mauvaise foi ayant agi *animo domini*, c'est-à-dire se prétendant propriétaire de l'immeuble sur lequel ont été faits les travaux ? Le mot « tiers évincés » dont se sert le Code pourrait paraître assez en harmonie avec cette interprétation. Mais nous répondrons avec M. Demante (Cours anal., T. II, n° 392 bis, II) que « cette circonstance dé possession du planteur ou constructeur n'est clairement indiquée que dans la disposition finale de l'article qui établit, sous forme d'exception, la règle à suivre à l'égard du possesseur de bonne foi. D'où il suit que, hors ce cas, le principe de l'article devrait être appliqué à une personne même qui ne serait pas en possession proprement dite, mais qui, peut-être, dans l'intention de s'y constituer ou dans l'espoir de profiter d'une façon quelconque de son travail, aurait indépendamment de tout contrat ou quasi contrat avec le propriétaire, fait les ouvrages sur le fonds d'autrui. » — Quant à voir dans le locataire un acheteur à réméré, pouvant bénéficier de la disposition de l'art. 1673, c'est ce que nous regardons comme encore plus inadmissible : nous répétons qu'il n'y a point eu vente mais simple bail, ainsi que nous avons essayé de l'établir, il n'y a qu'un instant. — Il est, nous le savons, certaines considérations que l'on invoque en faveur du locataire et qui, au premier instant, peuvent paraître séduisantes. M. Dalloz les développait en commentant l'arrêt de la Cour d'Orléans. « Telle révolution, dit-il (Rec. Per. 1850-2-1), peut avoir lieu dans l'industrie qui, pour sauver un établissement d'une ruine complète,

rende nécessaires non seulement des changements de détail
dans le mécanisme existant, mais encore la substitution
d'un système tout nouveau à l'ancien. Le preneur qui subit
cette sorte de force majeure et qui se détermine au sacrifice
qu'elle impose, doit avoir la conviction qu'il trouvera une
indemnité de ses sacrifices, dans l'amélioration de la chose
qu'il aura conservée, et qu'il recevra cette indemnité au mo-
menl où il quittera les lieux et où il remettra au propriétaire une usine qui aura été à la fois conservée et améliorée
par ses soins. C'est la loi de l'industrie, sans laquelle les
usiniers et les exploitants verraient souvent consommer
leur ruine complète : aussi, l'usage a-t-il fait cette loi qui,
pour être tacite, n'a pas moins de valeur que si elle était
écrite dans nos codes : « eadem vis taciti atque expressi. »
Et quelques lignes plus bas : « C'est certes une extrémité
déjà assez grande que celle où le preneur a été réduit,
obligé de s'imposer des sacrifices dont une plus value toujours au-dessous de la dépense réelle ne le récompensera
jamais. Qu'importe après cela que les changements de simple amélioration ou de reconstruction résultent de réparations faites au mécanisme existant ou de la substitution d'un
mécanisme nouveau? Tout cela n'est que secondaire ; l'industrie n'a point de limites de ce côté-là ; le besoin de se
protéger, voilà son mobile. En restant dans l'inaction, en
laissant périr un établissement qu'il a reçu plein de vie, le
preneur encourrait une grave responsabilité qu'il paierait
cher au moment de sa sortie par l'établissement de la moins
value : « Pourquoi, lui dirait-on, avez-vous laissé périr un
établissement plein de prospérité? Pourquoi ce mécanisme
qui suffisait au moment du contrat, n'a-t-il pas été remplacé par un procédé de la nature de ceux qui lui faisaient
une concurrence mortelle? Si les moyens vous manquaient
pour opérer ces changements, il fallait vous abstenir d'entrer dans la lutte industrielle, c'est à vous de subir la con-

séquence de votre faute. Infidèle à la loi du contrat, vous devez payer la moins value de la prisée sortante..... » Il faut cependant bien se rendre compte que la cause du bailleur est sinon plus, tout au moins aussi intéressante que celle du preneur. En louant l'usine, il comptait sur un revenu fixe et rémunératoire : c'est là ce qui l'a décidé. Or, au lieu de la situation qu'il croyait lui être définitivement acquise, il verrait tous ses calculs bouleversés ; au lieu de profiter des intérêts de son capital, il serait exposé à une perte sèche et obligé de débourser une somme d'argent parfois considérable : l'opération tournerait donc à sa ruine. Il est bon de remarquer que le locataire avait pu, antérieurement au bail, se rendre compte de la nécessité de ces améliorations et stipuler qu'il serait indemnisé des dépenses par lui faites : sa réticence à ce moment serait un véritable piège pour le bailleur, s'il était permis d'ajouter d'office au contrat la clause qui en est absente.

B

349. Les détails dans lesquels nous sommes entrés à l'occasion du louage des usines nous permettent de passer rapidement sur les questions qui peuvent être soulevées en cas de vente. En première ligne, la délivrance de l'usine vendue devra comprendre le régime hydraulique qui en constitue la force motrice, c'est-à-dire les biefs, arrière-biefs et les organes de transmission. Mais ici, s'appliquera la jurisprudence bien connue aux termes de laquelle les biefs et arrière-biefs ne forment point nécessairement partie intégrante de l'usine et ne s'y adjoignent pas d'une manière indispensable : rien n'empêche qu'en conférant à l'acquéreur la pleine propriété du moulin, le vendeur ne lui concède qu'un simple droit de jouissance sur les biefs et arrière-biefs et même, ne limite ce droit à la quantité d'eau stricte-

ment nécessaire pour le roulement de l'usine. Naturellement, l'acte de vente déterminera ce qui doit être délivré à l'acquéreur : dans le cas où ses termes pourraient prêter à quelque ambiguité, la jurisprudence reconnaît au juge le droit de rechercher en fait quelle a été la commune intention des parties : les règles ordinaires sur les preuves seront applicables dans l'espèce. C'est ainsi qu'en présence d'un acte constatant la vente d'un moulin et de « tout ce qui est fonds audit moulin, » la Cour de Rouen a jugé le 21 février 1824 (Dev., C. N. 7-2-324 ; — Dalloz, Rép. v° vente, n° 647) que le vendeur n'était tenu de délivrer au preneur que les ustensiles accessoires du moulin réputés immeubles par destination : elle s'est appuyée pour décider que le canal lui-même était exclu de la vente : 1° sur ce qu'il traversait sur une longueur de 800 mètres des prés et herbages restés la propriété du vendeur ; 2° sur ce que, depuis la vente un pont avait été jeté par le vendeur pour réunir les deux rives dudit canal ; 3° sur ce que l'acte de vente ne conférait pas à l'acquéreur un droit de pêche sur ledit canal ; 4° sur ce que le canal se trouvait en dehors de l'enceinte de haies qui environnaient le canal. Ces motifs nous semblent un peu faibles et nous ne voulons retenir de cet arrêt que le principe par lui posé, à savoir le droit pour le juge d'interpréter librement l'acte de vente. Mais nous pouvons citer, comme à l'abri de toute critique, l'arrêt de Grenoble du 29 novembre 1843 (Dev., 44-2-490) suivant lequel le vendeur ne peut être réputé avoir cédé à l'acquéreur la propriété du bief : 1° lorsqu'il s'est réservé la propriété d'un terrain sur lequel naissent des sources qui contribuent à l'alimentation de ce bief ; 2° lorsque les eaux du bief soit par leur situation, soit par la direction qui leur est donnée, servent non seulement au roulement de l'usine, mais encore à l'irrigation des héritages riverains. — Ajoutons, en terminant, que les décisions rendues de ce chef par les tribunaux et les Cours d'appel échappent au contrôle de la Cour de cassation : c'est ce qui résulte de l'arrêt des requêtes du 18 juillet 1822 (Dev., C. N. 7-1-112). « Attendu que la Cour d'appel de Grenoble, usant du droit qui lui appartient comme à toutes les autres cours, d'apprécier et d'interpréter les actes, déclare que, de ceux produits devant elle, il résulte que le comte de Saint-Vallier n'avait vendu au sieur Degros et à ses auteurs que l'eau limitativement nécessaire pour le jeu de ses moulins Curson et Terrail ; Attendu que ce fait une fois reconnu constant par la Cour de Grenoble, elle a pu sans violer aucune loi et même elle a dû pour-être conséquente, juger comme elle l'a fait, que le sieur Degros ne pouvait user des eaux de la nouvelle Veaune que pour le service de ses moulins et que tout autre usage lui en était interdit.... »

350. Lorsque le contrat est muet sur la force dynamique qui doit être délivrée à l'acheteur, ce dernier est réputé avoir accepté l'usine dans l'état où elle se trouvait au jour de l'acte : le vendeur a satisfait à son obligation lorsqu'il lui a fait la délivrance de la chûte par lui exploitée, telle qu'elle se comportait alors. Nous avons déjà examiné ce cas de même que celui où la force motrice qui doit être délivrée est évaluée en chevaux par l'acte de vente : suivant nous, cette force doit être calculée sur la roue qui se trouve directement en contact avec l'eau : nous avons montré (n° 339) en quoi péchaient les autres systèmes proposés par la doctrine. Lorsqu'il s'agit de vente d'une usine et non plus de bail, il arrivera souvent que les parties ne calculent pas par tant de chevaux la force d'une usine : l'acte intervenu contiendra par exemple la vente d'une chûte de tant de mètres. C'est ce qui se rencontrera fréquemment lorsqu'avant d'avoir achevé les bâtiments de l'usine, le concessionnaire d'une prise d'eau cède à des tiers le droit qu'il tient de l'administration. M. Daviel (T. II, n° 659) résume

assez heureusement les usages qui font loi en cette matière et suivant lesquels doit être calculée la hauteur réelle de la chute. « C'est, dit-il, de surface à surface, c'est-à-dire en prenant la distance qui existe entre le niveau superficiel de l'eau en tête de la chute et le niveau superficiel de la tranche d'eau dans le coursier, que nos ingénieurs déterminent la hauteur d'une chute et dans le silence des contrats c'est cette mesure qui devra être suivie. » Le savant auteur distingue ensuite ces deux expressions « Vente d'une chûte de tant de mètres. » « Vente d'une pente de tant de mètres. » Dans le premier cas, le vendeur doit livrer à l'acquéreur une chute entière, c'est-à-dire livrer en outre la pente nécessaire en aval pour donner aux eaux un libre écoulement et prévenir tout remous qui réagirait sur la chute vendue et la neutraliserait d'autant. Dans le second cas, au contraire, il suffira que le vendeur livre à son acquéreur une portion de cours d'eau qui, d'un point à un autre, présente la pente convenue : c'est à ce dernier à s'arranger pour y établir son usine, et, en conséquence, il aura à déduire sur la hauteur de sa chute, la pente nécessaire pour l'écoulement des eaux en aval. Enfin, troisième hypothèse : le contrat se borne à déterminer l'épaisseur de la tranche d'eau qui doit passer sous la vanne motrice. M. Daviel recommande aux parties de bien spécifier comment se mesurera l'épaisseur de cette tranche d'eau, si c'est, la rivière coulant dans son cours et son volume naturels ; si c'est, la vanne motrice entièrement levée ou la vanne trempant, et dans ce cas de combien la vanne trempera ; si c'est, la roue marchant ou la roue arrêtée. Quand les parties ont omis de s'expliquer à cet égard, ajoute-t-il, il semble que l'épaisseur de la tranche d'eau doit se mesurer quand l'usine marche suivant son régime et son activité ordinaires : car c'est l'effet utile produit par cette tranche d'eau dont a disposé la convention et cet effet est produit, non pas suivant la force motrice de la rivière coulant dans son cours et son volume naturels, mais suivant la force motrice résultant de la disposition du coursier et du régime de l'usine.

351. Si nous nous occupons maintenant de l'obligation de garantie, nous aurons à signaler deux différences essentielles entre le contrat de vente et le contrat de louage : 1° Le vendeur ne s'oblige pas à procurer à l'acheteur une jouissance perpétuelle : il lui garantit seulement qu'aucune cause d'éviction n'existe actuellement, tandis que le bailleur est tenu, dans un certain sens, de garantir le preneur des évictions postérieures à la passation du contrat : d'où une conséquence importante. Supposons que l'autorité administrative juge nécessaire de restreindre le volume de la prise d'eau par elle concédée : la situation du locataire de l'usine est tout-à-fait favorable ; le bailleur s'est engagé à le faire jouir et nous savons quelle action découle pour lui de cet engagement. Dans notre espèce au contraire, l'acheteur n'aura aucun recours à exercer contre le vendeur : ce dernier n'était point tenu de lui assurer une jouissance indéfinie, mais seulement de lui transférer tous ses droits sur la chose : il a donc satisfait à son obligation et ne saurait être inquiété à raison des évictions dont il n'y avait ni cause, ni germe existant lors du contrat. Vainement l'acheteur chercherait-il à invoquer l'article 1638 et à soutenir que l'immeuble était grevé de charges non apparentes et que déclaration eût dû lui en être faite : comment, en effet, assimiler à une charge non apparente, un assujettissement de cette nature dont le principe réside dans la loi ou dans des règlements généraux que nul n'est censé ignorer ? La solution serait encore la même, aux termes de l'arrêt des requêtes du 20 février 1863 (Dev., 65-1-164), si postérieurement à la vente de l'usine, l'administration exigeait de l'acquéreur qu'il fournît l'espace nécessaire, soit pour le chemin de halage, soit pour le passage des flotteurs. Le vendeur, nous

le répétons, ne peut être recherché qu'à raison des évictions dont le germe existait déjà à l'époque de la vente : mais encore, faut-il qu'à cette dernière époque l'acquéreur ait absolument ignoré la possibilité de cette éviction. Ainsi, l'arrêt des requêtes du 2 mai 1864 (Dev., 65-1-381) a jugé : 1° qu'au cas où le propriétaire d'une usine située sur une rivière navigable, en transigeant avec l'administration relativement à l'indemnité par lui prétendue pour chômage résultant de travaux exécutés sur la rivière, a renoncé à toute indemnité pour l'avenir ; l'acquéreur de l'usine n'a aucune action en garantie pour la charge résultant de cette transaction, quoique non mentionnée dans la vente, s'il en a eu connaissance au moment de l'acquisition ; 2° qu'il y a preuve écrite de cette connaissance, conformément à la règle établie par l'article 1341, C. civ., lors que la transaction est mentionnée dans des délibérations émanées du conseil municipal de la commune où est située l'usine et dont l'acquéreur était maire à cette époque. — Ajoutons que la jurisprudence n'exige pas que la preuve de la connaissance par l'acquéreur des causes d'éviction résulte d'un acte écrit. Nous voyons, par exemple, dans l'arrêt des requêtes du 20 juin 1843 (Dev., 43-1-788) que l'acquéreur d'un moulin dont l'existence a été subordonnée à la construction et à l'entretien d'un pont nécessaire à d'autres riverains ne peut, en se fondant sur ce que cette charge d'entretien ne lui a pas été déclarée lors de la vente, exercer de recours en garantie contre son vendeur, alors qu'à l'époque de la vente, il connaissait parfaitement le domaine vendu et qu'en outre, à la seule inspection des lieux, il a dû penser et être convaincu que l'entretien du pont rentrait dans les obligations du propriétaire de ce moulin. — La même Chambre a encore jugé le 21 avril 1874 (Dev., 74-1-243) que le vendeur qui, en cédant pour l'exploitation d'une usine des eaux à prendre à un barrage, n'a pas déclaré l'existence d'un barrage

supérieur ayant pour effet de diminuer notablement le volume des eaux, est affranchi de toute garantie, si l'existence du barrage supérieur révélée par des terrassements
et par l'aspect même des terrains arrosés, n'a pu être ignorée
par l'acquéreur. — Il ne faut pas oublier que tout ce que
nous venons de dire serait inapplicable au cas où l'acheteur
démontrerait qu'il y a eu dol personnel du vendeur. C'est
ce qui arriverait si l'acte administratif postérieur à la vente
avait été provoqué par ce dernier : par exemple, s'il avait
lui-même signalé aux ingénieurs les inconvénients que pouvait présenter l'usine. Le contraire avait été jugé par le
tribunal de Corbeil et la Cour de Paris ; mais l'arrêt de
cassation du 8 janvier 1851 (Dev., 51-1-106) vint à juste
titre réformer cette décision : « Attendu qu'il est reconnu
par l'arrêt attaqué que, au lieu de laisser Baudry exercer
librement le droit de se faire maintenir par l'administration en jouissance des eaux, conformément à l'arrêté de
1827, Chodron, dans son intérêt privé, s'est pourvu devant le préfet de Seine-et-Oise pour faire exécuter l'arrêté
de 1833 ; que cette réclamation constitue un trouble apporté à la faculté que l'arrêt attaqué reconnaît lui-même
avoir été cédée par Chodron à Baudry dans l'acte de vente
de 1838 pour le maintien de l'arrêté de 1827 ; d'où il suit
que l'arrêt, en jugeant que, au sujet de la décision administrative à intervenir, Baudry n'avait aucune garantie à
exiger contre le fait personnel de Chodron, a violé l'article 1628, C. civ..... »

§ VIII.

352. Nous ne pouvons, à propos des usines hydrauliques,
examiner la théorie générale de l'impôt foncier, de l'impôt
sur les patentes, de la contribution mobilière et de la con-

tribution des portes et fenêtres ; nous renverrons sur ce point aux ouvrages qui ont eu pour but de commenter spécialement la loi du 3 frimaire an VII et les textes qui l'ont complétée. Nous ne rechercherons donc point suivant quelle base l'impôt foncier s'applique aux bâtiments des usines hydrauliques, nous bornant à signaler les articles 87 et 88 de la loi de frimaire ; nous n'essayerons point d'interpréter la disposition si obscure de la loi du 23 avril 1844 (art. 9), relativement à l'impôt des patentes. Le seul point sur lequel nous nous proposons d'insister est le suivant : comment l'impôt foncier sera-t-il perçu sur les biefs et arrière-biefs des usines hydrauliques ? Deux questions sont à résoudre : 1° Quelle doit être l'assiette de l'impôt ? La réponse se trouve dans l'article 104 de la loi de frimaire. « Les canaux destinés à conduire les eaux à des moulins, forges et autres usines, seront cotisés, mais à raison de l'espace seulement qu'ils occupent et *sur le pied des terres qui les bordent.* » En présence d'un texte aussi précis, on a peine à comprendre les difficultés qui ont, pendant si longtemps, surgi dans la pratique. Dès l'origine, l'administration mettant de côté les expressions formelles de l'article, prétendait assujettir les terres recouvertes par ces canaux, à la cotisation sur le pied des terres de première qualité et le recueil méthodique du cadastre publié en 1811, consacrait dans son article 387 cet étrange abus de pouvoir. Lorsque la question finit par être portée devant le Conseil d'Etat, M. le ministre des finances essaya de faire prévaloir ce qu'il appelait le système de l'administration des contributions directes. « Lors de la rédaction du recueil méthodique du cadastre, disait-il, on a considéré que les canaux d'irrigation étant en général bordés par des propriétés de différentes natures et de différentes classes, leur imposition, réglée d'après la loi du 3 frimaire an VII, donnerait lieu à des difficultés presque insurmontables, en ce qu'elle nécessiterait l'ouverture d'une multitude d'articles de classement dont le revenu serait souvent si faible qu'à peine pourrait-il être exprimé, et on a pensé qu'il convenait d'adopter un mode uniforme d'imposition qui, sans s'écarter de l'esprit de la loi, simplifierait l'exécution des travaux ; en conséquence, l'article 387 du recueil méthodique a assimilé les canaux d'irrigation et ceux destinés à conduire l'eau aux usines, aux canaux de navigation, et disposé qu'ils seraient imposés, comme ces derniers, sur le pied des meilleures terres labourables. Ce mode d'évaluation a paru ne devoir nuire en rien aux intérêts des propriétaires, l'augmentation d'impôt qu'ils éprouvent sur certains points, par l'application du tarif des terres de première classe, se trouvant compensée par la diminution qui résulte de cette application aux prés, vignes, jardins, et autres natures de propriétés qui se trouvent sur les bords des canaux et qui sont susceptibles de recevoir un revenu supérieur à celui des terres. Je viens d'indiquer les motifs qui ont déterminé à substituer le mode fixé par l'article 387 du recueil méthodique à celui de l'article 104 de la loi du 3 frimaire an VII ; il reste à examiner si les dispositions de ce recueil doivent être considérées comme ayant force de loi et ayant abrogé les règlements antérieurs. La question me semble avoir été résolue d'une manière affirmative, quoique implicite par cette disposition des lois de finances de 1814 et 1816 portant : « Les lois et règlements sur le cadastre continueront d'être exécutés. » — Nous avons à peine besoin de dire que le Conseil d'Etat ne s'est nullement laissé arrêter par un argument aussi singulier : l'arrêt du 20 février 1835 (Lebon, 35-124), qui a définitivement fixé la jurisprudence, décide d'une manière formelle que l'article 104 de la loi de frimaire n'a pu être abrogé en 1811 et que ce sont les bases de calcul par elle fixées qui seules peuvent être appliquées par l'administration. — 2° Contre qui l'impôt foncier peut-il être recouvré dans notre espèce ? Aucune difficulté ne sera soulevée quand l'usinier est en même temps propriétaire des biefs et arrière-biefs ; mais quid dans le cas contraire ? On a soutenu qu'aux termes de la loi de frimaire, l'impôt ne grevait que les propriétés foncières et que, dès lors, une servitude qui n'est qu'un droit incorporel et qui ne détruit pas la propriété entre les mains de celui qui la conserve, ne saurait être passible dudit impôt ; que la servitude d'aqueduc n'est pas plus susceptible d'être assujettie à la contribution foncière que celle de simple passage en cas d'enclave, l'une et l'autre de ces deux servitudes étant de la même nature ; que la qualité d'usufruitier ne saurait convenir à celui qui jouit de la servitude du passage des eaux ; que les deux droits ayant une nature différente, ne peuvent être confondus pour les charges qui leur sont inhérentes ; que le propriétaire du plat fond du canal, continuant d'avoir cette propriété nonobstant le passage des eaux, il y aurait lieu dans le système de l'administration à une double imposition, l'une pour le canal, l'autre pour ledit plat fond. — Néanmoins, le Conseil d'Etat a jugé, en s'appuyant sur les termes de la loi de frimaire que c'était le canal lui-même, c'est-à-dire le droit d'aqueduc, qui était assujetti à l'impôt ; que, dès lors, l'administration en agissant contre les usiniers, avait réellement agi contre les contribuables qui lui étaient désignés par la loi ; depuis l'arrêt du 5 mai 1831 (Lebon, 31-172) aucune controverse n'a été soulevée à nouveau sur ce point.

§ IX.

A. *Chômage et suppression des usines dans l'intérêt public.*
B. *Chômage des usines dans l'intérêt du flottage.*

A

353. Les concessions de prises d'eau autorisées par l'administration, ne peuvent subsister qu'autant qu'elles ne nui-

sent en rien à l'intérêt général ; c'est là un principe dont l'application est incontestée lorsqu'il s'agit de prises d'eau alimentées par des rivières navigables. Peu importe que l'acte administratif ne renferme aucune mention à ce sujet : le propriétaire de l'usine ne peut arguer de ce silence pour prétendre que l'administration a renoncé à son droit ; peu importe, qu'en exigeant une redevance annuelle, l'Etat ait, en quelque sorte, semblé garantir la paisible jouissance de l'usinier ; peu importe enfin que la longue jouissance de cet usinier paraisse constituer en sa faveur une sorte de pres- cription ; du jour où il est certain qu'elle est nuisible aux intérêts de la navigation ou de la salubrité, l'usine doit disparaître sans que l'usinier puisse réclamer aucune in- demnité, sous quelque forme et à quelque titre que ce soit ; c'est en ce sens que se prononcent, d'une manière formelle, les considérants de l'arrêt du Conseil du 7 décembre 1854 (Lebon, 54-951). D'un autre côté, dans le but de prévenir toute réclamation ultérieure, l'administration a, de tout temps, inséré dans les actes de concession, une clause par laquelle elle rappelait à l'usinier la situation qui lui est faite à ce point de vue. L'instruction de thermidor libellait ainsi cette clause : « Dans aucun temps, ni sous aucun prétexte, il ne pourra être prétendu indemnité pour chômages ni dédommagements par les concessionnaires ou ceux qui les représenteront, par suite des dispositions que le gouverne- ment jugerait convenable de faire dans l'intérêt du com- merce et de l'industrie sur les cours d'eau où sont situés les établissements. » Nous la trouvons énoncée à peu près de même dans le formulaire annexé à la circulaire de 1851. « Si, à quelque époque que ce soit, dans l'intérêt de la navi- gation, de l'agriculture, du commerce, de l'industrie ou de la salubrité publique, l'administration reconnaît nécessaire de prendre des dispositions qui privent le concessionnaire, d'une manière temporaire ou définitive de tout ou partie des avantages à lui concédés, le concessionnaire n'aura droit à aucune indemnité et pourra seulement réclamer la remise de tout ou partie de la redevance qui lui est imposée. »

354. L'application du principe que nous venons de poser, donne nécessairement lieu à deux questions : 1° A qui appartient-il d'ordonner la suppression, soit totale, soit partielle d'une usine établie sur un cours d'eau navigable ? Il suffit ici de se rappeler la maxime « Nihil tam naturale est quam quidquid, eodem modo dissolvi quo colligatum est. » En d'autres termes, l'autorité compétente pour autoriser la prise d'eau, sera celle compétente pour en prononcer la suppression. Ainsi donc, en thèse générale, cette supppression ne pourra résulter que d'un décret ; deux arrêts du Conseil d'État, rendus les 25 juin 1868 (Lebon, 68-739) et 18 juillet 1872 (Lebon, 72-369) portent, en termes exprès, que les préfets n'ont aucune qualité pour réglementer le régime hydraulique des usines situées sur les cours d'eau navigables ; à fortiori, ils auraient encore moins qualité pour porter atteinte à leur existence d'une manière plus ou moins complète. Mais, dans les cas spéciaux prévus par le décret du 25 mars 1852, c'est-à-dire, lorsqu'il s'agit d'une prise d'eau temporaire ou d'une prise d'eau qui, quoique définitive n'a pas d'influence sur le régime de la rivière, le préfet compétent pour autoriser l'usine, sera natuellement compétent pour en prononcer la suppression : la circulaire du 27 juillet 1852 fait toutefois observer, avec beaucoup de raison, que, si, par suite d'un recours formé devant lui, le ministre a été appelé à prendre une décision relativement à l'autorisation de l'usine, la révision et la révocation de cette décision ne pourront émaner que du ministre lui-même. On peut se demander ce qui arrive lorsqu'on se trouve en présence, soit de prises d'eau temporaires, soit de prises d'eau définitives, mais sans influence sur le régime de la rivière et qui ont été, antérieurement à 1852, concédées par ordon-

nance ou décret. La circulaire du 27 juillet 1852 a prévu un cas analogue, en permettant au préfet de supprimer les prises d'eau antérieurement autorisées par décret ou ordonnance, sur les rivières non navigables : cette décision nous semble devoir être transportée ici par voie d'analogie : l'autorité compétente pour supprimer une usine, est donc, suivant nous, celle qui serait compétente pour l'autoriser aujourd'hui, et non celle qui se trouvait compétente au jour où a été donnée l'autorisation. Ajoutons que, même dans l'hypothèse où un décret est nécessaire pour la suppression de l'usine, le préfet n'en pourrait pas moins prendre toutes les mesures nécessaires pour assurer le service de la navigation, et cela sans s'inquiéter des conséquences qu'elles pourraient avoir à notre point de vue. C'est ainsi qu'un arrêt du Conseil du 6 décembre 1860 (Lebon, 60-745) a maintenu les arrêtés du préfet de la Seine, des 20 septembre 1850 et du 30 mai 1859, qui réglementaient la police de la navigation sur la rivière de Marne, bien que ces arrêts eussent pour résultat de diminuer la force motrice dont jouissaient les moulins de Créteil. « Considérant que l'administration a le droit et le devoir de prescrire sur les rivières navigables et flottables les mesures qu'elle juge nécessaires pour assurer le libre écoulement des eaux et le service de la navigation... » Et quelques lignes plus bas : « Considérant que les arrêtés attaqués ont été pris en exécution des dispositions législatives ci-dessus visées et conformément aux réserves exprimées dans l'arrêté préfectoral précité et qu'ils se bornent à prescrire de simples mesures de police pour le service de la navigation dans la rivière de Marne ; que, dès lors, ces arrêtés ne constituent pas des réglements d'eau assujettis à la formalité des enquêtes et qui ne pourraient être pris que par décrets impériaux, rendus en notre Conseil d'Etat... » — 2° Quelle est la procédure administrative qui doit précéder la suppression d'une usine ?

L'article 48 de la loi du 16 septembre 1807 veut que la nécessité de cette suppression soit constatée par les ingénieurs des Ponts-et-Chaussées. Ce texte n'offre peut-être pas toute la clarté désirable et n'indique pas d'une manière suffisamment précise les conditions que doit remplir l'autorité administrative. La formule annexée à la circulaire de 1851 ne laisse, au contraire, place à aucun doute. « Si ces dispositions doivent avoir pour résultat de modifier d'une manière définitive les conditions du présent décret, elles ne peuvent être prises qu'après l'accomplissement de formalités semblables à celles qui ont précédé ledit décret. » Et de fait nous avons vu, il y a un instant, l'arrêt du 6 février 1860 décider que ces formalités doivent être scrupuleusement observées ; qu'il y a lieu notamment de faire précéder toute suppression d'une enquête de commodo et incommodo.

355. Si, de droit commun, la suppression des usines établies sur les cours d'eau navigables, doit avoir lieu sans indemnité, il est néanmoins de nombreuses hypothèses, où cette règle générale reçoit exception. Lorsque le propriétaire d'une usine justifie de ce que l'on appelle un titre légal, sa situation se trouve complètement modifiée : il jouit alors, non plus seulement en vertu d'une concession administrative, mais en vertu d'un droit irrévocablement acquis, et dont, il ne peut en être dépouillé qu'en vertu d'une juste indemnité : c'est ce que confirme l'article 48 de la loi du 16 septembre 1807. Sans doute, l'administration continue à pouvoir prescrire toutes les mesures nécessaires pour améliorer la rivière et en rendre la navigation plus sûre ou plus facile : l'usinier ne saurait s'opposer à l'exécution de ces travaux ; mais, s'ils ont pour résultat de diminuer d'une manière définitive le volume de sa prise d'eau, ou s'ils lui causent quelque dommage permanent, une action en indemnité peut être intentée par lui, à raison des at-

teintes portées à sa jouissance. La Cour de Bruxelles établit très-bien, dans son arrêt du 5 mai 1873 (Pas., 73-2-206) la position qui lui est faite : ce n'est plus un concessionnaire jouissant d'une prise d'eau à titre précaire, c'est un véritable propriétaire. « Attendu que par cela seul que le souverain accensait un des moulins de son domaine, il concédait nécessairement la jouissance de l'eau indispensable pour le mettre en mouvement ; attendu qu'il en était de même lorsqu'il octroyait sans réserves le droit d'ériger un moulin, moyennant le paiement annuel d'une reconnaissance in recognitionem dominii ; Attendu que la distinction faite par l'appelant entre l'existence de l'usine et l'affectation spéciale des eaux qui lui servent de force motrice n'est admissible, lorsqu'il s'agit d'une usine ancienne, que si le détenteur est dans l'impuissance d'établir, par un titre constitutif ou recognitif, l'existence légale du moulin et ne peut invoquer que le seul fait de sa possession ; qu'il en est surtout ainsi, lorsque l'usine a été érigée sous l'empire d'une coutume qui n'admet aucune possession utile, quant à l'usage des cours d'eau navigables ; que, dans ce cas, il va de soi que la possession du moulin est essentiellement distincte de la prétendue possession des eaux, qui est légalement impossible ; Attendu que cette distinction ne peut se concevoir lorsque l'existence légale de l'usine ancienne est reconnue et établie par titre, la concession par le souverain du droit de moulin emportant nécessairement la concession du cours d'eau, sans lequel il n'a point d'existence utile ; que, comme le disait Brillon (v° Moulin), le propriétaire de l'usine légalement établie est investi d'un véritable jus aquæ ; qu'il a toujours été admis dans l'ancien droit qu'un moulin ne pouvant être moulin sans sa prise d'eau, il faut en conclure qu'elle est un accessoire nécessaire, une partie intégrante de la propriété de l'usine... » Nous reviendrons bientôt sur les questions

de compétence que soulève l'exercice de cette action, et
nous examinerons de suite les diverses hypothèses en indemnité où l'existence de ce titre légal est généralement
reconnue au profit de l'usinier.

356. 1° *Usines établies à une époque où la rivière n'était
encore ni navigable ni flottable.* — Les usines alimentées par
des cours d'eau non navigables ni flottables sont soumises
à des règles toutes différentes de celles qui régissent les
usines alimentées par des cours d'eau navigables ou flottables ; ici le titre légal n'est plus l'exception, mais la règle
de droit commun et, en principe, de semblables établissements ne sauraient être supprimés sans indemnité ; il
suffit au propriétaire de démontrer que son usine a une
existence régulière, pour pouvoir agir contre l'administration, à raison des troubles apportés à sa jouissance. Supposons donc une usine existant sur une rivière non navigable ni flottable ; voici que cette partie de la rivière devient
navigable. La situation de l'usinier va-t-elle être changée
et l'administration pourra-t-elle ultérieurement ordonner
la suppression de l'usine sans bourse délier ? On n'hésitera
pas à répondre négativement, si la rivière a été rendue artificiellement navigable ; on ne saurait admettre que, par
son propre fait, l'administration ait pu mettre à néant le
droit antérieur de l'usinier : il y aurait quelque chose
d'inique à lui refuser toute indemnité, alors que les riverains reçoivent un dédommagement, à raison de la privation du droit de pêche ou de l'établissement du chemin de
halage. Du reste, nous ferons observer que ce cas se présentera bien rarement; lors de la canalisation des rivières,
le problème le plus difficile à résoudre est de réunir une
quantité d'eau suffisante pour les besoins de la navigation
et ce n'est que dans des circonstances tout-à-fait exceptionnelles que les ingénieurs laisseront subsister des établissements susceptibles d'absorber partie des eaux disponibles ;

aussi en exigeront-ils la suppression avant même que la rivière ne soit devenue navigable ; la question que nous examinons en ce moment ne sera donc presque jamais soulevée dans la pratique. La solution devra-t-elle être la même lorsque la rivière sera devenue naturellement navigable ? On pourrait dire que l'usinier doit subir les conséquences d'un fait qui s'impose à tout le monde ; la législation de la rivière a complétement changé par suite de la constatation de ce fait ; la situation des propriétaires riverains s'est modifiée du tout ; ainsi, ils ont perdu le bénéfice que leur assurait l'art. 644 : si toute prise d'eau ne peut avoir lieu à l'avenir que moyennant autorisation toujours révocable, pourquoi les prises d'eau anciennes continueraient-elles à exister sans l'aveu de l'administration ? pourquoi cette dernière ne pourrait-elle pas les révoquer ad nutum dès que cette révocation deviendrait nécessaire ? Evidemment ce que l'intérêt public exige dans un cas, il l'exige dans l'autre ; quelle serait donc la raison de distinguer ? Ces considérations, quelque spécieuses qu'elles soient, ne sauraient nous déterminer et nous pensons, avec la doctrine commune, que l'usine dont s'agit continuerait à avoir un titre légal postérieurement aux circonstances qui auraient rendu la rivière navigable. Nous trouvons de puissants arguments d'analogie : 1° dans l'art. 3 du décret du 22 janvier 1808, relativement à l'établissement de la servitude de halage sur les rivières qui antérieurement n'y étaient point assujetties. « Il sera payé aux riverains des fleuves et rivières dans lesquels la navigation n'existait pas et où elle s'établira une indemnité, etc..., etc... » 2° dans l'art. 3, § 3, de la loi du 15 avril 1829 : « Dans le cas où des cours d'eau seraient rendus ou *déclarés* navigables ou flottables les propriétaires qui seront privés du droit de pêche auront droit à une indemnité, etc..., etc... » Ainsi donc, quelles que soient les circonstances dans lesquelles la navigation se sera établie, une indemnité sera toujours due à l'usinier lésé ; mais, en même temps, il ne faut pas perdre de vue que ce dernier sera tenu de faire la preuve de l'existence réelle de l'usine antérieurement à l'époque où la rivière est devenue navigable. Peu importerait qu'en vertu des anciens règlements applicables à cette rivière, il eût pu établir une prise d'eau avant cette époque ; ce droit aurait définitivement disparu par suite de l'établissement possible de la navigation, et l'usine qui aurait été depuis construite, même avec l'autorisation administrative, ne saurait être considérée comme ayant un titre légal ; sa suppression ne donnerait lieu à l'attribution d'aucune indemnité. Une décision du Conseil de Préfecture de Saône-et-Loire, en date du 4 décembre 1863 (J. du dr. adm., T. XII, p. 216), compare très-justement la position de cet usinier à celle d'un riverain de la voie publique, dont les droits ont été diminués, par un arrêté d'alignement, sans qu'il puisse pour cela prétendre à aucun dédommagement. « Considérant que M. de Chizeuil se trouverait à cet égard dans une position analogue à celle du propriétaire d'une maison, située primitivement sur l'alignement, et dont la reconstruction serait opérée postérieurement à un arrêté de police prescrivant des modifications dans le plan de la voie publique ; que, dans ce cas, le propriétaire n'aurait évidemment le droit de rebâtir qu'en vertu d'une autorisation conforme au plan actuel sans pouvoir réclamer l'application des plans et arrêtés préexistants... »

357. *Usines concédées lors de la création des canaux de navigation.* — Certains canaux de navigation, en très-petit nombre, ont été établis de manière à satisfaire au double service de la navigation et de l'industrie ; nous citerons, pour exemple, le canal du Midi, le canal de l'Ourcq, le canal Saint-Maur. Les chutes d'eau, concédées à titre onéreux lors de la création de ces canaux, constituent de vé-

ritables propriétés ; les cahiers de charges fixent la plupart du temps la situation des usiniers et leur confèrent titre légal. Nous croyons du reste que, quand même leur droit ne serait pas garanti par une clause spéciale, il n'y aurait point lieu de reconnaître à l'administration le droit de supprimer leur établissement sans indemnité. Le volume d'eau qu'ils emploient n'a, en quelque sorte, jamais fait partie du domaine public ; il a donc pu faire l'objet d'une vente réelle et incommutable. Bien différente sera la situation des usiniers dont les concessions seront postérieures à la mise en activité du canal ; ils rentreront sous l'empire de la loi commune et ne seront point considérés comme ayant titre légal : peu importerait que le canal eût fait l'objet d'une concession perpétuelle, les concessionnaires ne pouvant conférer aux tiers aucun droit que l'administration jugerait inconciliable avec les intérêts du service de la navigation.

358. 3° *Usines établies antérieurement à l'époque où le domaine public a été déclaré inaliénable.* — On sait que l'édit de février 1566 est le premier texte qui a consacré d'une manière générale le principe de l'inaliénabilité du domaine public ; jusqu'à cette époque, le roi avait sur les biens composant ce domaine les mêmes pouvoirs que les particuliers ont sur leurs propres patrimoines ; rien ne l'empêchait de les vendre, de les échanger, de les grever de servitudes. Comme nous l'avons vu, les rivières navigables ou flottables étaient devenues à cette époque l'objet de nombreuses conventions ; des prises d'eau y étaient pratiquées en vertu d'autorisations royales ; de nombreux moulins s'élevaient sur leurs bords ; enfin, le droit d'établir usine sur les arches des ponts faisait l'objet de ventes continuelles. Dans la première moitié du dix-septième siècle on essaya d'inquiéter les propriétaires de ces établissements ; mais bientôt les agents du domaine se convainquirent de l'inu-

tilité de leurs efforts ; on préféra maintenir les usiniers dans leurs droits antérieurs, sauf à les assujettir au paiement d'une redevance. Une déclaration du mois d'avril 1668 porte que les détenteurs des îles, attérissements, droits de pêche, péage, passage, bacs, bateaux, ponts et *moulins* et autres droits sur les rivières navigables qui justifieront d'une possession de cent années, y seront confirmés à perpétuité en payant un vingtième du revenu. Vient ensuite l'édit d'avril 1683, qui distingue deux sortes d'établissements : 1º *Etablissements concédés en bonne forme antérieurement à* 1566 : leurs propriétaires sont définitivement confirmés dans leurs droits sans pouvoir être soumis au paiement d'aucune redevance : « A ces causes, etc..., confirmons en la propriété, possession et jouissance des îles, îlots, attérissements, accroissements, droits de pêche, péages, passages, bacs, bateaux, ponts, *moulins* et autres édifices et droits sur les rivières navigables, dans l'étendue de notre royaume, pays, terres et seigneuries de notre obéissance, tous les propriétaires qui rapporteront des titres de propriété authentique faits avec les rois nos prédécesseurs, en bonne forme, auparavant l'année 1566, c'est à savoir, inféodations, contrats d'aliénation, aveux et dénombrements qui nous auront été rendus et qui auront été reçus sans blâme. » 2º *Etablissements existant antérieurement à* 1566 : leurs propriétaires ne peuvent être maintenus dans la plénitude de leurs droits que moyennant une redevance annuelle. « Quant aux possesseurs des dites îles, îlots, fonds, édifices et droits susdits sur les dites rivières, depuis les lieux où elles sont navigables sans défense ni artifice, qui rapporteront seulement des actes authentiques de possession commencée avant le 1er avril 1566 et continuée sans trouble, voulons et nous plaît qu'eux, leurs héritiers, successeurs et ayants cause, demeurent confirmés, comme nous les confirmons en leur possession sans qu'à l'avenir ils puissent être troublés, à condition néanmoins de nous payer annuellement à commencer du 1er janvier de la présente année, entre les mains et sur les quittances de notre fermier du domaine, par forme de redevance foncière, le vingtième du revenu annuel des dites îles, îlots et autres droits et choses susdites, suivant la liquidation qui en sera faite sur le pied des baux passés sans fraude ou sur l'estimation du revenu des choses et fonds de pareille qualité, et ce, outre les droits seigneuriaux, rentes et redevances dont ils se trouveront chargés, tant envers nous ou les engagistes de notre domaine, qu'envers les seigneurs particuliers aux droits desquels nous n'entendons préjudicier. » A l'époque des guerres ruineuses qui signalèrent la fin du règne de Louis XIV, les usiniers furent inquiétés un instant ; d'après une Ordonnance du mois de mai 1693, ceux-là même qui rapportaient des titres en bonne forme furent assujettis au paiement d'une année de revenu ou du vingtième de la valeur de l'immeuble, plus à une redevance annuelle de cinq sols par arpent de terrain, par forme de surcens. Mais, en présence des difficultés soulevées par l'application de cette mesure, une déclaration du 7 août 1694 décida que toutes les usines concédées antérieurement au 1er février 1566, ou même existant à cette époque, seraient définitivement maintenues sans que leurs possesseurs pussent jamais être troublés à l'avance. Et, de fait, jamais leurs droits n'ont été remis en question ; l'art. 1er de l'arrêt du 24 mars 1777 semble même aller plus loin et valider toutes aliénations antérieures à l'Ordonnance de 1669 ; mais on est d'accord pour ne voir là qu'une erreur de rédaction qui, du reste, n'a jamais été consacrée par la pratique, « sauf aux dits propriétaires qui auraient fait les dits établissements, en vertu de titres et concessions valables et légitimes *prévus par l'Ordonnance de* 1669, à remettre dans les dits deux mois pour tout délai ès-mains

du sieur contrôleur général des finances, les titres et renseignements relatifs à leur jouissance, pour sur le vu
d'iceux et le rapport qui en sera fait à S. M., être par elle
statué ce qu'il appartiendra et pourvu à leur indemnité,
s'il y échoit. »—Enfin, la législation fut définitivement fixée
par la loi des 22 novembre-1er décembre 1790 (art. 14) :
l'Assemblée constituante déclarait exempter de toute recherche et confirmer, en tant que de besoin, les ventes et
aliénations du domaine public, ainsi que tous les dons et
concessions dont la date serait antérieure à 1566. L'arrêté
du 19 ventôse an VI n'apporta aucune modification à cet
état de choses ; ses rédacteurs ne crurent même point qu'il
fût nécessaire de proclamer à nouveau les droits des usiniers dont les titres étaient antérieurs à 1566 ; depuis, ce
point a été admis sans controverse par la doctrine et la jurisprudence ; nous nous bornerons à citer l'arrêt de cassation de la Chambre civile du 21 mai 1855 (Dev., 56-
1-561).

359. Il ne faut pas perdre de vue que tout ce que nous
venons de dire au paragraphe précédent n'est applicable
qu'aux pays faisant partie du territoire français à la date
du 1er février 1566. Dans la plupart des pays réunis depuis
à la France, le domaine public n'est devenu inaliénable que
postérieurement à l'année 1566, et même dans certains
d'entre eux, les rivières navigables n'ont été rangées parmi
les choses du domaine public qu'à une date beaucoup plus
rapprochée de nous. Ce qu'il faudra demander aux propriétaires d'usines situées dans ces pays, ce sera de justifier
non plus d'un titre ou d'une possession antérieure à 1566,
mais d'un titre ou d'une possession antérieure au jour où la
rivière qui alimente leurs établissements aura été déclarée
inaliénable comme faisant partie du domaine public. Le bon
sens indique à lui seul cette solution ; nous la trouvons
d'ailleurs, confirmée par la loi positive dans une espèce

analogue. L'article 2 de la loi du 14 ventôse an VII sur les domaines engagés porte : « En ce qui concerne les pays réunis postérieurement à la publication de l'Edit de février 1566, les aliénations de domaines faites avant les époques respectives des réunions seront réglées suivant les lois lors en usage dans les pays réunis, ou suivant les traités de paix ou de réunion. » — En sens inverse, dans les pays où antérieurement à 1566, le domaine public, y compris les rivières, était considéré comme inaliénable, les usiniers devront justifier de titre ou possession antérieures à la proclamation du principe d'inaliénabilité ; c'est ce qui ressort également des expressions générales dont s'est servie la loi de l'an VII. Les pays devenus et restés Français depuis l'Edit de 1566 sont les suivants : 1° Bresse, pays de Gex, Bugey et Valromey ; Traité de Lyon du 17 juillet 1601. 2° Navarre, Béarn et duché d'Albret ; Edit de réunion de juillet 1607. 3° Territoire de Belfort, Cantons de Delle, Giromagny et Fontaine ; Traité de Munster du 24 oct. 1648. 4° Roussillon et Cerdagne ; Traité des Pyrénées du 7 septembre 1659, d'après les constitutions de Catalogne de 1481 qui s'appliquaient à cette province le domaine public y était considéré comme aliénable et prescriptible; cette aliénabilité n'a été supprimée que par le fait de l'annexion à la France. 5° Flandre et Artois; Traités des Pyrénées et de Nimègue, 1659-1678. Des difficultés se sont élevées sur le point de savoir quelle était antérieurement à l'annexion de ces deux provinces, la législation relative aux biens domaniaux ; un arrêt de la Cour de Douai du 21 juillet 1831 décide que jusque là, le domaine public y était aliénable et prescriptible mais la chambre des requêtes n'a pas osé aller aussi loin ; l'arrêt du 29 janvier 1833 (Dev., 33-1-813) tout en constatant que la prescription par cent ans mettait les détenteurs de biens domaniaux à l'abri de toutes poursuites, réserve expressément la question de savoir si les anciens souverains pouvaient aliéner ces biens d'une manière directe. Nous nous bornerons, sans entrer dans plus de détails, à renvoyer au répertoire de Dalloz (v° Domaines engagés, n° 28). 6° Franche-Comté; Traité de Nimègue, 1678. Ici aucun doute n'est possible; ce n'est que la réunion à la France qui a rendu le domaine public inaliénable dans cette province. Dunod (Tr. des Prescr. Part. III, Ch. V, p. 284) l'affirme d'une manière formelle et rapporte un arrêt du Conseil du 28 septembre 1728, maintenant dans leur jouissance tous détenteurs du domaine public qui rapporteraient des titres de propriété ou d'engagement passés avec les anciens souverains jusqu'à l'année 1674. 7° Lorraine : Traités de Vienne, 1735, 1736, 1738. Une déclaration du 21 décembre 1446 avait proclamé, dans cette province, l'inaliénabilité du domaine; mais ses prescriptions étaient tombées en désuétude; on avait fini par la considérer comme abrogée. Un édit du 31 décembre 1690 décida, en termes formels, que les aliénations antérieures au 1er janvier 1600, seraient désormais considérées comme irrévocables; ainsi donc, et pour nous servir de l'expression de M. Bourguignat (T. I, p. 353), c'est l'année 1600 et non l'année 1566 qui forme pour les usines établies sur les cours d'eau navigables et flottables dans l'ancienne Lorraine, le point d'intersection entre les possessions légales et celles qui n'ont point ce caractère. C'est ce qui a été reconnu par la jurisprudence (Req. Rej., 6 novembre 1834; Dev., 35-1-147; — Civ. Rej., 14 juin 1842; Dev., 42-1-704). 8° Corse : Traité de Versailles du 15 mai 1768. 9° Avignon et le Contat Venaissin : Décret du 14 septembre 1791. 10° Principauté de Montbéliard : Traité du 20 thermidor an IV; comme en Franche-Comté le domaine public n'y est devenu inaliénable que lors de la réunion à la France (v. not. Civ. Rej. 10 décembre 1842; Dalloz, Rép. v° Domaines engagés, n° 15). 11° Savoie et Comté de Nice : Sénatus-consulte du

12 juin 1860. Un édit du 27 avril 1445 avait consacré dans ces deux provinces le principe de l'inaliénabilité du domaine : mais ce n'est que plus de deux siècles après que les cours d'eau y ont été rangés au nombre des choses domaniales. D'après un arrêt de la Cour de Chambéry du 22 février 1864 (Dev., 66-1-261), ce serait un édit du 16 décembre 1678 qui aurait pour la première fois, attribué dans les états Sardes ce caractère aux fleuves, rivières et torrents sans distinction entre les cours d'eau navigables et ceux qui ne le seraient pas. L'arrêtiste fait observer avec raison que la Cour s'est peut être exagéré la portée de cet édit qui ne contient que des mesures de police applicables à tous les cours d'eau, mais qui ne statue rien quant à la question de savoir s'ils sont ou non domaniaux. « Nous défendons à toutes les communautés et à tout vassal, officier et sujet de quelque qualité que ce soit, même privilégié de faire aucune dérivation dans les fleuves et torrents pour introduire leurs eaux sur leurs fonds, comme aussi d'établir les barrages dans les fleuves pour moulins et autres édifices sur eaux, pêche ou toute autre cause, à moins que ces dérivations ou barrages ne soient établis par ceux qui en ont où en auront la concession, le tout sous peine de cent écus d'or et de tous autres dommages-intérêts..... » Il résulte bien de ce texte qu'aucune possession utile ne pourra désormais exister sur les torrents et rivières ; mais en résulte-t-il également que toute aliénation d'un cours d'eau soit désormais impossible ? Rien ne l'établit ; aussi, suivant nous, faut-il descendre à une époque encore plus rapprochée et dire que ce n'est que par les royales constitutions de 1729 que les cours d'eau sont devenus domaniaux et partant inaliénables ; ici au moins, aucun doute n'est permis. « Déclarons être royaux tous les fleuves et torrents de nos états et en conséquence, appartenir à notre domaine. »

360. Il est certain que l'usinier, troublé dans sa jouis-

sance, ne peut venir demander une indemnité, par cela seul que les bâtiments dont se composait son établissement existaient antérieurement à 1566 : il doit prouver, d'une manière certaine, qu'antérieurement à 1566, ses auteurs étaient en possession non-seulement desdits bâtiments, mais encore de la prise d'eau aujourd'hui supprimée. C'est ainsi qu'un arrêt du Conseil du 9 août 1870 (Lebon, 70-1057) a annulé une décision du Conseil de préfecture du Nord qui, en se fondant sur le fait seul de l'existence de la ville de Saint-Amand en 1566, et sans viser aucun fait de possession remontant à cette époque et dont cette ville pût se prévaloir, lui avait néanmoins reconnu un droit sur les eaux de la Scarpe. D'autre part, il arrive souvent que l'usinier qui ne peut faire preuve de l'existence de la prise d'eau antérieurement à 1566, qui parfois même reconnaît qu'elle n'a été établie qu'à une époque beaucoup plus rapprochée, produit des titres de concession antérieurs à 1566. Pour apprécier si l'usine a ou non titre légal, faut-il se référer à la date de la concession ou à celle de l'établissement de la prise d'eau ? Un arrêt du Conseil du 23 août 1845 (Lebon, 45-449) décidait que l'administration avait pu supprimer, sans indemnité, les moulins d'Island établis sur le Rhône, postérieurement à 1566, en vertu d'un acte du 19 novembre 1491, par lequel les chanoines de la cathédrale de Lyon, exerçant alors les droits régaliens dans cette ville, concédaient à perpétuité une partie du cours de la rivière avec le droit d'y établir moulins et usines. Cette jurisprudence n'a point prévalu et le ministre des travaux publics a reconnu lui-même qu'elle était exorbitante : on admet aujourd'hui que la concesion d'un droit d'arche, ou de moulin antérieure à 1566, constitue titre légal, quelle que soit l'époque à laquelle il en ait été usé. Nous citerons les termes mêmes de l'arrêt du 9 avril 1863 (Lebon, 63-336). « Considérant que le moulin du sieur C... n'a été établi qu'en 1624, il résulte de l'instruction et notamment de la quittance authentique, en date du 3 novembre 1567, que, dès l'année 1478, les auteurs du sieur C.... étaient, aux termes d'une concession de l'autorité souveraine, en possession de troisième arche du pont de Vernon sur laquelle a été construit le dit moulin ainsi que du courant d'eau passant sous cette arche ; que, dans ces circonstances, c'est avec raison que l'arrêté attaqué a décidé que le moulin du sieur C.... avait une existence légale, et qu'à raison de la réduction de sa force motrice, par suite des travaux exécutés par l'administration dans le lit de la Seine, une indemnité était due par l'Etat au dit sieur C.... » La solution ne devrait point varier, alors même que le moulin existant légalement antérieurement à 1566, aurait été reconstruit depuis cette époque ; ce point qui avait déjà été reconnu par l'arrêt de 1845 n'est plus controversé aujourd'hui : on peut consulter spécialement l'arrêt du Conseil du 10 février 1865 (Lebon, 65-175). Cette décision est importante, en ce sens qu'elle indique les limites du droit des usiniers : ces derniers ne peuvent réclamer d'indemnité qu'à raison de la prise d'eau, telle qu'elle était déterminée par les actes de concession ou telle qu'elle était possédée par leurs auteurs avant 1566 ; si depuis cette époque, elle a été modifiée avec le consentement de l'administration, l'augmentation de jouissance qui en résultait ne doit point être prise en considération pour le calcul de la dite indemnité ; c'est là un élément qu'il convient d'écarter avec soin.

361. En droit pur, c'est à l'usinier à rapporter les titres antérieurs à 1566 ou à justifier conformément aux règles ordinaires que ses auteurs étaient, à cette date, en possession de la prise d'eau. D'autre part, c'est à l'Etat de produire tous les documents qui seraient de nature à infirmer la valeur de ces titres, par exemple à établir que, lors de la concession de l'usine, il avait été entendu que la prise d'eau

pourrait être supprimée sans indemnité (Cpr. analogue, Liége, 29 mai 1873 ; Pas., 73-2-254). Il est bon de noter que, dans la pratique, l'administration n'est guère sévère sur les preuves à exiger : elle admet, comme démontrant la légalité des usines, des titres qui, devant les tribunaux ordinaires, ne seraient la plupart du temps considérés que comme commencement de preuve par écrit. Le Conseil d'Etat l'a du reste encouragée de tout temps dans cette voie en appliquant à la lettre l'adage « in antiquis enuntiativa probant. » — C'est ainsi que l'arrêt du 30 juin 1846 (Lebon, 46-217) reconnaît une existence légale au moulin de l'Isle, par ce seul motif qu'un arrêt du Parlement de Toulouse du 27 septembre 1740 vise un acte du 10 août 1523 et deux baux à ferme des 9 juillet 1551 et 30 avril 1554, où il est question de ce moulin. Dans une autre espèce, le Conseil de préfecture du Nord n'avait point considéré comme preuve suffisante : 1° un aveu et dénombrement de 1460, fait par le seigneur de Montjean à Réné, duc d'Anjou, et dans lequel il était incidemment question du moulin de Montjean ; 2° une transaction de 1541, relative à ce moulin ; 3° un bail à rente viagère du 22 juin 1693 où il était parlé de la très-ancienne origine de ce moulin : cette décision fut annulée comme trop sévère par arrêt du 10 mars 1848 (Lebon, 48-127). Jusque là, rien de mieux ; mais force nous est obligé de reconnaître que le Conseil d'Etat, désireux de sauvegarder les intérêts des particuliers, dépasse parfois la mesure et se met en lutte ouverte avec les dispositions du Code sur la matière des preuves. Ainsi, une contestation est pendante entre les propriétaires du moulin de Jossécourt, situé sur la Chée et l'administration, représentée par le ministère des Travaux publics. On se demandait si des saignées avaient pu être pratiquées, sans indemnité, dans le canal d'Ornain qui se jette aujourd'hui dans la Chée, en amont dudit moulin. Il s'agissait de savoir si, antérieurement à 1566, le canal d'Ornain se jetait bien dans la Chée au même point qu'à l'époque actuelle, et si, en conséquence, les propriétaires du moulin avaient antérieurement à 1566, le même droit sur les eaux de ce canal que sur celles de la Chée. Il semblait naturel que la preuve de ce dernier fait fût mise à la charge du meunier demandeur; le Conseil d'Etat a pensé néanmoins qu'il y aurait peut-être quelque chose de trop rigoureux à l'y astreindre : dans son arrêt du 10 juillet 1871 (Lebon, 71-72), il semble admettre que c'était au ministre qu'incombait le fardeau de la preuve. « Considérant que le Ministre des Travaux publics soutient, il est vrai, dans sa réponse au pourvoi, que les requérants ne justifieraient pas qu'avant 1566, le canal déversât ses eaux dans la Chée et qu'il serait possible qu'il les déversât alors dans la rivière d'Ornain, mais qu'il n'apporte aucun document à l'appui de cette hypothèse... » Cette décision tendrait à établir une sorte de présomption en faveur des usiniers; aussi la regrettons-nous, quels que soient les motifs d'équité qui aient pu l'inspirer.

362. Il semble qu'en présence des textes législatifs que nous avons rapportés plus haut, aucun doute ne soit possible sur la situation légale des prises d'eau autorisées depuis 1566. Il est bien vrai que plus d'une fois le principe de l'inaliénabilité du domaine public a été méconnu dans le courant des XVII et XVIIIe siècles et que plus d'une usine a fait l'objet d'une concession perpétuelle ; après des remontrances réitérées, les parlements avaient fini par tolérer cette violation de l'édit de 1566. En droit pur, ces concessions dites perpétuelles ne sauraient être considérées que comme de simples autorisations toujours précaires et révocables : le titre de l'usinier qui n'a d'autre base qu'un abus de pouvoir ne saurait lui permettre de réclamer une indemnité en cas de suppression de son établissement. Il y a peut être quelque chose de dur à le dépouiller ainsi d'une

propriété qui existe depuis longues années et qu'il croyait assise sur sa tête d'une manière incommutable, mais la loi est suivant nous formelle. Tout ce que l'on peut dire en sa faveur, c'est qu'au cas où cette concession aura été achetée à prix d'argent, l'administration devra lui rembourser la somme versée par ses auteurs, soit en totalité, soit en partie, suivant qu'il s'agira d'une suppression totale ou d'un chômage partiel : suivant la remarque de M. Batbie (T. V, nº 363) il n'y aura pas là exception au principe qu'une usine établie sans titre légal peut être supprimée sans indemnité, mais simple application de l'action *condictio ob rem dati re non secuta.* — Un avocat distingué du barreau d'Evreux, M. Duwarnet, s'est demandé s'il n'y avait pas moyen d'aller plus loin encore : et à la suite de nombreuses recherches historiques, il en est arrivé à soutenir, qu'alors même qu'une usine aurait été concédée postérieurement à 1566, la concession en serait irrévocable : sans doute, dit-il les rivières faisaient, dans notre ancien droit, partie du domaine royal, mais, ce serait une erreur que de croire qu'elles faisaient partie du grand domaine qui seul était régi par l'édit de 1566 : elles n'ont jamais appartenu qu'au petit domaine resté aliénable jusqu'à la loi du 22 novembre 1790 et la preuve en est dans l'édit du mois d'août 1708 qui, énumérant tous les objets dont se compose le petit domaine, y fait rentrer les îles, îlots, créments, attérissements, accroissements, droits sur les rivières navigables, leurs fonds, lits, bords, quais et marchepieds, les bras, courants, eaux mortes et canaux (V. Rev. Crit., T. II, p. 744 et seq.) — En ce sens on peut rapporter l'arrêt de Bruxelles du 5 mai 1873 (Pas. 73-2-207). — Ce raisonnement est absolument erroné : l'édit de 1708 ne nous dit nullement que les eaux mêmes des rivières, c'est-à-dire ce qui fait l'objet des concessions accordées aux usiniers, dépendent du petit domaine ; ce n'est que par voie d'induction

que l'on en peut tirer cette conséquence et cela seul diminue singulièrement à nos yeux la valeur de l'argument.
D'autre part, alors même que cet édit aurait la portée que
lui attribue M. Duwarnet, nous ne saurions nous y arrêter
parce qu'il serait contraire à tous les textes sur la matière. L'édit de 1566 n'autorise l'aliénation que des terres,
prés, marais et palus vagues dépendant du domaine de
la couronne : de même, il n'est parlé dans la loi de 1790,
que des aliénations domaniales de terrains vagues , de
landes, bruyères, palus, marais et terrains en friche :
des rivières navigables, pas un mot ; nous sommes donc
loin de l'énumération de 1708. Ajoutons que cet édit ne
saurait se justifier au point de vue rationnel. Quelle est en
effet la raison qui a fait maintenir l'aliénabilité du petit domaine ? C'est que les biens de ce domaine ne sont pas pro-
ductifs de revenus ou sont onéreux pour le roi. « Ce sont,
suivant les expressions de d'Aguesseau, des biens dont on
ne peut jouir qu'en les aliénant, et pour se servir ici des
expressions du droit civil, quorum usus in abusu consistit.
Entre les mains du roi, les charges en consomment le revenu ; ainsi, le roi les perd en voulant les garder, et il profite au contraire en les aliénant, parce que les seigneurs
voisins de ces domaines, ayant des raisons de convenances,
d'honneur et de commodité qui les portent à les acquérir,
en donnant au roi souvent plus que leur véritable valeur et
une valeur exempte de toutes les charges qui en absorbaient
auparavant le revenu. » Ecoutons encore Merlin (Rép., v°
Domaine public, § IV). « La dénomination de petit domaine
embrasse tous les biens dont, en tout temps, on a regardé
l'aliénation comme permise à titre de propriété incommutable, parce que l'exploitation en est dispendieuse et le revenu
modique. » Or, a-t-on jamais pu considérer l'eau des rivières
comme chose de nulle valeur ou onéreuse pour le roi ? Proposition singulière et qu'il n'y a même pas besoin de discu-

ter. La seule chose qui puisse expliquer l'édit de 1708, c'est la détresse du trésor public dans les dernières années du règne de Louis XIV : que l'on ait cherché à faire rentrer dans le petit domaine le plus de biens domaniaux possible, nous le comprenons, puisque, dès lors, leur aliénation pouvait procurer au trésor royal des ressources inespérées ; mais, que les mesures arrêtées à cette époque aient définitivement fixé la législation, qu'un édit comme celui de 1708 se soit substitué à celui de 1566, c'est ce que nous ne pouvons croire, et nous persistons à penser que, depuis 1566 la règle de l'inaliénabilité du domaine public s'est appliquée dans toute sa rigueur aux rivières navigables ou flottables.

363. 3° *Usines ayant fait, postérieurement à 1566, l'objet de contrats d'engagement*. On sait ce que signifiait, dans notre ancienne jurisprudence, ce terme : *contrat d'engagement*. C'était un acte par lequel le roi vendait en réalité une partie du domaine public, mais en stipulant que le bien vendu serait rachetable à perpétuité ; par là, se trouvaient éludées les dispositions de l'édit de 1566 qui, disait-on, n'avait prohibé que les aliénations à titre gratuit et irrévocable. Nous sortirions de notre cadre si nous examinions en détail la situation qui a été faite aux détenteurs de biens engagés. Cette matière soulève de graves et difficiles questions, et pour leur examen, nous ne pouvons mieux faire que de renvoyer nos lecteurs à l'article qu'y consacre spécialement le répertoire de M. Dalloz. Nous nous bornerons à rappeler les textes spéciaux intervenus depuis la révolution et qui ont fini par reconnaître, au profit des détenteurs, un droit certain et incommutable. Nous trouvons d'abord la loi des 22 novembre-1er décembre 1790 qui dispose que tous les contrats d'engagement seront rachetés, en ajoutant du reste qu'aucun détenteur ne pourra être dépossédé avant d'avoir été mis en demeure de recevoir sa finance princi-.

pale avec accessoires (art. 23 et 25). Vint ensuite la loi du
10 frimaire an II, qui confisqua d'une manière générale les
domaines engagés : l'état les reprenait sans rendre l'argent
qu'il avait reçu. En pratique, cette mesure exorbitante ne
pût être exécutée d'une manière générale et l'on dut se borner à l'appliquer contre les émigrés : aussi, fut-elle bientôt
rapportée par une loi du 22 frimaire an III. Une loi du
14 ventôse an VII régla définitivement la matière : dans son
article 3, elle déclarait révoquées toutes les aliénations du
domaine de l'Etat, faites en vertu de contrats d'engagement
à quelque époque et à quelque titre que ce fût ; mais, en
même temps, par ses articles 14 et suivants, elle offrait, aux
détenteurs des biens engagés, le moyen d'échapper à la rigueur
de ce principe : elle les maintenait en possession, à condition
de faire dans le délai d'un mois, devant l'administration
municipale, la soumission de payer le quart desdits biens et
de renoncer en même temps à toute imputation, compensation ou distinction de finance ou amélioration. « En effec-
tuant cette soumission (ce sont les propres termes de l'article 14), ils seront maintenus dans leur jouissance et réin-
tégrés en icelle s'ils en ont été dépossédés et que lesdits biens
se trouvent sous la main de la nation ; déclarés en outre et
reconnus propriétaires incommutables et en tout assimilés aux
acquéreurs de biens nationaux aliénés en vertu des décrets des
Assemblées nationales. » — L'article 9 de la loi du 12 mars
1820 est venu conférer à ces détenteurs un privilège plus
grand encore : il décide qu'à l'expiration d'un délai de
30 ans, ayant pour point de départ la promulgation de la loi
de l'an VII, ils seront considérés comme propriétaires incommutables, alors même qu'il n'auraient pas satisfait à
l'obligation que cette dernière loi leur imposait vis-à-vis du
trésor. Le 4 mars 1829, l'administration des domaines
essaya de paralyser l'effet de cette mesure législative en signi-
fiant aux détenteurs de biens engagés environ dix mille actes

interruptifs de prescription : mais aujourd'hui un nouveau délai de 30 ans s'étant écoulé sans nouvelles protestations de sa part, la prescription est devenue définitive et les domaines engagés sont devenus irrévocablement la propriété des particuliers qui les possèdent : les usines, concédées à ce titre, sont donc, comme le disait la loi de l'an VII, assimilées aux usines vendues nationalement dont nous parlerons dans un instant.

364. *Usines concédées aux corporations religieuses à titre de dotation.* L'édit du mois d'avril 1683 que nous avons déjà cité plus haut confirmait, dans tous leurs droits sur les rivières navigables, les églises et monastères qui justifieraient que ces droits leur auraient été conférés, à titre de fondation ou dotation. « Nous avons confirmé et confirmons en la propriété et jouissance des droits, même en ceux de justice et de propriété desdites rivières, les églises et monastères de fondation royale, auxquels les droits auront été donnés par les rois nos prédécesseurs pour cause de fondation et dotation desdites églises, mentionnée dans leurs titres ou dans les déclarations des biens et revenus desdites églises qui se trouveront en nos chambres des comptes. » Depuis la constitution civile du clergé et les lois de 1790, cette partie de l'édit ne saurait recevoir d'application. Il se pourrait cependant, qu'antérieurement à cette époque, des tiers eussent acquis un moulin ou une usine d'une des corporations auxquelles l'édit fait allusion. Suivant nous, les établissements qui rentrent dans cette catégorie constituent aujourd'hui de véritables propriétés privées ; rien n'est venu détruire le titre légal que leur avait reconnu l'édit de 1683.

365. 5° *Usines vendues comme biens nationaux en vertu des lois révolutionnaires.* — Tout d'abord, première hypothèse : la vente nationale a porté sur un moulin ou une usine existant antérieurement à 1566 et qui, par conséquent,

constituait une propriété privée avant l'époque de sa confiscation. Ces établissements qui se trouvaient avoir un
droit acquis à une indemnité, en cas de suppression ou de
chômage, ont été, pour la plupart, vendus avec les droits qui
y était attachés antérieurement : les adjudicataires se trouvaient mis au lieu et place des propriétaires dépossédés. La
plupart des actes de vente des biens nationaux contiennent
la clause suivante. » Lesdits biens étant vendus tels qu'en
ont joui et dû jouir les précédents fermiers et ceux dont ils
proviennent. » — Mais il n'est pas besoin que cette clause
se trouve expressément insérée dans l'acte de vente : il est
aujourd'hui universellement admis qu'elle y doit dans tous
les cas être sous-entendue : c'est en quelque sorte une de
ces suites naturelles et équitables du contrat dont parle
l'article 1157 Code civil. Pour que l'Etat soit déchargé de
toute indemnité vis-à-vis de l'usinier, il doit justifier qu'en
vertu d'une stipulation formelle acceptée par lui, l'adjudicataire s'était engagé à n'élever aucune réclamation en cas
de chômage ou de suppression. « Considérant, est-il dit dans
l'arrrêt du Conseil du 16 novembre 1850 (Lebon 50-823),
que l'usine dont il s'agit a une existence antérieure à 1566
et que par l'acte du 29 fructidor an II, l'Etat l'a vendue sans
aucune réserve et par conséquent avec les droits attachés à
son origine : qu'ainsi c'est à tort que le Conseil de Préfecture a décidé qu'il ne pouvait être dû aucune indemnité aux
requérants à raison de ladite usine. » M. Cornudet, alors
commissaire du gouvernement, développait en excellents
termes les principaux motifs qui peuvent venir à l'appui de
cette jurisprudence. « Sans doute, dans l'espèce, l'Etat n'a pas
vendu expressément aux actionnaires des moulins de
Moissac, par l'acte de vente nationale du 22 fructidor an II,
une force motrice déterminée pour le grand moulin ; en effet,
nulle clause de l'acte ne porte formellement une condition
semblable. Mais cette condition ne résultait-elle pas vir-

tuellement et nécessairement de la nature même des choses?
Qu'a donc vendu l'Etat en l'an II? Evidemment le grand
moulin tel qu'il l'avait confisqué, avec son existence ancienne et tous les droits qui en dérivaient; il n'en aurait
pu être autrement sans une stipulation expresse que l'acte
de vente ne renferme pas. L'Etat a vendu l'usine en tant
qu'usine, 21 meules tournantes, dit l'acte, et comme, en
vertu de ses titres anciens, l'usine avait droit à la force motrice nécessaire pour faire rouler ces 21 meules, l'Etat vend
aussi essentiellement cette force motrice et l'acquéreur a
évidemment payé le tout en conséquence. S'il en est ainsi,
il est clair que ce cas rentre dans les deux hypothèses où
la jurisprudence du Conseil a décidé qu'une indemnité est
due pour le fait de suppression de la force motrice. L'Etat ne
peut imputer qu'à lui seul de n'avoir pas inséré dans l'acte de
vente nationale du 29 fructidor an II, comme il en eût eu le
droit, une clause de non-indemnité pour le cas de suppression dont il s'agit. « Quelques difficultés ont été soulevées
dans un cas particulier : on a soutenu que si un acte de
concession antérieur à 1566 présentait un caractère féodal,
cet acte de concession avait été anéanti par les lois abolitives de la féodalité; que depuis la nuit du 4 août 1789,
l'usine n'avait plus eu de titre légal et n'avait continué à
subsister qu'à titre précaire; que c'était comme telle
qu'elle avait fait partie des domaines nationaux et que sa
vente ultérieure n'avait pu lui faire recouvrer le caractère
qu'elle avait définitivement perdu. Hâtons-nous de dire que,
d'accord avec M. le Ministre des travaux publics, le Conseil d'Etat n'a point admis une pareille subtilité (V. l'arrêt
du 7 mars 1861. — Lebon 61-172). Au surplus il n'y
aurait aujourd'hui aucun intérêt à renouveler cette controverse en présence de la jurisprudence que nous rapporterons
dans quelques instants et suivant laquelle le seul fait de la
vente nationale suffit pour donner titre légal à un établisse-

ment qui, avant sa confiscation, n'existait que précairement et à titre de simple tolérance.

366. Deuxième hypothèse. — Le moulin ou l'usine était antérieurement à la vente, soumis aux règles du droit commun, c'est-à-dire que sa suppression pouvait avoir lieu sans indemnité. Sa situation s'est-elle trouvée changée par le seul fait de la vente nationale ? A partir de ce jour a-t-il eu titre légal à une indemnité en cas de suppression ou de chômage ? Dans le principe, les auteurs et les arrêts se rattachaient à une distinction bien simple : ou l'Etat vendeur s'était engagé à livrer à l'adjudicataire une usine avec affectation d'une force motrice déterminée, et alors il était tenu de garantir à cet adjudicataire la jouissance de cette force motrice, s'il pouvait l'en évincer, en vertu de son droit de police sur les cours d'eau navigables, il était néanmoins tenu de l'indemniser à raison de sa qualité de vendeur. Ou bien au contraire, le contrat de vente ne contenait sur ce point aucune stipulation spéciale : l'Etat était alors réputé n'avoir vendu l'établissement que dans l'état où il se trouvait lors de son incorporation au domaine national : sa possession intermédiaire s'effaçait et l'acquéreur se trouvait dans la même condition que le précédent propriétaire : si ce dernier ne jouissait pas à titre incommutable, la jouissance de l'adjudicataire ne pouvait avoir d'autre caractère. On n'exigeait point d'ailleurs que la vente de la chute d'eau fût constatée en termes sacramentels par le procès-verbal d'adjudication : on admettait que les juges en interprétant cet acte pouvaient la faire résulter implicitement de ses diverses clauses. C'est ainsi qu'un arrêt du Conseil du 1er février 1851 (Lebon, 51-83) décidait que la clause suivante insérée dans un procès-verbal d'adjudication contenait nécessairement vente d'une chute d'eau. « L'adjudicataire des dits biens ne contribuera aux réparations de la chaussée que dans le cas seulement où il ferait construire un moulin ou

toute autre usine qui aurait besoin du cours d'eau. Son contingent alors, dans les dites réparations, sera proportionné au nombre de roues qu'il établira et il jouira en conséquence de tous les droits, usages et privilèges appartenant aux propriétaires ou fermiers. » Partant de là, le Conseil d'Etat admettait : 1° qu'il y avait eu vente du droit de bâtir un moulin ou toute autre usine ayant besoin du cours d'eau ; 2° que ce droit impliquait nécessairement le droit à la propriété d'une chute d'eau nécessaire pour faire mouvoir le moulin ou l'usine. D'autre part M. Bourguignat, (T. II p. 437) allait jusqu'à enseigner que la vente d'un moulin avec ses appartenances et dépendances renfermait la vente d'une chute d'eau : c'était là, ainsi qu'il le faisait remarquer, la mention qui se retrouvait le plus souvent dans les affiches et contrats de ventes nationales.

367. Malgré le tempérament qui lui était ainsi apporté, l'application de cette doctrine soulevait de nombreuses réclamations. L'inviolabilité des ventes nationales est un des axiômes de notre droit public moderne : or il semblait, en quelque sorte, qu'on y dérogeât en restreignant leur portée. Pouvait-on admettre qu'un individu se rendant adjudicataire d'une usine en pleine activité eût consenti à laisser en dehors du contrat la chute d'eau, c'est-à-dire, précisément ce qui constitue l'usine hydraulique ? La présomption était donc toute en sa faveur et c'était en quelque sorte dépouiller ses ayant-droits que de ne point suppléer dans le contrat une clause qui avait dû nécessairement être dans l'intention des parties contractantes. N'y avait-il pas quelque chose de bizarre à assimiler ainsi, coûte que coûte, l'acquéreur d'une usine à l'acquéreur d'un simple bâtiment ? Aussi conçoit-on que, petit à petit, un revirement se soit opéré dans la jurisprudence. L'arrêt du 16 décembre 1858 (Lebon, 58-725) qui est le premier document d'où l'on puisse induire qu'en théorie générale l'Etat doit garantie de la force mo-

trice alors même que le contrat intervenu ne stipule pas la vente de cette force motrice déterminée, montre combien le Conseil d'Etat hésitait avant de se prononcer dans un sens nouveau ; il avait soin d'insister sur cette circonstance que l'acte de vente invoqué dans l'espèce portait à la fois sur le moulin et sur un canal ; aussi l'arrêtiste pouvait-il dire que le débat avait porté sur le fait plutôt que sur le droit. L'année suivante, la question se présenta d'une manière beaucoup plus nette ; on se trouvait en présence d'un procès-verbal mentionnant simplement la vente d'un moulin, d'un foulon et de deux scieries. Le ministre des travaux publics saisit l'occasion pour obliger le Conseil d'Etat à s'expliquer formellement. « Suivant le sieur B..., disait-il, l'Etat, en vendant le moulin, aurait vendu le moteur dont la consistance se trouve déterminée par la destination de l'usine, et il serait tenu à la garantie pour la chute d'eau, aussi bien que pour les bâtiments. Cet argument n'est que spécieux. Les biens dits nationaux sont entrés dans le domaine de l'Etat avec les droits et les charges réelles qui y étaient précédemment attachés. L'Etat les a transférés aux acquéreurs tels qu'il les possédait lui-même. Il n'est pas tenu à une autre garantie que les anciens propriétaires à l'égard des servitudes qui les grevaient. Dans l'espèce actuelle, si le sieur F... avait acheté le moulin de Valentine au sieur C..., il n'aurait pu exercer de recours contre ce dernier à raison de la suppression ou du chômage de la force motrice pour cause d'utilité publique, puisque cette éventualité était attachée à la situation de l'usine sur une rivière navigable. L'acheteur n'aurait pu entendre acquérir une chûte d'eau qui était de sa nature hors du commerce. Le vendeur n'aurait été obligé à garantie que s'il avait déclaré dans l'acte que l'origine du moulin était antérieure à 1566. L'acte de vente nationale du 27 floréal an III ne renferme aucune clause semblable. On n'y trouve pas non plus l'affectation spéciale à l'usine d'une force motrice déterminée, circonstance exceptionnelle qui obligerait l'Etat à garantir la jouissance de la force motrice. L'acte dont il s'agit ne fait aucune mention de la chute d'eau : le moulin de Valentine a été vendu purement et simplement, sans garantie particulière. Il est dès lors demeuré soumis à la condition commune aux établissements de ce genre, d'être mis en chômage, ou supprimé, sans indemnité, pour cause d'utilité publique. » Néanmoins, M. le commissaire du gouvernement de Lavenay estima que l'on n'avait pu vouloir vendre les usines dont s'agissait qu'à l'état d'usines et l'arrêt intervenu à la date du 27 juillet 1859 (Lebon, 59-526) fut conforme à ces conclusions ; aucune discussion n'était possible sur le sens de cette décision qui renvoyait les propriétaires du moulin devant le Conseil de Préfecture pour faire statuer sur le quantum de l'indemnité. Il est vrai que, quelque temps après, un arrêt du 2 août 1860 (Lebon, 60-578) est revenu à l'ancien système : au lieu de dire que, par cela seul qu'il y avait eu vente nationale, l'Etat était tenu d'indemniser l'usinier pour toute suppression ou diminution de la force motrice, le Conseil a cru nécessaire d'examiner en fait les circonstances de l'espèce et de rechercher si, oui ou non, les énonciations du procès-verbal d'adjudication annonçaient, de la part de l'Etat, l'intention de vendre une chute d'eau en même temps que les bâtiments d'un moulin. Mais ce retour à la jurisprudence primitive n'a été qu'éphémère ; nous lisons en effet dans l'arrêt du Conseil du 30 juillet 1862 (Lebon, 62-609) le motif suivant : « Considérant que l'Etat, en vendant le moulin le 21 février 1791 aux auteurs du sieur Vital, leur a, par cela même, concédé la force motrice qui y était utilisée.... » Toute difficulté a cessé depuis cette époque ; l'administration paraît généralement dans le règlement des indemnités s'en tenir aux principes alors fixés. Pour notre part, nous croyons qu'au point de vue du droit pur, M. le ministre des travaux publics avait absolument raison lorsqu'il défendait en 1859 les intérêts du trésor : il y a quelque chose d'exorbitant à sous-entendre dans un contrat et à en faire résulter, par voie d'induction, la vente d'une portion du domaine public ; cette vente si anormale, si contraire à tous les principes de notre droit moderne ne devrait au moins être maintenue que si elle était formellement consacrée par un acte exprès. Ajoutons que si, dans bien des cas, la jurisprudence de 1859 et de 1862 peut être conforme à l'équité, bien souvent aussi elle arrive à gratifier les usiniers d'un droit auquel leurs auteurs étaient peut-être loin de songer, lorsqu'ils se rendaient adjudicataires de l'usine.

368. Nous avons déjà eu à nous demander si l'usinier pouvait, sans autorisation, apporter au mécanisme de son usine telles modifications qu'il jugerait convenables ; nous avons vu au cours de ce volume quelle était la jurisprudence du Conseil d'Etat : tant que l'usinier n'excède pas les limites du droit qui lui a été concédé, c'est-à-dire tant qu'il se borne à user de la force motrice dont il a la jouissance et ne porte aucunement atteinte au régime de la rivière, l'administration n'a aucune action contre lui. La question se pose tout naturellement de savoir si l'Etat devra, lors de la suppression ou de la diminution de la chûte d'eau vendue nationalement, une indemnité à l'usinier à raison de la plus value que ces modifications auront apportées à son établissement ; ou bien faudra-t-il dire au contraire que l'indemnité sera calculée sur le prix de la valeur de l'usine au jour de la vente nationale ? Il est un premier cas sur lequel nous n'avons pas à insister : l'usinier dépossédé par les lois révolutionnaires n'utilisait point en fait la totalité de la force motrice que pouvaient produire les tournants de l'usine. Il est bien certain que l'acquéreur qui a depuis fait produire à l'usine toute la somme de travail dont elle était

susceptible a droit à une indemnité calculée non pas d'après la force motrice utilisée lors de la vente, mais d'après la force totale qui pouvait être utilisée à cette époque et qui s'est trouvée réalisée au jour de la suppression. « Considérant, porte l'arrêt du Conseil du 8 mai 1869 (Lebon, 69-432), que le ministre des travaux publics ne conteste pas que depuis le moment où le moulin a été vendu en l'an II jusqu'au 14 mai 1862 date du décret qui a modifié le régime de ce moulin ; qu'il se borne à soutenir d'une part qu'en l'an II l'Etat a concédé aux auteurs du sieur Pierron ; non pas toute la force motrice qui pouvait être produite à l'aide des ouvrages régulateurs du moulin, mais seulement la partie de cette force motrice qui était alors utilisée ; d'autre part... (sans intérêt relativement à notre question) ; — Considérant que l'Etat en vendant en l'an II, le moulin dont s'agit, tel qu'il se comportait et avec ses ouvrages régulateurs, a par cela même concédé aux auteurs du sieur Pierron toute la force motrice qui pouvait être produite à l'aide des ouvrages régulateurs tels qu'ils existaient au moment de la vente ; que dès lors, le sieur Pierron est fondé à soutenir que pour le calcul de l'indemnité réclamée par lui, il doit être tenu compte de toute la partie de la force motrice concédée en l'an II qui était réellement utilisée au moment où se sont produits les chômages dont il se plaint...» Quant aux autres hypothèses, c'est-à-dire celles où il y a eu changement dans les dispositions et dans le mécanisme des ouvrages moteurs de l'usine, la difficulté se trouvera toute tranchée si l'on se réfère aux explications que nous avons déjà données dans notre n° 335, et surtout si l'on s'attache aux remarquables conclusions données en 1866 par M. Aucoc dans l'affaire Ulrich. En vendant l'usine, l'administration vendait par cela même à l'usinier le droit de l'améliorer et d'en tirer tout le parti possible, pourvu qu'il ne portât pas atteinte au régime de la rivière et n'augmentât pas fraudu-

leusement la force de sa prise d'eau. Les circulaires ministérielles ont encouragé les propriétaires à accomplir ces améliorations en interdisant aux ingénieurs de se mêler de l'a-
ménagement de l'intérieur des usines : ceux d'entre eux qui,
sur la foi des promesses administratives, ont dépensé une
somme d'argent considérable, sont bien évidemment dans
leur droit lorsqu'ils réclament une indemnité à raison de la
plus-value qu'ils ont donnée à leur usine : et nous avons vu
que telle était la jurisprudence actuelle : ce n'est là, au surplus, que l'application stricte de l'art. 1633 du Code civil.
L'administration, dit M. Aucoc, ne peut avoir deux lan-
gages : elle ne peut pas dire aux usiniers : « Modifiez vos
coursiers, vos roues ; tirez le parti le plus utile de la force
mise à votre disposition, je vous laisse complètement libres ; »
et puis, quand viendrait le jour de la liquidation d'une indemnité due à un usinier, changer de thèse et dire : « Les
modifications apportées à vos roues n'ont pas été autorisées : je n'en tiens pas compte. » — Tout ceci ne
peut, bien entendu, s'appliquer qu'aux améliorations d'ores
et déjà réalisées : il n'y a point lieu de tenir compte
en faveur de l'usinier, de cette circonstance que sa prise
d'eau était susceptible d'un rendement plus considérable ;
c'est là un élément qu'il faut exclure avec soin du calcul de
l'indemnité. Ici encore, nous ne pouvons mieux faire que
de rapporter les propres paroles de M. Aucoc. « Une seconde question de droit est soulevée par le sieur Ulrich.
Selon lui, les bases de l'indemnité ne peuvent être les
mêmes pour les chômages temporaires et pour les déprécia-
tions définitives de l'usine. Dans le premier cas, c'est la
force motrice utilisée actuellement qui doit servir de base ;
mais, dans le second cas, il doit être tenu compte à l'usinier
de toute la force motrice que pouvait donner sa chute si son
mécanisme extérieur avait reçu tous les perfectionnements
possibles. Ici, nous ne pouvons être d'accord avec le requé-

rant. Nous reconnaissons bien qu'il n'avait pas besoin d'autorisation pour faire à sa roue, à son coursier toutes les modifications nécessaires afin de les perfectionner. Mais c'est une
faculté qu'il avait : ce n'est pas un droit acquis. En le privant
d'une partie de l'eau dont il eût pu mieux profiter, l'Etat lui
enlève une espérance et non un bien réalisé. Où s'arrêterait-
on, d'ailleurs, dans la voie des possibilités et des hypothèses?
La valeur dont une partie a été enlevée au requérant, c'est
la force motrice actuelle, ou du moins la force motrice utilisée dans l'usine au moment où l'Etat a commencé les prises
d'eau, la justice ne permet pas de prendre une autre base
pour l'indemnité. » Un arrêt de la cour de Liége, en date
du 4 décembre 1872 (Pas., 73-2-106), a pourtant décidé
que lorsque la force motrice à laquelle avait droit un usinier, se trouvait supprimée par suite de l'exécution de travaux publics, il était dû une indemnité à l'usinier, même
pour la partie non utilisée de cette force. Mais cette solution
est loin d'être unanimement acceptée, même en Belgique,
ainsi qu'on peut le voir par l'arrêt de la Cour de Gand du
6 juillet 1872 (Pas., 72-2-233) : pour notre part nous la
croyons absolument inadmissible.

369. Un usinier obtient de l'administration, l'autorisation d'augmenter le volume de sa prise d'eau : plus tard,
cette prise d'eau vient à être, soit supprimée, soit diminuée, il n'y aura pas lieu de tenir compte, dans le réglement de l'indemnité de l'augmentation de jouissance que
l'autorisation administrative avait procurée à l'usinier ; la
seule base de calcul qui puisse être adoptée sera l'état de
l'usine, antérieurement à cette autorisation. La concession
qui en résulte est entièrement distincte de celle qui, à l'origine, a permis à l'usinier de bâtir son établissement ; elle
ne se confond point avec elle ; elle n'existe qu'à titre précaire et reste toujours révocable ad nutum. L'administration
a du reste pour usage constant, lorsqu'elle autorise l'aug-

mentation du volume de la prise d'eau, de réserver tous ses droits, et surabondamment de stipuler qu'au cas où l'usine viendrait à être supprimée en totalité ou en partie, aucune indemnité ne serait due pour la plus value que lui aurait apportée la concession nouvelle. Jusqu'ici pas de doute ; mais il arrive assez souvent qu'au cas où un usinier, pour se mettre à l'abri de toutes recherches ultérieures, demande l'autorisation de faire dans son usine certains travaux sans influence sur le régime de la rivière, et que par conséquent il eût pu faire sans autorisation, l'administration subordonne son consentement à l'acceptation par lui d'une clause de non indemnité et lui impose en réalité une renonciation à son titre légal. La validité de cette clause avait été reconnue à l'origine par un arrêt du Conseil du 29 novembre 1851 (Lebon, 51-714), mais cette jurisprudence ne pouvait prévaloir d'une manière définitive ; elle ne tendait à rien moins qu'à consacrer l'abus de pouvoir le plus exorbitant. Aussi quand le Conseil d'Etat fut à nouveau saisi de la question, M. de Lavenay, commissaire du gouvernement, l'adjura-t-il de revenir aux saines doctrines. « Il a toujours été admis, disait-il, et nous nous souvenons d'avoir entendu M. Paravey présenter cette idée comme acceptée sans difficulté dans le sein du Conseil, que l'administration ne pouvait imposer des clauses de renonciation à des droits éventuels d'indemnité dans les cas où la nécessité d'une autorisation administrative préalable est imposée aux particuliers non point afin que l'administration leur accorde, leur concède quelque chose, mais uniquement afin qu'elle puisse exercer sa surveillance, qu'elle vérifie si, sous une apparence de travaux rentrant dans l'exercice naturel du droit de propriété, le particulier ne dissimule pas un empiétement quelconque, une usurpation quelconque des droits de l'Etat ou du public. Ainsi, et c'était là précisément l'exemple que citait M. Paravey, lorsqu'un propriétaire voulant construire le long d'une grande route, demande une autorisation préalable, l'administration ne pourrait insérer dans l'acte donnant l'alignement, la condition que la maison sera démolie sans indemnité, si l'utilité publique le requiert. Dans ce cas, le propriétaire ne fait qu'user de son droit de propriété. L'intervention administrative a seulement pour but d'empêcher qu'au milieu de ses travaux de construction, il n'opère un empiétement sur ce qui est ou doit être la voie publique. » Et quelques lignes plus bas : « Dans l'espèce, de quoi s'agit-il ? d'un changement opéré dans les proportions et dans la position relative de la roue et du coursier. Ce changement, approuvé dans tous ses détails par l'autorité administrative, a-t-il eu pour résultat d'accorder à l'usine une plus grande quantité d'eau ou une plus grande hauteur de chûte? Certainement non. Les rapports des ingénieurs ne laissent pas le moindre doute à cet égard. Tout se réduit donc à ceci, qu'un certain nombre de gouttes d'eau glissant précédemment à côté de la roue sans la toucher et opérant sur le coursier un choc inutile, frappent aujourd'hui cette roue mieux placée et augmentent sa vitesse. Nous demandons à tout homme de bonne foi en quoi cela peut intéresser la viabilité, la salubrité, ces deux grands intérêts au nom desquels on a constitué en matière de cours d'eau le pouvoir discrétionnaire de l'administration. Bien évidemment, l'administration n'intervient dans les changements apportés aux roues et au coursier que pour exercer un droit de surveillance, pour s'assurer qu'à la faveur de ces changements on n'augmente pas la hauteur d'eau accordée à l'usine. » L'arrêt rendu sur ces conclusions à la date du 5 juillet 1855 (Lebon, 55-496) se prononce d'une manière plus nette encore : il en résulte, ainsi que de deux autres arrêts en date des 29 janvier 1857 (Lebon, 57-84), et 30 juillet 1862 (Lebon, 62-609) que dans l'espèce, la clause de non-indemnité ne pouvait être imposée à l'usinier, puisqu'en autorisant les modifications dont s'agit, l'administration ne consacrait aucune innovation, mais se bornait à user de son droit de surveillance sur les cours d'eau ; en d'autres termes, dès qu'il n'y a point concession d'une prise d'eau, on se trouve en dehors du seul fait qui justifie l'insertion d'une semblable clause.

370. Lorsqu'un usinier réclame une indemnité à raison de la suppression totale ou partielle de sa prise d'eau, il doit établir avant tout que le dommage dont il se plaint lui a été réellement causé par l'administration et notamment que les travaux qui lui ont porté préjudice émanent bien de la libre initiative de cette dernière. Si donc, il avait demandé lui-même qu'elle entreprît les travaux dont il s'agit, il devrait, au cas où ces travaux auraient, contre son attente, diminué le volume de la prise d'eau, être déclaré non recevable en sa demande. Nous trouvons une application remarquable de ce principe dans un arrêt du Conseil du 30 mars 1870 (Lebon, 70-367) : lors de l'établissement d'un chemin de fer le long d'un cours d'eau, un usinier avait réclamé certaines modifications au réglement de son usine, à raison du changement que la construction de la voie devait entraîner dans le régime de la rivière ; plus tard, il s'aperçut que, loin d'avoir un résultat utile, ces modifications avaient abouti à une diminution sensible de la force motrice de son usine ; son action fut repoussée par ce motif unique qu'il avait lui-même sollicité la mesure lui faisant grief. — Dans bien des cas d'ailleurs, le chômage proviendra d'une cause accidentelle qui ne sera nullement imputable aux agents de l'Etat ; ainsi, comme nous venons de le voir plus haut, il aura été causé par des travaux de construction d'un chemin de fer : la compagnie concessionnaire en sera seule responsable. D'autres fois, l'usinier supérieur, par un abus de jouissance, aura privé l'usinier inférieur d'une partie des eaux auxquelles il a droit : ce sera contre l'auteur direct du dom-

mage et non contre l'administration qu'il y aura lieu de recourir, alors même qu'elle aurait autorisé les travaux constituant l'abus de jouissance. Il arrive aussi quelquefois que la diminution de force motrice provient de l'échouage d'un bateau qui encombre le lit de la rivière et obstrue la prise d'eau : c'est bien certainement le propriétaire du bateau qui seul doit être tenu des dommages-intérêts, à moins toutefois que l'administration ou ses agents ne soient eux-mêmes la cause de l'échouage du bateau, en n'ayant pas signalé un passage dangereux, ou en commandant une fausse manœuvre. On pourrait concevoir quelques doutes sur ce que nous venons de dire dans l'hypothèse où le chômage aurait été amené, non par l'échouement même du bateau, mais par les mesures que l'administration a dû prendre d'office pour le relever ; il semblerait qu'il y a eu là un fait propre de cette dernière, engageant sa responsabilité. Le Conseil d'Etat n'a point admis ce raisonnement. « Considérant, dit l'arrêt du Conseil du 24 janvier 1861 (Lebon, 61-61), que les chômages dont se plaint le sieur Douliez ont été la conséquence de mesures prises par l'administration à l'effet de relever deux bateaux qui avaient sombré dans l'Escaut et qui encombraient le lit de cette rivière ; que l'administration, en agissant ainsi, dans le but unique de réparer cet accident auquel elle était étrangère et d'assurer ainsi le libre cours de la navigation, n'a fait qu'user des pouvoirs de police qui lui sont conférés par la loi ; que, dans ces circonstances, c'est avec raison que le Conseil de préfecture a repoussé la demande d'indemnité que le sieur Deuliez avait formée contre l'Etat... » Nous supposons naturellement que l'administration n'a elle-même commis aucune faute : la solution serait toute différente dans le cas contraire : si, par exemple, elle n'avait pas agi avec la diligence nécessaire, si, par la mauvaise direction donnée aux travaux, elle avait aggravé la situation de l'usinier, elle pourrait elle-même être actionnée en même temps que le propriétaire du bateau.

371. S'il y a eu non pas suppression ou diminution de la force motrice de l'usine, mais simple chômage momentané, le propriétaire ne peut obtenir d'indemnité qu'autant qu'il n'aura point profité lui-même de ce chômage, pour réparer le mécanisme de son usine : ici en effet, aucun préjudice ne lui aura été causé par cette interruption de travail (C. d'État, 13 juillet 1866 ; Lebon, 66-830). A fortiori, en sera-t-il de même, lorsque le chômage de l'usine aura été ordonné d'office pour que l'usinier procédât à certaines réparations jugées urgentes par l'administration. En un mot, lorsque le chômage aura eu lieu à la fois dans l'intérêt de la navigation et dans le but de conserver la force motrice des usines, aucune indemnité ne sera due par l'administration : telle est la formule précise qui résulte de l'arrêt du Conseil du 2 juin 1869 (Lebon, 69-567).

372. Supposons que plusieurs personnes aient un droit sur l'usine dont la force motrice vient d'être supprimée soit en totalité, soit en partie ; par qui l'indemnité pourra-t-elle être réclamée ? Les auteurs sont aujourd'hui d'accord pour décider qu'elle se fractionnera en autant de portions distinctes qu'il y a de parties intéressées ; ils s'appuient sur la règle d'équité qui a été consacrée, dans une matière analogue, par la loi du 3 mai 1841. « Le jury prononce des indemnités distinctes en faveur des parties qui les réclament à des titres différents, comme propriétaires, fermiers, locataires, usagers et autres intéressés. » Il n'y aura d'exception qu'au cas où l'on se trouvera en présence d'un nu-propriétaire ou d'un usufruitier ; ici encore, nous nous référerons aux dispositions si sages de la loi de 1841 que nous étendrons même au cas de dommages permanents. « Dans le cas d'usufruit, une seule indemnité est fixée par le jury eu égard à la valeur totale de l'immeuble ; le nu-propriétaire

et l'usufruitier exercent leurs droits sur le montant de la chose, au lieu de l'exercer sur la chose. L'usufruitier sera tenu de donner caution ; les père et mère ayant l'usufruit légal des biens de leurs enfants en seront seuls dispensés. » Les parties réclamantes prouveront, comme elles l'entendront, la sincérité de leurs titres ; nous rappellerons, du reste, que la jurisprudence se montre assez facile vis-à-vis d'elles, en ce qui touche l'administration ; et alors même qu'elles n'éprouveraient qu'un simple dommage permanent, elles pourront bien souvent se mettre sous la protection de la jurisprudence admise en matière d'expropriation pour cause d'utilité publique : pour ne citer qu'un exemple bien connu, on ne saurait exiger d'un locataire un bail ayant date certaine ; c'est à l'administration à démontrer, comme elle le pourra, l'existence d'une fraude dont elle serait victime ; on peut voir, en se reportant à un arrêt du 23 avril 1857 (Lebon, 57-321), combien le Conseil d'Etat se montre difficile pour faire tomber des actes qui, au premier abord, semblent suspects, mais qui, à un certain point de vue, peuvent se justifier par la situation des parties et les nécessités de leur industrie. — Lorsque des contestations s'élèvent sur la qualité des parties, les Tribunaux civils doivent seuls en connaître : ainsi, lorsque deux personnes se disent locataires du même immeuble, le Conseil de Préfecture saisi de l'appréciation du dommage permanent causé à l'usine, est obligé de se déclarer incompétent jusqu'à ce qu'il ait été statué sur ce litige préjudiciel. Il en sera de même au cas où l'usinier aura transporté à des tiers son droit à une indemnité ; les clauses de l'acte de transport ne pourraient être interprétées par les juges administratifs. C'est ce qui a été décidé en termes fort nets par l'arrêt du Conseil du 23 janvier 1864 (Lebon, 64-46). « Considérant que les héritiers du sieur Moquet et de la dame Hennequière, se fondant sur des actes de vente et de cession qui leur donneraient droit aux indemnités dues par la société du canal de jonction de la Sambre à l'Oise à raison de la diminution de force motrice du moulin d'En-Bas situé à Hannapes, demandent que la dite société soit condamnée à leur payer une indemnité de dépréciation à évaluer en capital ; que les héritiers du sieur Joset actuellement propriétaires du moulin précité et qui, à ce titre, reçoivent annuellement une indemnité de chômage, repoussent les prétentions des héritiers Moquet et de la dame Hennequière et soutiennent que s'il y a lieu de fixer une indemnité de dépréciation, c'est à eux seuls qu'elle est due...; Considérant qu'il ne nous appartient pas de décider par interprétation des conventions passées entre les parties à qui doit être payée l'indemnité de dépréciation, dans le cas où il serait reconnu qu'elle est due ; que dans ces circonstances, il y a lieu de surseoir, à statuer sur la question de savoir s'il est dû une indemnité de dépréciation et dans le cas de l'affirmative, à quel taux cette indemnité doit être fixée, jusqu'à ce qu'il ait été statué par les Tribunaux civils sur les droits respectifs des parties, etc., etc. »

373. Reste à examiner deux points de détail : 1° Le propriétaire d'une usine louée à un tiers a-t-il droit à une indemnité alors qu'il n'y a eu que simple chômage de cette usine ? Ou bien faut-il dire, au contraire, que dans ce cas le locataire seul peut agir contre l'administration ? M. Daviel (T. II, n° 680) s'est prononcé en ce dernier sens ; il semble, à l'en croire, que le propriétaire n'ait été nullement atteint par cet événement fortuit ; le locataire indemnisé par l'administration n'en sera pas moins tenu de lui payer le loyer convenu. De quoi donc le propriétaire viendrait-il se plaindre ? C'est avec le plus grand tort que le savant auteur a traité doctrinalement une question qui n'est qu'une pure question de fait, et nous ne pouvons accepter ce principe que jamais le propriétaire ne ressentira le contre-coup de ce chômage.

Les juges apprécieront le bien fondé de son action d'après les circonstances de l'espèce ; rien de plus simple, rien de plus équitable, et les droits de l'administration seront suffisamment sauvegardés ; à quoi bon dès lors, opposer par avance une fin de non recevoir contre toute demande ainsi formulée ? M. Bourguignat, dont nous adoptons pleinement les idées, montre que bien souvent un préjudice direct aura été causé par là au propriétaire. « Tel cas, dit-il (T. I, n° 392), peut se produire, où le propriétaire soit non moins lésé que le locataire. Ainsi, l'exposition prolongée du mécanisme hydraulique hors de l'eau et sa mise en contact avec l'air et la chaleur du jour peuvent avoir hâté le dépérissement de ce mécanisme. D'autre part, le chômage d'une usine occasionne plus ou moins la déperdition de la clientèle qui y est attachée. Il y a là évidemment pour le propriétaire, alors même qu'il a loué sa chose, des pertes qui finissent par tomber à sa charge et qui sont des causes légitimes d'indemnité. » — 2° Quel sera le sort des créanciers hypothécaires inscrits sur l'usine antérieurement à l'acte administratif qui, supprimant tout ou partie de sa force motrice, en a diminué la valeur ? Une distinction est nécessaire : y a-t-il eu dans l'espèce une véritable expropriation pour cause d'utilité publique ? L'article 18 de la loi du 3 mai 1841 porte : « Les actions en résolution, en revendication et autres actions réelles, ne pourront arrêter l'expropriation, ni en empêcher l'effet. Le droit des réclamants sera transporté sur le prix et l'immeuble en demeurera affranchi. » S'agit-il au contraire d'un dommage permanent ? Quelque intéressante que soit la situation des créanciers inscrits, nous croyons qu'ils ne peuvent qu'invoquer l'article 2131, C. civ., et exiger du débiteur soit un supplément d'hypothèque, soit un remboursement immédiat ; nous ne saurions admettre que leur droit d'hypothèque puisse se transformer en un droit de préférence sur l'indemnité que reçoit l'usinier. Nous avons, il est vrai, enseigné nous-même dans notre précédent volume (n° 27), qu'au cas ou une rivière venait à changer de lit, l'hypothèque des créanciers se trouvait reportée sur l'ancien lit accordé au débiteur à titre d'indemnité. Mais, il ne faut pas perdre de vue que, dans cette dernière hypothèse, la chose disparue revivait dans une chose de même nature ; que le droit des créanciers pouvait frapper l'ancien lit avec son caractère de droit d'hypothèque ; or, ici, ce droit subirait une modification profonde et ne pourrait exister tel qu'il avait été constitué originairement, l'usinier n'ayant plus qu'une simple créance mobilière contre l'Etat. On comprend du reste que la solution soit différente, suivant qu'il y a eu expropriation ou simple dommage permanent ; l'expropriation constitue une vente et la somme que reçoit l'usinier n'est autre chose qu'un véritable prix de vente ; les créanciers inscrits sont dans la même situation que si, au cours d'une procédure de purge, ils avaient accepté comme définitif le prix convenu entre les parties ; ils se trouvent en quelque sorte dans le cas prévu par l'article 2186 du Code civil. S'il y a dommage permanent, rien de semblable, puisqu'il n'y a point eu vente de la part de l'usinier, mais simple trouble apporté à sa jouissance. — Ces principes ont été pleinement consacrés par l'arrêt de la Chambre des requêtes du 25 janvier 1869 (Dev. 70-1-160).

374. Par quelle autorité l'indemnité pourra-t-elle être accordée? Deux hypothèses doivent être examinées séparément : 1° L'administration n'a point touché aux bâtiments de l'usine ; elle s'est bornée à supprimer en tout ou en partie la prise d'eau qui constituait sa force motrice. Tout d'abord, si la suppression n'a été que momentanée, si elle ne constitue qu'un simple chômage, la compétence administrative ne saurait être contestée. Il en sera de même lorsqu'il y aura doute sur le point de savoir quelle

sera l'importance définitive du préjudice causé à l'usinier et lorsque le juge devra se borner à l'indemniser des pertes qu'il justifiera avoir éprouvé jusqu'à ce jour. « Considérant, porte l'arrêt du Tribunal des conflits du 17 juillet 1850, (Lebon, 50-689), que jusqu'au règlement définitif de l'alimentation du canal de Berry et l'achèvement des travaux qui doivent l'assurer en cette partie, les dommages éprouvés par suite de prises d'eau et les indemnités auxquelles ils donnent lieu, ne peuvent être appréciés que relativement à chaque chômage et doivent être calculés d'après sa durée, son importance et le chômage réel éprouvé, et que c'est avec raison que le préfet a revendiqué pour l'autorité administrative la connaissance du litige... » (Cpr. C. d'Etat, 9 mai 1841 ; Lebon, 41-193). Qu'arrivera-t-il maintenant si le dommage dont se plaint l'usinier doit avoir un caractère définitif ? La question a présenté dans la pratique, certaines difficultés. A l'origine, on s'en tenait purement et simplement au texte de la loi du 16 septembre 1807 ; la contestation devait être vidée devant les Conseils de préfecture. Mais aussitôt la promulgation de la loi du 8 mars 1810, des doutes s'élevèrent dans les esprits ; la privation de jouissance dont se plaignait l'usinier ressemblait singulièrement à une expropriation ; ce dernier possédait son usine non point à titre précaire et sous le bon vouloir de l'administration, mais en vertu d'un droit certain et irrévocable ; dès lors, il ne pouvait être privé de ce droit que dans les formes fixées par la loi de 1810. Ces considérations avaient frappé le Conseil d'Etat, et deux arrêts des 10 juillet 1833 (Lebon, 33-359) et 18 avril 1835 (Lebon, 35-294), admirent qu'il appartenait aux Tribunaux civils d'apprécier, à l'exclusion des Conseils de préfecture, l'indemnité due pour privation ou suppression de force motrice. Le ministre des Travaux publics combattit énergiquement ce système et finit par obtenir gain de cause devant le Tribunal des conflits ;

d'après l'arrêt du 28 novembre 1850 (Lebon, 50-872), le Conseil de préfecture est seul compétent, qu'il s'agisse d'une suppression partielle ou d'une suppression totale de l'usine : l'usinier n'a point été exproprié, il a subi un simple préjudice pour lequel il est dû réparation et cette réparation ne peut être arbitrée que par l'autorité administrative. « Considérant que le préjudice dont se plaignent les héritiers Ser consisterait dans un ralentissement du cours des eaux dans la chaussée, lequel occasionnerait des attérissements en amont des vannes et obligerait les propriétaires ou leurs fermiers à des draguages fréquents ou dispendieux ; que le Tribunal lui-même a considéré ce préjudice comme constituant un dommage permanent ; qu'aux termes de l'article 4 de la loi du 28 pluviôse an VIII, les Conseils de préfecture sont compétents pour connaître des réclamations des particuliers qui se plaignent de torts ou dommages provenant de l'exécution des Travaux publics ; que les lois des 8 mars 1810, 7 juillet 1833 et 3 mai 1841 n'ont enlevé à la juridiction administrative que la connaissance des contestations relatives à l'expropriation totale ou partielle des immeubles.... » Un arrêt du Conseil du 27 août 1857 (Lebon, 57-694), rendu sur les conclusions de M. Forcade de la Roquette, pose le point de droit en termes plus développés ; il cherche à établir 1º que les dispositions des articles 48 et 57 de la loi du 16 septembre 1807 n'ont nullement été modifiées par les lois postérieures sur l'expropriation, et que ces dernières ne sont applicables qu'au cas où, par suite de l'exécution des Travaux publics, il est nécessaire d'exproprier en tout ou en partie des terrains, bâtiments ou édifices ; 2º que les droits acquis par le propriétaire d'une usine à la jouissance des eaux, ne sauraient le constituer propriétaire desdites eaux puisque la pente de ces eaux n'est pas susceptible d'appropriation privée ; qu'il ne saurait donc être assimilé à un propriétaire

d'un meuble dans les termes de la loi du 3 mai 1841. »
M. le ministre des Travaux publics insistait encore en 1863
sur ce dernier argument : « La distinction entre la propriété
réelle du lit des rivières navigables et les droits concédés
est nettement établie. La propriété immobilière appartient
au domaine public et tous les établissements formés sur ce
domaine ne constituent qu'un droit d'usage, c'est-à-dire
une concession, surtout lorsque, comme dans le cas actuel,
ils ne reposent pas sur des parties susceptibles d'être déta-
chées du lit et par suite du domaine public, tels que des
rives ou de îlots naturels ou artificiels. » Nous ne pouvons,
pour notre part, nous rallier à cette doctrine ; nous croyons
que le Tribunal des conflits et le Conseil d'Etat ne se sont
point suffisamment rendu compte de la situation faite à
l'usinier par la diminution ou la suppression de sa prise
d'eau. Peut-on dire que cet usinier n'éprouve qu'un dommage permanent ? Evidemment non. Ce qui caractérise le
dommage permanent, c'est l'absence de toute main mise de
l'administration sur la propriété privée : c'est au contraire
cette main mise qui est le signe caractéristique de l'expropriation. Il y aura dommage permanent par exemple, lorsqu'il faudra modifier la disposition intérieure de l'usine,
lorsque la manutention des eaux exigera un personnel plus
considérable, lorsque la pente du canal aura été modifiée,
lorsque le fonctionnement des vannes sera gêné. etc… Ici,
pas de main mise de la part de l'administration sur la chose
même : donc, compétence du Conseil de préfecture. Mais
peut-on nier qu'il y ait main mise de la part de l'administration, lorsqu'elle s'empare, soit directement, soit indirectement, de tout ou partie de la force qui faisait mouvoir
l'usine, et partant, qu'il y ait eu expropriation ? On répond
bien que le droit de l'usinier ne saurait constituer un droit
de propriété, parce que la pente des rivières est hors du
commerce. Rien de plus juste, si l'on se place sous l'empire

du droit commun ; mais, est-ce que, dans notre matière, nous ne nous trouvons pas précisément en dehors de ce droit commun ? Est-ce que l'axiôme posé en 1863 par M. le Ministre des Travaux publics ne cesse pas d'être applicable, au cas où l'usine a titre légal ? En résumé, nous maintenons ce que nous avons répété si souvent, à savoir que la force motrice d'une usine ayant titre légal constitue une véritable propriété, et que le propriétaire de cette usine doit, toutes les fois que l'administration porte atteinte à sa jouissance, être protégé par les dispositions de la loi du 3 mai 1841.

375. 2° Non-seulement l'administration supprime tout ou partie de la prise d'eau, mais encore, elle s'empare de tout ou partie des bâtiments de l'usine. Dans la doctrine que nous avons soutenue au précédent paragraphe, aucune hésitation n'est possible, quant à la solution à donner dans cette hypothèse : la suppression de la prise d'eau constituant une expropriation tout aussi bien que l'occupation définitive des bâtiments, le jury sera appelé à fixer la totalité de l'indemnité due à l'usinier : il n'y aura qu'une seule procédure à suivre pour arriver à un règlement définitif. Mais, si l'on s'attache à la jurisprudence du Conseil d'Etat, on se trouve à la fois en présence d'un dommage permanent et d'une expropriation ; or, l'indemnité à raison d'un dommage permanent ne peut être fixée que par le Conseil de préfecture, l'indemnité à raison d'une expropriation que par le jury. L'usinier devra-t-il donc agir par deux procédures distinctes, l'une devant le Conseil de préfecture, l'autre devant le jury ? L'affirmative avait été admise par un arrêt du 29 mars 1851 (Lebon, 51-233). Cette décision donna lieu presque immédiatement aux plus vives critiques : l'arrêtiste notamment la signalait comme étant en opposition formelle avec l'esprit de la loi de 1841 qui avait voulu éviter à tout prix ces partages de compétence. Il faisait observer qu'en fait,

rien ne saurait empêcher le jury, lorsqu'il statuait sur l'indemnité due pour la dépossession de l'immeuble, de prendre aussi en considération la suppression de la force motrice : il craignait enfin que le système admis par le Conseil ne fût plein de difficultés dans l'application, onéreux pour les parties qui auraient à plaider devant deux juridictions et illusoire en définitive, quant au but que l'on se proposait d'atteindre. Quelques années plus tard, M. de Forcade de la Roquette, alors commissaire du gouvernement, chercha à faire revenir le Conseil d'Etat sur ce précédent. Dans ses conclusions, il exposait les trois théories qui pouvaient être soutenues dans la doctrine : 1° Compétence administrative, tant pour la fixation de l'indemnité due pour les bâtiments détruits que pour la force motrice supprimée ; 2° Compétence du jury d'expropriation sur ces deux points, l'appréciation de l'indemnité due pour la suppression de la force motrice n'étant considérée que comme une question accessoire à l'expropriation ; 3° Compétence du Conseil de préfecture pour l'indemnité due à raison de la suppression de la force motrice ; compétence du jury à raison de l'indemnité due pour la dépossession des bâtiments. Il se ralliait sans hésiter à la deuxième de ces théories : « Il n'est pas douteux, disait-il, que le jury doit être saisi au moins d'une partie de la question d'indemnité. Il y a expropriation d'un bâtiment, du bâtiment même de l'usine, de tout l'établissement immobilier qui constitue l'usine. Or, en règle générale, lorsque le jury est saisi, il ne prononce pas seulement sur l'indemnité principale causée par l'expropriation, il prononce aussi sur les indemnités accessoires qui peuvent être dues pour dommage temporaire ou permanent causé aux parties d'immeubles non expropriées. Il prononce sur les indemnités dues aux locataires ou fermiers qui n'ont aucuns droits immobiliers. Pourquoi le jury qui fixe l'indemnité due pour l'expropriation du bâtiment de l'usine ne prononcerait-il pas en même temps sur l'indemnité due pour le dommage causé par la suppression de la force motrice ? Saisi de la question principale d'expropriation, le jury attire tout à lui. » On pouvait craindre une objection : l'autorité administrative n'est-elle pas mieux placée que le jury pour apprécier l'indemnité due à raison d'une suppression de force motrice : c'est elle qui a concédé originairement cette force motrice. C'est donc elle qui doit apprécier le dommage causé par le retrait de la concession émanée d'elle. « Cette objection, répondait M. de Forcade, est beaucoup plus spécieuse que fondée. Pendant plusieurs années, la jurisprudence du Conseil d'Etat renvoyait au jury la connaissance des indemnités pour suppression de force motrice. Nous n'avons pas entendu dire que le jury manquât de lumières pour apprécier ces questions d'indemnité : elles se résolvent en général par la fixation du revenu et sa capitalisation. La question d'indemnité nous paraît dans l'espèce indivisible de sa nature : comment soumettre à deux juridictions différentes une question d'indemnité dont les éléments sont étroitement liés ensemble ? Tous ces éléments contribuent à fermer le revenu net qui est la vraie base d'indemnité. Une usine est un tout : lorsqu'elle est supprimée en totalité, il y a une indemnité à payer pour le tout. Mais diviser les éléments de l'indemnité et les soumettre à deux juridictions, c'est se placer dans une situation qui est en contradiction avec la nature des choses ; c'est, après avoir abattu la maison, charger un Tribunal d'apprécier l'indemnité due pour la charpente et un autre l'indemnité due pour la maçonnerie. » Malgré la gravité de ces raisons, le Conseil d'Etat n'en persista pas moins dans sa première opinion : trois arrêts rendus le 27 août 1857 (Lebon, 57-696 à 700) refusèrent d'adhérer aux conclusions de M. de Forcade. Aucun débat ne paraît s'être élevé depuis sur ce point devant les juges administratifs ; l'arrêt du 9 avril 1863 (Lebon,

63-300), où quelques personnes ont cru voir l'indice d'un revirement dans leur jurisprudence, n'a nullement trait à notre question : il se borne à dire (ce qui n'a jamais été contesté, du moins à notre connaissance), que le jury est seul compétent pour fixer l'indemnité due à l'usinier dépossédé de ses bâtiments : rien, d'ailleurs, n'indique que dans l'espèce, l'usinier dépossédé de ses bâtiments, eût été, en même temps, privé de tout ou partie de la force motrice de son usine. Quoiqu'il en soit de la portée de cette dernière décision, nous pouvons opposer aux arrêts du Conseil, l'arrêt de rejet de la Chambre civile du 2 août 1865 (Dev., 65-1-458). « Attendu que par l'effet de l'aliénation consentie en 1822, dans les formes prescrites par la loi du 22 novembre 1790, la force motrice et les terrains dont l'abandon a été fait par l'Etat aux concessionnaires sont devenus une propriété privée, laquelle dès-lors n'a pu être atteinte par l'expropriation et rentrer à ce titre dans le domaine public qu'à la charge d'une juste et préalable indemnité ; que, d'ailleurs, dans les termes de la concession, la force motrice et les terrains destinés à l'établissement d'usines ont formé un tout indivisible, en sorte que les usines étant expropriées, le règlement de l'indemnité afférente à la force motrice appartenait au jury, comme dépendance et accessoire de l'opération qui lui était confiée dans son ensemble... » Nous ne pouvons qu'approuver cette doctrine et nous espérons que le Conseil d'Etat finira par s'y rallier ; en pratique, elle permet seule d'éviter des lenteurs indéfinies ; elle a, en tout cas, l'avantage de ne pas nous présenter ce singulier spectacle d'un plaideur obligé, à raison d'un fait unique, d'aller frapper à la porte de deux juridictions.

376. Certaines difficultés se sont produites à l'occasion d'usines qui avaient été l'objet d'un bail : par qui doit être fixée l'indemnité due aux locataires à raison de la suppression de ces usines ? Le ministère des Travaux publics a

longtemps soutenu que leurs réclamations ne pouvaient être examinées que par les Conseils de préfecture, qu'elles eussent pour cause la suppression de la force motrice ou l'expropriation des bâtiments de l'usine ; mais un arrêt du Conseil du 19 janvier 1850 (Lebon, 50-77) a décidé que le locataire devait, quant à la compétence, être assimilé au propriétaire ; qu'il y avait donc lieu pour lui de s'adresser au Conseil de préfecture, s'il s'agissait de dommages permanents ; au jury s'il s'agissait d'expropriation (Loi du 3 mai 1841, art. 39). — Une hypothèse assez délicate a été plusieurs fois soumise à l'appréciation du Conseil d'Etat. En fait, l'administration a exproprié des bâtiments ; le propriétaire a traité à l'amiable et le locataire reste seul à réclamer une indemnité. Faut-il, vis-à-vis de lui, suivre la procédure d'expropriation ? Doit-on admettre au contraire que désormais le Conseil de préfecture peut seul statuer sur la demande d'indemnité ? On cite en ce dernier sens un avis de M. le Ministre des Travaux publics en date de 1849 : « Le point sérieux du débat consiste dans la portée attribuée à l'art. 39 de la loi du 3 mai 1841. Cet article dispose que le jury fixe des indemnités distinctes pour les propriétaires, fermiers, locataires, etc..... Le législateur a-t-il entendu, par cette disposition, conférer au jury la mission de régler les indemnités dues aux locataires alors même qu'il n'a pas à statuer sur les indemnités dues aux propriétaires ? Je ne le pense pas. Si le locataire est appelé devant le jury, c'est uniquement, parce que les indemnités des locataires sont connexes avec celles du propriétaires, parce que souvent il serait impossible de les régler équitablement l'une sans l'autre, et que d'après le principe posé dans l'art. 171 du Code de procédure civile, dès qu'il y a connexité entre des contestations elles doivent être soumises à une seule et même juridiction. Mais, quand il ne s'agit que de régler l'indemnité due au locataire, ce motif de connexité n'existe plus ; dès-lors, le locataire ne peut plus réclamer que la juridiction compétente à raison du préjudice qu'il éprouve personnellement. Or, ce préjudice est un simple dommage, une privation de la jouissance temporaire qui lui avait été concédée, et c'est aux Conseils de préfecture qu'il appartient de fixer l'indemnité pour des préjudices de cette nature. Les derniers paragraphes des art. 13 et 14 de la loi précitée prouvent qu'il n'y a lieu de faire rendre un jugement d'expropriation et de recourir au jury spécial que lorsque l'administration n'a pu s'accorder avec les propriétaires. Du moment donc où il y a accord entre l'administration et le propriétaire et où il ne s'agit plus que de fixer le dédommagement dû à un locataire, la loi du 3 mai 1841 n'est pas applicable ; cette loi ne s'occupe, en effet, que du cas d'expropriation totale ou partielle, et le locataire n'ayant aucun droit à la propriété de la chose à lui louée, ne subit pas d'expropriation, il souffre seulement un dommage. » Mais, dès cette époque, le Conseil d'Etat décidait que si l'administration avait acheté les bâtiments de l'usine sans accomplir à l'égard du propriétaire les formalités de la loi du 3 mai 1841, cette circonstance ne saurait la dispenser d'accomplir les dites formalités à l'égard des locataires qui ne consentiraient pas à une résiliation amiable (Arrêt du 18 août 1849 ; - Lebon, 49-528). Même décision dans l'arrêt du 19 janvier 1850 que nous avons déjà cité, et nous ne croyons pas qu'aujourd'hui la doctrine de l'avis ministériel de 1849 puisse rallier aucun partisan : c'est qu'en effet on peut répondre aux nombreux arguments de texte qui y sont invoqués par cette simple règle de bon sens que la transaction intervenue entre le propriétaire et l'administration ne saurait avoir aucun effet, quant aux droits du locataire : « Res inter alios acta, aliis neque nocet neque prodest. »

377. Au cours d'une procédure suivie devant le jury ou devant le Conseil de préfecture, une question préjudicielle

peut être soulevée : il y a contestation sur la légalité du titre dont se prévaut l'usinier : par qui cette contestation doit-elle être vidée ? Nous ne trouvons de texte que pour le cas où le titre de l'usinier consiste dans un acte de vente nationale : la loi de pluviôse an VIII confie à la juridiction administrative le contentieux des domaines nationaux, ce sera donc devant le Conseil de préfecture que devra aller l'usinier. Mais qu'arrivera-t-il dans toutes les autres hypothèses ? Si l'on pense avec nous et contrairement à la jurisprudence du Tribunal des conflits et du Conseil d'Etat, que le contrat par lequel l'administration concède à un particulier un bien du domaine public dans les formes prévues par la loi, est un contrat du domaine privé ; que toutes les difficultés relatives à l'interprétation et à l'application de ce contrat, sont du ressort des Tribunaux ordinaires, on sera forcément conduit à admettre que le Tribunal civil pourra seul décider quelle est la valeur du titre litigieux. Si l'on se rattache à l'opinion contraire, on se trouve en présence de deux systèmes qui divisent les auteurs. Selon les uns, il s'agit de savoir si, oui ou non, un acte administratif a conféré un droit à un usinier : donc, nécessité d'interpréter un acte administratif et partant compétence de l'administration (V. en ce sens, C. d'Etat, 1er mars 1860. — Lebon, 60-188 ; Dijon, 11 août 1865. - Dev., 66-2-185). M. Bourguignat (T. 1, n° 391) se montre au contraire partisan de la compétence judiciaire ; mais pourtant il ne laisse pas que d'être embarrassé par cet argument. On peut répondre, dit-il, qu'ici le titre invoqué n'est pas toujours une concession et qu'il consiste le plus souvent dans une possession antérieure à 1566 ; que d'ailleurs, en pareil cas, il s'agit bien moins d'apprécier ce titre particulier que de se prononcer sur la nature même du droit qu'y ont attaché les édits généraux des années 1566, 1669, 1683. Or, l'interprétation et l'application des édits comme celle de tous les actes législatifs, appartiennent sans contestation possible aux juges du droit commun. » Ce raisonnement est bien subtil et aurait peu de chance de ramener les partisans du premier système. Les véritables motifs de décider nous semblent quant à nous avoir été parfaitement mis en lumière par l'arrêt de cassation de la Chambre civile du 21 mai 1855 (Dev., 55-1-561). La cour y établit 1° que d'après l'art. 48 de la loi du 16 septembre 1807, les propriétaires des moulins et usines dont l'exécution des travaux publics rend nécessaire la suppression, le déplacement ou l'abaissement des eaux, ont droit à être indemnisés par l'Etat, lorsque c'est lui qui entreprend ces travaux ; 2° que l'article 47 de ladite loi attribue formellement aux tribunaux ordinaires les questions de propriété qui peuvent être soulevées au sujet de l'exécution de travaux publics ; 3° que cette disposition législative, quoique écrite au point de vue des commissions spéciales nommées en matière de desséchement, s'applique à tous les travaux d'intérêt public exécutés par l'Etat et n'est que la reproduction des principes fondamentaux de notre droit public ; 4° que le § 2 de l'article 48 de la loi de 1807, en prescrivant l'examen de la question de savoir si l'établissement de l'usine est légal, et s'il est soumis à telle ou telle condition, n'a pu entendre nier la compétence attribuée par l'article précédent à l'autorité judiciaire, mais qu'il a voulu seulement poser des règles de décision obligatoires, selon les cas, pour les Tribunaux comme pour l'administration ; 5° que l'appréciation du mérite et de l'effet des actes sur lesquels repose l'établissement des usines atteintes, constituent précisément la question du fond qui, engageant la question de propriété, ne peut appartenir qu'aux Tribunaux. Cet arrêt a été commenté d'une manière fort remarquable dans une dissertation de M. Cabantous, insérée au Journal du Palais (1856-1-337) ; nous nous bornerons à en rapporter le passage suivant où se trouve examiné ce qui constitue le nœud même de la question. « Du moment où il était reconnu que des concessions de moulins ou autres droits sur des cours d'eau navigables faites antérieurement à 1566, pouvaient constituer une véritable propriété, il s'ensuivait nécessairement que l'autorité judiciaire était seule compétente pour connaître des contestations élevées contre cette propriété. Il est en effet de principe que les questions de propriété sont exclusivement attribuées aux tribunaux ordinaires, lors même que leur solution dépend de l'interprétation d'actes administratifs, lors même qu'elles seraient soulevées au sujet de l'exécution de travaux publics. C'est un point sur lequel la doctrine et la jurisprudence sont depuis longtemps fixées et qui résulte expressément de l'art. 47 de la loi du 16 septembre 1807 aux termes duquel les commissions spéciales en matière de travaux publics ne peuvent en aucun cas juger les questions de propriété sur lesquelles il doit être prononcé par les tribunaux ordinaires. Cette disposition, quoique écrite pour un cas particulier, a toujours été entendue comme étant l'application pure et simple des principes fondamentaux de notre droit public. C'est donc avec raison que la Cour de Cassation s'y est appuyée pour motiver sa décision en faveur de la compétence judiciaire, et c'est aussi avec raison qu'elle a écarté l'argument en sens contraire, que l'on prétendait tirer du texte de l'article 48 de la loi précitée du 16 septembre 1807. Cet article porte que, lorsque l'exécution de travaux publics nécessitera la suppression, le déplacement ou la modification des moulins et autres usines, il sera d'abord examiné si l'établissement des moulins est légal, ou si le titre d'établissement ne soumet pas les propriétaires à voir démolir leurs établissements sans indemnité pour cause d'utilité publique. En ordonnant cet examen préalable par l'administration, le législateur n'a pu vouloir lui conférer le droit de statuer sur des questions de propriété, contrairement à la règle posée dans l'article précédent. Son seul but a été d'avertir l'autorité administrative qu'elle ne devrait d'indemnité qu'autant que l'établissement des usines supprimées serait fondé sur un titre légal. Elle a donc le droit de demander qu'il lui soit justifié d'actes de concession émanés de la puissance royale et antérieurs à 1566 ; mais, dès qu'elle conteste la légalité des titres produits, dès qu'elle nie leur origine et leur date, elle cesse immédiatement d'être compétente, puisqu'elle soulève par cela même la question de propriété dont la connaissance ne saurait en aucun cas lui appartenir. » M. l'avocat général Vaïsse, concluant au rejet du pourvoi, s'était surtout appuyé sur ce que l'usinier ayant titre légal ne pouvait néanmoins être considéré comme propriétaire de sa prise d'eau ; nous avons si souvent combattu ce que nous considérons comme une grave erreur, que nous ne reviendrons pas sur cet argument ; le lecteur n'a du reste qu'à se reporter à la dissertation de M. Cabantous pour en trouver la réfutation la plus complète.

378. Le droit pour les Tribunaux d'examiner la validité du titre légal produit par le riverain, va-t-il jusqu'à leur permettre d'examiner la légalité des actes intervenus ultérieurement et qui, sous prétexte de réglement d'eau, auraient modifié les droits originaires de l'usinier ? Nous penchons pour l'affirmative : quelque hardie que puisse paraître cette solution, elle nous paraît commandée par la théorie générale que nous avons adoptée sur les droits de l'usinier. De quoi s'agit-il dans notre espèce ? de savoir si, par l'effet de ces actes postérieurs, il a pu cesser d'être propriétaire de ce qui lui appartenait en vertu du titre qu'il produit : il y a donc en jeu une question de propriété ressortissant aux Tribunaux civils. Nous pouvons également nous placer à un autre point de vue : toutes les fois que, devant le Tribunal civil chargé d'apprécier la légalité du titre originaire, l'ad-

ministration excipera de semblables actes, il arrivera nécessairement de deux choses : ou l'usinier déclarera reconnaître la validité de ces actes, et alors ils s'identifieront avec le titre originaire qu'ils modifient ; ils feront corps avec lui, et constitueront pour l'usinier un nouveau titre de propriété : dès lors pourquoi le Tribunal, compétent pour apprécier le titre principal, ne serait-il pas compétent pour apprécier les actes accessoires qui en forment le complément ? Ou bien, au contraire, l'usinier en contestera la légalité, ce sera un débat préjudiciel à vider avant d'examiner le fonds même du procès, c'est-à-dire la valeur du titre originaire. Or, il est de règle que, préjudiciellement à la question du fonds, les Tribunaux de l'ordre judiciaire ont le droit de vérifier si les actes administratifs dont on se prévaut devant eux, sont ou ne sont pas illégaux ; c'est ainsi, qu'aux termes de l'art. 471 § 15, C. pénal, le juge de police saisi d'une contravention à un arrêté administratif doit rechercher d'abord si cet arrêté a été pris légalement. Remarquons d'ailleurs qu'il ne s'agit pas d'examiner, comme dans l'espèce précédente, les dispositions de l'acte administratif, mais seulement de décider si, en droit, cet acte existe ou n'existe pas. Nous avons à peine besoin de rappeler, en terminant cette matière, qu'à aucun titre l'examen de ces questions ne saurait rentrer dans les attributions du jury : conformément à la loi , une indemnité hypothétique sera fixée, et l'usinier sera renvoyé à faire statuer par qui de droit sur les contestations soulevées quant à la validité et à l'étendue de son titre.

379. D'après quelles bases doit être calculée l'indemnité due à l'usinier ? M. Bourguignat (T. I, n° 394) énumère les principaux éléments d'appréciation dont les juges ou jurés devront tenir compte. Il s'occupe d'abord du cas ou il y a eu simple chômage : c'est évidemment, dit-il, la recette approximative, le revenu probable dont l'usinier a été privé

qui doivent surtout être pris en considération. La détermination de cette recette approximative est souvent chose peu aisée : ce sera aux juges ou aux jurés à s'entourer de tous les renseignements, de toutes les indications propres à leur faire connaître le montant des pertes subies par l'usinier. Par exemple, si l'usinier tient des livres réguliers, on pourra prendre pour base de l'indemnité la moyenne des recettes effectuées pendant les cinq dernières années de l'exploitation lors des périodes qui correspondent avec l'époque du chômage. Si l'usinier n'a pas de livres et s'il n'est que locataire, on peut tirer une induction assez exacte du prix qu'il paye pour son loyer en majorant ce prix d'après l'étendue probable de ses bénéfices. A cela doit s'ajouter une indemnité pour perte d'achalandage, dépérissement du mécanisme, dépréciation des matières premières, salaires payés aux employés et ouvriers pendant le chômage. Dans le second cas, lorsque l'usinier vient se plaindre d'un dommage permanent, M. Bourguignat énumère comme les éléments les plus naturels et les plus évidents de l'indemnité, la valeur vénale de tout ou partie de la chûte estimée par force de chevaux, suivant qu'elle est complètement supprimée ou seulement diminuée ; la moins value que subissent les constructions et terrains dont l'exploitation, au point de vue industriel, est désormais privée de son élément le plus important ; la dépréciation subie par le fonds de prisée et les ustensiles de l'exploitation, par les matières premières en magasin, enfin par tout ce qui, dans l'établissement, ne peut plus être employé, et qui par conséquent ne vaut plus que le prix de revente ; le coût de la patente de l'année ; les dédommagements que l'usinier est obligé de payer soit aux employés et ouvriers qu'il est forcé de renvoyer avant la fin de leur engagement, soit aux personnes avec qui il avait passé des marchés de fournitures qu'il ne peut plus tenir. Le Conseil d'Etat se montre d'ailleurs assez large pour la fixation des indemnités, et l'on peut voir, dans ses arrêts, avec quel soin et quelle précision sont relevés tous les éléments qui permettent en quelque sorte d'apprécier mathématiquement l'étendue du dommage causé à l'usinier.

« Considérant qu'il résulte de l'instruction et de l'expertise que le prix de mouture d'un hectolitre de blé doit, après la défalcation des frais de rhabillage des meules, de graissage des machines et autres frais qui ne sont pas faits pendant le chômage, être estimé à un franc ; que si l'on admet, comme l'ont fait d'un commun accord la Compagnie du canal de St-Quentin et le sieur Beaufrère, qu'une paire de meules moud par jour vingt hectolitres de blé et exige une force de quatre chevaux, il s'en suivra que l'inaction, pendant un jour, d'une force de cheval fait perdre à l'usinier une somme de cinq francs ; que sur cette somme, il n'y a lieu de faire qu'une réduction d'un vingtième à raison de la possibilité de la coïncidence des chômages causés par le canal avec ceux que nécessitent les réparations des ventelleries du moulin et certains jours fériés ; que l'indemnité due par jour et par force de cheval se trouve ainsi fixée à quatre francs soixante-quinze centimes... » (5 juillet 1855 — Lebon 55-496). « Considérant que le prix de 1,400 fr., stipulé par le bail du 14 juillet 1850 comme loyer de la force motrice et du bâtiment, mécanisme non compris, doit par suite du prélèvement de l'impôt foncier montant à 33 fr. 20 centimes et des frais d'entretien du bâtiment et du barrage laissés à la charge du propriétaire, être ramené à une valeur locative nette de 1,300 fr. qui, sur le pied de quinze fois le revenu, assigne à la force motrice et au bâtiment, mécanisme non compris, une valeur en capital de 19,500 fr. ; que le mécanisme en fonte étant évalué à une somme de 6,000 fr. la valeur totale de l'usine montée, dans son état actuel, s'élève à 25,500 fr. ; que pour le calcul de l'indemnité due au sieur Perrault, il y a lieu de déduire de cette

somme la valeur que conserveront, après la suppression de
la force motrice, le bâtiment dans lequel est l'usine et le
mécanisme démonté, bâtiment et mécanisme qui ne cesse-
ront pas d'appartenir au sieur Perrault; qu'il résulte de
l'instruction que cette valeur doit être fixée à 2,000 fr.
pour le bâtiment et à 3,000 fr. pour le mécanisme démonté;
qu'ainsi, l'indemnité due à raison de la suppression de l'u-
sine du sieur Perrault doit, en conséquence, être fixée à une
somme de 20,500 fr... » (27 août 1857 ; Lebon, 57-700.)
Dans une autre espèce le Conseil d'Etat annulant une décision
du Conseil de Préfecture de la Seine a admis que l'indemnité
accordée à l'usinier à raison d'un chômage temporaire devait comprendre le dommage résultant pour ce dernier de
ce qu'il avait été obligé, pour ne pas interrompre sa fabrication, de louer un emplacement voisin et d'y établir des
constructions provisoires (Arrêt du 12 juillet 1864; Lebon, 64-638). Au cas où l'usinier viendra se plaindre de
chômages de nature à se renouveler périodiquement, la
jurisprudence admet qu'on peut les assimiler à un dommage
permanent, que dès-lors rien n'empêche le Conseil de Préfecture, si la demande lui en est régulièrement faite par
l'une des parties, de fixer en bloc et en une seule fois l'indemnité due pour tous les chômages à venir ; ce sera pour
le juge une question de fait à examiner que de rechercher
si une semblable évaluation est possible (C. d'Etat, 21 juin
1855; Lebon, 55-444). Hâtons-nous d'ajouter que si, par la
suite, les inconvénients de ce chômage devenaient plus considérables, la décision du Conseil de Préfecture n'empêcherait pas l'usinier de demander une nouvelle indemnité à
raison du dommage qui n'avait pu être prévu lors de l'allocation de la première indemnité.

380. Avant de statuer sur la demande en indemnité
formée par un usinier à raison du chômage ou de suppression de son usine, le Conseil de préfecture doit-il, à peine

de nullité, faire procéder à une expertise contradictoire dans les formes prescrites par les art. 56 et 57 de la loi du 16 septembre 1807 ? Ces deux textes sont ainsi conçus : Art. 56. « Les experts, pour l'évaluation des indemnités relatives à une occupation de terrains, dans les cas prévus au présent titre, seront nommés pour les objets de travaux de grande voirie, l'un par le propriétaire, l'autre par le préfet, et le tiers expert sera de droit l'ingénieur en chef du département : lorsqu'il y aura des concessionnaires, un expert sera nommé par le propriétaire, un par le concessionnaire, et le tiers expert par le préfet..... » Art. 57. « Le contrôleur et le directeur des contributions donneront leur avis sur le procès-verbal d'expertise qui sera soumis par le préfet à la délibération du Conseil de préfecture ; le préfet pourra, dans tous les cas, faire faire une nouvelle expertise. » — Le ministère des Travaux publics a soutenu que ces dispositions n'étaient nullement applicables à notre espèce, parce que, disait-il, elles ne se réfèrent qu'au cas où il s'agit d'indemnités pour occupation de terrains ; que l'art. 48 de la même loi, en traçant les règles à suivre en matière de dommages causés aux usines par des travaux publics, n'a pas imposé au Conseil de préfecture l'obligation de faire procéder, en tous cas, à une expertise préalable. L'opinion commune, sanctionnée par un arrêt du Conseil du 11 février 1857 (Lebon, 57-134), est, au contraire, que les art. 56-57, en parlant d'évaluation d'indemnité pour occupation de terrains, n'ont employé qu'une expression énonciative et nullement limitative ; qu'ils n'ont eu en vue que l'hypothèse la plus fréquente et n'ont pas entendu exclure les autres hypothèses où un préjudice est causé par l'accomplissement de travaux publics. Il y a, du reste, un immense intérêt à ne pas supprimer cette formalité de l'expertise, alors qu'elle est réclamée par l'usinier dépossédé ; c'est, en définitive, ainsi que le proclamait

M. de Forcade la Roquette, la garantie principale accordée
à la propriété, au cas où le montant de l'indemnité n'est
point fixée par le jury ; la loi de 1807 n'a point édicté des
formalités aussi minutieuses que la loi du 3 mai 1841, et il
serait inique de priver les particuliers du droit d'exiger un
examen sérieux de leurs réclamations par des gens du mé-
tier. On pourrait se demander si le Conseil de préfecture
aurait le droit de suppléer à cette expertise par une des-
cente sur les lieux, droit reconnu aux tribunaux ordinaires
par les art. 295 et seq. du Code de procédure. Nous ne le
pensons pas, par les raisons que nous venons d'indiquer
plus haut ; nous sommes d'ailleurs dans une matière spéciale, et soumise à une législation particulière ; la loi de
1807 ne parle que d'une expertise comme mode d'instruction, et il nous paraît impossible d'ajouter à ses termes.

381. L'article 1153 du Code civil porte que les intérêts
d'une somme ne sont dus que du jour de la demande, excepté dans les cas où la loi les fait courir de plein droit.
Cette règle est posée en termes trop généraux, et les auteurs enseignent qu'il faut, pour son application, distinguer
entre les intérêts moratoires et les intérêts compensatoires.
Les intérêts moratoires, c'est-à-dire ceux qui sont dus pour
retard dans le paiement d'une dette, ne peuvent, conformément à l'article 1153, être alloués qu'à partir de la demande qui en est faite ; au contraire, les intérêts compensatoires, c'est-à-dire les intérêts d'une somme due pour réparation d'un préjudice, peuvent être alloués à partir de la
demande principale, parce qu'ils sont considérés comme
faisant partie intégrante et nécessaire du principal lui-
même. Si l'on s'en tient à cette solution du droit civil, on
décidera que les intérêts dus à l'usinier dépossédé sont des
intérêts compensatoires, et qu'ils lui seront dus en conséquence à partir du jour où il aura réclamé l'indemnité à laquelle il a droit. Mais, dans la pratique, ce système n'a

jamais été admis par les tribunaux administratifs ; il est d'ailleurs peu de questions qui aient donné lieu à autant de variations dans la jurisprudence du Conseil d'État. Deux arrêts, l'un du 31 décembre 1828 (Macarel, 28-847), l'autre du 25 avril 1839 (Lebon, 39-248), portent que les intérêts dûs à un particulier, à l'occasion de l'occupation de sa propriété, partent non pas seulement du jour où il a réclamé une indemnité, mais bien du jour où a eu lieu le dommage ; ils courent en quelque sorte à son insu. De 1844 à 1854, c'est, au contraire, l'opinion diamétralement opposée qui prévaut ; les intérêts ne sont dus qu'à partir du jour où ils ont fait l'objet d'une demande expresse et spéciale (V. not. arrêts des 23 février 1844 ; Lebon, 44-108. — 10 août 1844 ; Lebon, 44-495. — 21 décembre 1849 ; Lebon, 49-695. — 22 février 1851 ; Lebon, 51-128. — 29 novembre 1851 ; Lebon, 51-713 à 721. — 11 mai 1854 ; Lebon, 54-426. — 28 décembre 1854 ; Lebon, 54-1035). Enfin, un arrêt du 26 juin 1852 (Lebon, 52-271) allait jusqu'à dire que les intérêts ne pouvaient être alloués qu'à partir du jour où la demande en avait été régulièrement faite devant le Conseil de préfecture et non pas à partir du jour d'une demande introduite devant un tribunal incompétent. Un arrêt du 20 janvier 1853 (Lebon, 53-154) avait bien décidé que les intérêts de l'indemnité étaient dus du jour de la dépossession, nonobstant l'absence de toute demande ; mais, chose singulière, il avait à peu près passé inaperçu ; en tous les cas, les auteurs n'y avaient attaché aucune valeur doctrinale et se rangeaient unanimement à l'avis du Conseil d'État. M. Bourguignat (T. I, n° 398), entre autres, ne paraissait pas croire qu'aucune controverse fût possible, et, après avoir cité deux des arrêts que nous rapportons plus haut, se bornait à recommander aux usiniers de ne point en oublier la solution au moment où ils formeraient leur demande en indemnité. Pourtant, devant

le Conseil d'État, une objection grave avait depuis longtemps été formulée ; l'article 69 de la loi du 3 mai 1841
prévoit une hypothèse tout-à-fait analogue à la nôtre ; il
suppose, en effet, que, dans un cas d'urgence, l'administration occupe une propriété privée sans recourir aux formalités. Or, qu'exige-t-il ? Que l'administration consigne
une certaine somme devant tenir lieu de l'indemnité préalable, plus les intérêts de cette somme pour une période de
deux années ; voici donc des propriétaires qui n'ont formé
aucune demande, et pourtant l'administration est obligée
de leur payer les intérêts de l'indemnité qui leur est due.
Pourquoi n'en serait-il pas de même dans tous les cas de
dépossession pour exécution de travaux publics, lorsque
l'indemnité n'est point préalable ? Le ministère des Travaux
publics aurait pu répondre avec quelque chance de succès,
que l'article 69 visait un cas tout spécial, celui où, à
l'improviste, il avait fallu occuper une propriété privée ;
que l'on comprenait le privilége accordé au propriétaire
qui s'était trouvé surpris et n'avait pu agir judiciairement le jour même où il avait été dépossédé ; qu'au contraire, l'usinier dont nous nous occupons a connu, à
l'avance, les travaux publics projetés, grâce à la publicité
qui a dû leur être donnée ; que souvent il a été suivi une
procédure administrative, relativement à la suppression
éventuelle de son usine, procédure à laquelle il a été nécessairement partie ; que, dès lors, il devait se tenir prêt
pour former sa demande en principal et intérêts le jour
même où il y aurait suppression totale ou partielle de sa
prise d'eau. Malheureusement, le ministère se plaça à un
autre point de vue. « En matière d'expropriation, porte un
avis de 1863, il est reconnu que les intérêts de l'indemnité
sont la compensation des fruits, et il est admis que toutes
les fois que les circonstances exigent une prise de possession par l'État avant le paiement de l'indemnité, que les in-

térêts sont dus, l'allocation de ces intérêts est d'ailleurs de toute justice ; car l'État, entré en possession, a joui de la chose au lieu et place des propriétaires expropriés ; mais ici, il n'existe rien de semblable. Il n'y a pas eu expropriation, il y a eu un simple dommage. L'État n'est entré en jouissance de quoi que ce soit ; la chute qui fournit la force du moulin a été réduite et rien de plus. Si donc l'État était tenu de payer les intérêts de l'indemnité allouée pendant tout le temps qu'ont duré les instances poursuivies par les requérants, il subirait une charge considérable sans motifs réels, puisqu'il n'y a pas eu pour lui jouissance de la chose ; il en résulterait donc que le paiement des intérêts serait en quelque sorte une prime donnée aux usiniers, en compensation de leurs efforts pour traîner l'administration de tribunaux en tribunaux, au lieu d'accepter immédiatement, comme elle le leur offrait, le réglement de l'indemnité. » Ce raisonnement péchait par la base ; qu'importe, en effet, que l'administration use ou n'use pas de la prise d'eau comme en usait le précédent propriétaire ? Elle en a, en réalité, joui de la même manière qu'elle jouit d'une maison qu'elle n'acquiert que pour la démolir ; il y a, à ce point de vue, identité parfaite entre notre cas et celui que prévoit l'article 69 de la loi du 3 mai 1841. La réponse n'était donc que spécieuse ; aussi, ne sommes-nous pas étonné que le Conseil d'État soit revenu à sa doctrine de 1828 (V. arrêts des 27 août 1857; Lebon, 57-691 et seq.; — ibid., 11 janvier 1862; Lebon, 62-22. — ibid., 9 avril 1863 ; Lebon, 63-333). M. de Lavenay faisait remarquer qu'au cas de suppression d'une prise d'eau, les intérêts de l'indemnité représentaient la jouissance d'une chose productive de revenus ; que, dès lors, il devenait nécessaire, par dérogation au principe général, de les accorder du jour où cette chose avait, par le fait de l'administration, cessé d'être productive de revenus et non pas seulement du jour de la demande ; c'est ce motif de décider que nous trouvons invariablement reproduit dans tous les arrêts du Conseil. Faut-il aller jusque-là ? Nous hésitons beaucoup, et nous préférerions, à tout considérer, n'accorder d'intérêts à l'usinier que du jour où il aurait demandé en justice le principal de son indemnité. La considération invoquée par M. le Commissaire du gouvernement ne nous touche que fort peu ; en définitive, qu'est-ce qui empêchait l'usinier d'agir judiciairement aussitôt que le dommage a été causé à son usine ? Pourquoi le favoriser, alors qu'il n'a point jugé opportun de soumettre de suite ses réclamations au tribunal compétent ? Nous nous en tenons, comme on le voit, à l'application du vieil adage : « jura vigilantibus, non dormientibus superveniunt. »

382. Par qui seront supportés les frais de la procédure suivie à la requête de l'usinier ? Si les travaux, cause du dommage, sont exécutés par une compagnie que l'Etat a mise en ses lieu et place, les frais seront bien certainement à la charge de celle des deux parties qui succombera : de tout temps cette solution a été incontestée. Supposons, au contraire, que l'usinier ait plaidé contre l'administration elle-même : ici encore, on se trouve en présence d'une question des plus graves qui a longtemps passionné la doctrine et la jurisprudence ; les articles 130 et 131 du Code de procédure civile sont-ils applicables aux instances suivies par l'État devant la juridiction administrative ? Le décret du 22 juillet 1806 ne contenait aucune disposition à ce sujet : on en avait conclu, ainsi que nous le voyons notamment dans un arrêt du Conseil du 20 janvier 1843 (Lebon, 43-33), qu'il n'y avait lieu à prononcer de dépens soit à la charge, soit au profit de l'administration lorsqu'elle procédait devant le Conseil de préfecture ; que dès lors chacune des parties devait supporter ses propres dépens. La loi du 3 mars 1849 rompant avec les précédents décida dans son

article 42 que l'article 130 du Code de procédure serait désormais applicable aux affaires portées devant la section du contentieux. C'est ainsi qu'il fut décidé que l'État, s'il succombait, était tenu de tous les frais afférents à l'expertise (V. arrêts des 3 janvier 1848; Lebon, 48-16; — 5 janvier 1850; Lebon, 50-39; — 23 mars 1850; Lebon, 50-294; — 13 avril 1850; Lebon, 50-363). Un arrêt du 29 novembre 1851 (Lebon, 51-713) avait toutefois décidé qu'au cas où l'expertise avait été nécessitée par l'exagération de la demande de l'usinier, le juge pouvait mettre à sa charge tout ou partie du paiement des frais de son expert. Mais bientôt, nouveau revirement dans la législation; un décret-loi du 25 janvier 1852 reconstituant le Conseil d'État abrogea en entier dans son article 27 la loi du 3 mars 1849; dans ce texte rien ne laissait supposer qu'on considérât l'article 130 du Code de procédure comme toujours applicable aux affaires portées devant la section du contentieux. C'était le retour à l'ancienne jurisprudence du Conseil d'État. M. Reverchon essaya bien de la combattre et de démontrer que non-seulement elle était abusive, mais qu'en droit elle ne s'appuyait sur rien; on persista à considérer que l'État se défendant devant le Conseil d'État n'était point un plaideur ordinaire; que là encore il faisait un acte d'administration et que l'on ne pouvait pas lui en demander compte pécuniairement. Depuis l'arrêt du 7 février 1852 (Lebon, 52-12), le Conseil se prononçait invariablement en ce sens, et ce n'est pas sans étonnement que nous trouvons dans l'ouvrage de M. Bourguignat (T. I, n° 399) les lignes suivantes : « Les frais d'expertise tombent naturellement à la charge de la partie qui succombe. » Cette proposition n'est redevenue vraie que depuis le décret du 2 novembre 1864. Article 2 : « Les articles 130 et 131 du Code de procédure civile sont applicables dans les contestations où l'administration agit comme représentant le domaine de l'État, et dans celles qui sont relatives aux marchés de fournitures, soit à l'exécution de travaux publics aux cas prévus par l'article 4 de la loi du 28 pluviôse an VIII. » Pourra-t-on maintenant, comme l'avait fait en 1851 le Conseil d'État, mettre à la charge de l'usinier tout ou partie des frais d'expertise, sous prétexte qu'ils n'ont été nécessités que par l'exagération de sa demande? Non, suivant nous, à moins qu'il ne soit certain que l'usinier était de mauvaise foi ; aller plus loin, ce serait supprimer par voie d'intimidation le droit de réclamer une expertise, que M. de Forcade la Roquette considérait comme la seule garantie de la propriété. L'usinier tient ce droit de la loi; il peut en user quand et comme il veut, sans avoir à rendre de comptes à qui que ce soit ; ce n'est point parce qu'il a demandé telle ou telle somme que les juges administratifs ont ordonné cette expertise; c'est parce qu'ils étaient liés par les articles 56 et 57 de la loi du 16 septembre 1807. Si l'administration considérait les prétentions de l'usinier comme exagérées, elle n'avait qu'à lui faire des offres réelles; elle se fût alors mise à l'abri de tous les frais ultérieurs ; mais, dès qu'elle n'a pas suivi cette marche, elle se trouve dans la situation de toute partie ordinaire. Or, oserait-on soutenir devant un tribunal civil que le défendeur, que la partie qui succombe ne peut être condamnée aux dépens d'une expertise parce que cette expertise n'alloue à son adversaire qu'une somme à peine supérieure à ce qu'il lui offrait? Nous savons qu'en matière d'expropriation, le règlement des frais a lieu d'une manière différente; mais comment appliquer à notre matière, en l'absence d'un texte, une disposition aussi exorbitante du droit commun que l'article 40 de la loi du 3 mai 1841?

383. L'interprétation des actes d'où résulte soit directement, soit indirectement la suppression d'une usine appartiendra nécessairement à l'autorité dont ils émanent. Si

donc, il y a doute pour savoir à quelles parties de l'usine
s'étend un jugement d'expropriation, c'est évidemment au
tribunal civil que devra être demandée l'interprétation de
ce jugement ; ce sera au contraire à l'administration qu'il
faudra s'adresser, lorsque le préjudice causé à l'usinier résultera d'une décision administrative quelle qu'elle soit. Notons
dans ce dernier cas que ce n'est pas au Conseil de préfecture
qu'il appartiendra d'interpréter cette décision, mais à l'autorité dont elle émane ; c'est ce qui résulte d'un arrêt du
conseil du 18 mai 1854 (Lebon, 54-475) d'autant plus
remarquable que, dans l'espèce, l'affaire était en état et que
les parties demandaient au Conseil de l'évoquer; par respect
pour les règles de la compétence, l'arrêt n'a pas cru pouvoir
aller jusque-là. Les mêmes principes s'appliqueront aux
décisions qui ont fixé définitivement le montant de l'indemnité. Il arrive souvent qu'un usinier exproprié partiellement
réclame une nouvelle indemnité pour un dommage postérieur à l'expropriation en soutenant que ce dommage n'a
pas été compris dans l'indemnité qu'il a touchée et que,
d'autre part, l'administration ou le concessionnaire qui la
représente manifeste une prétention contraire. Un point
qui est bien certain, c'est que si cette indemnité est réclamée
à raison d'un dommage permanent, le Conseil de préfecture
ne saurait se déclarer incompétent sous prétexte que ce
dommage ne serait que la suite de l'expropriation antérieure ; la procédure d'expropriation est définitivement
vidée ; c'est une nouvelle contestation qui surgit et son
caractère, au point de vue de la compétence, doit être
apprécié sans qu'il y ait lieu de tenir compte des contestations antérieures (V. Conseil d'Etat, 25 juin 1868. —
Lebon, 68-748). L'administration peut-elle maintenant se
demander si oui ou non le dommage dont s'agit a pu être
apprécié lors de l'expropriation et si le jury en a tenu
compte pour la fixation de l'indemnité? Il faut distinguer :

quand aucun doute n'est possible sur le sens et la portée de la décision du jury ; quand il est surabondamment établi en fait que l'usinier a fait valoir, comme un des éléments de l'indemnité qui lui était due ce dommage dont il se plaint à nouveau, il n'y a point lieu à interprétation de ladite décision ; le Conseil de préfecture n'a qu'à l'appliquer à l'espèce, en déclarant l'usinier non recevable dans sa nouvelle demande ; c'est la contre-partie du principe bien connu suivant lequel les tribunaux de l'ordre judiciaire peuvent appliquer les actes administratifs qui ne présentent aucune ambiguité. Si, au contraire, il y a doute sur le sens et la portée de la décision du jury, le Conseil de préfecture devra surseoir jusqu'à ce que les parties l'aient fait interpréter préjudiciellement par le tribunal civil ; c'est par ce motif que, dans une hypothèse analogue à la nôtre, le Conseil d'État annulait le 28 mars 1866 (Lebon, 66-308) un arrêté du Conseil de préfecture des Ardennes qui, interprétant une décision précédente du jury d'expropriation de Rocroy, avait condamné la compagnie de l'Est à payer à un propriétaire une somme de 508 francs en sus de l'indemnité fixée par le jury.

384. Reste à examiner quelques points de détail relatifs à l'application des règles de la chose jugée aux décisions intervenues sur ces demandes d'indemnité ; 1° Y a-t-il chose jugée quant au principe même de l'indemnité, lorsque, sans interjeter appel d'une décision du Conseil de préfecture ordonnant une expertise, l'administration a désigné son expert et a pris part aux opérations de la dite expertise ? La jurisprudence se prononce pour l'affirmative et décide que le droit de l'usinier ne saurait plus être contesté que relativement à la quotité des dommages-intérêts (C. d'Etat, 9 décembre 1858. — Lebon, 58-964). Mais supposons que de l'expertise même à laquelle a consenti l'administration, résulte la preuve que les titres de l'usinier n'ont point la

valeur qu'elle leur avait reconnu : pourra-t-elle revenir sur l'acquiescement tacite qu'elle avait donnée à la décision du Conseil de préfecture? L'article 1110, C. civ., range l'erreur parmi les causes de nullité des obligations, et, s'appuyant sur ce texte, la Cour de cassation décide fort justement que l'erreur, qu'elle porte sur un point de fait ou sur un point de droit, vicie l'acquiescement comme elle vicierait tout autre acte. « Attendu que si l'acquiescement communique au jugement acquiescé l'autorité de la chose jugée, il n'en reste pas moins soumis comme tous les autres contrats à la condition d'un consentement libre et exempt d'erreur de celui qui le donne..... » Req. Rej., 20 mai 1862. Dev., 63-1-27. — D'où il suit que lorsque l'affaire reviendra devant le Conseil de préfecture après le dépôt du rapport des experts, l'administration retrouvera le droit de rentrer dans le fonds du débat et de contester le principe et non plus seulement la quotité de l'indemnité. — 2° Un jugement rendu dans une première contestation a évalué le montant du préjudice causé par le chômage de l'usine : l'usinier peut-il dire que ce jugement a fixé irrévocablement ce qui lui est dû en cas de nouveau chômage provenant du retour de la même cause. Cette prétention est inadmissible en principe (Cpr. C. d'Etat, 15 décembre 1869. — Lebon, 69-760) ; mais il peut arriver que le premier jugement ait, sur les conclusions des parties, fixé par une disposition spéciale la somme qui devra être payée à l'usinier à titre de dommages-intérêts toutes les fois que tel ou tel fait se renouvellerait. Nous n'hésitons pas à admettre qu'il y aurait alors chose jugée à l'égard des parties en cause et que ni l'usinier, ni l'administration ne pourraient plus tard demander aux tribunaux de revenir sur ce qui aurait été souverainement décidé. — 3° Y a-t-il chose jugée contre l'usinier au cas où il a été décidé que son établissement n'avait point d'existence légale? Le Conseil d'Etat a admis la négative le 11 décembre 1856 (Lebon, 56-706) : d'après lui, une semblable décision ne saurait constituer de fin de non recevoir contre des demandes ultérieures d'indemnité présentées soit par le propriétaire de l'usine, soit par le fermier à l'occasion d'un chômage autre que celui qui avait motivé sa première réclamation. Cet arrêt s'appuie sur ce motif unique que la négligence d'un usinier à produire dans une instance spéciale les titres de son établissement ne peut avoir pour effet de les frapper d'une déchéance absolue, ni faire obstacle à ce qu'ils soient produits dans des instances nouvelles et appréciés par le Conseil de préfecture. Cette considération d'équité n'a bien entendu aucune valeur au point de vue théorique et il est évident qu'à raison des circonstances de fait qui militaient en faveur de l'usinier, le Conseil d'Etat a cru devoir statuer plutôt comme administrateur que comme juge. M. Bourguignat (T. 1, n° 400) a cependant essayé de défendre sa décision en soutenant que dans notre espèce, la seconde demande n'est point fondée sur la même cause que la première. Nous sommes étonnés que le savant auteur ait présenté sa pensée d'une manière aussi générale. Nous convenons volontiers qu'il n'y a point identité de cause et partant qu'il n'y a point de chose jugée lorsque l'usinier à qui une indemnité a été refusée parce qu'il n'était nullement prouvé que son établissement fût antérieur à 1566, invoquera plus tard un acte de vente nationale constituant pour son usine un titre légal. — Mais ne serait-ce pas un étrange abus que de permettre à cet usinier, lorsqu'il a été jugé contre lui que son établissement n'existait pas avant 1566, de produire plus tard de nouvelles pièces tendant à démontrer que l'usine existait à cette époque ? Cet exemple fait bien voir quelle est la distinction que l'on doit suivre dans la pratique : en un mot, la nouvelle action de l'usinier ne sera recevable qu'autant qu'elle s'appuiera sur un titre autre que celui invoqué dans la précédente instance.

B.

385. Les usines sont astreintes à des chômages réguliers dans l'intérêt du flottage soit en trains de bois, soit à bûches perdues : de tout temps, des mesures ont été prises pour que leurs propriétaires exécutassent strictement les obligations qui leur sont imposées. Un arrêt du Parlement de Paris du 6 avril 1646 défendait déjà aux propriétaires des moulins situés sur l'Ourcq et sur la Seine « d'entraver à l'avenir la navigation des bois pour l'approvisionnement de Paris et de ne plus empêcher, comme ils le faisaient précédemment, à main armée, le passage des bois, ni abattre et baisser les vannes des moulins qu'ils tiennent fermées..... » L'Ordonnance du mois d'août 1669 (Tit. XXVII, art. 45) vint généraliser cette prescription locale, en interdisant aux meuniers de retarder en aucune manière la navigation et le flottage : elle fixe déjà le montant de l'indemnité due aux usiniers et les pénalités auxquelles ils s'exposeraient en demandant plus forte somme. Cet article ne doit point être perdu de vue : il répond en effet à l'erreur de ceux qui s'imaginent que les usines situées dans le bassin de la Seine sont les seules qui puissent être soumises à des chômages dans l'intérêt du commerce des bois. — L'Ordonnance de décembre 1672 développa le principe général posé en 1669 : elle règle d'une manière définitive : 1° les obligations réciproques des usiniers et des flotteurs ; 2° le taux des indemnités dues à raison des chômages ; 3° le taux des pénalités qui peuvent être prononcées en certains cas. Sauf la modification qui leur a été apportée sur le second point par la loi du 28 juillet 1824, ses dispositions sont encore en vigueur : mais ici surgit une grosse question : s'appliquent-elles à toutes les rivières de France, ou bien seulement à celles du bassin de la Seine ? Nous y reviendrons

dans un instant. L'arrêt du Conseil du 24 juin 1777 (art. 9)
revient encore sur l'interdiction faite aux usiniers d'interrompre ou retarder le passage des bois flottants. Nous
nous bornons à signaler ces divers textes dans l'impossibilité ou nous sommes de rappeler tous les règlements locaux
intervenus pour telle ou telle rivière, parfois même pour
telle ou telle usine. Ils suffisent d'ailleurs pour montrer
quelle est l'étendue des droits dont les flotteurs jouissent
vis-à-vis des usiniers. Au premier abord, il semblerait que,
dans bien des cas, la situation de ces derniers fût intolé-
rable et que le fonctionnement régulier de leurs établissements ne devînt impossible à certains moments. Mais il ne
faut pas perdre de vue qu'une protection efficace leur est
accordée par les Ordonnances elles-mêmes qui soumettent
les usiniers à l'observation de formalités nombreuses, et
que de plus, l'autorité locale conserve le droit de règlementer la police du flottage et de prévenir tout abus : tantôt,
elle fixe la longueur et la largeur maxima que pourront
avoir les trains de bois ; tantôt, elle interdit aux flotteurs
d'exiger le passage à certaines époques ; tantôt, elle détermine les heures successives auxquelles doivent être levées
les vannes des diverses usines situées sur une même rivière
et le temps maximum pendant lequel elles doivent rester
en cet état, lors du passage d'un flot. A cela s'ajoute l'impossibilité à peu près matérielle de lancer en rivière un flot
isolé : sauf de rares exceptions, les flots de communauté
sont les seuls qui nécessitent le chômage des usines : or,
ces flots n'ont lieu qu'à des époques déterminées et connues
à l'avance ; les propriétaires ont donc une base fixe qui leur
permet de prévoir la durée probable des chômages annuels.
Enfin, grâce à la surveillance des agents des compagnies
de commerce, ils sont assurés que toutes les précautions
auront été prises pour préserver leurs usines de toutes dégradations causées par le choc des bois et que l'écoulement

du flot sera activé autant que possible. Aussi les plaintes sont-elles assez rares de leur part et ce n'est que dans des circonstances tout-à-fait exceptionnelles que l'administration est obligée d'intervenir pour mettre fin aux discussions soulevées entre eux et les flotteurs.

386. En quoi consiste précisément l'obligation imposée aux usiniers ? Tel est le premier point que nous avons à examiner en détail : 1° L'usinier doit laisser en tout temps passage aux trains de bois, aux bois flottés et aux bateaux. Ordonnance de décembre 1672; art. 5, chap. I : « Enjoint à ceux qui, par concessions bien et dûment obtenues auront droit d'avoir arches, gords, moulins et pertuis construits sur les rivières, de donner aux dits arches, gords, pertuis et passages, vingt-quatre pieds au moins de largeur ; enjoint aussi aux meuniers et gardes des pertuis de les tenir ouverts en tout temps et la barre d'iceux tournée en sorte que le passage soit libre aux voituriers montant et avalant leurs bateaux et trains lorsqu'il y aura deux pieds d'eau en rivière ; et quand les eaux seront plus basses de faire l'ouverture de leurs pertuis toutes fois et quantes ils en seront requis ; laquelle ouverture ils feront lorsque les bateaux et trains seront proches de leurs dits pertuis, qui ne pourront être refermés ni les aiguilles remises que lesdits bateaux et trains ne soient passés ; et seront lesdits meuniers tenus de laisser couler l'eau en telle quantité, que la voiture des dits bateaux et trains puisse être facilement faite d'un pertuis à l'autre ; défenses auxdits meuniers, gardes desdits pertuis et à leurs garçons, de prendre aucuns deniers ou marchandises des marchands ou voituriers pour l'ouverture et fermeture desdits pertuis à peine du fouet et de restitution du quadruple de ce qui aura été exigé. » —Sentence du bureau de la ville du 21 mai 1704: « Ordonne que les meuniers lèveront, ouvriront et fermeront leurs vannes à la première demande des marchands de bois afin de faciliter

le passage de leurs bois et ce, moyennant indemnité raisonnable... » — Arrêt du Conseil du 24 juin 1777 « ... Leur ordonne S. M. de tenir les passages de leurs pertuis et bouchis ouverts en tout temps, quand il y aura deux pieds d'eau en rivière, et lorsque les eaux étant plus basses, lesdits passages seront bouchés, de les ouvrir toutes les fois qu'ils en seront requis et de les laisser ouverts pendant un temps suffisant pour que les bateaux ou trains de bois puissent profiter du flot pour arriver à un autre bouchis, sans pouvoir pour ce, exiger aucuns deniers ou marchandises à peine de mille livres d'amende, même de punition exemplaire. » — Arrêt du Parlément de Paris du 30 décembre 1785 : « Faisons très-expresses inhibitions et défenses aux meuniers, maîtres de forges et à tous propriétaires d'usines sur les rivières affluentes à la Seine de laisser entrer dans leurs biez les bois flottants ; leur enjoignons de les fermer exactement et d'ouvrir toutes leurs pelles aux approches de chaque flot à peine de 500 livres d'amende et d'être poursuivis extraordinairement suivant l'exigence des cas. Enjoignons pareillement aux gardes des pertuis de les tenir ouverts en tout temps lorsque toutefois il y aura deux pieds d'eau en rivière et quand les eaux plus basses exigeront que lesdits pertuis soient fermés, lesdits gardes seront alors tenus de les ouvrir toutes les fois et quand, ils en seront requis, le tout à peine de 500 livres d'amende, conformément à l'article 5 du chapitre I de l'Ordonnance de 1672. »

387. 2° L'usinier devra constamment maintenir en bon état ses vannes, écluses et pertuis. Ord. 1672, ch. XVII, art. 11 : « Pour prévenir les contestations fréquentes entre les marchands et les seigneurs et autres propriétaires de moulins, vannes, écluses et pertuis établis et construits sur lesdites rivières et ruisseaux pour prétendues dégradations causées par le passage des bois, seront lesdits marchands tenus, avant que de jeter leurs flots, de faire visiter par le

premier juge où sergent à ce requis (*aujourd'hui par les agents du service de la navigation*) parties présentes ou dûment appelées aux domiciles de leurs meuniers, lesdites vannes, écluses, pertuis et moulins, et de faire faire le récolement de ladite visite, après le flot passé par le même juge ou sergent, à peine d'être tenus de toutes dégradations qui se trouveront auxdites vannes, écluses et pertuis. » — Article 12 : « Si par la visite faite avant le flot, il paraît qu'il y ait aucunes réparations à faire auxdits vannes, écluses, pertuis et moulins, les propriétaires seront tenus de les faire incessamment rétablir, après une simple sommation faite auxdits propriétaires, à leurs personnes ou domiciles de leurs meuniers, si non permis auxdits marchands d'y mettre ouvriers, et d'avancer pour ce, les deniers nécessaires qui leur seront déduits et précomptés sur ce qu'ils pourront devoir pour le chômage desdits moulins causé par le passage de leurs bois et le surplus sera supporté par lesdits propriétaires et par préférence sur le revenu des moulins qui demeureront, par privilége, affectés auxdites avances. » — Ces prescriptions ne sont, bien entendu, applicables qu'aux cas où des conventions particulières ne seraient point intervenues entre les usiniers et les flotteurs ; nous trouvons un exemple de ces conventions dérogatoires dans une lettre rapportée par M. Moreau (Code du Commerce des Bois, 2e part., p. 293) et par laquelle le propriétaire de l'usine de Blaincourt informait à la date du 25 mars 1844 le garde-rivière de Brienne-la-Ville qu'il dispensait les entrepreneurs de flottage de la visite imposée par l'Ordonnance, et qu'il les autorisait à passer à la vanne de son moulin toutes les fois qu'ils le voudraient, tant en sa présence qu'en son absence, et toujours à ses risques et périls, déclarant formellement prendre à sa charge et pour son compte toutes dégradations causées par le passage des bois. De semblables traités ne sont pas rares toutes les fois que les frais de visite sont supérieurs au montant habituel des dégâts que peut craindre l'usinier. L'Ordonnance de 1672 n'indique pas d'ailleurs à la charge de qui incombent ces frais de visite ; sur ce point, il faut, suivant nous, s'en référer aux usages locaux ; à défaut de semblables usages, nous pensons qu'ils doivent être supportés pour moitié par chacune des parties, puisqu'ils ont été faits dans leur intérêt commun et pour obéir à une prescription qui leur était imposée à toutes deux.

388. L'article 12 énumère les mesures préventives auxquelles les flotteurs peuvent recourir ; s'il résulte de la visite que des réparations sont nécessaires aux ouvrages des usines, ils ont le droit d'y faire procéder d'office par des ouvriers de leur choix, sauf à recourir contre les propriétaires à raison des deniers par eux avancés ; mais en pratique, ils feront bien, pour dégager leur responsabilité, de n'en user qu'au cas où il y aura urgence absolue ; sinon ils agiront sagement en faisant commettre un expert qui dirigera les travaux ; ils se mettront ainsi à l'abri de toutes réclamations ultérieures, à raison de la manière dont ces travaux auront été conduits ou des prolongations de chômage qui auront été occasionnés par la négligence ou l'impéritie des entrepreneurs. En même temps que les flotteurs agissent dans leur intérêt propre et privé, l'administration peut également, en se plaçant au point de vue de l'intérêt général, mettre en chômage les établissements dont les propriétaires mettraient quelque obstacle à l'exécution des travaux nécessaires ; c'est ce qui résulte notamment d'une dépêche ministérielle du 22 décembre 1839, approuvant un arrêté pris en ce sens par M. le Préfet de l'Eure. Mais reste à déterminer quels sont parmi les ouvrages des usines ceux dont la réparation peut-être ainsi mise à la charge du propriétaire. Lors de la construction de certains établissements, des vannes spéciales dites vannes des marchands ont été

construites dans le but unique d'assurer le passage des trains et des flots ; ces vannes sont entièrement distinctes des vannes motrices et ne sont d'aucune utilité pour l'usinier. Pendant longues années, les Compagnies de Commerce ont considéré que l'entretien en était à leur charge exclusive ; jamais elles n'exigeaient que les usiniers y fissent n'importe quelle réparation ; ce très-ancien usage était notamment attesté par M. Thomas dans l'ouvrage si complet que nous avons eu occasion de citer (V. T. II, ch. 7, p. 242-243). Ce n'est qu'en 1857 que la Compagnie du commerce des bois des Petites Rivières essaya de soutenir que l'Ordonnance de 1672 n'avait fait aucune distinction ; que dès qu'une vanne dépendait d'une usine, elle devait être mise en état par l'usinier. Avant les flottages de 1858 et de 1862, elle fit constater par experts l'état de dégradation où se trouvaient les vannes de trois usines situées sur les ruisseaux de Corbelin et de Sozay et assigna le propriétaire dans les termes de l'article 12 de l'Ordonnance. Cette prétention fut accueillie par le tribunal de Château-Chinon ; mais sur l'appel, la Cour de Bourges se refusa à la sanctionner. Par un arrêt du 13 juillet 1863, elle décida que l'Ordonnance n'avait point eu en vue les vannes spéciales dont il s'agissait ; que si les flotteurs avaient été autorisés à se servir des vannes et des retenues d'eau là où existaient des moulins, il serait exorbitant qu'outre la faculté de faire couler leurs flots par les vannes des meuniers, ils contraignissent encore ces derniers à des travaux dispendieux et qui seraient un sujet de ruine pour les petits établissements ; que d'ailleurs ces vannes, ces conduites d'eau, loin d'être utiles aux meuniers, leur étaient plutôt nuisibles à cause des déperditions de force motrice qu'elles entraînaient. Le pourvoi formé par la Compagnie, fut rejeté par la Chambre des Requêtes, le 18 juillet 1864 (Dev., 64-1-338). — Il va de soi que cette jurisprudence serait inapplicable, si dans un cas extraordinaire, le meunier tirait parti de la vanne des marchands, par exemple pour irriguer un pré dans l'intervalle des flots; il contribuerait alors à son entretien, suivant les proportions déterminées par son titre ou à défaut de titre par le règlement qui interviendrait sur la demande de la partie la plus diligente. C'est ainsi qu'une Ordonnance royale du 20 décembre 1835 portant règlement pour l'usage des eaux du ruisseau d'Ancre veut que, chaque année, du 1er avril au 25 juin, les vannes de flottage construites aux frais du commerce soient mises à la disposition des propriétaires de prairies riveraines du ruisseau et qu'en conséquence les clefs de ces vannes restent pendant ledit espace de temps entre les mains des maires des communes limitrophes. Les propriétaires qui useront des eaux seront tenus de contribuer à l'entretien des vannes jusqu'à concurrence de 1/5e; cette dépense sera répartie entre eux par un syndicat composé de cinq membres. Enfin les travaux à exécuter aux vannes seront, selon leur importance, ou adjugés avec publicité et concurrence sur devis estimatif ou exécutés d'après le consentement des parties et alors réglés sur le plan même des ouvriers (Art. 2, 5, 6 et 11).

389. De leur côté, les flotteurs, qui veulent bénéficier des dispositions de l'Ordonnance, sont tenus, avant de lancer leurs flots en rivière, de faire prévenir dix jours à l'avance les usiniers et autres intéressés. — Ordonnance de 1672. ch. XVII, art. 6 : « Les marchands de bois flottés (ajoutons les entrepreneurs de flottage) ne pourront faire jeter leurs bois à bois perdu sur les rivières et ruisseaux, en avertissant les seigneurs intéressés, c'est-à-dire aujourd'hui les usiniers et riverains intéressés, par publications qui seront faites dix jours avant que de jeter les dits bois, aux prônes des messes des paroisses étant depuis le lieu où les bois seront jetés jusqu'à celui de l'arrêt et à la charge de dédommager les propriétaires des dégradations si aucunes

étaient faites aux ouvrages et édifices construits sur les dites rivières et ruisseaux. » L'essentiel est que ces publications parviennent en temps utile à la connaissance des usiniers ou riverains ; elles pourront suivant, les usages des lieux, être faites à son de caisse ou par voie d'affiches à la porte des mairies ; dans certains endroits on se contente d'une simple déclaration faite aux municipalités riveraines qui se chargent de prévenir qui de droit : les usages locaux doivent du reste être observés autant que possible en pareille matière. Le flotteur pourrait également avertir les intéressés au moyen de lettres chargées pourvu qu'elles soient parvenues aux intéressés dix jours avant que le flot ne soit mis à l'eau : ce serait, dans ce cas, le jour de la réception de la lettre et non celui de son envoi qui serait à considérer. Lorsque la publicité d'usage aura été donnée, chaque usinier sera réputé avoir connu le jour exact où le flot doit être mis à l'eau et ne pourra dès lors exciper de son ignorance pour réclamer un droit supérieur à celui que fixent l'Ordonnance et la loi de 1824. Que si, au contraire, elle n'a point eu lieu, les flotteurs s'exposent à de nombreuses contestations avec les usiniers. L'Ordonnance ne paraît reconnaître à ces derniers que le droit de demander des dommages-intérêts en cas de dégâts : son texte pris à la lettre ne leur permettrait point de s'opposer au passage des trains ou des flots, mais, en fait, ce droit leur est à peu près universellement reconnu : nous avons déjà rapporté (T. II, n° 217), la lettre de M. le directeur général des Ponts et Chaussées adressée le 29 octobre 1809 à M. le Préfet de la Nièvre et par laquelle cet administrateur posait en principe que les flotteurs, en négligeant les formalités prescrites, se mettaient à la discrétion des usiniers qui pouvaient leur refuser passage dans leurs vannes et gauthiers. Quoiqu'il en soit, lorsqu'un flot non annoncé s'est engagé dans les ouvrages d'une usine, les dégradations par lui causées seront à la charge des flotteurs : mais est-ce à dire que toute dégradation observée à la suite de ce passage sera présumée en être la conséquence ? L'affirmative nous semble bien avoir été dans l'esprit des rédacteurs de l'Ordonnance ; pourtant les expressions dont elle s'est servie ne nous permettent pas d'aller jusque-là : ce sera donc à l'usinier à prouver qu'auparavant son établissement n'avait aucune avarie. Enfin, les flotteurs pourraient, suivant les cas, être poursuivis pour infraction soit aux règlements sur la sécurité de la navigation, soit aux lois, décrets et Ordonnances sur la conservation du lit des rivières et des ouvrages d'art qui y sont établis : nous nous sommes expliqués de cela dans notre précédent volume. A ce dernier point de vue, les dispositions de l'Ordonnance de 1672 sont d'ordre public et les flotteurs ne peuvent se prévaloir ni d'usages contraires, ni de conventions avec les usiniers. La solution est autre s'il ne s'agit que de dommages-intérêts à régler entre eux et ces derniers : on peut même admettre que, dans cette hypothèse, le flotteur qui n'a point recouru à la publicité légale serait exempt de tout reproche, s'il prouvait que, d'une manière ou d'une autre, les usiniers ont connu la date précise à laquelle le flot serait mis à l'eau et où ils auraient à lever les vannes de leurs usines.

390. Les flotteurs, avons-nous dit, ne peuvent réclamer le passage des usiniers qu'à charge de les indemniser. Quelques personnes se sont demandé quelle était en définitive la raison d'être de cette indemnité, alors qu'il s'agit de chômages occasionnés par le flottage, c'est-à-dire par une sorte de navigation qui doit être considérée comme l'usage propre et fondamental des rivières flottables. « Il ne faut pas oublier, disait en 1824, M. le commissaire du roi devant la Chambre des Pairs, que les rivières flottables appartiennent à l'État. Les usines établies sur leur cours n'ont dû leur existence qu'à des concessions émanées de l'autorité, et,

dans tous les cas, ces concessions n'ont pu être accordées qu'avec la réserve de ne porter aucun obstacle à la navigation et au flottage, deux grandes choses d'utilité publique. » C'est dire, aussi clairement que possible, que le flottage devrait être absolument gratuit. A quoi on répond, d'une manière plus ou moins heureuse, que pour exécuter leurs transports, les flotteurs auraient dû choisir les moments où les usines sont régulièrement en chômage et que c'est pour n'en avoir pas profité qu'ils sont astreints au paiement d'un droit. Quoi qu'il en soit, nous nous bornerons à dire que le principe de cette indemnité n'a jamais été contesté et que d'autre part il a été admis de tout temps que sa détermination ne pouvait être laissée à l'arbitraire du juge. L'Ordonnance de 1669 en fixait le taux à quarante sols par chaque vingt-quatre heures de chômage. — Tit: XXVII art: 45 : « Règlons et fixons le chômage de chacun moulin qui se trouvera établi sur les rivières navigables et flottables avec droits, titres et concessions à 40 sols pour le temps de 24 heures qui seront payés aux propriétaires des moulins ou leurs fermiers et meuniers par ceux qui causeront le chômage par leur navigation et flottage.... » Ce qui est confirmé par l'Ordonnance de 1672, ch. XVII, art. 13 : « Quand aucuns moulins construits par titres authentiques sur les rivières et ruisseaux flottables, tournants et travaillants actuellement, chômeront au sujet du passage des bois flottés, sera payé pour le chômage d'un moulin pendant 24 heures, de quelque nombre de roues que le corps du moulin soit composé, la somme de quarante sols, si ce n'est que les marchands ne soient en possession de payer moindre somme aux dits propriétaires desdits moulins ou leurs meuniers, auquel sera payé suivant l'ancien usage. » Cette indemnité de quarante sols par 24 heures paraissait déjà très-faible en 1672 : un siècle plus tard, elle était considérée comme dérisoire par le plus grand nombre des usiniers : malgré leurs plaintes, les Tribunaux liés par le texte de l'Ordonnance étaient obligés de décider qu'ils ne pouvaient l'augmenter en aucun cas. « Attendu, disait la Chambre civile dans son arrêt du 27 juillet 1808, que la disposition de l'article ci-dessus n'a jamais été révoquée ni modifiée ; qu'elle est obligatoire pour tous les tribunaux et qu'il y a été formellement contrevenu, — Casse et annule le jugement du Tribunal civil d'Avallon du 2 juillet 1806 etc. » Dev. C. N. 2-1-559. — Ce n'est que la loi du 18 juillet 1824 qui mit fin à cet état de choses en portant au double les droits dus aux usiniers. « Le droit réglé par l'art. 13 du chap. XVII de l'Ordonnance du mois de décembre 1672 sera porté à 4 francs au lieu de quarante sols pour chômage d'un moulin pendant vingt-quatre heures quel que soit le nombre des tournants. » Encore faut-il noter que cette augmentation est, à tout prendre, plus apparente que réelle : suivant l'expression fort juste de M. Nadault de Buffon (T. I, p. 325), la loi n'a en quelque sorte rien innové, car la valeur actuelle de quatre francs se rapproche singulièrement de celle qu'avaient quarante sols en 1672. Bien entendu la loi de 1824 a laissé subsister le droit pour les flotteurs de se prévaloir des anciens usages qui fixent à une somme moindre le montant de la rétribution dont ils sont tenus vis-à-vis des usiniers ; de même, les usiniers continueront à pouvoir exiger une indemnité extraordinaire lorsque des dégâts auront été causés à leur établissement par l'impéritie des flotteurs, à la charge bien entendu de prouver une faute directe imputable à ces derniers. Nous remarquerons qu'il n'est question ni dans l'Ordonnance de 1669, ni dans celle de 1672 de la possibilité pour les flotteurs d'acquérir, par prescription, un droit de passage gratuit : il serait en effet impossible de soutenir que les usiniers doivent être considérés comme ayant renoncé à leurs droits, lorsque, depuis plus de 30 ans, ils ont laissé le flottage s'opérer sans indemnité. Ce qu'ils ont perdu, c'est uniquement la faculté de réclamer les indemnités antérieures à trente ans. Comme le dit très-bien la Cour de Rouen dans son arrêt du 1er février 1844 (J. du Palais 44-1-229) « l'indemnité étant réclamée pour chaque chômage, les faits sur lesquels porte cette indemnité sont distincts et indépendants les uns des autres ; si les faits accomplis peuvent tomber sous le coup de la prescription, il n'en saurait être ainsi des faits que l'avenir seul peut révéler. »

391. C'est un point fort débattu que de savoir si la loi de 1824 s'applique indistinctement à toutes les rivières de France. La difficulté vient de ce qu'elle renvoie non pas au texte de l'Ordonnance de 1669, mais à celui de l'Ordonnance de 1672 spéciale aux affluents de la Seine. M. Proudhon (Dom. Publ., T. IV, n° 1212) et après lui M. Rousseau (p. 165) ont cru qu'il était possible à la doctrine de corriger ce qu'ils ont appelé une erreur de rédaction. Partout en France, ont-ils dit, les propriétaires d'usines doivent naturellement jouir de la même protection ; en outre, le taux de la valeur de l'argent et le prix des choses ayant partout augmenté dans la même proportion depuis 1669, l'équité commande partout la même augmentation dans les indemnités de chômage. Nous n'avons pas à défendre la distinction inaugurée par la loi de 1824 entre les rivières du bassin de Paris et les autres rivières de France ; nous constatons seulement qu'elle résulte de ses termes d'une manière formelle : « d ura lex, sed lex. » Il n'y aurait d'ailleurs rien d'étonnant à ce que les rédacteurs de cette loi ne se soient pas rendu compte des expressions qu'ils employaient, à ce qu'ils aient cru que le flottage n'était usité comme mode de transport que pour l'approvisionnement de Paris ; mais cette erreur commise législativement ne saurait être réparée que de la même manière. Nous ferons observer du reste que le bassin de la Seine se trouve

au point de vue du flottage dans une situation à part : que notamment il se trouve grevé d'une servitude exceptionnelle ; que le passage des trains et des flots y est plus fréquent aux pertuis des usines et partant plus onéreux, ce qui ferait comprendre l'allocation d'une indemnité plus forte que dans les autres bassins. Ainsi donc, suivant la situation des usines, ce sera tantôt l'Ordonnance de 1672, modifiée en 1824, tantôt l'Ordonnance de 1669 qu'il conviendra d'appliquer. Toutefois, à plusieurs reprises, l'administration, se préoccupant peu de l'existence de ce dernier texte, a cru pouvoir règlementer d'office la matière et imposer aux flotteurs le paiement de certaines indemnités excédant le taux légal. Ceci ne serait admissible que s'il s'agissait de droits à percevoir par un usinier qui, au moyen de travaux exécutés à ses frais, aurait rendu flottable une rivière qui ne l'était pas antérieurement ou aurait amélioré les conditions antérieures du flottage : car ici, l'indemnité ne serait point due à raison du chômage de l'usine, mais à raison de la circulation des trains sur la rivière ; hors cette espèce, l'arrêté dont se prévaudraient les usiniers serait entaché d'excès de pouvoir et l'annulation en pourrait être demandée par la voie contentieuse.

392. L'usinier peut-il exiger que le paiement de cette indemnité lui soit faite avant le passage des trains ou des flots ? La jurisprudence ne l'y autorise point et il s'exposerait inévitablement à des poursuites s'il refusait le passage jusqu'à ce que les droits eussent été acquittés en ses mains. (Conseil d'État, 20 avril 1847. — Lebon, 47-222.) Il est à ce point de vue dans une situation bien moins favorable que les propriétaires dont les terrains sont momentanément occupés par les marchands de bois ; l'Ordonnance n'établit rien en sa faveur qui puisse ressembler à un droit de rétention. Quelle peut être la raison de cette différence entre deux situations qui semblent identiques au premier abord ?

On a prétendu que l'opération du flottage serait impossible si, sous un prétexte quelconque, les usiniers s'arrogeaient le droit de refuser le passage aux trains ou aux flots. L'arrêt prolongé de ces trains ou de ces flots en avant des vannes d'une usine pourrait amener l'encombrement de la partie de rivière située en amont et parfois occasionner de graves accidents; il est donc de toute nécessité que leur expédition ne soit nullement retardée. Obéir à toute injonction des flotteurs, tel est le devoir strict des usiniers. Peuvent-ils d'ailleurs se plaindre de la condition qui leur est faite? Evidemment non, puisqu'à l'époque où ils construisaient leur usine sur le bord d'un cours d'eau flottable, ils savaient ou devaient savoir quelle serait la servitude dont elle se trouverait grevée. Il y a dans cette réponse quelque chose d'assez juste : l'empilage des bois, lorsqu'il se prolonge sur les bords des rivières, n'entraînera jamais d'inconvénient semblable à celui qui vient d'être signalé, mais cela n'empêche pas qu'il n'y ait quelque chose de bizarre à voir deux personnes dont la créance résulte d'une cause à peu près analogue, être considérées, l'une comme créancier privilégié, l'autre comme simple chirographaire. N'était-il pas facile, après tout, d'autoriser l'usinier à exercer son droit de rétention non point lors du passage des bois à une usine, mais lors de leur arrivée au point d'arrêt le plus voisin? Cet expédient lui eût au moins évité l'obligation d'aller plaider au loin pour une contestation de minime importance. Il est vraisemblable que les rédacteurs de l'Ordonnance de 1672 ne sont coupables que d'un simple oubli et nous regrettons que le législateur de 1824 n'ait pas, lui non plus, songé à combler cette lacune.

393. L'indemnité à payer par les flotteurs est toujours la même, quelle que soit l'importance de la chute d'eau, quel que soit le nombre des vannes motrices ; c'est ce qui résulte des termes mêmes de l'ordonnance. Nous en tirerons

cette conséquence naturelle qu'il n'y a pas à rechercher si, en fait, il y a eu préjudice souffert et quelle en a été la quotité ; l'usinier ne peut obtenir une somme plus forte en prouvant que le fait du chômage a eu pour lui des conséquences désastreuses, que, par exemple, il n'a pu livrer à temps des commandes urgentes ; rien n'y fera, le juge est lié par les dispositions de l'ordonnance et l'article 1146 est inapplicable à l'espèce. Cette indemnité comprend même les dommages qui sont la suite naturelle du passage des flots. C'est ce qui résulte d'un arrêt de la Cour de Rouen du 1ᵉʳ février 1844. (J. du Palais, 44-1-229) : « Attendu que s'il résulte du procès-verbal des experts, que les atterrissements qui forment obstacle au passage des trains de bois proviennent en grande partie du flottage, rien n'indique que ce résultat soit dû à un flottage exercé dans des conditions anormales ou même que le flottage ainsi exercé ait contribué pour quoi que ce soit à ce même résultat ; attendu que si, d'après les principes généraux du droit, un fait dommageable, résultant de l'exercice irrégulier du flottage caractérisant une faute imputable à l'entreprise dudit flottage, pouvait engager la responsabilité du prince de Rohan, il n'en peut être ainsi, lorsqu'il n'a fait qu'user légitimement de son droit, comme dans l'espèce, quel que soit le préjudice résultant d'ailleurs pour les usiniers de l'exercice de ce droit..... » En sens inverse, le flotteur n'a point le droit de prétendre qu'aucun préjudice n'a été, en réalité, causé à l'usinier ; ici, le texte de l'Ordonnance se retourne contre lui. Un seul point peut être douteux : nous avons vu qu'aux termes d'une sentence du bureau de la ville du 18 mars 1733, lorsque des bois empilés le long d'une rivière n'y seront point restés une année entière, l'indemnité due au propriétaire et fixée par l'Ordonnance de 1672, ne sera payée que proportionnellement au temps pendant lequel aura duré le dépôt. On s'est demandé si l'indemnité fixée pour notre espèce par la même Ordonnance ne devrait pas être également réduite lorsque le chômage n'aurait pas duré en tout vingt-quatre heures. En théorie pure, ce mode de calcul semble parfaitement admissible, mais nous devons constater que, dans la pratique, jamais on n'a proposé de l'appliquer ; suivant la remarque fort juste de la Cour de Rouen, une pareille division aurait les plus grands inconvénients dans l'application, et autant vaudrait ne rien accorder à l'usinier que de lui accorder une indemnité réduite à des proportions aussi misérables. Restent en présence deux opinions, l'une consacrée par l'arrêt de Rouen et suivant laquelle l'usinier n'a droit à son indemnité de 4 francs que si le fait du chômage de son usine a duré vingt-quatre heures sans interruption, l'autre qui lui accorde la totalité de ladite indemnité par cela seul que le travail de l'usine a dû cesser dans l'intérêt des flotteurs. C'est en ce dernier sens que nous croyons devoir nous prononcer ; pour nous, si l'Ordonnance a fixé l'indemnité à cette somme pour vingt-quatre heures de chômage, c'est uniquement pour établir une base de calcul et non pour exclure de son application les chômages d'une durée moindre. Ce semble d'ailleurs déterminant au point de vue l'équité, c'est que l'opinion contraire arrive à n'accorder aucune indemnité : 1° lorsque le chômage est causé par le passage de trains de bois qui, s'il a lieu rapidement, n'en exige pas moins, de la part de l'usinier, des manœuvres d'eau plus compliquées que le simple passage d'un flot ; 2° lorsque l'usinier doit livrer passage à un flot isolé, qui, lancé en dehors des époques ordinaires et étant la plupart du temps mal surveillé, lui cause un préjudice plus considérable que le passage d'un flot de communauté. Dans l'un et l'autre de ces deux cas, le chômage ne dure le plus ordinairement que quelques heures, et l'usinier se trouverait privé de toute action sur ceux qui, en définitive, ont arrêté la marche de son établissement, ce serait là une injustice véritable.

394. L'usinier pour avoir droit à l'indemnité doit prouver 1° que son établissement est fondé en « droits, titres et concessions » portait l'Ordonnance de 1669, « en titres authentiques » porte celle de 1672. D'après un avis du Conseil des Ponts-et-Chaussées en date du 11 sept. 1843 et rapporté par M. Cotelle (Dr. adm., T. IV, n° 996), il faudrait la preuve ou de l'existence de l'usine antérieurement à 1566, ou d'un titre en vertu duquel le droit de péage aurait été concédé à l'usinier comme récompense des travaux exécutés par lui ou par ses auteurs pour faciliter la navigation ou le flottage. Cette décision est exorbitante et heureusement elle n'a pas fait loi dans la pratique. On doit, au contraire, distinguer avec soin le chômage occasionné par les travaux publics, du chômage occasionné par le passage des trains et des flots. Dans ce dernier cas, les règles sont toutes différentes et l'on se montrera beaucoup moins sévère. Les termes des Ordonnances se prêtent largement à l'interprétation la plus favorable aux usiniers ; elles ne nous parlent plus de concessions antérieures à 1566, d'usines possédées dans telles ou telles conditions ; il suffit que la concession soit certaine, quelle qu'en ait été l'époque ; que l'usinier ait le droit d'user des eaux ; que ce droit soit attesté par un titre authentique, autrement dit qu'il s'agisse d'une usine autorisée, à quelque époque qu'ait été donné l'autorisation ; — 2° qu'il « tournait et travaillait », en d'autres termes, qu'il était en activité et n'a été obligé d'arrêter que sur la réquisition des flotteurs. Cette suspension de travail est une condition essentielle et si les roues de l'établissement n'étaient point antérieurement en marche, rien ne saurait être exigé en vertu de l'Ordonnance. Pourtant, l'usinier n'en aura peut-être pas moins subi un dommage sérieux ; c'est ce qui arrivera toutes les fois que le chômage

antérieur au passage des bois aura eu pour cause les réparations à faire à l'établissement ; l'ouvrage commencé aura
été interrompu et demeurera bien souvent inutile : tout sera
à refaire après le passage des bois. Les inconvénients de ce
passage seront encore plus grands, s'il a lieu au moment
du curage de l'usine ; il faudra dans ce cas des manœuvres parfois dispendieuses pour ramener à son état normal
la retenue d'eau qui seule peut assurer le flottage. Enfin,
il peut arriver qu'aux époques de sécheresse l'usinier qui
employait partie de ses eaux à l'irrigation de prairies voisines soit obligé d'y renoncer et de fermer ses vannes pour
ramener les eaux à la hauteur nécessaire. Nous le répétons,
l'Ordonnance ne lui accorde, dans ces diverses hypothèses,
aucun recours en justice. — On a souvent prétendu qu'il y
avait lieu d'imposer à l'usinier une troisième condition ; c'est
que la totalité de sa force motrice ait été supprimée par le
chômage. Nous sommes avec M. Bourguignat (T. I, n° 401)
d'un avis absolument opposé. Peu importe donc qu'en fait,
une seule des roues de l'usine ait dû chômer, les autres continuant à fonctionner comme d'ordinaire ; la loi a établi
l'indemnité unique et par conséquent indivisible ; il n'est
permis ni de la diminuer, ni de l'augmenter proportionnellement aux roues de l'usine.

395. Qu'arrivera-t-il au cas où l'usinier se refuse à laisser passage aux trains de bois et aux flots? Il est bien évident qu'il s'expose à une action en dommages-intérêts de la
part des flotteurs ; mais les règlements sur la matière vont
plus loin et autorisent contre lui l'exercice de l'action publique. Sans doute on n'est point allé jusqu'à le considérer
comme concussionnaire et à lui faire l'application de l'article 174 du code pénal ; mais on ne peut point se dissimuler que les peines prononcées contre lui n'offrent un certain
caractère de gravité. Peine du fouet, punition exemplaire,
voilà à quoi il s'exposait sous l'ancien régime. De plus, aux

termes des Ordonnances et de l'arrêt de 1777, les officiers des maîtrises pouvaient prononcer contre lui 1° une amende de 1000 livres pour tout retard apporté à la navigation et au flottage et pour toute perception illicite ; plus, restitution du quadruple de ce qui avait été abusivement exigé des flotteurs ; 2° une amende de 500 livres pour le cas où les pelles n'auraient pas été ouvertes avant le passage de chaque flot ou auraient été refermées avant son entier écoulement. M. Rousseau (Dict. de l'appr., p. 344) s'est imaginé que ces amendes de 1000 livres et de 500 livres ne pourraient plus être appliquées de nos jours, parce que, suivant lui, les contraventions aux règlements d'eau sont punies en principe général par les Conseils de Préfecture de peines de simple police, ainsi qu'il résulte de l'article 471, § 15 du code pén. Une pareille hérésie juridique se réfute d'elle-même et il nous suffira de la signaler en passant. De son côté, M. Nadault de Buffon (T. I, p. 320) est effrayé parce qu'il appelle le taux exorbitant de ces amendes, surtout quand il voit que le juge ne peut les modérer, suivant les termes mêmes des textes qui les prononcent. Il convient bien que cette rigueur a pu être nécessaire au XVIIe siècle, alors que les rivières navigables de France étaient encombrées d'usines qui y interceptaient presque entièrement la navigation, tant par le fait matériel de leurs barrages que par les exactions exercées sur les mariniers et flotteurs par les possesseurs des dites usines : il était urgent de faire cesser les exactions dont on se plaignait chaque jour. On comprend qu'il ait été alors interdit au juge de modérer la peine ; mais maintenir aujourd'hui une semblable restriction, n'est-ce pas rendre l'amende inapplicable ? Et alors M. Nadault de Buffon de chercher en torturant le texte de l'Ordonnance de 1669, à démontrer que ladite restriction ne s'est jamais appliquée qu'aux dommages intérêts, frais et dépens. Il est singulier que le savant auteur qui écrivait en 1852 ait, en cette circonstance, oublié la loi du 23 mai 1842, qui permet au jnge de faire descendre jusqu'au minimum de 16 fr. les amendes prononcées par les règlements antérieurs à 1790. — Hâtons-nous d'ajouter que les anciennes jnridictions elles-mêmes ne se faisaient pas faute de tempérer ce que l'Ordonnance de 1672 avait d'excessif : c'est ainsi qu'une sentence du bureau de la ville du 23 septembre 1761, rapportée par M. Moreau (Part. I, p. 290), ne prononce qu'une amende de 300 livres contre les meuniers des moulins d'Helvesques-Ville et d'Helmaurupt convaincus d'avoir entravé le passage de trains de bois destinés à la provision de Paris. En ce qui touche la compétence, il est universellement reconnu qu'elle a passé des officiers des maîtrises aux Conseils de Préfecture : le fait de l'usinier est réputé contravention de grande voirie, réprimé et poursuivi comme tel ; nous en avons vu un exemple dans l'arrêt du Conseil du 20 avril 1847 cité au n° 362.

396. D'après M. Daviel (T. I, n° 502) et M. Nadault de Buffon (loc. cit.), l'Ordonnance de 1669 aurait également attribué compétence aux officiers des maîtrises pour statuer sur toutes difficultés pendantes entre usiniers et flotteurs, quant au règlement des indemnités. Cette interprétation de l'Ordonnance nous paraît sujette à controverse : quoiqu'il en soit, il est bien constant que la loi du 28 pluviôse an VIII n'a pas attribué la connaissance de semblables actions au Conseil de Préfecture : or, comme il s'agit ici, non plus de contravention de grande voirie mais d'un différend entre particuliers, la compétence des Tribunaux ordinaires ne saurait faire doute. La jurisprudence est bien fixée en ce sens (Bourges, 23 février 1820. — Dev. C. N. 6-2-210 ; Rouen, 1er février 1844. — J. du Pal. 44-1-229). On a cru toutefois voir une dissidence dans un arrêt de Bourges du 8 février 1817 (Dev. C. N. 5-2-262) lequel infirmait, dans les termes suivants, un jugement du Tribunal de Clamecy

condamnant un entrepreneur de flottage à payer une somme de 600 fr. au meunier de Vesores. « Emendant et faisant ce que les premiers juges auraient dû faire, renvoie la cause et les parties devant l'autorité administrative.... » Les expressions dont s'est servie la Cour sont assurément fort malheureuses et n'ont nullement rendu sa pensée. Dans les motifs de l'arrêt, nous ne voyons qu'une seule chose, c'est que le Tribunal de Clamecy avait arbitrairement élevé le taux de l'indemnité fixée par l'Ordonnance de 1672 et que les Tribunaux étaient incompétents pour établir un droit nouveau sur le commerce des bois, la sentence ne pouvait être maintenue : il n'est pas dit un mot des prétendus pouvoirs de l'autorité administrative quant au jugement des contestations pendantes entre usiniers et flotteurs. L'arrêt eût été plus correctement rédigé, s'il eût infirmé le jugement de Clamecy, non pas comme incompétemment rendu, mais à raison de l'excès de pouvoir qu'il renfermait. — Sur certains cours d'eau de peu d'étendue, tels par exemple que l'Iton, le flottage se trouve entre les mains d'entrepreneurs privilégiés auxquels un monopole a été accordé à raison des travaux qu'ils ont dû exécuter pour mettre lesdits cours d'eau en état. On a voulu assimiler ces concessionnaires à des entrepreneurs de travaux publics, ce qui leur permettrait de décliner la compétence des Tribunaux ordinaires. Cette prétention exorbitante a justement été repoussée par la Cour de Rouen dans son arrêt de 1844. Il est bien vrai qu'un arrêté consulaire du 18 thermidor an XI pouvait, jusqu'à un certain point, être invoqué en sa faveur : un sieur Canuel qui, pendant la révolution, exerçait le droit de flottage sur l'Iton, à la place de la famille de Bouillon alors émigrée, était recherché pour un dommage que l'on prétendait avoir été causé par lui aux propriétés riveraines ; or, l'arrêté dont nous parlons décida que le fait ne pouvait être apprécié que par l'autorité administrative.

Mais était-ce là une solution de principe ? Nous en doutons fort, d'autant plus que dans les considérants de l'arrêté, Canuel est qualifié d'entrepreneur du flottage des bois de la marine : en fait, il était donc entrepreneur d'un service public, et il n'y avait pas à examiner en théorie si le con-cessionnaire d'un droit de flottage est nécessairement un entrepreneur de service public : cette question n'offrait aucun intérêt. Ici, comme dans bien des cas, on s'est exagéré la portée d'une décision d'espèce et l'on en a tiré des consé-quences inacceptables.

CHAPITRE VI

DES ÉPAVES FLUVIALES

A. *Des épaves proprement dites.*
B. *Des bois canards.*

A.

B.

CHAPITRE VI

DES ÉPAVES FLUVIALES

A. *Des épaves proprement dites.*
B. *Des bois canards.*

A.

397. — Dans notre ancien droit, le sort des épaves fluviales était réglé par l'Ordonnance de 1669. — Art. 16, Tit. XXXI. « Ordonnons que toutes les épaves qui seront pêchées sur les fleuves et rivières navigables soient garées sur terre et que les pêcheurs en donnent avis aux sergents et gardes-pêche, qui seront tenus d'en dresser procès-verbal et de les donner en garde à personnes solvables qui s'en chargeront, dont notre procureur prendra communication au greffe, aussitôt qu'il y aura été porté par le sergent ou garde-pêche, et en sera fait lecture à la première audience ; sur quoi le maître ou sergent ordonnera que si, dans un mois, les épaves ne sont demandées, ni réclamées, elles seront vendues à notre profit, au plus offrant et dernier enchérisseur, et les deniers en provenant mis ès-mains de nos receveurs, sauf à les délivrer à celui qui les réclamera un mois après la vente, s'il en est ordonné en connaissance de cause. ». — Suivant l'opinion commune, ce texte est encore en vigueur ; le procès-verbal dressé par les agents de la navigation doit être lu à la première audience du Tribunal, qui ordonne que, sauf réclamation des propriétaires dans le délai d'un mois, les épaves seront vendues au profit du domaine, et que le prix en appartiendra définitivement à

l'Etat, si le propriétaire ne l'a point réclamé dans le délai
d'un mois postérieurement à la vente. Quelques auteurs ont
cependant soutenu que si les dispositions de l'Ordonnance
attribuant au domaine la propriété des épaves fluviales
n'avaient point été abrogées, il n'en était point de même de
celles qui établissaient une déchéance contre le propriétaire
faute d'avoir réclamé dans un délai donné. M. Demante est
notamment de cet avis. « Cette disposition, dit-il (Cours
analytique, T. III, n° 14 bis), qui, dans l'Ordonnance,
fait partie du titre de la pêche, n'est pas reproduite par la
loi du 15 avril 1829, qui abroge toutes les lois antérieures
sur la pêche fluviale (d. l. Art. 83), je crois qu'on peut bien
encore l'appliquer comme raison écrite en ce qui concerne
les conditions exigées pour amener la vente au profit du
domaine, mais je crois que le droit de réclamer le prix dure,
sinon pendant trente ans (Art. 2262), au moins pendant
trois ans (Art. 2279). » Cette manière de raisonner nous
semble du moins singulière. Ainsi, voilà un texte qui, en
tant que loi, est abrogé et a cessé d'être obligatoire et qui,
précisément, continuera d'être observé dans celle de ses
dispositions qui a la portée la plus grande. Pour être logique, il faudrait dire qu'il ne subsiste plus rien de l'Ordonnance et que le sort des épaves fluviales est aussi incertain
que celui des épaves terrestres. Avons-nous besoin de nous
jeter dans l'examen de la question si controversée de
savoir à qui appartiennent les épaves terrestres ? Nous ne
le pensons pas. Les rédacteurs de la loi de 1829 auraient
été certes bien étonnés si on leur eût dit qu'en réglementant la pêche, ils supprimaient tous les réglements
qui s'appliquaient aux épaves fluviales. Jamais pour eux il
n'avait été question d'abroger l'art 16 du titre XXXI : pas
un mot ne fut dit à ce sujet, ni dans l'exposé des motifs,
ni dans le cours de la discussion. On nous dit, il est vrai,
que l'art. 83 de la loi de 1829 contient expressément l'abro-

gation de ce titre XXXI, que peu importe de savoir si, oui où non, le législateur s'est rendu compte de la portée des expressions par lui employées. Mais c'est là une erreur évidente : lisons le texte : il contient la condamnation complète du système que nous combattons. « Sont et demeurent abrogés toutes lois, ordonnances, édits et déclarations, arrêts du Conseil, arrêtés et décrets, et tous règlements intervenus à quelque époque que ce soit, sur les matières réglées par la présente loi, *en tout ce qui concerne la pêche.* » Ainsi donc, il n'y a d'abrogé dans l'Ordonnance que les articles relatifs à la pêche et non pas ceux ayant trait à toute autre matière. Les dispositions contenues au titre XXXI et qui sont étrangères à la pêche sont maintenues à contrario. Au surplus, ainsi que nous le verrons bientôt, on n'a jamais hésité dans la pratique à reconnaître les droits du domaine.

398. On ne doit considérer comme épaves que les objets dont rien ne peut faire connaître le véritable propriétaire ; aussi, rejetons-nous la doctrine d'un arrêt du Conseil du 16 décembre 1755, rapporté par Merlin (Rép. v° Epaves), et qui attribuait au domaine à titre d'épaves, des échalas enlevés dans les vignes voisines par une crue subite de la rivière. Au cas où quelques indices permettraient de retrouver le propriétaire, l'administration agira sagement en ne précipitant pas les choses, surtout s'il s'agit d'objets précieux ; elle s'exposerait à une action en dommages-intérêts, s'il était certain que, sans tenir compte de ces indices, elle n'en aurait pas moins fait procéder à la vente des objets dont il s'agit. Ce sera de la part du juge une question d'appréciation que de déterminer d'une part si les indices recueillis étaient suffisants pour permettre de découvrir le propriétaire, et de l'autre, si l'objet perdu avait une valeur suffisante pour qu'il fût sursis à toute vente. Bien entendu, les frais de repêchage et de garde de l'objet seraient

à la charge du propriétaire auquel [il serait rapporté, sauf ce que nous dirons plus tard sur le droit de délaissement. Dès que le caractère d'épaves est bien constaté, peu importe quelle est la nature de l'objet, et l'on peut se convaincre, en lisant les affiches apposées sur les murs de Paris par l'administration des Domaines, avec quelle latitude on interprète ce mot d'épaves. Le plus souvent, il s'agit de bateaux naufragés ou d'autres débris de cette nature; mais, parfois aussi, on voit mettre en vente des embarcations trouvées en rivières sans numéro ni devise. Nous ne parlons que pour mémoire de certaines découvertes extraordinaires, comme celles de médailles et monnaies anciennes qui ont été retirées de la Seine, près de Notre-Dame. Peu importe également la manière dont les épaves ont été retirées du lit du fleuve; qu'elles flottassent à la surface de la rivière; qu'elles aient été ramenées du fond par les filets d'un pêcheur ou par l'action de la drague; qu'elles soient venues s'échouer sur la rive, ou bien enfin, qu'elles se soient trouvées mises à découvert par suite du retrait des eaux. M. Garnier (T. 1, n° 428) croit cependant que le texte de l'Ordonnance ne comprend que l'hypothèse où des objets auront été trouvés flottants sur l'eau, et son opinion semble partagée, jusqu'à un certain point, par M. Demolombe (T. XIII, n° 68). A l'appui de cette opinion, on cite un arrêt du Parlement de Paris du 29 mai 1743. Observons du reste que cette décision ne figure pas dans l'article du nouveau Denizart auquel renvoie M. Garnier, et qu'il est ainsi difficile d'en contrôler la portée. Suivant nous, le texte de l'art. 16 ne peut être entendu dans un sens aussi restrictif, et la pensée d'exclure de la règle commune toute une catégorie d'épaves n'y apparaît pas d'une manière assez formelle : on parle d'épaves pêchées sur les rivières navigables, par opposition aux épaves pêchées sur les rivières non navigables, et non par opposition aux épaves pêchées dans les rivières navigables. Quelle serait d'ailleurs la raison de distinguer ? Nous comprendrions qu'on favorisât l'inventeur, lorsque c'est par son fait, par son travail, que les objets ont été découverts et sortis de l'eau ; mais, en saurait-il être de même, lorsque les objets trouvés étaient à découvert sur le bord de la rive ? Une hypothèse beaucoup plus délicate, à notre avis, serait celle où des épaves auraient été trouvées dans le lit abandonné par une rivière, et qui, aux termes de l'art. 563, appartient aux propriétaires dont l'héritage a été envahi par les eaux. Nous inclinerions volontiers à les attribuer à ces propriétaires ; du moment que la rivière a envahi leurs héritages, le lit abandonné a cessé d'être considéré comme faisant partie d'un cours d'eau navigable, et l'Etat a perdu instantanément son droit sur tout ce qu'il contenait ; il y aura donc uniquement à savoir si les épaves avaient en fait été recueillies avant ce moment précis. Mais nous n'irions pas jusqu'à admettre que les objets qui, lors des crues de la rivière, ont été portés par elle, puis, délaissés sur les propriétés voisines, perdent leur caractère d'épaves ; nous ferons cependant observer qu'un préjugé fâcheux, contre cette solution pourrait être induit de l'arrêt de rejet de la Chambre criminelle du 30 mai 1873 (Dev., 73-1-431), aux termes duquel le propriétaire d'un terrain situé sur les bords d'une rivière a le droit, en cas de débordement, de s'approprier le poisson pêché sur son terrain et provenant de la dite rivière, alors même qu'elle serait navigable ou flottable.

399. Dans le département de la Seine et dans les communes de Meudon, Sèvres et Saint-Cloud, les dispositions de l'Ordonnance de 1669 ont été légèrement modifiées par les deux Ordonnances de police des 23 mai 1830 et 25 octobre 1840. En fait, l'affichage des objets trouvés en rivière et susceptibles d'être considérés comme épaves n'est point usité : du reste, ce ne serait à Paris qu'une mesure absolu-

ment illusoire, et la personne qui rechercherait un objet perdu n'aurait certes point l'idée de se rendre dans le local de la première chambre du Tribunal pour y consulter les affiches qui y devraient être apposées : elle préfèrera toujours se renseigner directement auprès des bureaux de la Préfecture de police. Nous nous bornerons à résumer aussi brièvement que possible les prescriptions aujourd'hui en vigueur. Tout d'abord, il est enjoint à ceux qui auront repêché des bois, des débris de bateaux, des marchandises et autres objets naufragés, d'en faire la déclaration dans les 24 heures, savoir : à Paris, aux commissaires de police, à l'inspecteur général de la navigation ou aux inspecteurs particuliers de ce service ; et dans les communes riveraines de la Seine et de la Marne aux maires, aux préposés de la navigation ou à la gendarmerie : cette déclaration sera transmise de suite à la Préfecture de police. L'autorité qui a reçu ladite déclaration prendra de suite toutes mesures pour que les objets repêchés soient mis en lieu de sûreté : elle préposera, s'il y a lieu, quelqu'un à leur garde : enfin elle les remettra au propriétaire, à charge par ce dernier de justifier de son titre et de payer tous les frais de répêchage et de garde. Si le propriétaire ne se présente point, la vente des épaves a lieu au profit du domaine public ; mais l'administration ne se contente pas d'observer le délai fixé par l'Ordonnance de 1669 : en règle générale, elle attend six mois pour prendre cette mesure. Ce n'est qu'après ce laps de temps que la proposition de vente est adressée hiérarchiquement au Préfet, qui en donne avis à la direction des domaines. Les épaves sont ensuite remises aux agents de cette dernière administration, chargée de la vente ; à ce moment, suivant une décision de M. le ministre des finances en date du 24 octobre 1829, les frais de garde et de conservation doivent être acquittés par le domaine sur états présentés et approuvés par le domaine. La vente a lieu aux enchères et avec publicité ; lorsque le lot à vendre a quelque importance, des affiches sont apposées dans les lieux accoutumés ; en sus de son prix de vente qui doit être soldé comptant, l'adjudicataire paie une somme variant de 1 à 5 pour cent, destinée à couvrir les frais. La vente terminée, l'administration accorde encore au propriétaire qui justifie de son titre, un délai de deux mois pour réclamer les deniers en provenant, déduction faite de tous les frais ; passé ce temps, l'argent est définitivement versé dans la caisse du receveur des domaines et le propriétaire n'a plus de recours à exercer contre qui que ce soit. Reste le cas où l'objet a une valeur insuffisante pour couvrir les frais de repêchage ainsi que ceux de conservation pendant le délai de six mois ; la mise à la disposition du domaine peut être proposée de suite, ou bien encore, il peut être demandé qu'à titre d'exception, l'épave soit accordée à l'inventeur en acquit des frais de repêchage. La même latitude existerait pour les agents de l'administration si la conservation de l'épave présentait de graves inconvénients, par exemple à raison de son volume et de sa dimension.

400. Le silence même de l'Ordonnance nous montre que l'inventeur n'a aucun droit sur l'épave par lui ramenée : il ne saurait y avoir d'exception à ce principe que dans le cas fort rare où l'épave pourrait être assimilée à un trésor, ce qui permettrait d'appliquer l'art. 716 Code civil. Nous avons vu qu'en fait l'administration se départissait parfois de la rigueur du principe, lorsque l'épave était de faible valeur ; mais ce n'est jamais là de sa part qu'un don gracieux et l'inventeur ne peut rien lui réclamer. Le tarif des frais de garde et de repêchage n'a point été officiellement fixé : il doit être débattu de gré à gré entre le propriétaire et l'inventeur. L'usage a bien déterminé, dans certains cas, le taux de la rémunération : on peut consulter sur ce point le Manuel de la navigation de M. Lalou (p. 206) ; mais ce taux n'a rien

d'obligatoire. En cas de contestation, les autorités locales cherchent autant que possible à concilier les parties ; si elles n'y peuvent parvenir, l'affaire sera vidée judiciairement ; le plus souvent, le juge de paix sera compétent en dernier ressort, à raison de la modicité de la demande. — Qu'arrivera-t-il maintenant dans le cas où l'inventeur n'aura pas, ainsi que le veut l'Ordonnance de 1669, remis l'épave aux agents du domaine? Il est à remarquer qu'aucune peine spéciale n'a été prononcée contre lui : force est donc de recourir au droit commun pour savoir s'il peut être traduit devant les Tribunaux de répression. L'idée qui se présente naturellement est, qu'en retenant l'épave, il s'est rendu coupable d'un vol ; mais si l'on consulte le texte de l'art. 379 Code pénal, on verra combien cette idée générale est fausse. Tout d'abord, peut-il y avoir vol par cela seul que l'inventeur n'a point fait la déclaration prescrite ? Bien évidemment non : sans doute, le silence de l'inventeur est profondément blâmable, alors surtout qu'il a pour but d'empêcher la publicité qui éveillerait l'attention du propriétaire de la chose perdue ; mais il n'y a là aucun délit : tout au plus pourrait-on y voir une contravention réprimée par l'art. 471 § 15 C. pénal dans les lieux où, comme à Paris, cette déclaration est prescrite par des Ordonnances de police : en effet la loi de 1790 a confié à Paris au Préfet de police, ailleurs au Préfet ou aux maires, la police des rivières et portant le droit de réglementer la remise des épaves trouvées dans les dites rivières. Arrivons de suite au cas où il y a eu de la part de l'inventeur non pas simple réticence, mais volonté de s'approprier l'épave. La solution à donner dans notre espèce dépend, suivant nous, du parti que l'on prend dans la question générale de savoir si celui qui s'approprie une chose perdue commet le délit de vol. Or, on sait qu'aux termes d'une jurisprudence aujourd'hui constante, il n'y a vol de la part de celui qui a trouvé des

objets perdus que s'il les a retenus avec l'intention conçue
immédiatement de se les approprier (Crim. Rej. 30 janvier
1862. Dev. 63-1-54 et le renvoi). On a cependant soutenu
qu'au cas spécial où il s'agissait d'épaves, le ministère public n'avait pas à démontrer en fait que l'inventeur avait eu
immédiatement l'intention de s'approprier la chose ; qu'il y
avait vol quand même cette intention ne serait née chez lui
qu'à un moment ultérieur, par exemple lorsque des réclamations lui auraient été adressées par le véritable propriétaire ou par les agents du domaine. L'épave fluviale, a-t-on
dit en ce sens, n'est point un objet sans maître, une chose
perdue dans l'acception stricte du mot. En effet, ou bien elle
sera, ou bien elle ne sera pas réclamée : dans le premier
cas, elle n'aura jamais cessé d'appartenir à son propriétaire
si elle lui est restituée en nature ; que si elle a été vendue,
une fois les délais de garde expirés, elle aura appartenu
jusqu'au jour de la vente à son précédent propriétaire, et
ultérieurement à son acquéreur ; — dans le deuxième cas,
l'Etat, une fois les délais expirés, en sera devenu propriétaire par le fait même de l'invention, à la date d'icelle,
donc et quoiqu'il arrive, elle aura toujours eu un maître, et le fait de s'en mettre en possession constituera dans
tous les cas, l'appréhension frauduleuse de la chose d'autrui. L'argument est par trop subtil, et pour y répondre,
il suffit de faire remarquer que, lors de l'invention, l'épave
n'est réellement en la possession de personne, qu'il a donc
fallu de toute nécessité qu'à ce moment l'inventeur eût l'intention de la garder, pour qu'il y eût réellement l'appréhension frauduleuse voulue par la loi : l'opinion que nous combattons ne s'appuie que sur des mots et des fictions, ce qui est
inadmissible en matière pénale. — On trouve, dans les re-
cueils, un arrêt de rejet de la Chambre criminelle en date du
23 juil., 1830 (Dev. C. N. 9-1-565) qui, bien que ne s'appuyant sur aucune des considérations que nous venons de

réfuter, semble néanmoins reconnaître que le fait de s'approprier une épave constitue un vol à quelque époque que se soit manifestée l'intention frauduleuse. Mais en lisant avec soin cette décision, on voit qu'il s'agissait du vol non pas d'une épave proprement dite, mais de bois canards, échoués sur les rives de la Dordogne, c'est-à-dire d'objets soumis à une législation spéciale : du reste, les constatations de fait visées par l'arrêt (enlèvement nocturne, vente immédiate à vil prix) suffisaient à démontrer que l'intention de s'approprier les objets avait été concomitante à leur invention.

401. La situation des tiers à qui des épaves auraient été remises par les inventeurs est facile à déterminer si l'on se réfère aux arrêts intervenus sur la question générale dont nous parlions tout à l'heure. Il est d'abord constant que ces tiers ne sauraient être considérés comme les auteurs directs d'un vol commis au préjudice de l'Etat : c'est ce qu'a décidé la Chambre criminelle en cassant, le 11 juillet 1862, un arrêt de la Cour de Paris (Dev., 63-1-54). Mais pourront-ils au moins être réputés complices d'un vol ? Une distinction est nécessaire : si l'objet leur a été remis par quelqu'un qui n'avait pas l'intention de se l'approprier, l'acte de conserver cet objet, quelque répréhensible qu'il puisse être, ne tombe pas sous le coup de la loi pénale ; en effet, celui qu'il faudrait considérer comme l'auteur principal ne peut lui-même être poursuivi : il n'y a pas de délit ; donc il n'y a pas de complicité. « Attendu, porte l'arrêt de la Cour d'Orléans du 6 sept. 1853 (Dev. 56-2-54), que le délit de vol n'étant pas établi à la charge d'Adrien Fouchard, la complicité du père disparaît... « L'arrêt de rejet de la Chambre criminelle, en date du 5 avril 1873 (Dev. 73-1-352) développe le point de droit d'une manière remarquable. « Attendu que la soustraction qui est l'un des éléments constitutifs du délit de vol, n'existe, dans le sens légal et précis de ce mot, que lorsque la chose soustraite a

été appréhendée ou déplacée contre le gré du propriétaire par le fait personnel de l'auteur de l'appréhension ou du déplacement ; — Que cette condition n'est point légalement remplie si la possession de la chose soustraite résulte seulement de la remise qui en a été faite par le tiers qui l'avait lui-même appréhendée ; — Que dans ce cas, la possession ou la rétention même frauduleuse, différant essentiellement de la soustraction, l'art. 379 Code pénal, n'est pas applicable à celui qui a reçu ou qui détruit frauduleusement la chose appréhendée par un tiers et que celui-ci lui a remise.... » — Que si, au contraire, l'inventeur a eu l'intention immédiate de s'approprier l'épave, nous n'avons qu'à appliquer les règles ordinaires en matière de complicité : celui en la possession de qui aura été trouvée l'épave pourra sans nul doute être recherché en vertu des art. 59-60 Code pénal : c'est ce qui a été jugé par la Cour de Paris dans son arrêt du 9 novembre 1855 (Dev. 56-2-49.)

B

402. Le commerce désigne sous le nom de canards, les bois qui s'échappent des trains pendant le cours de la navigation ainsi que les bûches qui viennent à couler à fond. « On sait, dit M. Rousseau (p. 423), que, parmi les bois confiés au flottage à bûches perdues, il existe des bûches plus lourdes que les autres, et qui, s'étant plus imprégnées d'eau, tombent au fond et restent enfouies dans la vase. — De même, dans le trajet des trains, il s'échappe un nombre assez considérable de bûches, qui flottent éparses ou deviennent canards ». Dans un autre passage (p. 108), le même auteur nous donne des détails intéressants sur la manière dont peuvent être repêchés les bois canards. « Dès que le bois de flot est retiré de l'eau, on s'occupe, sur toute la longueur qu'il a parcourue, de la repê-

che des canards ; ces bois sont ensuite empilés sur les deux rives en pilons, espèce de roseaux peu élevés et grillés à claire voie, afin que l'air puisse circuler librement entre les bûches, pour sécher la vase et l'eau dont elles sont imprégnées. Ce travail est fait par des cantonniers, dont chacun a un espace déterminé ou canton à parcourir. D'autres ouvriers à la journée descendent la rivière d'un bout à l'autre de chaque côté et au moyen d'outils à ce destinés, retirent le bois enfoncé dans le sable ou la vase ; cette opération se nomme régale. Les canards retirés et la régale effectuée, deux ouvriers connaisseurs placés, l'un à droite, l'autre à gauche, comptent, en la descendant, les pilons rangés sur la rive, qu'ils évaluent en même temps en stères. Cette opération se fait de rejet en rejet, c'est-à-dire de l'embouchure d'un ruisseau à un autre... » On comprend sans peine que les bois canards n'aient jamais été confondus avec les épaves proprement dites et aient, au contraire, été soumis à une législation spéciale ; leur origine est connue, et le propriétaire en peut être facilement découvert ; de plus, comme nous le verrons, les Compagnies de commerce se substituent à ce propriétaire et se les attribuent pour se rembourser des frais de repêchage. La revendication en aura donc lieu, dans tous les cas, et il serait souverainement inique de les attribuer au domaine ou à l'inventeur. A cela, s'ajoutent les nécessités de l'approvisionnement de Paris, dont les anciennes Ordonnances se préoccupaient d'une manière toute particulière ; il était indispensable d'empêcher les bois flottés d'être détournés en route sous quelque prétexte que ce fût. Or, la statistique démontre que parfois un cinquième des bois lancés, sur les rivières flottables, à bûches perdues, se trouve arrêté et « encauardy », comme disent les lettres-patentes de 1582. Deux sortes de mesures ont été édictées en conséquence pour assurer le repêchage des canards.

403. 1° *Interdiction aux riverains de s'emparer des canards.*

— Ord. de 1672, Chap. XVII, Art. 9 « Sera loisible aux marchands de bois de faire pêcher par telles personnes que bon leur semblera les bois de leur flot qui auront été à fond d'eau, pendant quarante jours après que le dit flot sera passé et si, durant les quarante jours, autres marchands jettent un autre flot, les dits quarante jours ne commenceront de courir que du jour que le dernier flot sera entièrement passé ; et ne pourront, ceux qui se prétendent seigneurs des rivières et ruisseaux (aujourd'hui les riverains), se faire payer aucune chose, sous prétexte de dédommagement de la pêche, ou autrement, pour raison desdits bois canards. » — ART. 10. « Si les marchands sont négligents de faire pêcher lesdits bois canards durant les quarante jours, les seigneurs, ou autres ayant-droits sur les rivières, le pourront faire, après les dits quarante jours, à la charge toutefois de laisser les dits bois sur les bords des dites rivières, pour les frais de laquelle pêche et occupation des terres leur sera payé par les marchands à qui les bois se trouveront appartenir, ce qui sera arbitré par gens à ce connaissant, dont les parties conviendront eu égard aux lieux et revenu des héritages et du temps de l'occupation : fait défense auxdits seigneurs et autres de faire enlever en leurs châteaux et maisons lesdits bois, à peine d'être déchus de tout remboursement pour ladite pêche, et de restitution du quadruple du prix desdits bois qu'ils auront ainsi enlevés, dont les marchands pourront faire recherche. » — Ainsi, droit pour les marchands de faire repêcher les bois canards dans un délai de quarante jours. M. Rousseau (p. 109) considère ce délai comme absolument insuffisant. Suivant lui, comme à l'époque de l'Ordonnance de 1672, les rivières étaient mal entretenues et mal réparées, il devait rester beaucoup plus de canards qu'aujourd'hui ; on concevait alors la nécessité d'une disposition légale qui vînt contraindre les intéressés à les enlever dans un court délai, afin de ne pas entraver complètement le cours de la navigation. En fait, les canards ne sont jamais relevés que tardivement et le tirage n'est terminé que vers le mois d'août, à l'époque des basses eaux, c'est-à-dire quatre ou cinq mois après l'époque où le flottage a commencé. Il paraît que cet état de choses est tacitement accepté par les riverains ; l'intérêt du commerce lui prescrivant de retarder cette opération le moins possible, pour éviter soit l'augmentation des ensablements, soit la perte et la détérioration des canards, on peut sur ce point s'en rapporter à sa diligence. Quoi qu'il en soit, l'Ordonnance de 1672 n'est nullement abrogée et continue à être la loi commune des flotteurs et des propriétaires riverains. Lorsque, dans le délai de quarante jours, les canards n'auront pas été repêchés, les riverains pourront faire procéder à cette opération, mais, bien entendu, à leurs risques et périls, c'est-à-dire en demeurant responsables de toutes détériorations qui surviendraient aux canards par leur fait. Contrairement à ce qui a lieu d'ordinaire, les sommes auxquelles ils peuvent avoir droit ne sont pas tarifées à l'avance ; il était en effet impossible de les déterminer d'une manière générale ; telle rémunération aurait été dérisoire dans certains cas, excessive dans d'autres. Les contestations qui surgiraient à ce propos, seront, aux termes de l'Ordonnance, déférées à des arbitres qui prendront pour base d'appréciation les difficultés du sauvetage, et, en cas d'occupation, le temps pendant lequel le riverain aura été privé des lieux occupés. Au cas où l'une des parties se refuserait à constituer le Tribunal arbitral, il faudrait de toute nécessité recourir aux Tribunaux ordinaires ; ces derniers, suivant nous, ne pourraient statuer, qu'autant qu'il leur serait justifié que toutes diligences ont été faites par la partie demanderesse pour constituer le Tribunal arbitral, qu'il serait, par exemple, représenté un acte extrajudiciaire sommant l'autre partie de

désigner son arbitre, etc., etc. Ajoutons que ce refus de procéder régulièrement pourrait entraîner contre son auteur une
condamnation à des dommages-intérêts, et même aux frais
de l'instance, nécessitée uniquement par son fait, et cela,
alors même qu'il aurait gagné son procès sur le fond. —
Aucun droit de rétention n'est accordé au riverain sur les
bois qu'il aura recueillis ; il devra les restituer à première
réquisition des marchands. C'est ce qui a été reconnu par
deux sentences du bureau de la ville en date du 8 août
1771. — L'Ordonnance ne prévoit point le cas où les bois
canards ne seraient pas réclamés par les flotteurs. Il est
bien évident que l'occupation des propriétés riveraines ne
peut se prolonger indéfiniment ; aussi, croyons-nous que les
propriétaires seraient en droit, une fois qu'un certain délai
serait écoulé, de demander judiciairement contre les flotteurs
l'enlèvement des canards. Au cas où il s'agirait de bois non
marqués, ils pourraient se faire autoriser, soit par justice
en présentant requête au Président du Tribunal, soit administrativement en s'adressant aux agents de la navigation,
à faire vendre ces bois aux enchères et au profit de qui de
droit. Ils préleveraient sur ce prix le montant des frais de
repêchage et d'occupation, et déposeraient le surplus, soit
à la caisse des Dépôts et consignations, soit dans les mains
du receveur des domaines, suivant ce qui aurait été ordonné.
Si aucune réclamation ne se produisait, les sommes dont il
s'agit appartiendraient à l'Etat ; on pourrait, dans ce cas
spécial, assimiler les canards à de véritables épaves.

404. Des lettres-patentes du 2 novembre 1582 autori-
saient les flotteurs à déposer les bois canards, par eux
repêchés, sur les propriétés riveraines « ès-lieux convenables et moins dommageables que faire se pourra. » Nous
ne connaissons aucun texte postérieur qui ait dérogé
à cette disposition : les flotteurs peuvent donc aujourd'hui
encore, user de la faculté qu'elle leur confère. Les termes,

dans lesquels elle est conçue, empêchent d'ailleurs qu'il en soit fait abus ; tout dommage doit être évité, par conséquent, les flotteurs ne pourraient opérer le dépôt de leurs bois dans des propriétés closes, dans des cours et jardins. Rien n'a été tranché en ce qui concerne les droits à payer aux propriétaires pour occupation de leurs héritages. Le principe même de la perception de ces droits, ne saurait être contesté ; quant à leur quantum, il sera déterminé comme dans l'hypothèse précédente ; il y a évidemment identité de motifs. — A en croire les prétentions des flotteurs soutenus en cela par le commerce des bois, les propriétés riveraines seraient astreintes, par l'usage, à nombre d'autres servitudes ; nous savons, par exemple, qu'aux termes de l'Ordonnance de 1672, un chemin large de quatre pieds doit être réservé, sur le bord des rivières, pour permettre aux ouvriers de surveiller le passage du flot et de repêcher les canards ; c'est une idée généralement reçue que les ouvriers ont, pour arriver à ce chemin, un droit de passage sur le propriétés qui le séparent de la voie publique ; qu'ils peuvent même les traverser avec les voitures et chevaux nécessités par l'emport des bois canards. Dans bien des cas, les propriétaires ne s'opposeront point à de semblables entreprises, cela est évident ; mais, en réalité, rien ne les empêcherait de défendre aux flotteurs l'accès de leurs propriétés ; aucun texte général ne leur a conféré ce prétendu droit de passage, et une servitude de ce genre ne pourrait résulter que de la loi ou d'une convention particulière. Dans une autre espèce, la Cour de Cassation a fait une application remarquable de ce dernier principe : la compagnie du flottage de la Cure soutenait qu'elle était en droit de planter en rivière, le long du marche-pied, des pieux destinés à empêcher les canards de sortir de la rivière. L'Edit de 1672, disait-elle, avait obligé les riverains à leur fournir ce marche-pied à titre de servitude ; or, aux termes des art. 697 et 698 Code civil, celui auquel est due une servitude, a le droit de faire, sur le fonds servant, tous les ouvrages nécessaires pour en user ; l'établissement de berges artificielles, ne constituant pas autre chose qu'un de ces ouvrages nécessaires, ne pouvait dès lors lui être interdit sur le fonds servant. On leur répondait que l'étendue de la servitude imposée aux riverains était limitativement déterminée par la loi ; que c'était une faculté de passage qui leur avait été concédée, mais non la faculté exorbitante de créer des berges artificielles en plantant des pieux le long de l'héritage d'autrui, ce qui arrivait à empêcher toute alluvion le long de cet héritage. C'est ce qu'avaient successivement reconnu le tribunal d'Avallon et la Cour de Paris ; le pourvoi, formé contre l'arrêt fut rejeté par la Chambre civile le 17 décembre 1872 (Dev. 73-1-249). Cette décision est d'autant plus rationnelle, qu'aux termes d'un avis du Conseil d'Etat du 21 février 1822, les propriétaires riverains des cours d'eau flottables ne sont assujettis que pendant le temps du flottage à laisser passer les ouvriers du commerce des bois chargés de diriger les bûches submergées : comme le fait très-justement remarquer l'arrêtiste, c'est une raison de plus pour dire qu'un droit de cette sorte portant atteinte à la libre disposition que les propriétaires ont de leur terrain, en dehors des époques où s'exerce la servitude de passage, ne serait pas seulement une aggravation de cette servitude et qu'il constituerait à lui seul une servitude spéciale non prévue et non édictée par l'Ordonnance. de 1672[1].

---

[1] Cet arrêt tranche également une question que nous n'avions fait que signaler dans notre précédent volume (n° 200, p. 455). Nous avons admis, avec l'unanimité des auteurs et la jurisprudence administrative (C. d'Etat, 50 juin 1846 ; Lebon, 46-379 ; ibid., 2 février 1863 ; Lebon, 63-113), que les riverains ne pouvaient planter, ni laisser croître des

405. En règle générale, il est interdit à toute personne n'appartenant pas au commerce des bois de se mêler du repêchage des canards. Une sentence du bureau de la ville du 25 octobre 1642 contenait déjà cette prohibition. « Faisons défense à tous ceux qui ont moulin sur Yonne ou sur autres rivières de pêcher ou faire pêcher aucuns bois canards ou effondriés, mais de les laisser en pleine disposition des marchands trafiquant pour l'approvisionnement de la ville. » L'Ordonnance de 1672 la confirma implicitement, et la surveillance du commerce l'empêcha de rester lettre morte : c'est ainsi, entre autres exemples, que nous voyons le 28

---

arbres le long des cours d'eau flottables, et ce, dans une distance de quatre pieds à partir de la rive. Nous avons cité en ce sens l'art. 2 de l'arrêté du 15 nivôse an V, qui consacrait cette prohibition en termes formels. Mais des doutes très-graves se sont élevés sur la légalité de cet arrêté : il est en effet difficile de méconnaître qu'un acte de cette nature, d'après la constitution de l'an III, sous l'empire de laquelle il est intervenu, excédait les pouvoirs du Directoire exécutif ; au surplus, il n'a jamais été inséré au Bulletin des Lois : c'est donc par erreur que nous l'indiquions comme ayant force de loi. D'autre part, on voulait faire résulter la servitude dont s'agit de l'Ordonnance de 1672, qui, en prescrivant aux propriétaires de laisser le passage libre aux flotteurs, aurait voulu nécessairement qu'on ne pût planter d'arbres qui obstruassent ce passage. Les juges de première instance et d'appel avaient refusé d'ordonner la destruction de ces plantations : l'argument qui paraît les avoir décidés était l'ancienneté des arbres établis le long de la Cure sur le marchepied. « Considérant qu'un des moyens d'interpréter sainement une disposition d'un document aussi ancien que l'Ordonnance de 1672, c'est de savoir comment elle a été exécutée par les intéressés ; qu'il est constant en fait qu'il existe sur les rives de la Cure et dans la partie flottable à bûches perdues, des arbres dont beaucoup sont très-anciens et qui forment comme une bordure le long de ses rives ; que si la compagnie n'en a pas demandé l'enlèvement, c'est qu'elle a elle-même reconnu qu'ils n'étaient pas nuisibles au flottage et que les prescriptions de l'Ordonnance n'étaient pas impératives et radicales… » L'arrêt de Paris fut cassé sur ce point par la Chambre civile qui s'en tint à une distinction fort logique : ou bien les arbres plantés sur le marchepied ne gênaient en rien le passage et, alors c'était une nouvelle servitude à laquelle les riverains ne pouvaient être assujettis en l'absence d'un texte ; ou bien, au contraire, ils formaient obstacle au passage des ouvriers, et alors leur suppression devait être ordonnée, puisqu'ils formaient obstacle à l'exercice d'une servitude établie par l'Ordonnance de 1672.

août 1759 François Moinos, fermier de bateaux à lessive, condamné en dix livres d'amende pour avoir, sans permission ni commission des marchands de bois, pêché des bois flottants sur la rivière et le 19 décembre 1760, Jacques Arnould, pêcheur à Ablon, condamné également en cinquante livres d'amende pour contravention de repêchage illicite. Le même jour une sentence de police renouvelait les anciennes défenses. En fait on n'y admettait de dérogation que dans le cas de naufrage et perte d'un train de bois ; les repêcheurs étaient alors soumis à l'accomplissement de certaines formalités spéciales. — Ces règlements survécurent à la révolution, bien que les anciennes compagnies de commerce eussent cessé d'exister en droit ; une Ordonnance de police du 1er avril 1813 rappela encore, dans son art. 7, que nul ne pouvait s'immiscer dans le repêchage des bois s'il n'était porteur d'une commission délivrée à cet effet ; une Ordonnance du 28 avril 1838 prescrivit à nouveau l'affichage de cet article dans le ressort de la Préfecture de police. Enfin nous citerons, en terminant cette énumération, l'art. 194 de l'Ordonnance de police du 25 octobre 1840 : « Nul ne pourra se livrer habituellement et hors le cas de naufrage et d'avarie au repêchage des bois dans l'étendue du ressort de la Préfecture de police, sans une autorisation qui sera délivrée par nous sur la présentation du commerce. » — En dehors du département de la Seine les anciens règlements continuent à subsister là où ils étaient en vigueur avant 1790. Mais habituellement une prévention plus grave pèsera sur les contrevenants : le repêchage illicite est presque toujours accompagné du recel et du détournement des bois repêchés. L'Ordonnance de 1813 porte que, dans ce cas, les repêcheurs seront poursuivis comme voleurs, ainsi que ceux qui auraient acheté ou soustrait ces bois canards, et ce, conformément à l'Ordonnance du 18 avril 1758. Il n'était guères besoin de faire revivre ce dernier texte disparu avec notre ancien droit pénal, la qualification du délit imputé aux repêcheurs résultant suffisamment des art. 59, 60, 62 et 379 Code pénal. Un arrêt de rejet de la Chambre criminelle du 23 juillet 1830 (Dev. C. N. 9-1-565) et un arrêt de Limoges du 29 mai 1857 (Dev. 57-2-629) ont successivement décidé que ces bois canards, alors surtout qu'ils avaient été frappés d'un marteau, ne pouvaient être assimilés à des épaves qu'ils continuaient à appartenir aux marchands, et qu'il y avait soustraction frauduleuse de la chose d'autrui dans le fait de se les approprier. — Un jugement du Tribunal de police correctionnelle de la Seine en date du 20 décembre 1844 a consacré, pour les syndics des compagnies de commerce, le droit de poursuivre ès-noms les délinquants et d'intervenir comme parties civiles lorsque la poursuite a lieu à la requête du ministère public. Ce point du reste ne fait plus de doute aujourd'hui; en matière pénale, comme en matière civile, les syndics représentent les compagnies; on peut se référer à ce que nous en avons dit dans notre précédent volume, p. 491.

406. 2° *Organisation d'un service de repêchage par les compagnies de commerce.* — *Compagnie du commerce des bois de chauffage.* Le service du repêchage se trouve confié à ses agents ordinaires, gardes-rivières ambulants et autres. L'Ordonnance du 1er avril 1813, dont les dispositions ont été confirmées par celle du 23 octobre 1840 (art. 194), porte que, dans le département de la Seine, les préposés au repêchage seront nommés par le Préfet de Police sur la présentation des compagnies; que leur service sera réglé par elles; que leur salaire sera fixé de gré à gré entre eux et les dites compagnies; qu'enfin, ils ne pourront s'attribuer aucuns des bois repêchés sous quelque prétexte que ce soit. Lorsque la compagnie juge nécessaire d'établir en province des préposés spéciaux, les commissions leur sont délivrées par les Préfets. Suivant une décision prise le

21 mars 1840 par le comité du commerce des bois de chauffage, tous les canards repêchés par les gardes-rivières, commis ou autres préposés de la compagnie, doivent être mis sous
la surveillance et la responsabilité des gardes-ports, comme
les autres bois qui se déposent sur les ports d'approvisionnement. Les gardes-ports, dit M. Rousseau (p. 427), devront en conséquence comprendre dans leur comptabilité
tous les bois qui seront désormais repêchés par les gardes
rivières, commis ou préposés au repêchage sur les différents
points de leurs arrondissements respectifs. Ils se concerte-
ront à cet effet avec les préposés dont il s'agit et dresseront
des états de tous les bois repêchés, afin d'être toujours en
mesure d'en rendre bon compte à la compagnie, lorsqu'il
lui conviendra d'en prendre livraison. — *Compagnie de
commerce des bois carrés.* De temps immémorial, cette
compagnie entretient des gardes rivières spéciaux uniquement préposés au repêchage des canards. Un arrêt du parlement de Paris du 23 février 1763 consacrait en termes
exprès les pouvoirs qu'un usage constant leur avait attribués : « Autorisons lesdits commis lorsqu'ils auront été reçus
par devant nous ou par devant l'un de nos subdélégués sur
les lieux, à dresser des rapports des délits qui pourront
venir à leur connaissance, à faire des recherches et perquisitions, en vertu de nos Ordonnances ou de celles de nos
subdélégués, dont ils seront porteurs dans tous les lieux et
endroits, le long des dites rivières et partout ailleurs où ils
apprendront qu'il aura été emporté des bois flottés ou destinés à flotter, de les saisir, de les enlever, et du tout dresser rapports, ainsi que de tous les délits et entreprises préjudiciables au flottage, lesquels étant affirmés véritables
dans la huitaine, au plus tard, par devant l'un de nos subdélégués, au plus prochain juge du lieu où ils se trouveront,
feront foi en justice. Leur permettons de porter des ban-
doulières aux armes du roi et de la ville et armes défensi-

ves. » — Aux termes de l'arrêté du 3 nivôse, an V, les gardes-rivières devaient être commissionnés par le ministre de
l'intérieur : en fait et, suivant les régimes, ils ont été commissionnés tantôt par le ministre des Travaux Publics qui
a succédé naturellement aux droits du ministre de l'intérieur,
tantôt par le sous-secrétaire d'Etat de ce ministère, tantôt
par le directeur général des Ponts-et-Chaussées. Nous ne
parlons pas bien entendu des simples préposés, agents inférieurs qui, dans le ressort de la Préfecture de police, ne
sont commissionnés que par le Préfet. L'art. 36 du règlement de la compagnie, en date du 5 juillet 1841, confie au
bureau syndical le soin de choisir les gardes-rivières et de
les présenter à l'autorité supérieure afin d'être commissionnés : ajoutons qu'un usage constant veut que des renseignements soient pris sur le candidat auprès des agents supérieurs de la navigation et de l'inspecteur principal des
ports. — Les commissions délivrées aux gardes-rivières,
au moins d'après leur libellé le plus ordinaire, leur imposent l'obligation : 1° de prêter serment devant le Tribunal
de première instance du lieu de leur résidence ; 2° de remplir avec zèle et fidélité les fonctions qui leur sont confiées ;
3° de se conformer aux lois et réglements de la navigation ;
4° de n'exiger d'autres salaires que ceux attribués à cette
place ; 5° d'exécuter les ordres qui lui seraient donnés dans
l'intérêt du service par les agents et inspecteurs de la navigation et des ports, de fournir aux dits agents et inspecteurs tous les renseignements qui leur seraient demandés ;
6° de fixer leur résidence à tel endroit déterminé. Il leur est
en outre interdit, comme à tous les autres agents du commerce des bois, de trafiquer soit directement soit indirectement, sous peine de révocation immédiate : on considère
comme s'appliquant à eux l'art. 11 de l'instruction ministérielle du 22 pluviôse an X.... M. Moreau (Partie I, p. 494)
résumait ainsi le rôle du garde-rivière préposé au repê-

chage des bois carrés. « Les mariniers n'ayant aucun droit
de disposer de la chose confiée à leurs soins, il s'opposera à
ce qu'ils portent du bois dans les auberges et cabarets et dé-
fendra aux aubergistes et cabaretiers d'en recevoir, il veillera
à la conservation des perches et des fers servant à diriger
les trains et verbalisera contre tous ceux des conducteurs
qui se permettraient d'en vendre ou d'en disposer de toute
autre manière. Il veillera également à ce que les bois qui
s'échappent des trains, et qui sont connus sous le nom de
bois de communauté, soient soigneusement ramassés et mis
en sûreté, en attendant le flottage et l'expédition desdits
bois au chantier commun. Il remboursera à qui de droit les
frais de repêchage des bois qui lui seront remis et apposera
soigneusement son marteau sur chaque morceau de charpente, sciage et charronnage et en adressera inventaire détaillé à l'agent général : il les fera soigneusement ramasser
et mettre en sûreté, il s'opposera à ce qu'il en soit emporté
ou vendu par qui que ce soit et n'en permettra l'enlèvement
et le déplacement que sur l'autorisation de l'agent général
du commerce ; il veillera également à la conservation des
chantiers et autres objets qui dépendent des trains et qui
les garnissent, il fera toutes les perquisitions nécessaires
pour recouvrer les marchandises qui auraient été vendues
par les mariniers infidèles ou soustraites par des gens mal-
intentionnés. Il fera rapports et dressera procès-verbaux
de tous délits, abus ou contraventions qu'il reconnaîtra ou
qui parviendront à sa connaissance dans le cours de ses
rondes et tournées, et, après les avoir mis en bonne forme
et affirmés, il les transmettra sans délai à l'agent général
du commerce. » Une décision ministérielle, en date du 15
octobre 1846, a depuis prescrit qu'avant de frapper les bois
canards du marteau de la communauté des marchands de
Paris et de les faire flotter ou charger en bateaux pour être
dirigés sur Paris, les gardes-rivières seraient munis d'une

autorisation spéciale de l'inspecteur de la navigation. —
Aux termes des instructions qui leur sont données, les agents
des deux compagnies doivent se prêter un appui mutuel :
c'est ainsi qu'aux termes d'une déclaration du commerce des
bois de chauffage en date du 5 décembre 1844, les agents de
ce commerce devront remettre les bois à œuvrer qu'ils auront pu recueillir au garde-rivière chargé du repêchage des
bois à œuvrer : il leur est interdit de s'en dessaisir entre les
mains de tout autre individu quel qu'il soit.

407. Un arrêté du 26 nivôse an V autorise les gardes
régulièrement commissionnés à faire chez les particuliers
toutes perquisitions pour retrouver les bois volés : son préambule nous montre quels résultats avait produits la suppression des compagnies de commerce en tant que corporations et le défaut de surveillance qui s'en était suivi. « Le
directoire exécutif, informé que sans respect pour les propriétés, des habitants des communes riveraines des rivières
et ruisseaux flottables se permettent de voler les bois lors
du passage des flots ; que ces vols se multiplient dans une
progression tout à la fois alarmante pour le commerce
qu'ils découragent et dangereuse pour l'approvisionnement
auquel ils apportent une diminution sensible ; que la difficulté d'atteindre les auteurs de ces vols et leur impunité
donnent au mal une activité effrayante.... » Les gardes-
rivières étaient absolument assimilés aux gardes forestiers :
ils devaient, comme ces derniers, se conformer pour leurs
perquisitions et visites domiciliaires à l'arrêté du 4 nivôse
an V. — Ce dernier texte est aujourd'hui remplacé par les
art. 16 Code instruction criminelle et 161-162 Code forestier. Les gardes-rivières peuvent suivre les objets enlevés
par les délinquants jusqu'aux lieux où ils auront été transportés ; mais il leur est interdit de s'introduire dans les
maisons, bâtiments, cours adjacentes et enclos, si ce n'est
en présence soit du juge-de-paix ou de son suppléant, soit

du maire du lieu ou de son adjoint, soit du commissaire. L'arrêté de nivôse voulait que l'acte de réquisition adressé à ces fonctionnaires spécifiât l'objet de la perquisition ainsi que le nom des personnes chez qui elle devait avoir lieu : cette exigence ne se retrouve ni dans le Code d'instruction criminelle, ni dans le Code forestier. Les fonctionnaires dont s'agit ne peuvent se refuser à accompagner sur le champ, les gardes qui les ont requis : ils sont tenus de signer le procès-verbal du séquestre ou de la perquisition faite en leur présence ; sauf au garde, en cas de refus de leur part, à en faire mention au procès-verbal. Il ne peut bien entendu être aujourd'hui question des pénalités qui, d'après l'arrêté de l'an V et l'art. 284 du Code de brumaire, étaient applicables aux officiers municipaux ou commissaires de police qui n'auraient point déféré à la réquisition des gardes-rivières : l'administration supérieure reste seule juge de la gravité du fait et apprécie, comme elle l'entend, les mesures qu'il y a lieu de prendre dans la circonstance. Le garde-rivière qui se livrerait à des perquisitions dans le domicile d'un citoyen contre le gré de ce dernier et sans être accompagné des fonctionnaires ci-dessus mentionnés tomberait sous le coup de l'art. 184 Code pénal ; si au contraire, personne ne s'oppose à sa perquisition, leur absence n'entraînerait pas la nullité de son procès-verbal. Nous voyons en effet dans l'arrêt de rejet de la Chambre du 17 juillet 1858 (Dev. 59-1-634), arrêt conforme à la jurisprudence antérieure, que la présence d'un magistrat de l'ordre administratif ou judiciaire n'a pour objet que de donner une protection au citoyen et d'assurer le respect dû à l'inviolabilité de son domicile sans être une condition de la régularité du procès-verbal et sans que la loi attache à son omission la peine de nullité ; que le particulier chez qui se fait l'opération renonce donc valablement à une garantie établie dans son seul intérêt et que, quand cette renonciation existe, il reste un procès-verbal émanant de préposés agissant dans l'exercice de leurs fonctions et là où ils avaient mission d'opérer, auquel procès-verbal foi est due dans les termes de la loi.... »

408. Du jour où le garde-rivière les a frappés de son marteau, les bois canards deviennent en quelque sorte la chose des campagnes ; tout individu qui tenterait de se les approprier frauduleusement se rendrait coupable du délit de vol, fût-il même l'ancien propriétaire ; tout individu qui effacerait l'empreinte du marteau de la Compagnie se rendrait passible des peines de l'art. 439 in fine, comme ayant détruit le titre de propriété de la dite Compagnie (Crim. Cass. 8 février 1850 ; — Dev. 50 - 1 - 630). Seul, l'agent général des Compagnies a droit d'autoriser des enlèvements partiels, seul, il peut décider, s'il y a lieu de faire droit aux réclamations des marchands de bois. Que vont maintenant devenir ces bois canards ? Ici, les deux compagnies de commerce suivent des règles différentes. — 1° *Compagnie des bois de chauffage.* Les bois qui s'échouent durant le flottage à bûches perdues, qui s'échappent des trains en cours de navigation, ou lors du tirage de ces mêmes trains, sont attribués à la compagnie qui se charge d'acquitter les frais du repêchage ; ils sont frappés de son marteau particulier. « Toute bûche flottant sur l'eau, dit M. Rousseau (p. 423), n'appartient plus à aucun marchand en propre, et devient, dès cet instant, bois de communauté. » En cas d'inondation ou de débâcle, de naufrage, ou de tout autre cas de force majeure, les marchands sont traités beaucoup moins rigoureusement ; si une partie considérable de bois a été entraînée, ils peuvent la réclamer et s'opposer à ce que la compagnie en prenne possession. L'agent général de la compagnie les avertit, dans ce cas, de l'endroit où leurs marchandises ont été déposées et s'oppose à ce qu'ils les enlèvent avant d'avoir soldé les frais de sauvetage et autres qui

pourraient être dus. — 2° *Compagnie du commerce des bois carrés*. Les bois dont les propriétaires ne peuvent être retrouvés, doivent seuls être considérés comme bois de communauté ; les autres sont immédiatement rendus à leurs anciens propriétaires dès que leur marque a été vérifiée. C'est ce qui résulte du règlement du 5 juillet 1841 « Leur mission (celle des garde-rivières), consistera à repêcher indistinctement partout où ils en auront connaissance, les bois à œuvrer entraînés ou épaves ; à les marquer du marteau spécial au service de repêche, à les conserver jusqu'à ce qu'ils puissent être dirigés vers le chantier commun, à Paris. Aucune restitution isolée ne pourra être faite par ces agents, sans l'autorisation écrite du syndic président. » — Art. 37. « Tous les ans, il sera nommé en assemblée générale une commission composée de cinq membres, pour assister à la reconnaissance des marques et contremarques tant des marchands faisant partie de la communauté que de ceux de la province. » — Art. 38. « Tous les bois à œuvrer qui ne seront pas reconnus, viendront à la décharge des frais de repêchage et ceux reconnus seront rendus à leurs propriétaires sous le paiement des frais qui resteront encore dus. »

TABLE DES MATIÈRES

C.

§ III.

A. *Conditions imposées dans l'intérêt de la navigation.*
B. *Conditions imposées dans l'intérêt du Trésor public.*
C. *Obligation pour le concessionnaire de supporter les frais de l'instruction.*

A.

B.

C.

§ VI.

A. *Des règlements d'office.*

B. *Réparation des dommages causés par les usines hydrauliques.*

C. *Du cas où l'usinier veut reconstruire son établissement ou
en modifier les dispositions.*

A

§ VII.

A

§ IX.

A. *Chômage et suppression des usines dans l'intérêt public.*

B. *Chômage des usines dans l'intérêt du flottage.*

A

C.

CHAPITRE VI.

DES ÉPAVES FLUVIALES.

A. *Des épaves proprement dites.*
B. *Des bois canards.*

A.

B.